国家出版基金项目
NATIONAL PUBLICATION FOUNDATION

新时代外国语言文学
新发展研究丛书

总主编 罗选民 庄智象

形式语言学新发展研究

Formal Linguistics: New Perspectives and Development

程工 沈园 ／著

清华大学出版社
北 京

内 容 简 介

本书分句法篇和语义篇两个部分，较为翔实地介绍、阐述了形式语言学近 20 年来的发展情况，内容的前沿性和丰富度领先于国内外同类著作。其中句法篇介绍了生成语法的最新理论模型——最简方案，包括其背景情况、总体架构和核心概念（合并、语段、加标等）；语义篇重点围绕意义标准的切换展开论述，覆盖多维语义、语境依赖性、语义本体等研究话题以及诊断测试、实验等研究方法。

本书可以作为高校语言学方向研究生课程的教材或参考书，对相关学科的研究人员也有较高参考价值。

图书在版编目（CIP）数据

形式语言学新发展研究 / 程工，沈园著. —北京：清华大学出版社，2022.12
（新时代外国语言文学新发展研究丛书）
ISBN 978-7-302-57335-7

Ⅰ. ①形…　Ⅱ. ①程… ②沈…　Ⅲ. ①语用学—研究　Ⅳ. ① H030

中国版本图书馆 CIP 数据核字（2021）第 018004 号

策划编辑：郝建华
责任编辑：郝建华
封面设计：黄华斌
责任校对：王凤芝
责任印制：丛怀宇

出版发行：清华大学出版社
　　　　　网　　　址：http://www.tup.com.cn, http://www.wqbook.com
　　　　　地　　　址：北京清华大学学研大厦 A 座　　邮　　　编：100084
　　　　　社 总 机：010-83470000　　　　　　　　邮　　　购：010-62786544
　　　　　投稿与读者服务：010-62776969, c-service@tup.tsinghua.edu.cn
　　　　　质量反馈：010-62772015, zhiliang@tup.tsinghua.edu.cn
印 刷 者：大厂回族自治县彩虹印刷有限公司
装 订 者：三河市启晨纸制品加工有限公司
经　　销：全国新华书店
开　　本：155mm×230mm　　印　　张：28.5　　字　　数：461 千字
版　　次：2022 年 12 月第 1 版　　　　　　印　　次：2022 年 12 月第 1 次印刷
定　　价：148.00 元

产品编号：088098-01

中国英汉语比较研究会
"新时代外国语言文学新发展研究丛书"
编委会名单

总主编

罗选民　庄智象

编　委

（按姓氏拼音排序）

蔡基刚	陈　桦	陈　琳	邓联健	董洪川
董燕萍	顾曰国	韩子满	何　伟	胡开宝
黄国文	黄忠廉	李清平	李正栓	梁茂成
林克难	刘建达	刘正光	卢卫中	穆　雷
牛保义	彭宣维	冉永平	尚　新	沈　园
束定芳	司显柱	孙有中	屠国元	王东风
王俊菊	王克非	王　蔷	王文斌	王　寅
文秋芳	文卫平	文　旭	辛　斌	严辰松
杨连瑞	杨文地	杨晓荣	俞理明	袁传有
查明建	张春柏	张　旭	张跃军	周领顺

总　　序

外国语言文学是我国人文社会科学的一个重要组成部分。自 1862 年同文馆始建，我国的外国语言文学学科已历经一百五十余年。一百多年来，外国语言文学学科一直伴随着国家的发展、社会的变迁而发展壮大，推动了社会的进步，促进了政治、经济、文化、教育、科技、外交等各项事业的发展，增强了与国际社会的交流、沟通与合作，每个发展阶段无不体现出时代的要求和特征。

20 世纪之前，中国语言研究的关注点主要在语文学和训诂学层面，由于"字"研究是核心，缺乏区分词类的语法标准，语法分析经常是拿孤立词的意义作为基本标准。1898 年诞生了中国第一部语法著作《马氏文通》，尽管"字"研究仍然占据主导地位，但该书宣告了语法作为独立学科的存在，预示着语言学这块待开垦的土地即将迎来生机盎然的新纪元。1919 年，反帝反封建的"五四运动"掀起了中国新文化运动的浪潮，语言文学研究（包括外国语言文学研究）得到蓬勃发展。中华人民共和国成立后，尤其是改革开放以来，外国语言文学学科的发展势头持续迅猛。至 20 世纪末，学术体系日臻完善，研究理念、方法、手段等日趋科学、先进，几乎达到与国际研究领先水平同频共振的程度，取得了令人瞩目的成绩，有力地推动和促进了人文社会科学的建设，并支持和服务于改革开放和各项事业的发展。

无独有偶，在处于转型时期的"五四运动"前后，翻译成为显学，成为了解外国文化、思想、教育、科技、政治和社会的重要途径和窗口，成为改造旧中国的利器。在那个时期，翻译家由边缘走向中国的学术中心，一批著名思想家、翻译家，通过对外国语言文学的文献和作品的译介塑造了中国现代性，其学术贡献彪炳史册，为中国学术培育做出了重大贡献。许多西方学术理论、学科都是经过翻译才得以为中国高校所熟悉和接受，如王国维翻译教育学和农学的基础读本、吴宓翻译哈佛大学白璧德的新人文主义美学作品等。这些翻译文本从一个侧面促成了中国高等教育学科体系的发展和完善，社会学、人类学、民俗学、美学、教育学等，几乎都是在这一时期得以创建和发展的。翻译服务对于文化交流交融和促进文明互鉴，功不可没，而翻译学也在经历了语文学、语言学、文化学等转向之后，日趋成熟，如今在让中国了解世界、让世界了解中国，尤其是"一带一路"建设、人类命运共同体构建，讲好中国故事、传递好中国声音等方面承担着重要使命与责任，任重而道远。

20 世纪初，外国文学深刻地影响了中国现代文学的形成，犹如鲁迅所言，要学普罗米修斯，为中国的旧文学窃来"天国之火"，发出中国文学革命的呐喊，在直面人生、救治心灵、改造社会方面起到不可替代的作用。大量的外国先进文化也因此传入中国，为塑造中国现代性发挥了重大作用。从清末开始特别是"五四运动"以来，外国文学的引进和译介蔚然成风。经过几代翻译家和学者的持续努力，在翻译、评论、研究、教学等诸多方面成果累累。改革开放之后，外国文学研究更是进入繁荣时代，对外国作家及其作品的研究逐渐深化，在外国文学史的研究和著述方面越来越成熟，在文学理论与文学批评的译介和研究方面、在不断创新国外文学思想潮流中，基本上与欧美学术界同步进展。

外国文学翻译与研究的重大意义，在于展示了世界各国文学的优秀传统，在文学主题深化、表现形式多样化、题材类型丰富化、批评方法论的借鉴等方面显示出生机与活力，显著地启发了中国文学界不断形成新的文学观，使中国现当代文学创作获得了丰富的艺术资源，同时也有力地推动了高校相关领域学术研究的开展。

进入 21 世纪，中国的外国语言学研究得到了空前的发展，不仅及时引进了西方语言学研究的最新成果，还将这些理论运用到汉语研究的实践；不仅有介绍、评价，也有批评，更有审辨性的借鉴和吸收。英语、汉语比较研究得到空前重视，成绩卓著，"两张皮"现象得到很大改善。此外，在心理语言学、神经语言学和认知语言学等与当代科学技术联系紧密的学科领域，外国语言学学者充当了排头兵，与世界分享语言学研究的新成果和新发现。一些外语教学的先进理念和语言政策的研究成果为国家制定外语教育政策和发展战略也做出了积极的贡献。

习近平总书记指出："要着力推进国际传播能力建设，创新对外宣传方式，加强话语体系建设，着力打造融通中外的新概念新范畴新表述，讲好中国故事，传播好中国声音，增强在国际上的话语权。"为贯彻这一要求，教育部近期提出要全面推进新工科、新医科、新农科、新文科等建设。新文科概念正式得到国家教育部门的认可，并被赋予新的内涵和定位，即以全球新技术革命、新经济发展、中国特色社会主义新时代为背景，突破传统的文科思维模式与文科建构体系，创建与新时代、新思想、新科技、新文化相呼应的新文科理论框架和研究范式。新文科具备传统文科和跨学科的特点，注重科学技术、战略创新和融合发展，立足中国，面向世界。

新文科建设理念对外国语言文学学科建设提出了新目标、新任务、新要求、新格局。具体而言，新文科旗帜下的外国语言文学学科的发展目标是：服务国家教育发展战略的知识体系框架，兼备迎接新科技革命的挑战能力，彰显人文学科与交叉学科的深度交融特点，夯实中外政治、文化、社会、历史等通识课程的建设，打通跨专业、跨领域的学习机制，确立多维立体互动教学模式。这些新文科要素将助推新文科精神、内涵、理念得以彻底贯彻落实到教育实践中，为国家培养出更多具有融合创新的专业能力，具有国际化视野，理解和通晓对象国人文、历史、地理、语言的人文社科领域外语人才。

进入新时代，我国外国语言文学的教育、教学和研究发生了巨大变化，无论是理论的探索和创新，方法的探讨和应用，还是具体的实验和实践，都成绩斐然。回顾、总结、梳理和提炼一个年代的学术发展，尤其是从理论、方法和实践等几个层面展开研究，更有其学科和学术价值及现实和深远意义。

鉴于上述理念和思考，我们策划、组织、编写了这套"新时代外国语言文学新发展研究丛书"，旨在分析和归纳近十年来我国外国语言文学学科重大理论的构建、研究领域的探索、核心议题的研讨、研究方法的探讨，以及各领域成果在我国的应用与实践，发现目前研究中存在的主要不足，为外国语言文学学科发展提出可资借鉴的建议。我们希望本丛书的出版，能够帮助该领域的研究者、学习者和爱好者了解和掌握学科前沿的最新发展成果，熟悉并了解现状，知晓存在的问题，探索发展趋势和路径，从而助力中国学者构建融通中外的话语体系，用学术成果来阐述中国故事，最终产生能屹立于世界学术之林的中国学派！

本丛书由中国英汉语比较研究会联合上海时代教育出版研究中心组织研发，由研究会下属 29 个二级分支机构协同创新、共同打造而成。罗选民和庄智象审阅了全部书稿提纲；研究会秘书处聘请了二十余位专家对书稿提纲逐一复审和批改；黄国文终审并批改了大部分书稿提纲。

本丛书的作者大都是知名学者或中青年骨干，接受过严格的学术训练，有很好的学术造诣，并在各自的研究领域有丰硕的科研成果，他们所承担的著作也分别都是迄今该领域动员资源最多的科研项目之一。本丛书主要包括"外国语言学""外国文学""翻译学""比较文学与跨文化研究"和"国别和区域研究"五个领域，集中反映和展示各自领域的最新理论、方法和实践的研究成果，每部著作内容涵盖理论界定、研究范畴、研究视角、研究方法、研究范式，同时也提出存在的问题，指明发展的前景。总之，本丛书基于外国语言文学学科的五个主要方向，借助基础研究与应用研究的有机契合、共时研究与历时研究的相辅相成、定量研究与定性研究的有效融合，科学系统地概括、总结、梳理、提炼近十年外国语言文学学科的发展历程、研究现状以及未来的发展趋势，为我国外国语言文学学科高质量建设与发展呈现可视性极强的研究成果，以期在提升国家软实力、构建人类命运共同体过程中承担起更重要的使命和责任。

感谢清华大学出版社和上海时代教育出版研究中心的大力支持。我们希望在研究会与出版社及研究中心的共同努力下，打造一套外国语言文学研究学术精品，向伟大的中国共产党建党一百周年献上一份诚挚的厚礼！

罗选民　庄智象

2021 年 6 月

前　　言

　　本书旨在介绍、阐述形式语言学近 20 年来的发展情况，分上篇和下篇两个相对独立的部分。上篇为句法篇，主要讨论生成语法的现状；下篇为语义篇，主要讨论形式语义学的发展。

　　本书之所以做如此编排，与"形式语言学"这个名称密不可分。根据可查的文献，该名称最初是几名在美国加州工作的生成语法学者——Peter Culicover、Tom Wasow、Adrian Akmajian 等——于 1976 年创造的。他们当时有意召集志趣相投的同行举行一次学术会议，一方面他们希望只邀请坚持用 Chomsky 在《句法结构》(1957) 一书中所开创的形式化理论的学者，排除那些放弃这一传统的生成语义学 (generative semantics) 的学者；另一方面，他们想通过一个名为"数学社科委员会"的机构向美国国家科学基金会申请资助，需要一个与数学相关的名称，以使申请名正言顺。在这两方面因素的驱动下，他们将会议命名为"形式句法"。该会议顺利获得资助，组织得也非常出色，邀请到 Noam Chomsky 等学界名流，会议因此名噪一时 (Culicover et al., 1977)。几年后，这批深受鼓舞的加州学者决定把这个会议接续下去，并赋予其一个正式的名称——"西海岸形式语言学会议"(WCCFL)，并于 1982 年召开了第一届。这个系列会议目前已经召开了 40 余届，享有极高的声望和良好的口碑，形式语言学这个名称也随之不胫而走。这一称谓的诞生交织了 20 世纪 70 年代和 80 年代诸多的偶然因素，所指称的对象未必十分精准，Haspelmath (2019) 甚至称之为"错误的命名"(misnomer)[1]。尽管如此，它远非率尔之举，相反具有深层次的理据。重要的是，形式语言学这个名称将生成语法与形式语义学这两个原本相对独立的理论关联到了一起，凸显了二者的共有特质。本书的句法篇和语义篇之分即来源于此。

　　生成语法和形式语义学之所以被纳入形式语言学这个总称，主要

1　"形式语言学"这个名称的由来涉及多元的研究背景，本书不展开讨论。可以参阅 Culicover et al.（1977）、Chomsky（1990）、Newmeyer（2010）、Haspelmath（2019）等。

有两个方面的原因。首先，它们都脱胎于某种形式理论体系，具有数学、逻辑的学科背景，追求研究的形式化，而这正是哲学和科学意义上"形式"的基本含义之一。就生成语法而言，它从 20 世纪上半叶问世的"形式科学"（formal sciences）中汲取了丰富的灵感，用 Chomsky（1995：4）的话说，"可以认为，生成语法是两种因素的某种汇聚，一种是语言和心智研究中久已忘却的某些关注点[1]，另一种是形式科学提供的新认识"。简言之，形式科学是一套可用于任何算符系统的公理－演绎分析体系，由一组显性的公理（axiom）、由公理派生的定理（theorem），以及明晰的、可验证、可比较的结论组成（参阅 Lees，1957：377–378）。其中，有关算符的可计算性的递归理论与生成语法的创立关系尤为密切。具体而言，美国数学家 Emil Post（1943）开创了一种用于表征递归程序的数学理论，即"递归不可解度"（Degrees of Recursive Unsolvability）理论，为解决自动机和形式语言理论的相关问题提供了基础。Chomsky（1957）基于对该理论的应用与改造，提出了转换－生成语法，把语言结构的生成实现为明晰且固定的程序性推导过程。这种语法是一种演绎性理论，一改之前的结构－描写语言学对语料的归纳、描写和分类体系，在语言学领域引发了一场革命。

就形式语义学而言，它植根于逻辑学和语言哲学，属于形式理论中的分析分支。哲学家 Yehoshua Bar-Hillel 在 1954 年便提出将哲学和语义学相结合的观点，并且，他认为语义学家可以向逻辑学家借鉴，用形式化的方法描写自然语言的语义。1967 年，Bar-Hillel 组织了一个题为"形式逻辑在自然语言论证的评估中的作用"的专题研讨会。Katz、Montague、Hintikka 等学者悉数参加，该会议为形式语义学的形成奠定了基础。早期的形式语义学者，如 Montague、Lewis、Partee 等，大多是哲学家、逻辑学家、数学家；而形式语义学中的诸多重要概念，如组合性原则、涵义与指称、模型理论、可能世界等，均来自哲学和逻辑学。

基于上述原因，形式语言学比以往的语言学理论更为缜密，更符合科学的标准，或者说更具自然科学的性质。不过，形式语言学，特别是生成语法，在后来的发展历程中并没有把形式化作为压倒一切的追求。

1　这里指以 17 世纪法国哲学家笛卡尔等为代表的理性主义传统，其核心关注是为何只有人类有思维和语言，而其他动物没有。参阅第 1 章。

正如 Chomsky（1995）的话隐含的那样，形式语言学同时关注语言的两个方面，一个是心理 / 生物的现实性，即心智 / 大脑的基础，另一个是理论的形式化，前者的地位实际上是高于后者的。为了更好地服务前者，形式语言学逐渐超越了用形式化的改写规则来生成语言中所有合格句子的目标，转而开辟了另一种路径，即从这些改写规则中抽象出更高层次的原则，并把这些原则归因于人类心智中的普遍语法，亦即人类大脑中的语言官能。普遍语法不是生成语言结构的语法本身，而是对语法可能形式的限定。它是由基因决定的，内在于人类的心智 / 大脑之中，高度抽象，其机制和原始项是极其稀少的。在探寻普遍语法的进程中，基于形式科学的改写规则不再是理论中最重要的部分，与之关联的形式化相应地有所淡化（参阅 Chomsky，1990）。尽管如此，形式语言学基于公理演绎的体系并没有改变，形式化依然是其显著特征之一。吴道平（2012）认为，目前真正能够被视为形式语言学的只有生成语法以及它的一些变体，还有就是诸如蒙太古语法等在内的形式语义学。

再者，形式语言学研究的重点是语言系统中不同组成部分之间的关系，包括层级、区域、依存、分布和蕴涵等。这些关系在形式语言学中通过严格定义得到概念化表达，如我们熟知的支配、成分统制、局部区域等。这是"形式"的另一个基本含义，即它主要是对"关系"的研究，而不是对实质、内容或实体等的研究。索绪尔（1985：158）很早就说过："语言的内容要素是思想和声音，语言还可以被比作一张纸：思想是正面，声音是反面。"如果我们以内容为研究对象，"结果就成了纯粹的心理学或音位学。所以语言学是在这两类要素相结合的边缘地区进行工作的；这种结合产生的是形式（form），而不是实质（substance）"。实际上，正如吴道平（2012）所言，当代科学，从物理、化学到生物学，无一不是以形式为主要研究对象的。不断有人批评形式语言学不重视对意义的研究，这是一种误解——形式语义学的研究对象恰恰就是语言意义，只是它是从成分之间的结构关系、而不是从内容 / 实体着手来研究意义的，从形式语义学早期被称为"句法的语义学"可见一斑。形式语义学对"和""或者"等词的研究有极大的兴趣，却很少着力于实词的研究，就是因为前者关联着成分间的关系，与意义的组合性最为相关。实词的语义，除了出于语义组合的需要为它们分配语义类型外，传统认为是形式语义学之外的经验性问题。综上，形式语言学的特点主要有两个：一个是形式化的理论体系，另一个是以语言中的结构关系为研究对象。

本书旨在介绍形式语言学近 20 年来的新发展研究，希望由此增进国内研究者对前沿理论的了解，掌握新的分析体系。我们面临的困难之一是无论是在国内还是在国外，目前还没有一部类似的著作可供参考。为此，我们付出了极大的精力，查阅了难以计数的文献资料并反复加以研读，最终本书涵括了近 20 年来的最新研究发展。不仅如此，本书的内容相较于既有的著作也更为翔实，主题涵盖范围更广，在句法篇中包括了既有著作中一般不包括的形态 / 词库和生物语言学方面的内容，在语义篇中包括了语义学已有研究中尚未系统梳理的本体研究以及方法研究。从这个角度来看，本书在前沿性和全面性上超过了国内外既有的任何一部著作。同时，我们还在控制讲解难度、循序渐进方面下了不少功夫。在撰写过程中，我们在本校的研究生课程中试讲了本书稿。根据使用的效果和学生的反馈，我们调整、优化了本书的内容安排，在正式的讨论之前设置了必要的理论铺垫，介绍基础概念。我们还以大量实例对新的知识点进行演示，帮助学生消化吸收。总体看来，本书的教学效果良好，可以有效地帮助学生初步了解形式语言学的前沿理论。

需要说明的是，本书始终坚持的一个原则是准确地反映形式语言学的现状，做到句句有据可查、有源可循。为此我们大量引用了 Chomsky 等学者的表述，详细标明了相关文献。鉴于目前对汉语的研究还不够成熟，至少在具体的语料分析中还存在不少争议，所以我们对汉语例子的使用比较慎重，只在有把握或者汉语例子有出处的条件下才使用。另外，我们始终聚焦于对主流理论的介绍和阐述，对其他理论着墨不多。

本书的句法篇部分共有 6 章，主要内容如下：

第 1 章概括性地介绍生成语法最新的理论模型——最简方案，包括其形成的背景情况、理论架构的分期、主要特色和基本主张。本章指出，最简方案发轫于 20 世纪 90 年代，是生成语法迄今为止使用时间最长的一个理论模型。它经历了早期版和近期版两个发展阶段。早期版以 Chomsky（1993，1995）为代表，主要受方法最简论驱动，以"概念必要性"为指导思想，要求在理论建构中只使用必不可少且自然的概念，剔除一切超出必要性范围的原始项和公理，尽可能地消除工程性的解决方案和硬性的规定。近期版发轫于 21 世纪初，主要代表作为 Chomsky（2000a，2001）及其后续著述。它更多地受实质最简论驱动，以"强式最简命题"（Strong Minimalist Thesis）为指导思想，认为语言官能只做最简单的递归性组合操作，语言的其他特性均源自接口条件和"第三因素"原则——不为语言官能专用的生物乃至物理的法则，如效率计算等。在这两种最简论的指导下，最简方案在概念的简洁性和经验的完备性方面均有了极大提升。此外，它还与生物学实现了更为紧密的结合，在语言演化等方面的研究中取得了新的进展。

第 2 章讨论的合并（Merge）操作是最简方案中语言成分的组合机制，也是普遍语法所决定的唯一内容。按照最新的理论，合并负责把两个句法客体（α, β）放入同一个集合，从而形成一个新的句法客体 {α, β}，即新的表达式。合并是最简单的组合操作，一次只能操作两个句法客体，而且不得添加、删除或改变其特征，同时也不能指定其线性顺序。合并分两个种类：如果 α 和 β 互不相同，称"外合并"；如果 β 是 α 的一部分，即来源于结构中已有成分，则称"内合并"。外合并和内合并形成的客体是相同的，都是 {α, β}，它们遵守的条件和具有的性质也是相同的。如此，合并这个简单的计算操作派生出了人类语言的基本特性——包含层级结构的离散无限性和易位。

第 3 章"语段推导"包括两个方面的内容：一致操作和语段推导。一致操作是将不同句法客体中的特征进行关联，包含未定值一致（φ）特征的功能性中心语（T 和 ν）是探针，它在其补足语区域寻找一个包含定值的 φ 特征的目标，从而使自身未定值的特征得到赋值。该操作切断了不可诠释特征与移位的必然联系，派生出经济原则的很多效应，如不得已、最简性、拖延等；语段推导则是一个集限制计算区域、减少词库资源访问、确保推导循环性、负责向接口移交等多种功能为一体的概念。语段由包含未定值特征的中心语定义，至少有 CP 和 ν*P 两个语类。句子结构的推导是以语段为单位逐步完成的。该理论的核心是"语段不可穿透性条件"，它规定当某个语段构建完毕后，其补足语区域被移交给接口，从而不再接受进一步的操作。只有中心语 H 和其边缘仍然可以操作。语段不可穿透性条件允许语段内部的成分通过边缘移出，从而衍生出推导严格循环（逐级循环）的性质。换言之，语段在句法中具有某种中枢作用，除合并之外的所有推导均发生在语段的边界之内。

第 4 章讨论的"加标理论"是合并操作的补充，负责对合并生成的句法客体进行识别，以使其在接口得到诠释。加标是通过最小搜索完成的，以客体中最显著的中心语或者特征为探测目标。加标有两种基本情形。第一种是 {H, XP} 形式的句法客体，H 是中心语，XP 是短语。此时，最小搜索选取 H 作为标签，使客体 {H, XP} 在接口被识别为 H。第二种是 {XP, YP} 形式的客体，XP 和 YP 都不是中心语。此时，最小搜索无法得出一个确定的结果来识别整个客体的身份，加标失败。然而，可以通过两种方式对该客体加以挽救：一是对客体进行改造，移出集合中的成员之一，只保留一个可见的中心语，使之成为标签；二是两个中心语通过一致而共享某个显著特征，并以该特征充当该句法客体的标签。

第 5 章介绍了生成语法在形态 / 构词方面的最新发展，特别是近 20 年中发生在该领域的一种新的理论走向，即非词库论。它主张压缩和精简词库，尽量把对语言事实的解释交由句法以及后句法的诠释系统承担。更具体地说，非词库论认为语法中不存在构词和造句两个相互独立的部门，不存在独立于句法之外的形态 / 构词规则。相反，句法操作不仅作用于词以上单位，也是构词的主体机制。构词必须遵守句法规则，其推导受句法性局部区域条件的限制。换言之，词跟短语一样，也是由句法组合而成的音 – 义匹配系统。

第 6 章以语言的演化与外化为主题，介绍了与最简方案密切关联的生物语言学理论。生物语言学从生物学的视角对语言的研究，旨在揭示语言的生物基础的一项跨学科研究。在语言演化方面，它致力于解答两个基本问题：第一，为什么存在语言？第二，为什么有多种语言？对于第一个问题，生物语言学认为某个微小的基因突变导致了脑神经网络的一次"改线"，连接了若干关键的脑区，形成了一个完整的计算系统，最终演化为人类语言。该演化形成的表型即人类语言的基本特性——递归构建包含层级结构的表达式，并使其获得确定的语义诠释。对于第二个问题，它的答案是：语言在出现后的某个阶段，因为明显的益处得到外化，即与感知 – 运动系统实现了连接，从而被征用为交际工具，语言的多样性也随之产生。

语义篇也有 6 章，主要内容如下：

第 7 章针对"意义这块蛋糕如何切分"这一由来已久的问题，通过追溯历史上语义和语用的不同分界标准，讨论标准之间的冲突，以及形式语义学意义标准的切换和语义研究范围扩大的关系，解释为何原来属于语用研究的核心话题，包括含义、预设、言语行为、直指词、语境等，近年来几乎无一例外成为语义学讨论的重要课题。同时，通过说明传统语用话题下语义学研究的特点、比较形式语义学开创初期语义／语用的划界和今天动态语义学框架下语义语用的对话，强调语义和语用的分界一直存在，无论是非真值义、语境，还是"动态性"，都不能成为区分语义和语用的标准。是否受词汇语义和语法驱动才是区分的关键。

第 8 章呈现语义的多维性，聚焦在言义和非在言义这一语义区分。从投射性作为预设的专门属性开始，到对包括规约含义、具有断言惰性的蕴涵、言外义等多种具有非在言表现的语义类型的刻画，讨论涵盖丰富的子类型以及子类型之间的区分，并辅之以诊断测试方法的介绍。在呈现在言义和非在言义多样表现的同时，本章也通过模型解释揭示在言和非在言以及非在言子类型之间的共性和差异。另外，语义的多维性也带来不同维度语义如何组合的新问题。研究表明，语义的多维性和多维语义分析不能简单地等同起来。

第 9 章阐述在语境主义占主导地位的哲学背景下，形式语义学从真值和组合论角度出发开展语境研究的独特魅力，分析语境影响真值的途径，讨论组合原则和语境原则之间的张力。形式语义学信奉模块论，更注重对语境依赖过程的刻画以及对语境依赖性本质的甄别。这使语境是否影响语义这样一个笼统的问题得以细化为以下问题：有哪些语境因素？这些语境因素以何种方式影响语义？语境因素导入的限制条件是什么？形式语义学框架下开展的对语境的精细化研究是对现有语境研究的丰富、拓展和深化，尤其是在语境影响语义的层面和途径、语义组合和语境依赖性关系、语境参数类型、语境因素本质的区分方面做了开创性的工作。

第 10 章讨论语义诊断测试的基本方法和发展趋势，以及如何在开发和运用诊断测试方法时避免可能存在的误区和陷阱。在语义学研究对象从真值条件向规约性标准的转变趋势下，语义学研究扩展到多个层面的语义，使语义研究呈现日趋细颗粒度的发展态势，也使诊断测试方法的作用日渐凸显。在语义诊断测试方法的开发方面，我们强调定义的清晰性和测试的针对性，尤其对语义重叠造成的测试误区加以特别提醒。在语义诊断测试的运用方面，指出有哪些类型的例外和反例、如何区别对待这些例外和反例，并提出诊断测试的跨语言适用性问题。由于跨语言语素、词汇、结构的差异，语义诊断测试方法并不一定具有跨语言普遍适用性。

第 11 章探讨实验方法对语义学研究的特殊意义，重点介绍语义研究必须凭借实验才能开展的课题，以及这些实验是基于怎样的语义学理论思考，对语义学理论研究又会产生哪些影响。讨论的专题包括语义和语用的分界、隐性成分的甄别、语义属性 / 表征心理现实性的验证等。实验对于语义学研究的意义一方面在于填补理论分析方法的空白，使语义和语用的动态关系以及语义组合的内在机制得到更精细的研究。另一方面，实验的独特意义在于其提供的认知视角。这一视角和语义学学科定位密切相关。语义学是数学还是心理学的问题已经提出 30 多年，但从实验层面协调两种语义观的努力才刚刚起步。零星的实验涉及抽象的语义属性是否具有心理现实性、以真值为核心的语义表征能否更好地反映认知过程等前沿话题。以形式语义学理论为基础，通过实验方法对认知心理进行探索，是连接形式语义学和语义能力研究的有益尝试。

第 12 章"语义本体研究的探索"描绘形式语义学本体研究发展的大致脉络，梳理了事件、情境、喻示等重要本体概念以及部分整体关系在自然语言中的体现。本章还通过名词化个案研究，指出本体类型定义、本体属性甄别以及相关语言证据挖掘的重要性，并从词汇语义学和语义组合角度指出开发常识本体、丰富类型系统的必要性。本体研究是关于存在的研究，形式语义学是关于自然语言和外部世界的指称理论，存在和指称的密切联系使本体研究在形式语义学研究中占有非常特殊的地位。从经典的模型结构提出到今天，形式语义学的发展历史很大程度上也是本体概念和结构不断丰富和发展的历史。

在本书完稿之际，我们深感有必要对下列机构和个人表达最诚挚的谢意，他们向我们提供了各种形式的支持和帮助。首先是我们的导师徐烈炯教授，是他把我们带入形式语言学的研究。他撰写的《生成语法理论》和《语义学》是引介形式语言学理论的两部经典之作，也是本书效仿的对象。其次，许多国内同行多年来对最简方案的诸多话题进行了普及与介绍，撰写了大量论著，对我们有颇多启发。篇幅的限制使我们不能对他们的工作一一列举，只能一并表示谢忱。再次，有很多同行和学生参与了书稿的审阅工作，提出了大量宝贵的修改意见，包括宁春岩、田启林、杨炎华、安丰存、熊建国、陈哲、刘莹、朱文清、祝赫等，提升了书稿的质量和可读性。本书语义篇的第 9 章至第 11 章曾以单篇的形式于《当代语言学》刊出（此次有修改），新增章节的撰写得到教育部哲学社会科学研究重大课题攻关项目（19JZD010）的资助。最后，我们要向中国英汉语比较研究会、上海时代教育出版中心和清华大学出版社外语分社致以崇高的敬意，他们为本书的写作提供了直接的动因，并对书稿进行了出色的编辑工作，在我们撰写过程中给予了多方面的支持。

程工 沈园

2022 年 9 月

目　　录

上篇　句法篇

下篇 语义篇

上篇
句法篇

第1章

总　　论

1.1　引言

　　法国哲学家笛卡尔（2000：45）曾经说过："人不管多么鲁钝、多么愚笨，连白痴也不例外，总能把不同的字眼排在一起编成一些话，用来向别人表达自己的思想；可是其他的动物相反，不管多么完满，多么得天独厚，全都不能这样做。"用更加现代的方式来表达笛卡尔的观察，那就是：语言是一种物种属性，为人类独有，且为人类共有。只有人能够把不同的词项组合成包含层级结构的整体，把声音和意义联系成离散开放的系统，形成无限多样的表达，执行林林总总的功能。人类语言系统在生物界绝无仅有，在自然界独此一例，与诸如人工智能在内的各种人造系统也截然不同。不仅如此，语言在很大程度上造就了人类，是人之所以为人的典型标志，是人类脱离非人类，现代人（晚期智人）揖别非现代人的根本性因素之一[1]。

　　在当代，生成语法致力于以完备的理论体系解释语言所体现的物种特性。自 20 世纪 50 年代问世以来直到现在，它一以贯之的主张可以称为语言的"生物禀赋观"，即人类认知系统中有一个特定的部分专门负责语言能力，可以称为"语言官能"（language faculty）[2]。该官能是人类

---

[1]　这里所说的非现代人指人科的其他旁系，其中距离我们最近的是尼安德特人，他们四万年前左右还生活在今天欧洲和西南亚的一些地区。目前没有任何证据表明他们拥有语言能力。

[2]　"语言官能"还有"语言获得机制"（language acquisition device）、"语言器官"（language organ）或"语言本能"（language instinct）等不同叫法，在不同的理论发展阶段，这个概念有不同的内涵。参阅 1.3.1 节。

生物禀赋的一部分，它与人脑中的其他认知系统相互作用、相互配合，使我们可以说出并理解母语中数量无限的表达。在它的作用下，儿童能够以大致相同的努力和速度，经历大致相同的阶段，在相对贫瘠的语言输入的基础上，获得人类语言中的任何一种。相比之下，猫和狗这样的宠物，尽管与人朝夕相处，经历与人类大致相同的语言输入，但在它们的交际系统中却察觉不到任何人类语言的痕迹。

生物禀赋论与行为主义的语言观是尖锐对立的。在生成语法出现之前，行为主义深受结构描写语言学者的拥护，支配了 20 世纪上半叶的语言研究，直到现在仍然或明或暗地有一些影响。它把语言能力视为外部环境塑造的结果，或者来源于某种"通用的学习机制"，是通过模仿、记忆、纠正、强化这样的过程获得的。因此，行为主义学者根本没有设想过语言官能这个概念，相反竭力地把大脑／心智排斥于语言研究之外。然而，当代的研究已经证明，外部环境尽管不可或缺，但它不能脱离语言官能而导致语言的发生与发展，它的作用也完全无法匹配语言知识的丰富性 [1]。正如 Ott（2007）形容的那样，外部环境之于语言就如车钥匙之于汽车一样，没有车钥匙固然无法启动汽车，但车钥匙不足以确保汽车的正常工作。基于学习理论，Nowak et al.（2002）令人信服地说明，如果没有某种生物禀赋的限制和筛选，外部数据根本没有发挥作用的基础。他们指出：既然每个儿童都能在 6 000 多种现存的语言中习得任何一种，同时又不能把它们全部掌握，那就可以断定人脑中一定有某种机制，限制了儿童可习得的语言的数量。"学习理论表明，在数据之前一定存在一个有限的检索空间。我们用'数据'指儿童用于学习语言或修正其语言获得程序的语言或非语言信息。因此，在我们的术语体系中，'数据之前'等同于'先天的'。"（Nowak et al.，2002：615）实际上，生成语法在生物禀赋与外部刺激的关系问题上的看法是理论生物学的标准观点，体现了语言学与生物学／心理学不可分离的关系。以视觉能力为例，正如 Hubel & Wiesel（2005）指出的那样，外部刺激是视觉能力必不可少的因素，但其作用的前提是必须存在一个包含内部发育程序和相应结构的视觉系统。从大量既有的研究来看，在所有的认知系统之中，都普遍存在外部刺激和实际能力的鸿沟，真正决定认知能力的是生物禀赋，而不是外部环境。

---

1 这体现在"刺激贫乏论"（the Poverty of the Stimulus Thesis）之中，大意是：外部环境不足以决定语言能力的发展。

生物禀赋论为语言研究提供了一个全新的视角。千百年来，语法分析的惯常做法是在语言中划分出各种不同的构式（construction），即短语和句子的类型，然后分门别类地对它们进行特征描写和规则构拟。在这样的体系中，每个具体语言包含的构式几乎是无数的，而且跨语言的差异几乎是无限的。尽管语言确实有多样性的表象，但从生物禀赋的视角来看，这样的结构描写和规则系统是不充分的、不全面的，因为语言心智／大脑中专用于语言的操作和原则必然是有限的，语言之间的差异必然是微小的、边缘的。在生成语法中，这种相互矛盾的要求被称为描写充分性和解释充分性之间的张力：描写充分性要求设置庞大的规则系统来产出不同的构式，并且还要为不同的具体语言设置相应不同的规则；解释充分性则要求规则的数量不能太多，同时也要求各个语言中的结构规则是相互通约的。

在生成语法 60 余年的发展历程中，描写充分性是其最初 20 多年的主要目标。它主要是一个规则系统，由短语结构规则和转换规则两个部分组成，稍后又增加了词库[1]。短语结构规则是大家比较熟悉的改写规则，诸如"S → NP VP""VP → V NP""NP → Det N"，等等。它用于把从词库中选取出来的词项组合成各种不同的结构；转换规则负责以移位、并列、删除等方式，对短语结构规则的输出进行进一步的改造和调整，形成被动句、疑问句、命令句等各种不同的变式；词库则负责列举每个词项的个体性属性，此外还负责以独立于句法的构词（形态）规则把语素组合成词项（参阅第 5 章）。规则系统实现了以明晰的方式生成所有合语法的句子，且排除所有不合语法的句子的目标，比较准确地反映了本族语者的语感，基本达到描写充分性的要求。

到了 20 世纪 80 年代，生成语法实现了一个重大的理论突破，进入了所谓的"原则与参数理论"（简称"原－参理论"；又常称"管辖与约束理论"，简称"管约论"）时期[2]。在这个模型中，语言一方面有一组既

1　短语结构规则和转换规则是在生成语法的奠基之作《句法结构》（Chomsky，1957）中提出的，词库则是由《句法理论若干方面》（Chomsky，1965）正式引入生成语法的理论体系。实际上，正如很多研究者指出的那样，在 Chomsky（1955）中，一个相当完备的理论体系已经建立起来了。但该著作迟至 1975 年才正式出版，对当时的研究影响有限。

2　严格讲来，"管辖与约束理论""管约论"都是非正式的名称，起源于该模型的奠基之作《管辖与约束演讲集》（Chomsky，1981）。另外，不少研究者把管约论与最简方案并列为原－参理论中的两个不同模型，我们则把原－参理论和管约论视为近义词，而把最简方案当作一个独立的体系。

相互独立又相互作用的普遍语法原则，它们来源于人类的生物禀赋，因此凌驾于具体的构式和具体的语言之上，限定了语言差异的边界；另一方面，普遍语法原则不是完全封闭的，而关联若干参数。各种语言和各种构式即是参数设定的结果。由此，语法构式及其相关的构式规则不再是普遍语法的直接作用对象，而是原则相互作用和参数设定的结果。换言之，按照原－参理论，普遍语法只包含原则以及与之相关联的参数；规则不是普遍语法的一部分，而是参数设定后形成的系统。这一设想很大程度上化解了描写充分性与解释充分性的张力，使普遍语法既能保持极小的数量，又可以产出无限多的语言与结构。

原－参理论被公认为句法研究中一个史无前例的新型体系，既能体现语言中共性不变的部分（原则），又能解释跨语言的差异与变化（参数）。随着它的建立，生成语法逐渐达到了解释充分性的目标（1.2 节有更为详细的讨论）。Chomsky（2002：95）曾给它高度的评价："千百年来，（语言学）课题的整个历史就是规则与构式的历史，早期的转换语法，即生成语法延续了这个历史。因此早期生成语法有一种很强烈的传统气息，……比萨讨论推翻了整个架构，……它开启了这个领域一段激动人心的时期。实际上我认为，可以公正地说，过去 20 年对语言的了解超过了之前的两千年。"[1]

到了原－参理论时期，语言的生物禀赋观逐渐成为生成语法学界无可置疑的共识，在范围更广的相邻学科中也赢得了普遍认同。在此背景下，以 Chomsky 为首的一批研究者又开始把注意力投向更高层次的目标。这些目标中非常重要的一个是：既然对语言事实的解释已经相当充分，覆盖面已经相当完备，那么能不能对语法体系进行较为彻底的简化呢？这种对简约性及其相关标准（如节俭性、自然性）的追求最终导致"最简方案"（亦称"最简论"）的出现。

学界比较一致的看法是，可以从两个方面理解最简方案中"最简"的含义。第一个方面经常被称为"方法最简论"（methodological minimalism）（参阅 Chomsky，2000a；Martin & Uriagereka，2000）。在这个意义上，最简方案是一种对理论简约性的追求，是对诸如"奥卡姆剃刀"（Occam's razor）方法论的应用，即在其他条件相同的情况下，理论越简洁越好，越复杂越差。爱因斯坦曾经说过："如果我们决

---

1 D'Alessandro（2019）列举了在生成语法的目标和方法引导下取得的一组具体的成果，称"中级覆盖率的结果"，共计 60 余条，可供参考。

心使我们的理解最大化，就必须致力于一种高度特征性的努力，以使解释所需要的理论假设最小化。"[转引自 Epstein & Seely（2002：2）] Chomsky（2019：264–265）也指出："伽利略有一个箴言，已经很好地服务了科学长达 500 年，因此值得认真对待，即自然事实上是简约的，科学家的任务是证明情况确实如此，无论是行星的转动、潮汐、鸟的飞翔，还是我们领域中语言的本质。"Martin & Uriagereka（2000：1）更是明确地说道："在核心科学中有一种理所当然的驱动，即关于世界的理论应该简约和无冗余（或者叫"奥卡姆剃刀"）。即使在更为具体的语言学科中，这一工作假设也已带来了不可否认的成功。从这个角度来看，最简论只是用了一种新的方式来指称许多人长期以来都在做的事情：寻求以最佳的方式营造某个特定研究领域的理论。"

回过头来看，方法论意义上的最简论具有很强的启发性和纠正性价值。在原 – 参理论时期，很多研究者在对具体语言的分析中，面对经验事实的巨大压力，提出了没有独立动因的分析层级、结构表征和硬性规定，弱化了原则的要求，或者过度设置了参数，从而偏离了简约性要求（详见 1.2 节）。Chomsky 把这类做法称为"工程性解决方案"，而非"真正的解释"（详见 1.4.3 节）。方法最简论对于纠正这一偏差发挥了重要作用。

"最简"的第二个含义是：语言官能是简约的、优雅的、经济的、无冗余的。换言之，"最简"体现的不仅是一种方法论，一种对简约理论的追求，更重要的是它体现了一种本体论，即语言官能本身是简约的。文献中经常把这个意义上的"最简"称为"实质性的"（substantive）。之所以有这样的认识，是因为长期的研究证明，一方面语言官能在计算上体现出有效性（efficiency），亦即经济性要求（1.3.5 节有更为详细的讨论），另一方面过于复杂的语法机制与生物语言学的发现相抵触，是无法演化出来的（参阅第 6 章）。Chomsky（2015a）在追述最简方案诞生的原因时指出，自 20 世纪 50 年代起逐渐成形的生物语言学说明，"任何对普遍语法的复杂化都会对最终解释语言官能的演化造成障碍。因此，存在一个额外的而且是令人信服的原因，来寻求对普遍语法的最简约的表述，尽可能地消除硬性规定、冗余以及其他复杂化的东西。在这样一个整体框架之内，最简方案是这一追求的最新版本"。

方法最简论和实质最简论是不同的、相互独立的两个概念，前者旨在改进理论，后者旨在探讨语言官能在设计上是否具有某种程度的完美性。然而，两者之间也有密切的联系。正如 Boeckx（2006）所说，最简方案对自然现象和理论建构的理解遵循的是一种伽利略视野（Galilean vision），主张简洁性不仅是对研究方法和理论规定的要求，更是自然界本身的运行方式。Chomsky（2007a：1）的看法与此相同，他指出："在生物语言学框架中，简洁性、优雅性等这些方法论上的考虑经常可以被重塑为关于有机系统的普遍的经验上的命题。"Chomsky（2002）曾经做过一个比喻：即使对某个很糟糕的客体，比如说一台设计得很差、经常出毛病的老爷车，如果你想为它开发一个理论，你依然希望这个理论尽可能的好。在此基础上，你可能会进一步追问：我们正在研究的客体在多大程度上具有优化的设计，它是不是以最佳的方式满足了某些外部的条件？换言之，方法最简论和实质最简论在最简方案中的融合不是一种偶然，更不是异想天开，而是对伽利略视野的一次实践，对科学理论建构的普遍方法的应用，也是生成语法不懈的理论追求的结果。

至于最简方案中的"方案"（program）一词，是科学哲学家 Lakatos 在《科学研究方法论》中提出的一个概念，比较通行的译法为"纲领"[1]。他认为，不同于理论，纲领不是由某个单一的、固定的假说组成，而是由多种相互竞争的理论构成的体系，通过后出的理论取代已有的理论来获得进步。纲领中有一个"硬核"部分，是其必须坚持的，起着指导科学发现的作用，不随理论的变化而变化。还有一个由辅助性假设构成的"保护带"，当研究纲领与经验事实不一致时，可以通过对保护带的修改来消除矛盾。纲领还有一组启发法（heuristics），可以从正反两个方面来丰富、完善和发展研究纲领（参阅 Boeckx，2006：87–91）。Chomsky（2000a：92）多次表达了如下观点：

> 人们应该记住，它（即最简方案，笔者注）是个纲领，不是理论，甚至比原则与参数方法更不像理论。有最简问题，但没有最简答案，除了在按照纲领所进行的探讨之中发现的答案之外：也许它毫无意义，或者有意义但不成熟。这个纲领以所有语言研究所共有的目标——即发现正确的理论——为前提，然后进一步探究语言为什么是这个样子的。（斜体为原文所加）

---

1 笔者之一是最早把 Minimalist Program 译为"最简方案"的人之一（程工，1994）。从本段的论述可以看出，这个译法不尽妥帖，更好的译法应该是"最简纲领"或者"极简纲领"。然而，鉴于"最简方案"这个译法长期以来已被广泛采用，遵循约定俗成的原则，本书沿用。

　　总之，"最简方案"这个名称体现的意思大致是：按照科学研究中通行的简约性原则，以语言官能是简约的这一假设为指导所建立起来的一个研究纲领，其具体的内容、结论乃至发展方向有待在探索的过程中加以固定。此外，最简方案在方法论方面也包含一组启发法，即当经验事实与理论预期发生张力的时候，尽可能地摆脱不自然的概念、技术性的解决方案以及硬性的规定，等等。

　　最简方案的出现离不开生成语法问世以来各个先行阶段的成果积累，是长期探索的无缝延续，与原－参理论的承接关系更是毋庸置疑。然而，值得强调的是，它对先行理论进行了较为彻底的革新，呈现崭新的面貌和鲜明的特色，启动了新的理论追求（参阅 Chomsky，2004）。Chomsky（2015a：ix）下面的这段话大致体现了最简方案不同以往的特色：

　　　　最简方案尽管是早期工作的直接延续，但确实提出了一个有时被称作"自下而上研究普遍语法"的新的研究纲领[1]。为了贯彻这个纲领，我们寻求为语言必须满足的条件提出一个"完美的"解决方案，然后探讨实际语言中众多复杂而又多样的现象在多大程度上能以这样的方式得到解释。

　　在新研究纲领的引领下，最简方案取得了重大的理论进展，内部经历了几次深刻的变革。伴随着理论的发展，一批新的概念已经落地生根，引导出大量富有成效的研究，极大地重塑了我们对语言的认知，其潜在的能量还有宽阔的释放空间。不仅如此，它还与相邻学科，特别是生物学实现了良好的衔接，引发了生物语言学的复兴与发展（参阅第 6 章）。在这个意义上，最简方案当之无愧地构成了生成语法中一个新的研究模型，而不简单是原－参理论的发展和延续。

　　以上我们简要介绍了最简方案出现的背景及其基本含义。本章的余下部分将作全面、详细的阐释。我们将围绕四项任务展开。第一，简要介绍原－参理论的基本情况，剖析其主要的不足，以此为最简方案的理论变化提供背景知识；第二，勾勒早期最简方案的主体面貌，为后续讨论作进一步的铺垫；第三，介绍近期最简方案中的理论假设，重点阐述核心概念的内涵；第四，介绍句法篇的章节安排。

1　有关"自下而上研究普遍语法"，请参阅 1.4.2 节。

1.2 原则与参数理论

前面谈到，原－参理论是生成语法乃至整个语言研究历史中最重要的突破之一。它一反以规则为基础，逐个描写具体语言和具体构式的传统做法，在概念上提出了一组跨语言、跨构式的普遍语法原则，初步实现了解释的充分性；在经验上它覆盖了范围广泛的跨语言事实，对语言比较分析产生了强大的引领作用。然而，从更高的理论要求来看，它明显存在若干缺陷和不足。最根本的一点是，它的体系过于庞大、复杂，导致了一系列的问题。20 世纪 70 年代和 80 年代，生成语法的核心理论目标是解释儿童为什么能够获得语言能力，以及这个能力的获得为什么具有快速性和一致性等特点。这一现象被 Chomsky（1986a）表述为"柏拉图问题"：为什么人与外界的接触如此短暂、个体化，但获得的知识却如此丰富，而且如此共有呢？为了解答这个问题，人们很自然地设想：在人的心智／大脑中存在一个丰富的、高度结构化的普遍语法系统。它由基因决定，既不同于其他认知系统，也不为非人类动物的交际系统所有。语言中不可通过学习获得的部分均是由普遍语法赋予的。Chomsky（2007a：4）把这种路径称为"自上而下"（from top down）的方式：把尽可能多的东西归因于普遍语法，只有这样才能够解释儿童语言获得的现象。按照这种设想，儿童语言获得涉及两个方面的因素：若干年的学习经历和百万年的演化，前者指儿童在所接触的语料基础上对语言规则的归纳，后者则指基因决定的生理禀赋，即普遍语法。

在 Chomsky（2007a）所说的"自上而下"方式的指导下，原－参理论中的普遍语法主要包括以下内容。首先，它有若干既相互独立又相互作用的原则子系统。它们被认为是语言专属的，每个都具有自身的原始项、操作方式和局域条件。其中，最为重要和知名的如（1）所示（参阅 Ouhalla, 1994）：

（1）原则子系统
    a. X 阶标理论（X'-theory）   b. 题元理论（θ-theory）
    c. 格理论（Case theory）   d. 约束理论（Binding theory）
    e. 控制理论（Control theory）f. 移动理论（Movement theory）
    g. 管辖理论（Government theory）

在上述各子系统中，X 阶标理论负责为结构的组合提供模板。它规

定任何一个短语都可区分出中心语、补足语和标志语三种结构关系，分
最小投射、最大投射和中间投射三个层次（参阅第 2 章）。题元理论要
求每一个论元在句中都必须承担某个题元角色（如施事、客事等），反
过来，每一个题元角色都必须有一个论元来承担。这种论元和题元角色
一一对应的要求在文献中称"题元准则"（θ-Criterion）。（1c）～（1e）
三个模块主要用于调节名词性成分的分布，其中，格理论规定名词短
语必须处在合适的结构位置以获取一个（抽象的）格位；约束理论从
指称的角度区分出照应语、（普通）代词和指称语三类名词性成分，分
别规定了它们在局部区域中的依存关系；控制理论把不定式主语 PRO
定义为 [+ 照应性，+ 代词性]，在此基础上限定了它的分布和指称
特点。此外，移动理论（1f）是专用于限制移位的部门，主要由领属
（subjacency）条件和空语类原则组成；管辖理论（1g）负责为各个子系
统提供共有的结构基础。

其次，原–参理论设置了四个句法分析层面，包括 D- 结构、S- 结构、
逻辑式（简称 LF）和音系式（简称 PF），如（2）所示：

（2）

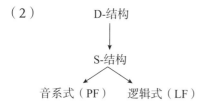

在（2）中，首先，D- 结构是句法推导的起点，负责把后者需要的
词项从词库里选取出来，按照 X 阶标理论提供的要求和模板安排成结
构。从这个意义上说，D- 结构是词库和句法之间的一种内部接口。其次，
D- 结构按照题元理论的要求，把题元关系一对一地表征到语法关系上
（Chomsky，1981），即把被赋予了题元角色（施事、客事）的名词短语
都放在论元（主要是主语或宾语）位置上，而把未被赋予题元角色的名
词短语排除在这些位置之外[1]。值得注意的是，D- 结构被赋予了递归的功
能，为此造句时它需要把所有的词项一次性地选取出来，不管这个句子
是否包含内嵌句，或者包含多少个内嵌句。S- 结构是移位操作对 D- 结

---

1 D- 结构的设置在很大程度上是为了区别控制（control）和提升（raising）两种不同
的结构: 前者的主语位置在 D- 结构被占据，后者的主语位置在 D- 结构则空着，如（i）
中两句的对比所示: (i) a. [John wants [PRO to kiss Mary]]（控制结构）; b. [Δ seems
[John to like Mary]]（提升结构）。

构进行改造后所形成的结果。从以下这个简单的被动句可以看出 D- 结构与 S- 结构的关系：

（3）a. D- 结构：__ was defeated John
　　 b. S- 结构：John$_i$ was defeated t$_i$

在（3）中，一方面，题元理论要求 John 处于动词的补足语位置，以此获得客事（受事）角色，形成（3a）这样的 D- 结构；另一方面，格理论要求所有的名词短语都必须被赋予格位，而被动动词 defeated 不能赋格，因此，其宾语必须移位到 [Spec, TP] 位置以便获得主格，由此派生出如（3b）所示的 S- 结构。John 移位后在原位留下了一个语迹 t。尽管语迹没有显性的语音实现，但却是一个具有独立句法特性的成分。它与 John 具有相同的下标 i，表示它们具有相同的指称。

（2）中的逻辑式和音系式是句法与语言使用系统的接口层面。其中逻辑式与概念 – 意向系统（conceptual-intentional system）相连接，负责语义诠释；音系式与感知 – 运动（sensorimotor system）系统相连接，负责音系解读。原 – 参理论以 S- 结构为分界点把句法分成显性的和隐性的两种：S- 结构中的表征可以输送到音系式，所以有语音实现，称显性句法；而其后的逻辑式则与音系式是脱钩的，即没有语音实现，称隐性句法。逻辑式具有的隐性句法的特性在原 – 参理论中被加以延伸，用于解释一些表象上的跨语言差异。例如，在疑问句中，英语的疑问词必须显性移入 CP 的标志语位置 [Spec, CP]，而在汉语中则观察不到这样的移位。黄正德（Huang，1982）依据两种语言在疑问语义上的共有特点，提出汉语跟英语的疑问词必须经历相同的移位历程，只不过前者的移位发生在逻辑式，后者的移位发生在 S- 结构。

设置 D- 结构、S- 结构、逻辑式和音系式这四个表征层面，结果就是前文提到的对普遍语法的复杂化。Chomsky（2004：148）指出，它们意味着语法中"存在五个相对独立的生成系统，每一个本质上都是一个独立运行的循环（cycle）"，"一个形成 D- 结构，一个转换循环把 D- 结构映射到 S- 结构，一个隐性的转换循环把 S- 结构映射到逻辑式，某个东西把逻辑式映现到语义接口，形成组合语义，另有某个东西把 S- 结构映射到音系式"。这五个循环本质上是相同的，形成了严重的理论冗余[1]。

第三，原 – 参理论的另一个特点是它在句法推导过程中衍生出大量

1　最简方案目前已经形成了一个单一循环的模型，3.7.2 节对此有较为详细的讨论。

的超出了词项自身性质的客体。例如，X 阶标理论引入了推导的阶标，包括最小投射、中间投射和最大投射三层，分别标记为 X^0、X' 和 XP；移位操作引入了语迹（t），即在原处留下一个具有独立句法性质但没有语音内容的实体。约束理论引进了标引（常用下标的 i、j、k 表示），用于建立名词短语的指称依存关系。严格讲来，我们耳熟能详的 NP、VP、CP 等短语标签也超出了词汇自身的特性，也是推导衍生的客体。

第四，原 – 参模型中的不少概念不够自然，或者说是硬性规定的，而不是从某个原始概念派生出来的。以"管辖"为例，它用于描述成分之间的句法关系，为语法提供一个统一的结构基础，所以在几乎所有的原则子系统中都能找到它的身影。就格理论来说，管辖是格分派的局部区域条件。可以分派格的中心语称"管辖者"，包括（定式的）屈折（Infl）、（及物）动词（V）和介词（P）三种，名词性短语只有与它们处在最紧密的结构关系时，格分派才能完成。这种意义上的最紧密的关系分为两种：一种是最小的成分统制（C-command）关系，涉及宾格/斜格分派的中心语 – 补足语关系，另一种是处于同一个最大投射之中，称最大投射统制（M-command）关系，涉及主格分派的标志语—中心语关系。例如：

（4）[IP Mary [I' I^0 [VP believes him]]]

在（4）中，动词 believes 与宾语 him 是姊妹关系，因此是最近的成分统制 him 的管辖者，所以可以赋予它宾格；I^0 是分派主格的管辖者，虽然不能成分统制 Mary，但与后者处于同一个最大投射之中，即最大投射统制它，所以可以赋予它主格。不难看出，成分统制和最大投射统制是互不兼容的，比如最大投射统制 Mary 的 I^0 实际上不能成分统制它。除此之外，格分派还涉及另一种结构关系，即中心语—下层小句主语之间的关系，体现在例外格标记[1] 之中，如"Mary believes him to be smart."一句中的 believe 和 him。例外格标记现象使格理论中的管辖者和被管辖者的关系更为复杂，区域条件更难定义。不仅如此，管辖还规定了题元角色分派、约束等的句法区域，PRO 和空标句词的分布，以及移位的局域限制，等等。这些结构位置累加起来，使管辖成为一个几

1　例外格标记（Exceptional Case Marking，ECM），指语义上起下层谓语（小句）主语作用的名词短语在表层上，特别是在形态上，表现为上层动词的宾语。

乎无所不包、因而无法合理定义的概念。正如 Epstein & Seely（2002）指出的那样，管辖是在已经造好的树形图上定义的，不能依托原始的概念——如中心语、补足语、标志语——加以定义，导致了它游离于基本概念之外。此外，没有人能够回答"为什么定义句法关系的是管辖，而不是其他的概念？"就此而言，管辖这个概念具有不可解释性，是不自然的。

综上所述，原－参理论把过多的内容放到普遍语法之中，直接或间接导致了内部组织模块化、表征层面多、推导衍生出大量客体和部分概念不够自然等不足。仅从儿童语言习得的角度，这些问题或许并不致命，但从更为开阔的视角，特别是从生物语言学的角度来看，毋庸置疑存在弊端。近年来，生物语言学的大量研究基本已经证实了语言是一个晚出且突发的系统，这就意味着语言的出现很可能是由于某个基因的突变，并经历了一系列微小的重组所产生的结果。因此，普遍语法的内部复杂度越高，其可演化性就越低（参阅第 6 章）。原－参理论中过于复杂的普遍语法为解答语言的起源问题造成了障碍，也与现代生物学的基本原理相悖。

1.3　早期最简方案

学界经常把最简方案分为早期和近期两个版本，或者说两个阶段。早期版以 Chomsky（1993，1995）为代表，近期版发轫于 Chomsky 的"最简探索"（MI）（2000a）和"语段推导"（DbP）（2001）两篇论文，有时被称为"MI-DbP 架构"（参阅 Chomsky，2004：113）。两个版本均以前文提到的方法最简论和实质最简论为指导思想，致力于构建最简的语言学体系，寻求原则性的解释，摒弃工程性的解决方案。然而，两个版本也有显著区别。概括地说，在早期版中，方法最简论的指导作用更大一些。它假定原－参理论的基本架构是正确的，其认定的语言事实（如 θ- 理论、格理论等）是真实的，其存在的各种弊端可以通过压缩和精简理论体系得以化解。在近期版中，实质最简论占据主导地位，进一步完善了体系，消除了原有的一些不合理因素，引入了一些非常重要的概念。

下文分节介绍早期版本的基本情况。

1.3.1　总体架构

早期最简方案的基本指导思想是：语言学理论应该建立在"概念必要性"（conceptual necessity）[1]上。概念必要性是方法论上的一个启示法，它要求在理论建构中只使用必不可少且自然的概念，一切超出必要性范围的原始项和公理都值得怀疑，所有工程性的解决方案和硬性的规定都必须剔除。这就为最简方案的发展建立了一个严密的理论边界，引导它不断向纵深发展。体现在早期最简方案中的概念必要性主要包括如下内容：

语言[2]由两个部分组成——词库和计算系统。词库用于储存/列举句法计算的原子单位，即词项，而词项是由普遍语法提供的各种"特征"（feature）组合而成的（参阅第 3 章和第 5 章）；语言计算系统是一个生成程序，负责把可操控的各种句法客体（syntactic object）组合成更大的客体。这里所说的句法客体[3]既可以是词库中的元素，也可以是已经构造好了的、更为复杂的客体（即短语）。计算系统的内涵接近传统上所说的句法，但范围要狭窄得多，所以文献中时常称之为"狭义"（narrow）句法。计算的过程被称为"推导"（derivation），计算形成的结构或计算所处的状态则被称为"表征"（representation）。计算操作主要有两种：一个是"合并"，负责对词项进行组合，产出离散无限的、包含层级结构的表达式；另一个是"移位"（move），负责把一个句法客体移动到另一个位置，形成所谓的"易位"（displacement）现象，即某个词语获得语义诠释（如获得题元角色）的位置可以不同于它被发音的位置。详细的讨论见第 2 章。

计算系统内嵌于两个使用系统之中，分别是概念 – 意向系统和感知 – 运动系统[4]。计算系统通过逻辑式和音系式分别与这两个系统接口，

1　Chomsky（1995）指出，这里所说的必要性不是字面意义上的，只是对语言机制的模拟，因此是"模拟的"（virtual）概念必要性。

2　这里所说的"语言"指"内化语言"（I-language），大致相当于传统意义上的语法。进一步的讨论见 1.4.1 节。

3　Collins & Stabler（2016：46）为"句法客体"做了如下定义："X 是一个句法客体，当且仅当（ⅰ）X 是一个词项标记（token），或者（ⅱ）X 是句法客体的一个集合。"

4　感知 – 运动系统最初称"发音 – 听觉系统"（如 Chomsky，1995：154），后者实际上是前者的一个子集。

向它们发出指令，使表达式用于发音、诠释、指称思考等活动。正因如此，计算系统生成的表达式是其接口表征的一个匹配体，形式化的表达为（π, λ），π 是音系式表征，λ 是逻辑式表征。音系式和逻辑式是相互独立的层面。在推导的某个点上，一个名为"拼读"（spell-out）的操作将句法客体中与发音相关的信息剥离出来，移交给音系式，其余的信息则继续向逻辑式映射。如果计算系统推导出的表达式在使用系统是可诠释的，则它们就是接口中合法的客体。完全合法的客体在接口"收敛"（converge），不合法的客体则在接口"崩溃"（crash）[1]。不仅如此，计算系统向接口层面的映现必须是优化的（optimal），即以简洁和有效的方式满足接口的要求，在推导上不能使用多余的步骤，表征上不能包含多余的算符（symbol）[2]。

按照"概念必要性"的要求，早期最简方案对原 – 参体系做了深度改造，最简属性体现在两个方面。一是表征经济性，包括：①只保留了概念上必不可少的接口层面——音系式和逻辑式，取消了理论内部的 D-结构和 S-结构；②消除了概念上不必要的表征符号；③确立了"完全诠释"条件；二是推导经济性，即通过引入一系列的经济原则以保障推导以最优化的方式进行。下文分节依次简要介绍。

1.3.2 取消 D-结构与 S-结构

按照概念必要性的要求，原 – 参理论设置的四个表征层面（D-结构、S-结构、逻辑式和音系式）中，只有逻辑式和音系式是概念上必不可少的，因为它们是计算系统与使用系统的接口层面，体现语义和语音之间的匹配。D-结构和 S-结构这两个非接口层面不符合概念必要性的要求，理应消除。可以认为，取消这两个层面是早期最简方案出现的主要动因，牵动了整个理论体系的发展与变化。

---

1 "收敛"是一个数学用语，大意是可以组成无穷正项级数的集合。通俗地讲，收敛在此指可以汇聚、进入接口。相应地，"崩溃"指推导失败，不能进入接口。

2 symbols 一词在汉语中经常译为"符号"，在计算机学界一般译为"字符"。为了与另一个通常译为"符号"的英语单词 sign 相区别，本书译为"算符"。在计算科学中，算符是计算系统操作的对象（如 0、1），自身没有意义。算符的集合称"字母表"（alphabet），句子被定义为"算符串"（a string of symbols），语言是句子的集合，语法是用于生成语言的一组数量有限的规则。可参阅 Nowak et al.（2002）。

先看 D- 结构的情况。简洁地说，早期最简方案通过如下方式取代了其功用。首先，它用词汇数组（lexical array，LA）替代了 D- 结构与词库接口的功能[1]。词汇数组是句法推导之前从词库中抽取的构造某个表达式所需的所有词项。举一个简单的例子，表达式"张三喜欢李四"的词汇数组如下：

（5）LA = {张三，李四，喜欢}

与 D- 结构不同，词汇数组是词库的一个子集，是一组词项的无序集合，它没有结构，也不受任何句法条件的制约，因此不构成句法表征的一个层面。语言计算系统从词汇数组中逐次选取词项，把它们组合到一起，形成包含层级结构的表达式。通过词汇数组的设置，计算系统获得了一个推导的起始点。除此之外，词汇数组还为评价推导的经济性提供了基础，这是因为，最简方案假设只有当词汇数组相同时，不同的推导才能在经济性方面产生竞争（Chomsky，1995）（第 2 章和第 3 章将做更为详细的讨论）。

其次，D- 结构的其他功能也被新的机制替代。第一，结构构建。最简方案废止了 D- 结构一次性选取所有词项并按 X 阶标理论提供的模板构造表达式的做法，转而采用了一种"工作区"（work space，WS）的结构构建模式。该模式允许词项被组织成若干独立的部分，或者说是结构树的"子树"（subtree），然后从低到高逐渐组合成完整的结构。比如，"那些大一的新生住进了宿舍"这句话就是分"那些大一的新生"和"住进了宿舍"两个部分分别造好，之后组合到一起的（具体情况见第 2 章）。第二，最简方案允许合并和移位交替发生，而不像原 – 参理论那样先由 D- 结构完成合并，之后再由 S- 结构进行移位。如此，原则上移位可以发生在（部分）词项的合并之前。比如，在"We wonder who was defeated."这个英语句子中，who 最初生成于动词被动式 defeated 的宾语位置，之后移位至内嵌句的 [Spec, CP] 位置。在此之后，we 和 wonder 两个词项才被合并到结构之中。1.2 节提到的控制和提升两种结构的差别可以在合并和移位交替发生的分析模式中得到很好的捕

1　在早期最简方案中，与词汇数组对应的叫"计数"（numeration）。这两个概念意思相近，唯一的区别在于计数为每个词项设置了一个标引，以此跟踪词项被选取的次数。词汇数组则不再需要标引。此外，在语段推导理论出现后，词汇数组又被进一步划分为"词汇子数组"（lexical subarray），对此第 3 章将做详细讨论。

捉，对此第 2 章将做更详细的讨论。如此，D- 结构向转换部门提供输入的功能就失去了用武之地。第三，最简方案不再认为题元角色是由某个结构位置赋予的，转而认为它来源于概念 – 意向系统对某个句法位置的诠释（参阅 Hale & Keyser, 1993a; Chomsky et al., 2019: 250）。比如，"张三打坏人"中的"张三"是施事，而"张三打喷嚏"中的"张三"则是客事，这个区别关联结构位置、与之相关联的句法 / 话语语境，以及其他一些因素，概念–意向系统以它们为基础最终做出恰当的诠释。因此，题元角色本质上取决于逻辑式相关的接口条件，包括 1.3.4 节将讨论的完全诠释，而不像原 – 参理论所说是在 D- 结构中分派的（参阅第 5 章）。

至于 S- 结构，其主要职能有四个：一是为显性句法和隐性句法提供分界点；二是为格理论提供运行地点；三是为约束理论提供运行地点；四是解释部分现象的跨语言差异。其中，职能一在最简方案中改由拼读操作执行（参阅 1.3.1 节），不再讨论。本节讨论职能二，职能三和职能四则分别放在 1.3.3 和 1.3.5 两节介绍。

现在考察 S- 结构的职能二，即格理论相关情况。原 – 参理论假设名词在词库中没有格，进入句法后必须由一个格指派者赋予其一个（抽象的）格位。最简方案放弃了这个假设，转而采用"特征核查理论"（以下称"核查理论"）机制来解释格相关现象。按照该理论，词项携带的形态特征，既包括逻辑式可诠释的特征，如名词的一致特征（以下按惯例简称为"φ特征"），也包括不可诠释的特征，如格特征。换言之，格特征等不可诠释的特征在词库中已存在。为了将其消除，名词必须移动到特定的区域（以下称"核查区域"），借助谓词上同样不可诠释的 φ 特征对格特征进行核查并消除，以便该名词收敛到逻辑式。正如 Hornstein et al.（2005）所说，只是通过特征核查取代格位指派这一微小的技术修正，其他方面都保持不变，就足以消除格相关现象与 S- 结构的关联，进而为取消 S- 结构铺平道路。现在看来，引入核查机制以及与之关联的特征理论是早期最简方案的关键举措之一，它们在近期最简方案阶段被进一步发展为一致（Agree）操作，具体情况见第 3 章。

1.3.3 消除非必要表征符号

除了消除非接口表征层级之外，早期最简方案的另一个重要目标是

消除原 – 参理论的另一个缺陷，即它在句法推导过程中衍生出大量新客体。为此，Chomsky（1995：209）提出了"包含性条件"（inclusiveness condition），内容如下（其中的"计数"即词汇数组）：

（6）包含性条件

计算形成的任何结构（特别是 π 和 λ）均由选入计数（N）之中的、已经存在于词项中的元素组成；计算的过程只能重新安排词项的特征，不能添加新的客体（尤其是不能添加标引、X 阶标理论意义上的阶标层次，等等）。

包含性条件要求句法表征必须与词汇数组保持一致，不允许推导衍生新客体。原 – 参理论中的这类新客体主要包括两类：语迹和层级阶标。先看语迹。按照最简方案提出的"拷贝理论"（copy theory），移位后留在原处的不是语迹，而是移位成分的一个拷贝。这个拷贝的性质与移出的成分是相同的，可在逻辑式中获得语义诠释，唯一区别是其音系式被删除。如此，用标引来追踪拷贝与移位成分的关系就没有必要了。再以前文举过的"We wonder who was defeated."为例，who 移位后留下的不是一个语迹，而是一个拷贝，其音系特征被删除（用删除号表示）。例（7）演示了语迹理论（7a）和拷贝理论（7b）之间的区别：

（7）a. We wonder who$_i$ was defeated t$_i$
　　　b. We wonder who was defeated ~~who~~

拷贝理论不仅应用于移位现象，还延伸到与之密切相关的约束理论。前文提到，S- 结构的职能之一是为约束理论提供运行地点（参阅1.3.2 节中的 S- 结构的职能三）。最简方案通过应用拷贝理论，把约束原则改造成了逻辑式中的诠释条件。举个具体的例子，例（8）两句分别演示了语迹理论和拷贝理论在约束现象中的不同分析模式：

（8）a. John$_i$ wondered [which picture of himself$_{i/k}$]$_j$ Fred$_k$ liked t$_j$
　　　b. [$_{TP}$ John wondered [$_{CP}$ [which picture of himself] [$_{TP}$ Fred liked [which picture of himself]]]]

（8a）代表的是语迹理论的分析模式，它通过标引显示约束关系，即 John 和 Fred 均有可能成为反身代词 himself 的先行语。然而，该反身代词在句中只出现了一次，且在 Fred 之前。为了使 Fred 能够约束 himself，研究者往往不得不设置一个额外操作，即"重构"（reconstruction），通过它使 which picture of himself 放回其基础生成的位置，即 liked 的宾语位置。正如 Chomsky（1995：185）所言："重构是个古怪的操作，尤其是当它被认为是发生在逻辑式移位之后时，由此恢复已被隐性移位过的成分，一如经常有人所提议的那样。如果可能，这一过程应该取消。"与之相反，依据拷贝理论所派生的（8b）包含 himself 的两个拷贝，分别处于其基础生成位置和移位的目标位置，这就为它接受 John 和 Fred 两个先行语的约束提供了结构基础。当然，完整的理论因为需要综合考虑各方面因素，所以比（8b）显示的要复杂得多，Hornstein et al.（2005）中的第 8 章对此有较为详尽的讨论，可供参考。无论如何，拷贝理论对语言事实的解释力丝毫不弱于语迹理论，更重要的是，它不仅消除了后者的语迹和标引，也消除了与其密切关联的重构操作，进而提高了理论的自然性，为消除 S-结构作了进一步铺垫。

原 – 参理论中的另一类由推导创造的新客体——层级阶标——也同样被弃用了。简洁地说，最简方案以"光杆短语结构"（bare phrase structure）替代了 X 阶标理论。一方面，层级阶标被定义为语类的关系属性，而不是内在的特征。换言之，X^0、X' 和 XP 这些概念就像主语和宾语一样，是由它们与句法环境中其他元素之间的关系所定义的，因此不必成为结构表征的一部分；另一方面，短语结构变成了"光杆的"，即不需要任何的语类标签，如 V/NP 等。在这样的体系中，结构表征全部来源于词汇数组，不再需要特设层级阶标。

1.3.4　确立"完全诠释"条件

综上，最简方案禁止推导创造词汇数组之外的表征符号。除此之外，它还采用另一种方式来确保表征的经济性，即确立了"完全诠释"（full interpretation）条件。该条件要求表征中不包含闲置的算符，也不得忽略任何一个算符。每一个算符都必须在逻辑式和音式分别得到一个解读。这个条件 Chomsky（1986a：98）早已提出："要求（广义上的）句法与语言使用的接口——音系式和逻辑式上的每一个元素，必须获得一个恰当的诠释，……没有哪个元素可以被简单地忽略。"这个条件被正式纳入最简方案的理论机制，并成为不可或缺的一部分。Chomsky（1995：201）说："如果计算系统输送到使用系统的客体能够得到完全诠释，则它们就是接口中的'合法客体'。如果某个生成的表征全部由这样的客体组成，我们就说它满足了完全诠释条件。"

用 Chomsky（1986a：98）举的例子来说，完全诠释意味着"在音系式层面，每个语音元素都必须通过某个物理上的诠释来得到允准。比如，'book'这个词的语音表征是 [buk]，它不能被表征为 [fburk]，然后简单地忽略掉其中的 [f] 和 [r]"。在逻辑式层面，每一个元素也必须得到诠释，不得被忽略。例如，在例（9）这组例句中，括弧中的短语无法获得任何语义角色，因而违反了完全诠释条件，是不合法的结构：

（9）a. * I was in England last year [the man]

　　　b. * John was here yesterday [walked]

　　　c. * [every] everyone was here

　　　d. * [who] John saw Bill

Chomsky（1986a：99）还指出："有了完全诠释这种普遍特性以及恰当的允准理论，在英语语法规则中加入一条来专门禁止如上这些例子……将会是冗余的，也就是完全错误的。"

值得注意的是，Chomsky（1995：178）所说的"合法的客体"意味着"在接口中有一个一致的、独立于语言的诠释"。比如，在逻辑式中，如果一个句法客体能够被诠释为具有某种功能，如担任某个结构的论元、中心语、修饰语，或形成算子 – 变项关系，那它就算是得到了完全诠释，而这就是（9）中各例所未能满足的条件。因此，获得完全诠释的客体并不意味着它一定是意义正常的客体，相反，它可能在语义上有缺陷甚至毫无意义。比如，"Colorless green ideas sleep furiously."（无色绿色的思想愤怒地睡觉）这个著名的句子就是一个得到完全诠释因而合法的客体，但它在语义上不知所云。Chomsky（1995：178）因此指出："语言表达式可能会在各种差异极大的维度上'偏离常规'，不存在'合格的句子'这样的概念。"

完全诠释条件在最简方案体系中发挥了重要作用。比如，它消除了原 – 参理论中的题元理论，或者更准确地说，将它变成了完全诠释条件所派生的现象之一，即未获得题元角色的论元是逻辑式不可诠释的元素。因此，（9a）及与之相似的句子之所以不合语法，本质上是因为其括弧中的短语（the man）在逻辑式中无法获得诠释，而不是因为它违反了题元准则。

事实上，1.3.1 节提到的特征核查理论也是完全诠释条件的表现形式之一，只是其作用的对象是特征，而不是词项。前文提到，该理论要求不可诠释的特征不可进入接口，为此必须在推导中核查 / 消除掉，详见第 3 章。

1.3.5　引入经济原则

在上述理论改造之外，早期最简方案还引入了（推导的）经济原则，要求推导中不能使用多余的步骤。这可能是它相对于原 – 参理论最为显著的创新。众所周知，原 – 参理论对句法推导没有经济性方面的限制，著名的移动 α 规则允许移动任何成分到任何位置。尽管如此，生成语法对于推导中的限制条件有着长期和密集的探索，先后总结出多个规律，涵盖了广泛的现象，较为知名的有 A 冠 A 原则（A-over-A Principle）（Chomsky，1964）、孤岛条件（Island Condition）（Ross，1967）、最短距离原则（Minimal Distance Principle）（Rosenbaum，1970）、领属条件（Subjacency Condition）（Chomsky，1973）、优越条件（Superiority Condition）（Chomsky，1973）、中心语移位条件（Head Movement Condition）（Travis，1984）、相对最简性（Relativized Minimality）（Rizzi，1990），等等。不过，在最简方案出现之前，上述原则和条件一般以普遍语法原则的面貌出现，分布在不同的原则子系统中，比较凌乱，没有形成一种统一性的要求。

早期最简方案把上述条件归并到一起，并从经济性视角重新审视它们的作用。在早期最简方案中，句法本质上是一个"惰性"系统，在两种基本计算操作中，合并是无代价的，而移位却是有代价的，只有在受到"触发"时才能发生 [1]。Chomsky（1993，1995）指出，只有为了核查不可诠释特征，移位才能发生。不仅如此，计算系统向接口层面的推导必须是优化的，即不能包含不必要的步骤。因此，即使计算系统生成的表达式满足了接口施加的所有条件，成功收敛，也未必是合格的，相反，

1　该观点在近期最简方案有了新的变化，详见 2.3 节。

只有以最优化的方式推导生成的表达式才是合格的。Chomsky（1995：202）将这一思想表述如下：

> 似乎不能把一个语言表达式 L 简单地定义为由收敛推导形成的（音系式客体，逻辑式客体）配对。相反，其推导必须是优化的，满足某种自然的经济条件：移位中的局部区域限制，推导中不得使用"多余的步骤"等。经济性较差的计算即使收敛也会被排除。

文献中有关经济原则的内容比较丰富，不能在此展开讨论。下面我们选取其中最具代表性的三种做简要介绍。

第一个是"不得已原则"（last resort），大意是：若无必要不得操作。这是经济原则最基本的体现。Chomsky（1995：182–183）对其做了如下说明：

> 推导经济性的基本假设是操作由必要性驱动：它们是"不得已的"，除非必须否则不得应用。我们假设操作是由形态必要性驱动的：某些特征必须在一个中心语的核查区域内得到核查，否则推导就会崩溃。

不得已原则派生出移位中的"自利"（greed）性质（Chomsky，1995：200）。例如，NP 为了核查 / 消除自身不可诠释的格特征而必须移位，如（10a）所示；但如果其格特征已经被核查，则不可为了整个句子推导的收敛而移位，如（10b）所示。

（10）a. John seems [TP to ~~John~~ be nice]
　　　b. *John seems that [TP ~~John~~ is nice]

第二个是"最简性"（minimality）原则，意思是：在必须移位的情形中，如果有选项存在，则选其中最小的操作。所谓"最小的"包括最短的移动距离、最少的推导步骤等。这个原则在文献中经常被称为"最短移位"（shortest move），亦即 Chomsky（1995：296）提出的最小链接条件（minimal link condition），大意是距离近的操作优于距离远的。举一个简单的英语例子，例（11）~（12）显示：助动词（has）和情态动词（could）原则上都可以倒装到主语之前，形成疑问句，但如果它们在一个句中同时出现，那么只有情态动词可以倒装，助动词则不可以，分别如（12b）和（12c）所示。之所以如此，是因为根据最简性原则，当短距离移位和长距离移位均可选时，胜出的总是前者。情态动词的结构位置高于助动词，处在谓语的最左端，距离移动的目标（即标句词 C）是最短的，所以它的移位是合法的。

（11）a. He has done the job.

b. Has he ~~has~~ done the job?

（12）a. He could have done the job.

b. Could he ~~could~~ have done the job?

c. *Have he could ~~have~~ done the job?

第三个是"拖延"（procrastinate）原则，内容如下（Chomsky, 1995：181）：

（13）逻辑式移位比显性移位省力。

（13）要求当逻辑式移位（即隐性移位）可选时，不得使用显性移位。该原则主要用于解释为什么有的语言允许某些语类显性移位，有的却不允许。例如，从（14）和（15）两句可见，英语中动词不得显性移位，所以出现在副词 often 之后，而法语却强制要求动词显性移位，所以出现在副词 souvent 之前[1]。

（14）a. John often kisses Mary.

b. *John kisses often ~~kisses~~ Mary

（15）a. Jean embrasse souvent ~~embrasse~~ Marie.

　　　Jean kiss　　　often　　　　　Marie

b. *Jean souvent embrasse Marie

为了解释跨语言差异，Chomsky（1993）把特征区分为强／弱两种：强特征为音系式可见且不可处理，所以在其达到接口之前必须删除掉；弱特征则为音系式不可见或者可以处理。英语中的动词只包含弱特征，所以可以采用更为经济的逻辑式移位，即隐性移位，如（14a）；与之相比，法语中的动词包含强特征，所以必须在到达逻辑式之前删除，由此

1　这里隐含的一个假设是：副词是嫁接在 VP 边缘位置的，介于 T 和 V 之间。如果 V 显性提升到 T 的位置，则跨越了副词，如（15a）；反之，如果 V 只在逻辑式中移位，则不跨越副词。更详细的讨论参阅 Pollock（1989）和 Chomsky（1993, 1995）。

触发显性的移位，如（15a）。总之，通过设置特征的强弱，早期最简方案不再依赖 S- 结构来解释此类现象的跨语言差异，即 1.3.2 节提到的职能四。

以上介绍了早期最简方案中最具代表性的几种经济原则，包括不得已、最简性和拖延原则等。它们覆盖了 20 世纪 60 年代以来发现的与局部区域相关的众多语言现象，充分发挥了对句法推导的限制作用。正如 Richards（2015：804）所指出的那样："在解释语言现象中添加了经济性因素，用它来决定收敛的推导，这是最简方案有别于其先辈的关键进展之一。"

不难看出，与完全诠释条件相比，经济原则对推导的限制更为严格——对于计算系统生成的表达式，前者保证了其在接口成功收敛，后者则在此基础上进一步保证了其推导的优化性。表 1.1 显示了限制条件和表达式的对应关系：

表 1.1　限制条件与表达式的对应关系

计算系统	所有可能的表达式
完全诠释条件	可收敛于接口的表达式
经济原则	可收敛于接口且以最优化方式构建的表达式

1.3.6　消除内部模块与不自然概念

以上各节阐述了早期最简方案对原 – 参理论体系的深度改造，为消除非必要的表征层面和句法客体指明了出路。实际上，通过整体简化，原 – 参理论体系内部组织模块化、概念不自然等问题也随之解决。先看内部模块化问题。早期最简方案的推导模型由三个部门组成：第一，词库，其所储存 / 列举的每个词项均有各自独特的音系、语义和形式特征。其中，不可诠释的形式特征，如名词的格特征、谓词的 φ 特征等，对推导极为关键，起着触发移位的作用；第二，计算系统，包括合并和移位两项操作，负责语言表达式的建构和调整；第三，接口条件，负责确保计算系统生成的表达式在接口可读，并且是合法的。这三个部门构成了所谓的概念必要性，任何游离于这些部门之外的模块、机制或概念都没有存在的理由。显然，原 – 参体系中相互独立的原则子系统超出了概念必要性的范围，是不应该存在的。

更具体地说，在早期最简方案中，如（1）所示的各原则子系统分别因为如下原因而消失。第一，表达式的建构改由合并操作执行。该操作只负责把两个句法客体结合到一起。它可以递归使用，形成更大、更复杂的表达式。这意味着合并不需要外部的结构模板，旨在提供该模板的 X 阶标理论因此变得冗余。第二，如 1.3.2 节所述，合并操作将论元引入结构，而论元的题元角色是在接口中决定的，如此，题元理论也不构成一个独立的子系统。大致相同的思路也适用于控制理论：PRO 是合并操作引入的一个论元，其在性质、分布和题元角色等方面的特点源自词库、结构配置和接口条件等诸多因素，因此控制理论也不再是独立的模块[1]。第三，除了合并之外，移位操作也为众多语言现象提供了解释机制。例如，触发移位的不可诠释特征之一即名词的格，但所有的不可诠释特征（如疑问特征）均有可能触发移位，格特征并无特殊地位，因此不必设置独立的格理论。至于约束理论，它同样被改造成逻辑式接口的诠释条件，不再拥有语迹、标引等有特殊的理论原始项。第四，专用于限制移位的移动理论则被经济原则取代了。

除了内部组织模块化问题之外，早期最简方案还成功剔除了原 – 参理论中不自然的概念。其中最重要的是管辖（参阅 1.2 节）。早期最简方案弃用了管辖概念，转而依托句法操作派生的自然概念来定义句法操作的区域，如中心语、补足语、标志语、支配、成分统制等（参阅第 2 章）。例如，对格的核查发生在相关的 [标志语 – 中心语] 配置中，担任题元角色的论元基础生成于谓语内部，要么是补足语，要么是标志语；至于与移位和约束相关的局域限制，则随着拷贝理论和经济原则的引入，也可以用上述概念加以定义。详细的讨论参阅第 2 章和第 3 章。

以上各小节勾勒了早期最简方案的基本面貌。概括地说，它以方法最简论为指导，建立了一个只包含"概念必要性"的体系，在维持乃至改进了对语言事实的分析的同时，极大地简化了原 – 参理论体系。不仅如此，它还初步克服了原 – 参理论的主要缺陷，包括内部组织模块化、表征层面多、推导衍生的客体多以及部分概念不够自然等。毋庸置疑，它的出现为后期最简方案的发展奠定了坚实的基础。

1　Chomsky（2021：21）提出，PRO 是在推导的诠释阶段被删除语音但保持题元角色的。这一分析模式与早期的"同指 NP 删除"（Equi NP deletion）有相似之处，即把"John tried [John to win]"替换为"John tried [PRO to win]"，但理论架构有了本质变化。

1.4　近期最简方案

近期最简方案发轫于 Chomsky（2000a，2001）这两篇论文，代表了生成语法在新世纪的研究发展。它的特点大致可以归纳为两点。首先，如果说早期版中方法最简论的指导作用更大的话，那么近期版受实质最简论的指导更为明显和自觉，对语言官能本体的探讨也更为活跃和深入。随着早期版成功地建立了更为简约的理论体系，不少学者认识到最简方案比原 – 参理论更有利于解释语言的生物属性，尤其是与语言起源相关的问题。在此背景下，早在 20 世纪 50 年代即已问世、但长期发展缓慢的"生物语言学"（biolinguistics）得到了复苏，并成为生成语法观察语言、构建理论的主要视角。早期版中已经萌芽的一些实质最简论的概念不仅被赋予了更为确切的内涵，也被重塑为新的概念，比如下面将要阐述的"强式最简命题"（strong minimalist thesis，SMT）和"第三因素原则"等。其次，近期最简方案进一步优化了语言事实的分析机制，除了不断深化对合并操作的认识之外，还引入了一致操作、语段推导、加标等新的机制来替代早期版中的核查理论、经济原则等诸多机制。它们的出现使最简方案朝"真正的解释"这个目标又近了一步。本节余下部分将介绍上述两个方面的情况，有的相对翔实，有的则比较简要，目的在于为后续各章的阐述作铺垫。

1.4.1　强式最简命题

强式最简命题这个假设是在已有相关概念的基础上凝练发展而成的，最早出现于 Chomsky（2000a：96），相对较新的表述见 Chomsky（2008：135），如例（16）：

（16）强式最简命题：
　　　对于语言官能必须满足的接口条件而言，语言是一个优化的解决 [1]。

1　强式最简命题有其他若干含义相同但措辞有异的表述，如："对可读性（legibility）条件而言，语言是一个优化的解决"（Chomsky，2000a：96）；"语言是对接口条件的一个完美解决，而接口条件指语言必须至少部分满足方可使用的条件"（Chomsky，2007a：5）。

强式最简命题的基本含义是：计算系统以优化的方式连接了声音与意义，它需要满足接口系统的要求，只有这样它生成的表达式才能得到使用。换言之，该命题假定语言官能的内容很少，它必须遵守的条件只有接口条件，且它需要以最优化的方式满足这些条件。不难看出，强式最简命题与早期版中的概念必要性同属最简性要求，具有大致相同的经验蕴涵，但出发点不再是方法论上的，而是实质性的。如同概念必要性是早期版的基本指导思想一样，强式最简命题是近期版的基本指导思想。有鉴于此，下面我们分小节对其中的概念做进一步阐述。

1. 语言官能和语言

先考察语言官能。近期最简方案对这个概念有了更为深刻的理解，并赋予了它更为精确的定义。我们知道，尽管生成语法把语言官能认定为首要研究对象，但在很长的一段时期内这个概念的所指比较含糊，容易引发不同的理解乃至误读，不利于学界从生物学的角度对其展开研究。比如，如果一个神经科学研究者设问：使用语言时会涉及人类神经系统的哪个部分？答案很可能是：大部分。这是因为认知的任何方面至少在原则上都与语言相关，甚至情感和认知中那些不可言状的部分亦有可能在思维过程中间受语言的影响。显然，如果把语言可能涉及的生物因素都纳入语言官能的话，那么语言官能的内涵就几乎无所不包，这个概念也会因宽泛而无用。

为了解决上述问题，Hauser et al.（2002：1569）对语言官能概念进行了细化，区分出宽义和窄义两种理解，前者简称"宽语言官能"（FLB），后者简称"窄语言官能"（FLN）。宽语言官能包括语言获得和使用的主要机制，至少由三个系统组成：语言计算系统、概念－意向系统和感知－运动系统。它提供了一个生物基础，使儿童不经显性传授便可掌握任何一种人类语言。窄语言官能是宽语言官能的一个组成部分，只包括（抽象的）计算系统，即狭义句法，它"生成内部表征并且通过音系系统把它们映射到感知－运动系统，通过（形式）语义系统把它们映现到概念－意向系统"（Hauser et al.，2002：1571）。其他一些对语言而言是必要但不充分的机体内部系统，如记忆、呼吸、循环等，均不在宽语言官能之内。除上述这些内部系统外，语言的使用离不开外部环境的作用，如生态、物理、文化和社会等因素。图 1.1 展示了语言官能相关的各种内部和外部的因素（改编自 Hauser et al.，2002：1570）。

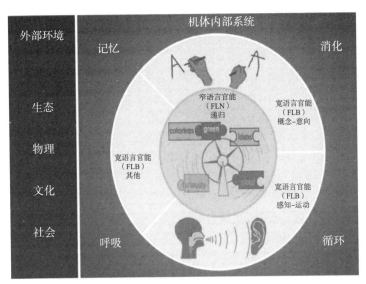

图 1.1　语言官能相关的内外部因素示意图

　　Hauser et al.（2002：1571）提出，窄语言官能的一个核心特性是递归，即它能够"取出一个有限的元素集并产出潜在无限的离散表达式的数组。在这个方面，语言与自然数是直接相似的"。这个看法跟生成语法一贯的立场是吻合的，那就是：语言和自然数的相似性反映了语言具有计算的性质，本质上是一种用有限的元素生成无限多种表达式的计算程序。可以说，计算定义了人类语言与动物交际系统及其与人类其他认知系统的本质差异。首先，人类语言具有离散无限性（discrete infinity）[1]。离散体现在语言具有自然数（正整数）的性质，无限是指表达式的开放性，即没有长度和数量的上限。其次，人类语言还有另一个独有的特点——"易位"（displacement）——某个词语获得语义诠释（如获得题元角色）的位置可以不同于它被发音的位置。按照近期最简方案的观点，易位也是由计算派生出来的一种特性（参阅第 2 章和第 6 章）。

　　人类语言在计算的复杂性方面也完全不同于动物交际系统。相关的

1　Hauser et al.（2002）在文中提出，递归是人类语言唯一的定义性特性，为语言独有，
　　（非人类）动物交际系统无。然而他们没有为递归做出明晰的定义，也没有说明为什
　　么递归是语言的唯一区别性特征，所以引起了一些争议。限于篇幅，在此不展开讨论，
　　有兴趣的读者可以参阅 Pinker & Jackendoff（2005）。在 Chomsky（2013）以及
　　之后的研究中，"递归"这一术语被"无上限合并"（unbounded Merge）取代（参
　　阅第 2 章）。

问题涉及一些复杂的概念，很难在有限篇幅做出清晰的阐述，在此只能简言之：非人类动物的交际系统属于有限状态（finite-state）语法，是形式语言中最简单且生成能力最弱的。它只能根据毗邻关系，组织成线性序列。人类语言则由短语结构语法与转换相配合才能完全生成，以语境自由的规则为主，但也需要部分语境敏感的规则，所以文献中常把人类语言称为"轻度语境敏感的语言"（mildly context-sensitive language）（参阅 Joshi，1985），其复杂程度远非有限状态语法可以比拟。它能够依据短语进行组织，形成包含层级结构的序列。因此，它可以超越毗邻关系，远距离地建立成分之间的依存关系[1]。以目前研究得最为深入的鸟的鸣啭（birdsong）为例，根据 Yang et al.（2017），尽管鸣啭和人类语言表面上颇为相似，但语法的复杂性却完全不同：鸟的鸣啭是依据线性顺序组织的，是一种有限状态的马尔科夫过程；人类语言则包含层级结构，远远超越了线性毗邻所能建立的依存关系。

总之，Hauser et al.（2002：1573）认为，只有窄语言官能是人类独有的，而宽语言官能中的大部分机制为其他动物共有：

> 我们认为窄语言官能，即递归的计算机制，是新近演化而成的且为我们的物种独有。根据这一假设，语言展现出的复杂性大多来源于宽语言官能的外围组分，尤其是隐含在感知－运动（言语或手语）和概念－意向接口之中的那些组分，此外还有社会文化和交际方面的偶然因素。因此，宽语言官能作为一个整体有着古老的演化历史，在语言涌现之前早已存在，对这一复杂系统的理解需要进行比较分析。与此相反，根据近期的语言学理论，窄语言官能中的计算可能相当有限。事实上，我们提出如下假设：窄语言官能只由递归的核心计算机制组成，它们出现在狭义句法及其向接口的映现之中。

Hauser et al.（2002）这篇文章引起了很大反响。它明确了近期最简方案的一个基本研究思路：想要从生物语言学的角度，尤其是从语言演化的角度来研究语言官能，就必须把专属于人类语言的特性和机制提炼出来，同时把语言和其他认知系统共享的部分，以及人类与其他动物共有的部分区分开来。在这个意义上，这篇文章对宽语言官能和窄语言

---

1 Lasnik（2000）对有限状态语法和短语结构语法做出过清晰的说明，可参阅。

官能的区分为最简方案对语言官能的研究提供了本体上的依据和指导。

在讨论了语言官能这个概念之后，须厘清"语言"这个概念。按照 Chomsky（1986a），"语言"有两种含义，一个指语言的生成程序，称"内化语言"（I-language），大致等于传统意义上的语法（参阅 1.3.1 节）；另一个是语言使用系统最终产出的可观察的事件、话语和言语行为，称"外化语言"（E-language）。在这两种含义中，I 的意义涵盖内化的、个体的、内涵的三个方面。其中，内化的指它是心智内部的，个体的指它属于个体心理学范畴，内涵的指它为集合中所有且仅有的成员的属性提供公式或描写。与此相反，E 的意思是外化的、集体的、外延的。Chomsky 多次强调，内化语言才是语言学研究的真正对象，外化语言只是派生物。在近期最简方案中，他（2013：35）再次明确地说："内化语言是内化的、个体的、内涵的意义上的语言（生成的实际程序，不是它所生成的结构客体）。在对语言的诸多理解中，这是中心的一个，因为其他的理解需要以这个理解的某种版本为前提，至少默认如此。"

从生物语言学的角度来看，（内化）语言是由语言官能派生而成的，是后者的某种特定状态。换言之，语言官能有一个人类共有的初始状态（initial state，S_0），称"普遍语法"[1]。该状态在外部输入语料的触发下会形成各种"获得的"（attained）状态，即某个具体的语言。正因为语言被认为是（窄）语言官能的一种状态，研究者往往对两者并不进行严格的区分。例如，Narita（2014：9）对强式最简命题的表述即为："语言官能对于使用系统所施加的接口条件而言是一个优化的解决。"

综上，在近期最简方案中，已经使用了多年的语言官能概念的内涵得到了更为精准的定义，被进一步划分为宽语言官能和窄语言官能。前者是语言获得和使用的主要机制，包括计算系统、概念 – 意向系统和感知 – 运动系统；后者则只包括计算系统，即狭义句法。窄语言官能为人类独有，派生了语言有别于其他认知系统和动物交际系统的种种特性，特别是离散无限性和易位。它在新生命孕育时处于"初始状态"，经外部语料触发后变成"获得状态"，即（内化）语言。在这样的构思下，可以认为（内化）语言、（窄）语言官能和狭义句法等术语的所指是大致相同的。

---

[1]　实际上，"普遍语法"与"语法"一样是有歧义的，既可指称该初始状态本身，又经常用于指有关这一状态的理论。

2. 接口与接口条件

在进入近期最简方案之后,"语言官能"逐渐只用于指窄语言官能,概念－意向系统和感知－运动系统则被认为是与之接口的使用系统。大量的研究表明,这两个系统与计算系统有着全然不同的特性。首先,跟计算系统一样,使用系统具有领域特定性(domain-specific),也就是说它们的领域是相对封闭的,只对本系统内部拥有丰富的知识,而对其他系统的信息却不能做出有效处理。例如,感知－运动系统能够使用的信息只包括时序、韵律、音节结构、某些语音特性和关系,等等;概念－意向系统则使用诸如语义特征、事件和量化结构等信息(参阅Chomsky,2000a:94)。从这个角度看,使用系统与计算系统的领域互不相同,很难算作相同的生理器官。

其次,使用系统并非人类独有,而是常见于诸多物种。第6章(尤其是6.3节)将较为详细地讨论相关情况,在此简要地说:迄今为止的研究已经揭示,在感知－运动系统方面,一些哺乳动物和鸟类有能力感知人类语言中使用的音位。不仅如此,它们还具有相当发达的声音模仿能力,其中鸣禽在发声学习方面的表现更是与人类高度相似;至于概念－意向系统,哺乳动物和鸟类具有相当的认知能力和丰富的概念表征,并且表现出相当发达的专有化智力,包括"物理智力"和"社会智力"两个方面。换言之,非人类动物缺乏的并非是概念－意向系统,而是语言计算能力。

最后,从演化的角度来看,使用系统在百十万年前就已存在,且几乎没有发生改变,但计算系统直到一二十万年前才涌现,且恰好与两个使用系统实现了连接。

既然计算系统与使用系统的性质和演化历程均不相同,那么一个重大的理论问题随之而来:对于使用系统施加的条件,语言(官能)在多大程度上接近一个完美的解决呢?Chomsky(2000a:94)把这个问题表述为语言官能的设计指标(design specifications),并借助一个"演化寓言"做了形象的说明:

> 设想某个灵长类动物,具有人类的心智结构以及感知－运动器官,但没有语言器官。它有我们的感知组织模式,我们的命题态度(如信念、欲望、愿望、恐惧等),但没有语言的中介,……假设某个事件以某种方式重组了大脑,插入了语言官能。为了能被使用,

新的（语言）器官必须满足某种"可读性条件"。心智 / 大脑的其他系统必须能够访问语言官能生成的表达式，"读取"它们，并把它们当作思维和行动的"指令"。我们可以尝试清晰地表述，并在可能的情况下回答这样一个问题：语言官能在多大程度上解决了可读性问题，且只需解决可读性问题[1]。这本质上就是最简方案的话题。

从上述引文可见，所谓"可读性条件"指计算系统生成的表达式必须全部且仅仅是外部的使用系统可读的，或者说是可访问的。用 Chomsky（2004：106）的话说，"如果语言可被使用的话，其设计必须满足'接口条件'：语言 L 所生成的表达式中的信息必须可供其他系统访问，包括进入思维与活动的感知 – 运动系统和概念 – 意向系统"。换言之，强式最简命题中的接口条件就是可读性条件，是语言官能需要遵守的唯一条件。它与早期版中的完全诠释条件具有大致相同的经验蕴含，但更重要的是，它从生物语言学的角度为后者赋予了实质最简论的内涵。

3. 第三因素与优化推导

早期最简方案引入了一系列的经济原则来确保推导的优化性，但这是方法论层面的举措，或多或少有硬性规定的色彩。近期最简方案则挖掘出了经济原则背后的实质最简论动因——"第三因素"（the third factor）原则。本节讨论相关情况。

Chomsky（2005）提出，语言官能与其他生物系统一样，在发育和结构方面取决于例（17）所列的三种因素：

（17）a. 基因禀赋（genetic endowment）

　　　b. 外部语料（external data）[2]

　　　c. 不为人类语言官能独有的原则

Chomsky（2010：51）对（17）做了如下阐述：

1　可读性条件大致等于早期最简方案所说的"光杆输出条件"（bare output condition），其中"输出条件"是指接口层面的条件，"光杆"是指条件不源于句法本身。有兴趣的读者可参阅 Chomsky（1993，1995，2000a，2000b）等文献。

2　"外部语料"经常被表述为"经验"（experience），如 Chomsky（2005：6）。

　　显然，个体的语言成长（语言学习）与更为广泛的器官系统的发育一样，必然涉及三种因素：（1）基因禀赋，它对所获得的语言设定了限制；（2）外部语料，它在一个狭小的范围内选择某种或另一种语言；（3）不为语言官能专用的原则。关于基因禀赋的理论通常称为"普遍语法"，一个传统的术语在新语境中的应用。

　　在（17）中，基因禀赋（或普遍语法）是第一因素，在物种内几乎是一致的；外部语料是第二因素，在它的触发下形成各种具体的语言；不为人类语言官能独有的原则即所谓的"第三因素"，它是所有生物系统都需要遵守的物理和数学的法则，包含若干次类，如 Chomsky（2005：6）下面这段话所阐述的那样：

　　　　第三因素分为几个次类：（a）语言获得和其他领域可能使用的语料分析原则；（b）结构建筑原则和成长的限制条件，它们进入了大范围的渠化[1]、器官形式和活动，包括有效计算原则，该原则理所当然地对语言这样的计算系统有着特殊的意义。上述的第二个次类在决定可获得语言的性质方面应该具有特殊的重要性。

　　物理、数学等因素对有机体的结构、发育和成长有着巨大的塑造和限制作用，这在生物学界是一种广泛的共识。这一思想在当代被称为"非基因组天赋论"（non-genomic nativism），它最知名的倡导者之一是Cherniak（2009：108），相关表述如下：

　　　　天赋假说在 DNA 时代一般被表达为这样的命题，即某个认知结构有基因组的编码。与此相反，可以探讨"非基因组天赋论"（Cherniak，2005）的思想，即某个生理结构是与生俱来的，但却不是依存于基因组的；相反，它直接起源于某些简单的物理过程。

　　Cherniak 之所以提出非基因组天赋论，一个重要的原因是他发现大脑结构和基因结构在规模上存在一种巨大的错配。人的大脑经常被描述为已知宇宙中最为复杂的一个，然而，其中由基因决定的信息表征能力在总量上是相对较少的。除去非编码的内含子（intron），人脑专用DNA 提供的信息只有一部案头英语词典的量（大约五万词条，约等于

1　渠化（canalization）在演化遗传学中指长期的自然选择具有导致优化的表型的倾向，从而降低了表型的变异。

一百兆字节的总量）。而根据 Reber（2010：70）的数据，人脑的记忆存储能力大约是一百万千兆字节。两者之间的鸿沟正是依靠大脑结构这样的非基因组因素填补上的。

　　在我们看来，可以把 Cherniak 等人倡导的非基因组天赋论视为行为主义的终结。这是因为它意味着至少就语言而言，其生成程序是基因决定的，支撑它的生理硬件——大脑结构、神经解剖结构等——是由生物乃至物理的基本法则决定的，两者都独立于外部环境之外，不受外部刺激的左右。Cherniak（2005：107）的以下陈述体现了这一点：

> 　　与"先天 / 后天"的二分法相反，还存在第三种可能性区域，即这里的"先天"不仅包括生物学，而且包括物理学和数学。在两个极端之间有一个**中间**道路：（a）大脑当然不可能像水晶那样，在完全无基因调控的环境下生长；（b）然而生命依然必须遵守游戏规则，服从数学和物理的法则。因此，在基因组和简单的物理过程之间有一个分工。有机体的基因组不是写在白板上的[1]，而是写在一个特定的预格式化了的（pre-formatted）、预先印制好了的（pre-printed）形式或石板上的，结构信息中相当大的比例已经被预先刻写好了。

　　前文提到，有效计算是非常重要的第三因素之一，对语言的生成有特殊意义。实际上，有效计算常见于生物体的各种结构和组织，比如神经的连接。Cherniak 等人的研究表明，无论是低等的线虫类（nematode）还是高等的灵长类动物，它们的神经连接均遵守"节约连线"（save wire）的组织原则，即在连接不同部位时，它们会设法使连线的总长度最小化。这种连线最小化现象在神经系统的各个层面——从大脑的结构位置到神经元的几何形状——都可以观察到。这是因为神经的连接是有代价的，在自然法则的作用下，生物体选择了最小化的连接方式，进而形成了"可能的大脑中最好的那个"（Cherniak，2009：116）。可以认为，优化是生物体解剖结构的塑造者，而这并不需要基因组的贡献，全然是基本物理法则作用的结果。这一点显然在语言上也得到了充分的体现，即在第三因素（特别是有效计算）的作用下，语言表达式必定是以最优化的方式生成的。

1　白板（tabula rasa）是经验主义和行为主义学者常用的一个术语，指心智在与后天经验接触之前是完全空白的，没有知识和概念。

以上阐述了近期最简方案有关推导优化性一些认识。此外，有必要就两个相关问题做些补充说明。首先，按照主流的观点，只有计算系统向概念－意向系统的推导是完美的。相比之下，计算系统向感知－运动系统的映现被称为"外化"（externalization），它涉及的因素更为复杂多样，难以用完美来形容（参阅第 6 章）。这是因为语言官能是为向概念－意向系统的推导设计的，外化则是后来融入的一种附加性机制。因此，与外化相关的现象不是语言的本质，不影响语言完美性的假设。Chomsky（2007a：12）对这种接口的不对称性做过如下论述：

> 设计所表现出的优化是相对于概念－意向系统而言的，……在某个阶段外化的模式被捏合了进来。如果第三因素条件发挥作用的话，那么普遍语法对概念－意向系统的接口将是优化的，而向感知－运动系统接口的映现将是满足外化条件的"最佳的可能"方式。

其次，本节所说的优化性是生物学意义上的，并不意味着语言在交际上也是优化的、完美的。换言之，语言的优化设计仅针对接口条件，且离不开第三因素的作用，而当它用于日常交际时，会受到记忆、结构解析（parsing）等诸多方面的限制。因此，合法的表达式常常无法用于交际，表现出传统上所谓的能力与使用之间的差异。比如，计算系统生成的表达式没有长度限制，但我们说出或写出的句子在长度上总是有限的；再如，接口可诠释的表达式不一定是有意义的，或是可用于交际的，相反却可能像 "Colorless green ideas sleep furiously." 这个句子一样，合乎语法，却毫无意义；又如，"花园路径"和"中央内嵌"之类的句子[1]，结构解析困难，不适用于交际（详见第 6 章）。就此而言，计算意义上的和交际上的优化性和完美性是不同的概念。

4. 强式最简命题的意义

以上各小节勾勒出了强式最简命题的轮廓。在此我们借用 Berwick & Chomsky（2016：71）的相关阐述做一个总结：

---

1 花园路径（garden path）指句中的某个短语可兼容不同的结构分析，形成局部歧义，但在通读后歧义得以消除，如 "The horse raced past the barn fell."；中央内嵌（center-embedding）指在主句中嵌入一个或多个关系从句，如 "The rat the cat the dog chased killed ate the malt."。

有一种非常强式的命题，名为强式最简命题（SMT），认为生成程序是优化的：语言的原则由有效计算确定，语言只做最简单的递归性操作，而这一操作旨在满足接口条件的同时遵循有效计算这样的独立原则。在这种意义上，语言与雪花类似：一旦其有了构建的基本模式，并且满足了接口施加的任何条件，即可通过自然法则获得其特定的形式。对语言而言，该自然法则是有效计算原则。

简言之，强式最简命题是以实质最简论为指导思想建立起来的。它要求（窄）语言官能包括的内容越少越好，其必须遵守的限制性条件全部来源于接口，其推导服从第三因素原则，呈现出由物理和数学法则塑造而成的一种最优化的方式。值得强调的是，强式最简命题最终能否被证实尚无定论，但从它自首次被提出（参阅 Chomsky，2000a）至今从未受到致命挑战，相反却为越来越多的研究者所接受。Chomsky（2017：2）强调："几年前，强式最简命题还被视为一个非常怪异的想法。而近年来，越来越多的证据表明类似这样的推论并未远离真相。如果它成立的话，将是一个重大的发现。它还会为语言演化研究开辟道路。"毫无疑问，强式最简命题作为近期最简方案的核心论断，引导出了大量重要的成果。本书后续章节将要讨论的（最简）合并、语段推导、加标理论等都是以它为基础建立起来的。

1.4.2 "自下而上"的研究路径

强式最简命题要求语言官能包括的内容越少越好，这实际上代表着生成语法的研究思路发生了根本变化。原－参理论把普遍语法设想成一个丰富的、高度结构化的系统，语言中所有先天性的、不可通过学习获得的部分均由它赋予。因此，原－参理论把尽可能多的语言知识归结于普遍语法，代表了一种自上而下的研究路径。近期最简方案扬弃了上述观点和方法。它大大缩小了普遍语法的范围，同时极大地提升了第三因素的地位和作用，使之成为众多语法现象的源泉。原－参体系中的原则都被改造成为通用的第三因素原则（如"最小搜索"），或者接口条件。相应地，研究路径也从"自上而下"变成了"自下而上"，尽量地减少普遍语法的内容，使其除了以最简单的方式满足外部系统的接口条件之外，不再包括任何其他机制。对于这一变化，Chomsky（2007a：4）的阐述如下：

> 纵观生成语法的现代历史，对语言官能特性的认定问题自始至终都采用"自上而下"的路径：如何把尽可能多的内容归因于普遍语法才足以解释语言的获得？最简方案则寻求一种"自下而上"的解决方式：如何依靠第三因素原则，把尽可能少的内容归因于普遍语法，同时又能解释获得的内化语言的多样性？

图 1.2 和图 1.3 展示了"自上而下"和"自下而上"两种研究路径的区别（改编自 Lorenzo & Longa，2009：1306–1307）：

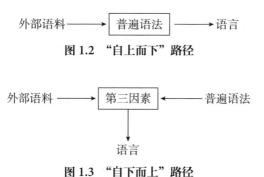

图 1.2 "自上而下"路径

图 1.3 "自下而上"路径

"自上而下"的路径体现了普遍语法（第一因素）至上的观点，它在外部语料（第二因素）的触发下形成各种具体的语言；"自下而上"的路径体现了第三因素至上的观点，它在普遍语法和外部语料的共同作用下形成具体的语言。总之，最大限度地减少普遍语法的内容，转而将其归因于第三因素，是近期最简方案的主导研究路径。

1.4.3 超越解释充分性

从原－参理论到早期最简方案，再到近期最简方案，生成语法在不断追求更高的研究目标。它在创立之初就提出了两种"充分性"：如果一种语法能够准确描述其本族语者的语言知识，那么它就达到了描写充分性；如果一种语法能够准确描述普遍语法，那么它就达到了解释充分性（参阅 Ouhalla, 1994）。换言之，生成语法的初级目标是把符合语法的结构与不合语法的结构区分开来，或者说把可能的人类语言与不可能的人类语言区分开来。更高一级的目标是解释个体如何获得某个具体的语言，发现外部语料映现为内化语言的过程。这是生成语法传统上致力达到的目标，在原 – 参理论时期依靠各个原则子系统的共同作用已基本达成。那么，随着最简方案时期的到来，尤其是随着强式最简命题的提出，生成语法是否有了更高的理论追求呢？答案是肯定的——那就是超越解释充分性。Chomsky（2004：105）提出："我们可以寻求比解释充分性更为深刻的解释层次，不仅要问语言的特性是什么，更要问它们为什么是这样的。"前一个问题强调语言官能独有的特性，后一个则强调生物体共有的特性。在对语言事实的解释中，如果能跳出普遍语法的局限，体现更为普遍的自然法则的作用，就算是超越了解释充分性。第三因素原则无疑就是这样的自然法则。

　　生成语法之所以寻求超越解释充分性，很大程度上是为了解答语言演化相关问题。正如 Fujita（2009）所言，如果我们认定语言官能是可演化的，那就必须把它设想为一种生物器官，并按照生物学的标准做法，从例（18）三个层面对它进行研究：

　　（18）a. 设计　　　　b. 发育　　　　c. 演化

　　对照（18）可以发现，早期生成语法提出的描写充分性大致覆盖"设计"相关的研究，要求解答语言知识的性质是什么、来源是什么、语言官能如何运行等问题；解释充分性基本对应"发育"相关的研究，要求揭示语言在个体中发生与成熟的原因。然而，早期生成语法没有与"演化"对应的理论目标，不要求探讨语言在物种中的起源与演化问题。为此，不少学者主张从生物语言学的视角出发，设立一个涵盖"演化"的研究目标。其中的一种做法是为演化设立一个独立的充分性标准，即"演化充分性"。"如果一个普遍语法理论解释了人类语言官能在我们的演化史中为何可能涌现，它就达到了演化充分性"（Fujita，2009：129）。另一种做法则不为演化单独设立标准，而在解释充分性上增加一项体现演化的条件。Chomsky（2019, 2020）是这一做法的代表者之一，他提出：以原则的方式解释语言的基本特性是"真正的解释"（genuine explanation）。真正的解释不同于描写，必须满足两个条件：一是能够解释"可学性"（learnability），即说明个体是如何获得语言的基本特性的；二是能够解释"可演化性"（evolvability），即说明物种是如何获得语言的基本特性的。他（2020：18）说：

> 一个真正的解释必须满足两个条件：可学性条件（系统必须是个体可获得的）以及可演化性（先天的内部系统，语言官能，必须是可演化的），……这是一个极为严苛的要求，直到近期才有可能考虑到它。但在科学或理性探索的任何一种路径中，它是一个必须瞄准的目标。

总之，所谓超越解释充分性，指把第三因素原则纳入语言研究，从而不仅能够解释语言的特性是什么，而且能够解释语言为什么有这些特性。要想达成这一理论目标，就必须解释语言官能演化的相关问题：只有同时解释语言的基本特性是可学的且可演化的，方能做到真正的解释。

1.4.4 对分析机制的改进

随着强式最简方案的提出，"自下而上"研究路径的建立，再加上可演化性要求的约束，一系列新的概念和解释机制应运而生。本节对其中较为重要的部分做个提要，详细的讨论见本书的其余各章。

第一，对合并操作的探讨取得了重大进展。在早期最简方案提出的外合并之外，近期最简方案把移位处理成合并操作的另一个种类，称"内合并"。两个操作均可将两个句法客体——α 和 β——放入同一个集合之中，由此形成更大的句法客体。外合并中 α 和 β 互不相同，或者是从词库中直接提取的；而内合并中 β 是 α 的一部分，可以把 β 视为 α 的一个拷贝。内外合并的统一触发了对该操作更为深入的探讨，最终确定了它具有最简和自由的特性。

第二，一致取代了特征核查。它放弃了核查理论在 [标志语 – 中心语] 配置中统一消除不可诠释特征的做法，同时取消了为此专设的核查区域。相反，它把核查放在 [中心语 – 补足语] 配置中进行，并以 T 和 ν 上的不可诠释（未定值）特征为探针，以名词上的不可诠释特征为目标，通过两者的特征匹配使两者同时被消除。

第三，句法推导依托语段（phase）进行。语段由一个包含不可诠释特征的功能语类定义，主要有 CP 和（及物的）νP 两个种类，句法以之为单位进行循环推导。语段由三个部分组成：语段中心语（H）、语段边缘（edge）以及语段的区域（domain）（即中心语的补足语）。按照"语段不可穿透性条件"（phase impenetrability condition，PIC），当某个语段构建完毕后（即其中心语不再投射时），其区域被移交给接口，从而不再接受进一步的操作，只有中心语 H 和其边缘 α 仍然可以操作。这意味着除合并之外，其他句法操作都只能应用于语段的边界。

第四，句法标签（label）源自独立的算法。近期最简方案引入了加标理论，核心思想是：合并是一种最简操作，所产生的句法客体只是一个集合——{α, β}，再无其他。为了使该客体携带的信息能够被接口识别，语言需要提供一个加标程序。该程序是通过最小搜索（minimal search）实现的，是第三因素原则的一种体现。

第五，在形态学方面，一个常被称为"非词库论"（non-lexicalist）的路径得到了很大发展。与传统的词库论不同，非词库论路径中的词库不是生成性的，即没有构词的功能。相反，词库只负责列举句法可以操控的元素，亦即语素。句法推导从这些元素开始，通过与短语构建相同的机制生成词项。此外，非词库论也不认为形态是专为构词服务的，发生在句法操作之前，相反却认为形态发生在句法向音系式推导的过程之中，亦即外化的过程之中，由一系列所谓的"句法后"操作组成。

第六，在近期最简方案中，语言学和生物学实现了更高层次的跨学科融合，由此产生的生物语言学取得了迅猛的发展。不同领域的学者从生物语言学的视角出发，在语言官能的性质、语言的演化与外化、语言获得、语言的基因与神经基础等诸多方面取得了一些引人注目的理论突破。

以上六个方面代表了近期最简方案的主要领域和前沿动态，后续各章将对它们进行较为详细的讨论。

1.5　总结

首先，最简方案中的"最简"包含两层含义。一是方法论上的最简论，即追求以最简洁、最优雅的方式经营语言学理论，尽可能剔除不自然的概念、硬性的规定、工程性的解决方案和其他任何使系统复杂化的内容。二是实质性最简论，即认为语言官能本身的设计就是简约的、无冗余的，其运行的方式是经济的、优化的。语言在表象上的复杂性很大程度上来源于外部系统施加的接口条件，以及各系统之间的相互作用。至于"方案"一词，它是指 Lakatos 所定义的研究纲领，是一组带有指导思想意义的理论假说，具体的内容、结论乃至发展方向还有待确定。

其次，最简方案经历了两个主要的发展阶段，早期版和近期版存在较为显著的区别。简言之，早期版偏向于受方法最简论的指导，以"概念必要性"为标准，对原－参体系做了深度改造，剔除了其中非必要的表征层面和推导衍生的新客体，消除了不自然的概念，并且依靠完全诠释条件和经济原则建成了一个在表征上和推导上都具有最简属性的理论体系。近期版以早期版为基础，逐渐过渡到以实质最简性为特色的理论体系。在强式最简命题的指导下，普遍语法（即窄语言官能）被缩减到最低限度，只包括一个语言计算系统。它与概念－意向和感知－运动两个语言使用系统接口，并遵守后者施加的接口条件。第三因素原则，即所有生物系统都要遵守的自然法则，在最简方案中成为众多语法现象的核心来源。特别是其中的有效计算原则，对语言更是具有特殊的意义，决定了计算系统向接口的映现只能以优化的方式进行。需要强调的是：尽管普遍语法的内容被极大压缩，但其地位是不可撼动的，它是人类语言的基本特性——包含层级结构的离散无限性和易位——的发源地，派生出了人类语言和动物交际系统的本质区别。

再次，在方法最简论和实质最简论的指导下，最简方案尤其是近期最简方案，不仅在理论模型上有了新的突破，在其他方面也发生了相应变化，形成了新的特色。在研究路径方面，它实现了从"自上而下"到"自下而上"的转型，把原－参理论模型中由普遍语法承担的功能与职责尽可能多地移交给了第三因素原则，在对语言事实的解释中体现了更为普遍的自然法则。在理论目标方面，它超越了原－参理论模型中的描写与解释两个充分性，提出了真正的解释的要求，明确了它必须满足的两个条件——可学性和可演化性。这样的理论目标并不满足于解释语言的特性是什么，更要解释语言为什么有这些特性。

总之，最简方案从 20 世纪 90 年代初问世至今已经历了近 30 年，在时间跨度上超过了生成语法历史上的任何一个理论模型。经过 30 年的经营，它取得了良好且快速的发展，形成了一个简洁又合理的理论体系，同时保持了对语言事实的覆盖率。无论是在概念上还是在经验上，它都大大优于先辈的原 – 参理论。不仅如此，它还激发了生物语言学的复苏，使其与众多相邻学科实现了新融合。它为语言学研究提供了新的视角，开拓了新的路径，并且把语言学研究引向了对语言事实的真正的解释。最简方案迄今为止是非常成功的，也是值得了解的。

第 2 章
合 并 操 作

2.1　引言

　　第 1 章提到，人类语言有两个基本特性：一是离散无限性，可以产出数量和长度无限的、包含层级结构的客体；二是易位，允许"短语在一个地方被听见，但在这个地方和另一个地方都得到诠释"（Chomsky，2016：17）。这些基本特性构成了一个表面上的悖论：人脑是有限的，而（内化）语言的生成能力却是无限的。对此，生成语法的解释是：人脑中一定有一个生成程序，即一组有限的、可递归的心智计算，可以产出无限数量的结构，从而形成语言系统的开放性和语言使用的创造性，同时允许易位的发生。Chomsky et al.（2019：232）对此做出如下表述："为了解释这些基本特性，生成语法的任何理论都必须假定一个计算系统的存在，它构造出包含层级结构的表达式且可易位。"

　　从生成语法问世以来，捕捉上述两个方面的基本特性始终是最核心的工作。在初始的模型中（Chomsky，1957，1975），基本特性由两个独立的部门分别处理，一个称"短语结构语法"，由一组可递归的改写规则构成，派生了结构的无限性，化解了"有限手段的无限使用"（洪堡特用语）的悖论；另一个称"转换"，是在短语结构语法输出的基础上进行各种结构变换操作，从而体现易位的特性，"转换生成语法"由此得名。以《句法理论诸方面》（Chomsky，1965）为开端，D- 结构和S- 结构两个句法表征层面被引入，前者用于捕捉语言的无限性，后者用于生成易位性。原 – 参理论维持了结构的生成和转换两个部门的分野，同时做出两个方面的调整。首先，短语结构规则被 X 阶标理论替代，规则的数量随之大大减少；转换规则逐渐聚焦到移位，并且最终归并为一个通用的规则——移动 α，即允许将任何语类移动至任何位置。其次，除 D- 结构和 S- 结构外又增加了两个与外部系统的接口层面——逻辑式和音系式，从而为某些隐性的句法操作提供了场所。至此，生成语法建成一个基于 X 阶标理论和移动 α 规则之上的结构分析体系，它既完备又严谨，覆盖了范围广泛的事实，在概念和经验两个方面似乎都无可挑剔。

然而，正如第 1 章所述，最简方案出现之后，计算系统的架构和结构建造的机制发生了重大变化。随着 D- 结构和 S- 结构被取消，句法原则被改造成接口的诠释条件，加上经济原则的引入，X 阶标理论和移动 α 在新体系中变得无所适从，最终退出了舞台。在早期最简方案中，取代它们的新机制由以下几个方面组成：一是合并操作，负责把两个句法客体（α，β）放入同一个集合，从而形成一个新的客体 {α, β}，即新的表达式；二是光杆短语结构，即一个以合并为基础，不包含层级阶标的结构分析体系；三是拷贝理论，即某个句法客体在移位后留下自身拷贝的过程。此阶段的合并常称"纯合并"（pure Merge），移位则继续被认为是一种独立的操作。进入近期最简方案之后，移位开始被认定为合并的一种，但最初的时候它被视为一种复合操作，即除合并之外还包含某个额外的操作，如拷贝或一致。在 Chomsky（2004）中，（纯）合并和移位首次得到了统一处理，外合并和内合并两个概念随之诞生。换言之，合并分两个种类：如果 α 和 β 互不相同，称"外合并"（external Merge，EM）；如果 β 是 α 的一部分，即来源于结构中已有的成分，则称"内合并"（internal Merge，IM）。外合并和内合并形成的客体是相同的，都是 {α, β}，它们遵守的条件和具有的性质也是相同的。如此，合并这个简单的计算操作派生出了人类语言的基本特性：包含层级结构的离散无限性和易位性。到了 Chomsky（2013，2015b），合并输出的标签（label）从由计算系统提供变成由第三因素决定，由此形成了所谓的"最简合并"（simplest Merge），即合并（α，β）= {α, β}。在 Chomsky et al.（2019）、Chomsky（2019，2020，2021）中，合并的操控对象从具体的句法客体变成工作区，这种意义上的合并往往用全大写的字母表示，即 MERGE。

本章旨在梳理合并操作的演进过程，介绍基本步骤和特点。各节的安排如下：2.2 节进行理论铺垫，介绍生成语法中结构分析的常用概念，以及 X 阶标理论的基本分析方式；2.3 节介绍纯合并 / 外合并；2.4 节和 2.5 节分别讨论内合并和最简合并；2.6 节简要介绍基于工作区的合并；2.7 节讨论合并的另一个变体——对合并；2.8 节总结本章。

2.2　理论铺垫

本节旨在介绍层级结构分析中常用的一些基础概念和分析机制，主要目的是提供背景知识为后续的讨论作理论铺垫。本节分两个部分，其一介绍一些基本概念，其二勾勒 X 阶标理论的基本架构。

2.2.1　基本概念

本小节介绍三组与合并操作相关的基础概念：一是支配和成分统制；二是层级结构与线性顺序；三是替换和嫁接。

1. 支配和成分统制

语言的特质之一是它的表达式具有层级性，这意味着其中的词项有着不同的层级安排：有的高，有的低，有的相同。从树形图（1）中，可以读出两种基本关系：支配（dominate）和姐妹（sister）：

（1）
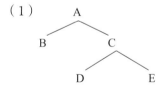

（1）中的 A、B、C、D、E 为"节点"（node），各条连线为"分枝"（branch），它们把节点组织成结构体。两个被分枝连接的节点，如果其中一个在树形图中的位置高于另一个，就支配另一个。比如，在（1）中，A 高于和它连接的其他任何节点，所以支配了图中的其他所有节点。其中，A 对 B、C 的支配没有其他节点的间隔（intervening），称"直接支配"。A 被称为 B、C 的"母亲"，后者相应地是 A 的"女儿"。同理，C（直接）支配 D、E，是它们的母亲。支配体现的是一种包含（contain）关系，如 A 包含（1）中其他所有的节点，C 包含 D、E 两个节点。母亲节点

所支配 / 包含的节点构成其成分（constituent）。至于姐妹则指母亲相同的节点，如 B 和 C，D 和 E。

以支配和姐妹两个概念为基础，还可以衍生出另一种重要的结构关系——成分统制（c-command），其非正式的定义如下 [1]：

（2）成分统制：一节点成分统制其姐妹节点及后者所支配的所有节点。

在（1）中，B 和 C 是姐妹节点，互不支配，但受同一个母亲节点 A 支配。因此，B 成分统制 C，反之亦然，即两者相互成分统制。不仅如此，B 还成分统制 C 的女儿（D 和 E），却不受后者的成分统制，即不对称地成分统制后者。（相互的）成分统制还存在于 D 和 E 之间。成分统制不是一种直接的支配 / 包含关系，但体现了句法关系的不对称性，在分析约束、辖域和句法移位等现象中具有不可或缺的作用。举例来说，如果把 B 想象成主语，把 E 想象成宾语，那么 B 不对称地成分统制 E，也就形成了文献中经常讨论的"主宾语不对称"现象。

总之，在对语言层级结构的讨论中，最基本的概念有两个：一个是支配，体现的是上下层节点之间的包含关系，即支配节点包含被支配节点，如句子包含短语、短语包含词；另一个是成分统制，某个节点通过（不对称地）成分统制其姐妹所支配的节点，与后者形成不对称的结构关系。支配和成分统制是层级关系分析中两个最为关键的概念。可以说，如果一个理论模型能够正确反映这两种关系，那么它就基本充分地捕捉了语言的结构特性 [2]。值得一提的是，这两种关系都可以从计算程序中推导出来，因此属于 Chomsky（1995）所说的自然的概念。

2. 层级结构和线性顺序

树形图（1）不仅反映了句法客体的层级结构，实际上也显示了它们的线性顺序，即从左向右的串联（concatenation）关系，所涉及的概念主要有居前（precedence）、毗邻（adjacency）等。在生成语法中，线性顺序在句法关系中的地位是逐渐下降的。在早期的短语结构语法中，

1　成分统制的技术性定义为：节点 α 成分统制 β 当且仅当支配 α 的每一个节点也支配 β，且 α 和 β 互不支配。

2　有关句法关系，有很多细节不能在此详细讨论，可参阅 Ouhalla（1994）、Carnie（2006）等文献。

它是改写规则的一部分。例如，改写规则 VP→V NP 形成 VO 型构式（如汉语），而 VP→NP V 则形成 OV 型构式（如日语）。在 X 阶标理论中，线性顺序被降格为一种参数，即所谓的"中心语参数"，但依然是普遍语法的一部分，与原则相关联。在最简方案中，线性顺序被移出了狭义句法，变成了外化的一部分，由感知 - 运动系统决定。Chomsky 在多篇著作中以下面的句子为例，说明语义诠释只基于层级结构，而不依赖甚至忽略线性顺序[1]。

（3）Instinctively birds that fly swim.

在（3）中，副词 instinctively 只能修饰在层级结构上更近的 swim，而不能修饰在线性顺序上更近的 fly。为了更好地说明问题，让我们看一下树形图（4）（引自 Berwick & Chomsky，2016：117）：

（4）

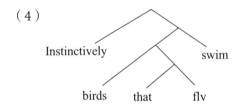

由（4）可见，副词 instinctively 跟主语 birds that fly 和谓语 swim 处于同一层级。这意味着主语的间隔不会影响该副词与 swim 的层级距离。然而，动词 fly 处于主语的内嵌关系从句中，因此尽管在线性上更靠近副词，在层级上却距离它较远。这个例子说明语义诠释取决于层级结构，而不是线性顺序。

如果想让 instinctively 修饰 fly，可以把它放在 fly 之前或之后，形成下面（5）中两个句子：

（5）a. Birds that instinctively fly swim.
　　 b. Birds that fly instinctively swim.

表面上，（5）中决定语义诠释的似乎是线性关系，即副词可以修饰邻接它的动词 fly，但实际情况并非如此。注意（5b）是有歧义的，instinctively 既可被诠释为修饰 fly，也可被诠释为修饰 swim。这

1　如 Chomsky（2016）、Berwick & Chomsky（2016）等。

一歧义的原因是该句可作两种结构分析：[fly instinctively] swim 和 fly [instinctively swim]。换言之，决定 instinctively 修饰对象的归根到底还是层级结构。Berwick & Chomsky（2016：103–104）在总结（3）~（5）相关的现象时说道，"这是规则依存于结构这个普遍特性的一个例证：语言的计算规则忽略线性距离这一简单的特征，而遵循较为复杂的结构距离特征。"

3. 替换和嫁接

在原–参理论中，移位被认为由两种类型组成。一种称"替换"（substitution），指把成分移动到某个空位置。常见的名词短语移位（以下简称"NP 移位"）和疑问词短语移位（以下简称"wh 移位"）均属于这一类型，分别如（6）和（7）所示：

（6）a. The city was destroyed

   b. D- 结构：[$_{TP}$ Δ [$_{T'}$ T [$_{VP}$ was destroyed [the city]]]]

   c. S- 结构：[$_{TP}$ the city [$_{T'}$ T [$_{VP}$ was [$_{VP}$ destroyed [~~the city~~]]]]]

（7）a. Which city did the enemy destroy?

   b. D- 结构：[$_{CP}$ Δ [$_{C'}$ C [$_{TP}$ the enemy [$_{T'}$ T [$_{VP}$ destroy [$_{NP}$ which city]]]]]]

   c. S- 结构：[$_{CP}$ which city [$_{C'}$ did [$_{TP}$ the enemy [$_{T'}$ T [$_{VP}$ destroy [$_{NP}$ ~~which city~~]]]]]]

由（6）和（7）可见，替换移位"扩展"（extend）了投射，即在结构中添加了新节点，如（6c）中的 [Spec, TP] 和（7c）中的 [Spec, CP]。再如（6b）和（7b）有一个 Δ（delta）符号，是 Chomsky（1965）首次设置的，用于标记移位的目标（又称"落点"）。他说："假设我们添加一个公约，即在语类部门[1]，对每个词汇语类 A，有一个 A →Δ规则，Δ是一个固定的'假位符号'。如此语类部门就可以生成算符串（string）

---

[1] 在 Chomsky（1965：120–127）中，"语类部门"（categorial component）由"分枝规则"（branching rule）组成，用于定义深层结构（D- 结构的前身）中的基础语法功能。它与词库一道构成所谓的基础。分枝规则是语境自由的短语结构规则，不同于词库中语境敏感的次语类化规则（subcategorial rule）。

的短语标记，该算符串是由（标记词汇语类的位置的）Δ的各种不同的出现形式以及语法元素组成的。"（Chomsky，1965：122）换言之，（6）和（7）中的移位是某个词汇语类替换假位符号Δ的过程，就是"替换移位"名称的由来。在后来出现的 X 阶标理论中，Δ这个概念让位给了标志语，而标志语是结构中最高的边缘位置，甚至Δ这个符号也被空语类（如 e）替代了。然而，两者体现的理念却是一致的，即替换移位具有预定的目标，必须落至结构的上端边界，从而使结构得到扩展。显然，在这种"自上而下"的结构生成模式中，替换移位是"结构维持的"（structure-preserving）（参阅 Emonds，1976），并且具有前瞻性（look-ahead），即它预定移位的发生，并且规定了移位的目标。

　　移位的第二种类型称"嫁接"（adjunction），它不同于替换，不创造新的节点，也不形成自身的投射。话题化（topicalization）是这类结构的一个代表。从"I believe that [this city the enemy would destroy ~~this city~~]"这个例句可以看出，话题（"this city"）的移位没有创造新的节点，只是扩展了已有的节点 TP。在原 – 参理论中，对这类移位的分析方案是：嫁接复制了某个结构节点，并把成分移动到该节点之下。以上面所举的"this city the enemy would destroy ~~this city~~"为例，其结构的生成程序如（8）所示：

（8）a. D-结构：[$_{TP}$ the enemy [$_{T'}$ would [$_{VP}$ destroy [$_{NP}$ this city]]]]
　　　b. S-结构：[$_{TP}$ this city [$_{TP}$ the enemy [$_{T'}$ would [$_{VP}$ destroy [$_{NP}$ ~~this city~~]]]]]

　　大致平行的情况也存在于短语结构的建构之中。其中的一种可以算是广义上的替换，它每引入一个成分，都会扩展结构，甚至改变短语性质。以这种方式引入的成分可以承担主语、谓语和宾语等主要的语法功能，在一个表达式中只可出现一次。下面的这组例句演示了替换的情况：

（9）a. book（=NP）
　　　b. the book（=DP）
　　　c. read the book（=VP）
　　　……

　　短语结构中的另一种情况是与替换相对立的嫁接，它引入的成分称"附加语"（adjunct）。附加语不能扩展结构，也不能改变短语的属性，但在一个表达式中可以迭代使用，是可选的而非强制性的。它一般担任修饰语，不可担任主语或宾语。附加语的基本属性如（10）所示：

（10）a. [$_{VP}$ read the book]（=VP）

　　　b. [$_{VP}$ [$_{VP}$ read the book] quietly]（=VP）

　　　c. [$_{VP}$ [$_{VP}$ [$_{VP}$ read the book] quietly] in the library]（=VP）

关于替换和嫁接的区别应该如何处理，研究者的观点差异较大，不在此详述。按照 Chomsky（2000a）及其后续论著为代表的主流观点，它们由两种不同的合并形式生成，一种是"集合并"（set Merge），另一种是"对合并"（pair Merge）。在最简方案的文献中，惯常做法是默认合并为集合并，对合并则是一种必要但较为边缘的操作，一般单独论述。本章沿用这一惯例，把集合并简称为"合并"，并在 2.7 节专题讨论对合并相关问题。

2.2.2　X 阶标理论

第 1 章提到，X 阶标理论是原 – 参理论中的一个子系统，负责为成分的组合提供模板，但在最简方案中被废弃。那么，这个理论在解释语言结构特性时哪些功效需要在最简方案中得到维持？又有哪些弊端需要摒弃？本节将讨论这些问题。

X 阶标理论的模板如（11a）所示。为了方便阐述，我们同时用一个具体的 VP 结构来做演示，见（11b）：

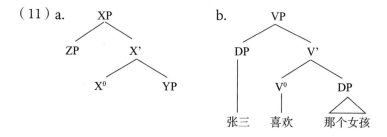

（11）a.　XP　　　　b.　VP

（11a）显示，X 阶标模板设有三个层级：最小投射（X^0）、中间投射（X'）和最大投射（XP），并且包括三种结构关系：中心语（X^0）、补足语（YP）和标志语（ZP）。与早期的短语结构语法乃至其他理论体系中的结构模型相比，该模型最鲜明的特点主要有三个。第一，它具有跨语类的普适性，即（11a）中的 XP 可以实现为任何一种语类，无论是词汇性的 NP、VP、AP 和 PP，还是功能性的 CP、TP、DP 等。第二，它强制要求每个短语都必须是向心的（endocentric），即每个短语都必须有一个中心语（X^0），其句法特性逐级投射（$X \rightarrow X' \rightarrow XP$），决定了本短语的句法特性，特别是语类属性。标志语和补足语则是短语级单位，不可投射。不仅如此，短语的中心语与其标志语和补足语之间一般具有某种选择关系。因此，（11b）中的中心语"喜欢"决定了该短语具有动词性，而且其中的两个论元——"张三"和"那个女孩"——均是由该动词选择而来的，前者是其感事（experiencer），后者是其客事。第三，它有三个层级，即除词项级的最小投射（X^0）和短语级的最大投射（XP）之外，它还设置了一个中间投射（X'），从而使其对结构的捕捉更加细腻。具体地说，标志语（ZP）受最大投射（XP）直接支配，补足语则受中间投射（X'）直接支配，两者的关系是不平等、不对称的。因此，补足语和中心语是姐妹关系，即最局部的关系。相比之下，标志语是中间投射（X'）的姐妹，与 X^0 的关系相对疏远。换句话说，X' 的使用使标志语和补足语的不对称性得到体现，即前者成分统制后者，而后者不能成分统制前者。以（11b）为例，"张三"不对称地成分统制"那个女孩"，所以句法层级高于后者。

除以上三个有别于短语结构语法的特点之外，X 阶标理论还有效地捕捉了诸多其他语言事实，在此不详细讨论了。

2.3　纯合并

本节介绍合并操作的早期模型，即出现在 Chomsky（1994，1995）中的，并在后续一段时间内常被称为"纯合并"的操作。本节分六个部分：2.3.1 节介绍纯合并及其基本特性；2.3.2 节对合并操作进行演示，2.3.3 介绍"工作区"和"递归"两个概念；2.3.4 节补充描述词汇数组的基本特点；2.3.5 节介绍纯合并的主要限制条件；2.3.6 节阐述合并中集合与树形图的关系。

2.3.1 纯合并及其基本特性 [1]

按照 Chomsky（1995）最早给出的定义，合并是从已有的句法客体形成更大单位的操作，它应用于两个客体 α 和 β，形成一个新客体 K。K 由两个部分组成，一个是 {α, β} 的集合，另一个是该集合的标签 γ，基本形式如（12）所示：

（12）合并（α, β）→ {γ, {α, β}}

下面我们更细致地考察（12）的合并操作。它是最简单的组合操作，每次只能应用于两个句法客体，即 α 和 β。合并生成的集合用花括号（{}）表示 [2]，其中 α、β 构成了集合的成分（term）。合并"不涉及时间维度"，"不蕴含时间顺序"（Chomsky, 2008: 6），即不生成线性顺序。Chomsky（1995: 223）对合并操作做如下表述：

> 合并应用于两个客体 α 和 β，形成新的客体 K，并消除了 α 和 β。K 是什么？ K 一定是由 α 和 β 这两个条目以某种方式构成的；……由 α 和 β 建构的最简客体就是集合 {α, β}，因此，我们认为 K 至少涉及这个集合，其中 α 和 β 是 K 的**成分**。

然而，合并仅生成 {α, β} 这个最简集合就足够了吗？ Chomsky 对此的答案是否定的。他认为从经验角度，这种最简单的集合不足以满足接口条件，亦即输出条件，因为不同语类的短语在语义或音系方面有着不同的表现。因此，合并必须生成 {γ, {α, β}} 这一形式，其中 γ 是其标签，它的作用是使生成的客体满足接口所施加的输出条件，即使其在接口得到诠释。例如，标签可使 {n, {α, β}} 在接口被识别为名词性客体，使 {v, {α, β}} 被识别为动词性客体，等等。Chomsky（1995: 223）对标签做如下说明：

> 这样（最简的集合——译者加）就足够了吗？输出条件另有要求；例如，动词性成分和名词性成分在逻辑式的解读不同，在音系

---

1 本节论述主要依据 Chomsky（1995: 222–229）。

2 按照通用的 Wiener-Kuratowski 标记法，无序集合用花括号 {α, β} 表示，有序集合用尖括号 <α, β> 表示，当后者只有两个成员时，常称"对集合"（pair set），另一种译法是"偶集合"。

部门的表现不同。因此，K 的形式一定至少是（我们假定至多是）{γ, {α, β}}，其中 γ 显示出 K 的相关特征。γ 称为 K 的**标签**。

有趣的是，Chomsky 在上述引语中没有提及狭义句法是否要求标签，而是仅提及了标签对于接口的必要性。正如不少研究者所言，带标签的合并不是一种原始性操作，因为它同时创造了两个新的句法客体：集合 {α, β} 和带标签的集合 {γ, {α, β}}［参阅 Collins（2002）、Seely（2006）等］。

（12）带来的另一个问题是：既然合并形成的新客体需要标签，那么标签是由什么决定的呢？第 1 章谈到，在 X 阶标理论中，标签是由推导衍生出来的某个新客体担任的，如 X'、XP 等。在早期最简方案中，Chomsky（1995：227）没有采用这个做法，而是提出："标签一定是 α 和 β 之一，既不可能是 α 和 β 的交集（intersection），也不可能是 α 和 β 的并集（union）"。换言之，合并（α, β）要么形成 {α, {α, β}}，要么形成 {β, {α, β}}，别无他选。（13）是这一设想的体现：

（13）a.　　　　α　　　　　　　b.　　　　β

Chomsky（1995：224）对上图中标签的选择做如下说明：

标签 γ 必定是由 α 和 β 两个成分构建而成的。设 α 和 β 为词项，每一词项都是特征的集合。如此，最简单的设想应该是 γ 是下列三者之一：
（6）a. α 和 β 的交集
　　b. α 和 β 的并集
　　c. α 和 β 之一

（6a）和（6b）的可能性可以立刻排除：α 和 β 的交集一般和输出条件无关且经常为空；α 和 β 的并集不仅不相关，而且当 α 和 β 某个特征的值不同时（这是一种正常情形）"相互矛盾"。这样就只剩（6c）了：标签 γ 或者是 α，或者是 β，其中之一**投射**，成为 K 的**中心语**。如果 α 投射，那么 K={α, {α, β}}。

如果 Chomsky 的上述观点合理，那么投射就成为合并操作中具有关键作用的下属操作：只要结果不违反接口条件，α 或 β 就可以自由投射成中心语。这为后来加标算法的提出奠定了基础，详细的讨论见第 4 章。

（12）所示的合并在后期文献中常被称为"纯合并"，以示它与移位的区别。在下面的讨论中我们视情况采用"合并"来指代"纯合并"。

2.3.2 合并操作的演示

本节旨在用实例演示合并的操作步骤，说明其特点。先以 VP "张三喜欢她"为例。该表达式的推导由如下步骤组成：

第一步是选取生成某个表达式所需的所有词项，称"词汇数组"（LA），最初称为"计数"[1]。这意味着合并不是直接以整个词库而是以预先选出的一个词汇集合为起点的。这个过程犹如把词项从硬盘调入内存以便于操作。（14）是一个示例，a 是推导的目标表达式，b 是其词汇数组：

（14）a. 张三喜欢她

　　　b. LA = { 张三 , 她 , 喜欢 }

词汇数组可以被视为构造某个特定表达式所需的"小词库"。它跟词库一样是无结构且无顺序的。在某个特定表达式的推导过程中，计算程序只能访问该词汇数组，从中选择词项以建构更大的单位，而不得直接访问词库、添加新的词项。当推导结束时，词汇数组中的词项必须用完。更具体的情况我们将在 2.3.4 节阐述。

其次，与早期的短语结构语法和 X 阶标理论不同，合并是自下而上进行的。因此，在对（14a）的推导中，首次合并操作选取的是"喜欢"和"她"，并同时生成标签。目前我们假定，当"喜欢"和"她"合并

1　"词汇数组"和"计数"这两个概念的意思相近，主要的区别在于计数为每个词项设置了一个标引，以此标记其被选取的次数。Collins & Stabler（2016: 45）指出，"应该把词汇数组理解为词项类概念（token）的集合，而不仅仅是词项的集合。"如此，在例如"The dog sees the other dog."这个句子中，dog 出现了两次，但每次被选用的只是 dog 的类概念之一。这就是说，dog 可以有一个以上的类概念，二者互不相同。因此计数是不需要的。此外，在语段推导理论出现后，词汇数组又被进一步划分为更精确的"词汇子数组"，对此第 3 章将做详细讨论。

时，被选做标签的是"喜欢"而不是"她"，原因将在第 4 章阐述。如此，第一次合并得出的结果如（15）所示：

（15）合并（喜欢，她）→ { 喜欢，{ 喜欢，她 }}

第二步是在词汇数组中选取"张三"，将它与已经构造好的"喜欢她"进行合并，同时生成标签。与（15）相似，我们假设此次操作的标签依然是"喜欢"。如此，第二次合并的结果如（16）所示：

（16）合并（张三，{ 喜欢，{ 喜欢，她 }}）→ { 喜欢，{ 张三，{ 喜欢，{ 喜欢，她 }}}}

至此，词汇数组里的词项使用完毕，对 VP"张三喜欢她"的推导随之完成，目标表达式就此生成。

上面演示的是一个 VP 的推导过程。那么，如何把它扩展成句子呢？对此，最简方案的答案是：除 VP 之外，句子还涉及一些上层的功能语类，特别是 C、T、v 这三个所谓的"核心功能语类"[1]，有时还涉及情态等语类。这就是说，要想把 VP 扩展成句子，不仅需要一个新的词汇数组，也需要更多的推导步骤。除纯合并之外，句子的推导还涉及移位，在此我们只能进行初步的演示。

首先，为了造出包含 VP"张三喜欢她"的句子，需要如（17）的词汇数组：

（17）LA = { T, v, C, 张三，她，喜欢 }

鉴于该句中 VP 部分的推导与（15）～（16）相同，不再赘述，直接从第三步开始演示，即在集合中添加轻动词 v。请注意：v 进入结构后取代了（17）中的"喜欢"，成为新集合的标签，如（18）所示[2]：

1　这些功能语类（比如 T）在汉语中的表现形式乃至是否存在是一个存有争议的话题。对此，我们持开放态度。后文的例句使用了这些语类，仅旨在演示合并的过程。

2　请注意，后文的分析蕴涵着诸如"喜欢"等心理动词的主语基础生成于实义动词（V）的标志语位置，然后上移到轻动词（v）的标志语位置。与此不同，诸如"打""骂"等活动类动词的主语被普遍认为是直接生成于 v 的标志语位置的。我们之所以做这样的假设，一方面是鉴于心理动词和活动类动词有系统区别：前者标志语的题元角色是感事而非施事，没有致使意义，也不能形成"把"字句等变体格式；另一方面是为了方便叙述。实际上，文献中不乏让心理动词的主语基础生成于 V 的标志语位置的分析方案，可参阅 Cook & Newson（2007）。

（18）合并（*v*,{喜欢,{张三,{喜欢,{喜欢,她}}}}）→{*v*,{*v*,{喜欢,{张三,{喜欢,{喜欢,她}}}}}}

第四步，把集合中的"张三"移动至 *v* 的标志语位置，即 *v*P 的边缘，以便它接受进一步的句法操作，对此第 3 章将结合语段推导作更为详细的阐释。此时需要为移位后形成的新客体加标。因为移位成分不能投射，所以新集合的标签仍为 *v*。为了便于说明，我们用删除线表示"张三"移位前的位置，即传统所说的基础生成位置，如（19）所示：

（19）a. 移动"张三"→ { 张三,{*v*,{*v*,{喜欢,{~~张三~~,{喜欢,{喜欢,她}}}}}}}

b. 加标: → {*v*, { 张三,{*v*,{*v*,{喜欢,{~~张三~~,{喜欢,{喜欢,她}}}}}}}}

第五步，在集合中添加 T 并使之担任标签，如（20）所示：

（20）合并（T,{*v*, { 张三,{*v*,{*v*,{喜欢,{~~张三~~,{喜欢,{喜欢,她}}}}}}}}）→ {T,{T,{*v*,{ 张三, {*v*,{*v*,{喜欢,{~~张三~~,{喜欢,{喜欢,她}}}}}}}}}}

因为 T 包含 EPP 特征，所以"张三"需要移位至其标志语位置，之后加标 [1]，如（21）所示：

（21）a. 移动"张三"→ { 张三,{T, {T,{*v*,{~~张三~~, {*v*, {*v*,{喜欢,{~~张三~~,{喜欢,{喜欢,她}}}}}}}}}}}

b. 加标: → {T, {张三,{T, {T,{*v*, {~~张三~~, {*v*, {*v*,{喜欢,{~~张三~~,{喜欢,{喜欢,她}}}}}}}}}}}}

最后一步，在集合中添加 C 并且加标，如（22）所示：

（22）合并（C,{T,{ 张三,{T,{T,{*v*,{~~张三~~, {*v*, {*v*,{ 喜欢,{~~张三~~,{喜欢,{喜欢,她}}}}}}}}}}}}）→ {C,{C, {T,{ 张三,{T,{T,{*v*, {~~张三~~, {*v*, {*v*,{喜欢,{~~张三~~,{喜欢,{喜欢,她}}}}}}}}}}}}}}

至此，词汇数组（17）中的词项使用完毕，推导结束。

---

1 有关 EPP 的详细讨论见第 4 章。

以上，我们演示了合并操作的基本步骤和方式。以此为基础，下面讨论更为复杂的结构。

2.3.3 工作区和递归

Chomsky（2019）指出，人类语言既有向心结构，也可能有诸如{XP, YP} 这样的离心结构，比如"主语 + 谓语"等。对于离心结构，最简方案采用了"工作区"的结构构建模式。该模式允许词项被组织成若干独立的部分，或者说是结构树的"子树"，之后从低到高逐渐组合成完整的结构。这种结构建造的方式在文献中常称"平行推导"（parallel derivation）。换言之，合并操作的对象既可能是词汇数组里的词项，也可能是工作区中已经构造完毕的句法客体。比如，在（23）中，主语中的"同学"并非最大投射，所以如果将其直接与中心语"喜欢"合并，必定会生成不合格的表达式。

（23）那个同学喜欢她

（23）的词汇数组是 {那，个，同学，喜欢，她}。计算程序把其中的词项分为两个工作区——主语和谓语，以下分别称为 W1{那，个，同学}和 W2{喜欢，她}，进行平行推导，然后组合到一起。

（24）W1 的推导：
　　　a. 合并（个，同学）→ {个，{个，同学}}[1]
　　　b. 合并（那，{个，{个，同学}}）→ {个，{那，{个，{个，同学}}}}
（25）W2 的推导：合并（喜欢，她）→ {喜欢，{喜欢，她}}
（26）合并（W1, W2）→ {喜欢，{个，{那，{个，{个，同学}}}}，{喜欢，{喜欢，她}}}

从历史的角度来看，类似工作区的概念在生成语法最初的体系中就存在，当时叫作"广义转换"（generalized transformation，GT），见 Chomsky（1957，1975）。该操作负责把短语结构规则所生成的简单结构组合成一个整体。例如，"John knew that Mary understood the

---

1　此处我们没有采用传统的"限定词短语假说"（DP Hypothesis），而是把量词（"个"）处理为本短语的中心语。详细讨论见程工等（2022）。

theory." 这个句子的推导分为两个模块。首先，短语结构语法生成两个独立的句子结构：John knew it 和 Mary understood the theory；其次，广义转换把后者插入前者。打个比方，广义转换所做的工作是把不同的树嫁接到同一棵树上；递归是广义转换重复使用的结果（参阅 Lasnik & Lohndal，2013）。这种结构建造的方式直到 Chomsky（1965）引入 D-结构，并把递归放到短语结构语法之中才被弃用。在最简方案中，随着 D-结构被废除，广义转换又以工作区的形式获得了新生。

以上概要地介绍了工作区这一概念，我们还将在 2.4 节对这个话题做进一步介绍。我们先以 Chomsky（2007a：6）的相关表述做个小结：

> 基于合并的推导系统涉及平行的操作。因此如果 X 和 Y 被合并的话，其中的每一个都必须可被利用[1]，（有时）可能被迭代的合并进一步构造。这个过程与早期的广义转换理论有松散的相似性，在 1960 年代初因为合理的原因被放弃，现在又因为更合理的原因以一种大大简化了的形式重新得到了应用。

下面让我们把目光移到递归这个与工作区密切相关的概念。两者之所以相关，是因为工作区的前身——广义转换——就是为捕捉无限性而提出的。在最早期的生成语法著作中，Chomsky（1957：34）根据当时出现不久的形式理论（参阅 Post，1943），认为无限性来源于递归："如果它（语法——译者按）确有某种递归装置，将产出无限多的句子。" Chomsky & Miller（1963：284）还提出："如果我们的递归规约（recursive specification）生成 $\emptyset_1$，……$\emptyset_n$，那么它也生成 $\emptyset_{n+1}$ 的结构。" 换言之，如果某个规则允许其所生成的结构 $\emptyset_n$ 可以扩展为 $\emptyset_{n+1}$，那么它就具有递归性。最近，Chomsky（2019：276）在谈到这个问题时说道："递归的基本意思是什么？是生成的每个客体都必须可用于后来的计算。" 比较这两段引语，可以发现多年来 Chomsky 对递归的看法基本是一致的，即只要规则允许扩展 $\emptyset_n \to \emptyset_{n+1}$，它就是递归性的。本书采用的正是 Chomsky 的这一定义[2]。

1　这里的"可被利用"（available）在技术上称"可被访问"（accessible）。

2　值得一提的是，"递归"这一概念在当代存有一定争议。一些研究者试图对 Chomsky 基于形式理论做出的定义进行改造，如将其定义为把一个成分内嵌于同类成分之中的过程，常称为"自内嵌"（self-embedding）或"自相似"（self-similarity），见 Pinker & Jackendoff（2005）和 Fitch（2010）等。另有研究者改从认知角度来定义递归，相关情况可参阅 Martins et al.（2016）和 Lobina（2017）。

2.3.4　词汇数组

2.3.2 节提到，推导是以词汇数组为起点的。本节讨论这个机制涉及的一个重要问题：为什么要设立词汇数组，而不是直接以词库为对象开始推导呢？这里有三方面的考量。

首先，词汇数组的设立确保了逻辑式和音系式的匹配。我们知道，句法推导的最终目的是在接口形成语音和语义的配对（参阅 1.3.5 节）。因为音系和语义是在不同的接口诠释的，所以如果没有相同的词项作为基础，就很难确保这种配对关系。举个具体例子，如果允许推导在任何时候都可以从词库中选取词项，那么当音系式输出"张三喜欢她"时，逻辑式输出的可能是"我不希望张三喜欢她"。因此，推导必须建立在相同词项的基础上，这样才能确保语音和语义的配对。在原 – 参理论时期，两个接口诠释的匹配性是通过 D- 结构加上投射原则实现的，前者把词项引入句法，后者规定词项信息在推导的每个层次上都不得被改变或删除。尽管 D- 结构和投射原则现在被取消了，但它们涵盖的经验事实却是存在的。在这个意义上，词汇数组就是最简方案中确保推导在逻辑式和音系式相互匹配的机制。

其次，词汇数组的另一个作用是为经济原则的运行提供基础。我们知道，经济原则评价、比较的对象是生成逻辑式和音系式表征的句法推导过程，依据操作的数量、移位路径的距离、计算的代价等指标判定哪种推导是最经济的，同时排除其他不经济的推导，认定它们不合语法。然而，这并不意味着语言中任何结构的所有可能的推导方式之间都具有可比性。比如，生成词项多的结构总比生成词项少的结构涉及更多的操作和更高的代价，如果由经济原则不加区别地对不同的结构进行评价和比较，其结果就是语言只可能存在短句子乃至单个词的句子。以（27）为例：

（27）a. 他喜欢张三

　　　b. 他喜欢化学专业的张三

如果（27a）和（27b）可以进行竞争性比较，那么由于后者涉及的推导步骤更多、经济性更弱，理应被排除，但实际情况并非如此，这两个句子显然都是合法的结构，排除其中的任何一个都是错误的。因此，为了使经济原则能在合理的基础上运行，需要有一种机制来确保比较的对象在起点上是相同的。正如 Chomsky（1995：208–209）所言，"词汇数组为推导之间的比较提供了一个'参照集'（reference set）：在评价推导的经济性时，只考虑词汇数组相同的选项。"

最后，词汇数组的设立有助于减轻计算程序的负荷，是一种优化设计。如果计算程序在推导过程中可以自由地访问整个词库，那么推导就可以无限制地进行下去，我们就无法对结构的合法性做出评判。Chomsky（2000a：99–101）借用如下比喻直观地说明了这一点：

> 假设汽车缺乏燃料储存，导致每一辆汽车不得不携带一个石油加工厂。这样只是增加了有限的"复杂度"，但却被认为是很差的设计……如果推导在每一点上都访问词库，它就必须携带这个庞大的东西，就像汽车得不停地补充燃料供应一样。

相反，如果把推导可用的词汇项限制在一个预先选定的词汇项集合之中，那么计算过程就得到了很大的简化，当词汇项集合中的所有元素都被使用完毕时，推导也就立即停止。如此，词汇数组在早期最简方案发挥了一个重要的作用：当词汇数组的元素使用完毕，即触发"拼读"（spell-out）操作时，推导立即被移交给接口进行诠释。

总之，以词汇数组作为句法推导的起点，不仅确保了表达式在逻辑式和音系式两个接口的匹配，也确保了经济原则的合理运行。不仅如此，它能够最大限度地降低计算的负担，及时触发拼读操作结束推导。在近期最简方案中，随着语段理论和加标理论等新机制的出现，词汇数组的必要性逐渐下降，面临被取消的可能[1]。然而，词汇数组体现的最简精神，即结构推导利用的资源必须是有限的，却是值得肯定的。

2.3.5 纯合并的限制条件

关于合并，研究者先后提出了一些属于接口条件或第三因素原则的限制性条件。其中有一些具有很强的动因，得到了广泛采信，另外一些则随着理论的发展而被取代或者废止。第 1 章已经介绍了其中最重要的

---

1 Chomsky et al.（2019：236–237）明确表示：除工作区以外，"没有任何动因添加更多的表征，如早期方法中用于跨推导比较的计数或词汇数组"。

一个，即包含性条件 [见 1.3.3 节，编号（7）]。鉴于其特殊的重要性，我们将其稍加改写并复制如下：

（28）包含性条件：

　　　计算形成的任何结构均由选入词汇数组（LA）之中的、已经存在于词项中的元素组成；计算的过程只能重新安排词项的特征，不能添加新的客体（尤其是不能添加标引、X 阶标理论意义上的阶标层级等）。

另一个重要的限制条件称"不篡改条件"（no tampering condition，NTC），Chomsky（2006：138）给的定义如下：

（29）不篡改条件：

　　　X 和 Y 的合并保持这两个句法客体不变。

Narita（2011：16）指出，按照不篡改条件，"句法引入的元素在语言推导中不得被删除或修改"。它与包含性条件构成了互补的两面：后者要求合并不增加任何客体，而前者要求合并不删除或修改任何元素 / 特征。Chomsky 认为，不篡改条件是第三因素原则的一种体现，是有效计算的要求：如果合并改变了被合并的客体，则会给下一步的计算带来不必要的负担。它最重要的经验蕴涵之一是，合并只能作用于被合并客体的边缘位置，否则将会改变原有客体的内部结构[1]。这个条件确保了合并和移位操作对结构的扩展，具体细节不在此讨论。

接下来我们讨论"扩展条件"（extension condition）（Chomsky，1995），较为简洁直观的表述如（30）所示（Hornstein et al.，2005：315）：

（30）扩展条件：

　　　合并只能以根节点的句法客体为目标。

根据（30），合并必须维持已有的结构，即不能改变已有结构中已建立的关系，如姐妹和成分统制等，而只能对其进行扩展（参阅 Chomsky，2000a：136）。我们简要考察一下扩展条件能够捕捉的经验事实。为方便说明，我们仍采用 X 阶标结构的标记方式。例如，对于一

1　不篡改条件带来一个问题，即它与中心语移位（head movement）不兼容。对此 5.4.4 节将介绍相关情况。

个已经构建好的客体，其结构为 [$_{x'}$ X YP]，当它与另一个客体 ZP 合并时，ZP 不可插入前者的内部，只能对其进行扩展。也就是说，二者的合并只能生成（31a），不能生成（31b）：

（31）a. [$_{XP}$ ZP [$_{x'}$ X^0 YP]]
　　　b. *[$_{x'}$ X^0 YP ZP]

根据扩展条件，移位的落点只能是标志语位置，不能是补足语位置。这意味着，合并必须是严格循环的，否则会违反相对最简性。Chomsky（1993）主要列举了三种被扩展条件排除的结构，分别为过度提升（superraising）、中心语移位限制和 wh- 孤岛效应。我们以过度提升为例作简要说明。在强特征提出之前，在对句子"It seems John is certain to be here."进行推导时，可能会进行到如（32a）这一中间阶段。此时，为满足主句的 EPP 特征，John 可以移位至其主语位置，之后从词汇数组中选取 it 插入内嵌句主语位置，形成（32b）这样不合法的结构。Chomsky 指出，这样的推导违反了扩展原则，因为 it 没有插入在根节点上，即没有扩展整个短语结构，只是扩展了内嵌句中 T' 的投射。

（32）a. [$_{T'}$ seems [$_{T'}$ is certain [John to be here]]]（改编自 Chomsky，1995：174）
　　　b. *[$_{TP}$ John [$_{T'}$ seems [$_{IP}$ it is certain [~~John~~ to be here]]]]（改编自 Chomsky，1993：23）

扩展条件的经验效应是显而易见的，主要表现在它确保了推导的循环性。然而，它的经验效应实际上可被不篡改条件覆盖，且在近期最简方案中，推导的循环性被改由语段推导捕捉（详见第 3 章），扩展条件因此逐渐淡出了理论视野。

除上述 Chomsky 提出的条件之外，其他研究者也陆续提出了一些合并操作的限制性条件。例如，一些研究者认为，合并与其他某些句法操作（如下面将要讨论的移位）一样是有代价的，也受"不得已"条件的限制。其中，Pesetsky & Torrego（2006）提出的"合并的运输要求"（vehicle requirement on Merge）具有一定的影响力。该条件的基本含义如（33）所示：

（33）合并的运输要求：

只有出于消除不可诠释特征的需要，合并才能发生。

例如，动词与名词合并是为了消除自身不可诠释的 φ 特征，名词向 [Spec，TP] 的移位（内合并）是为了消除自身不可诠释的 T 特征。文献中还有其他不少条件是基于合并的代价论提出的，它们代表的是一种目的论路径，即推导具有"防崩溃"（crash-proof）的功能，具体情况可参阅第 4 章。

2.3.6　集合与树形图

从上文的讨论可见，合并本质上是一种集合构造（set-forming）操作。然而，长期以来，语言结构的标准呈现方式是树形图。这就引发了如下问题：集合与树形图的关系是什么？ Berwick & Chomsky（2016）详细阐释了这一问题：从计算的角度来看，集合与树形图分别对应于矩阵（matrix）和堆栈（stack）。假设一个句子有 n 个词，构造它则需要 $n \times n$ 个二维的矩阵。这些词被逐步合并，赋予恰当的标签，之后填入某个格位（cell）之中。例如，句子"John read books."包含 3 个词，矩阵是 3×3 个格位，合并 read 和 books 形成的标签会占据矩阵中（2，3）格位的坐标位置。从神经的视角，矩阵格位可以看作是存储位置，矩阵的列（column）隐含了堆栈的位置。这意味着，以集合为表征的矩阵是必不可少的，但显性的堆栈并不是。更通常的情况下，堆栈是以某种间接的方式被"模拟"的。实际上，能够进行任何计算的图灵机只有矩阵没有堆栈。换言之，在语言中，任何语义诠释都应该依据合并顺序来程序性地读取，树形图是隐含在这个过程之中的。因此，Berwick & Chomsky（2016：135）认为："表征是基于集合的，而不是基于图表的：树形图只是一种教学辅助手段。"（着重号为原文所加）[1]

尽管如 Berwick & Chomsky（2016）所说，从计算的角度来看，句法结构的表征是基于集合而不是树形图，但正因为合并隐含树形结构，所以可以转换为后者。下面给出 2.3.2 节和 2.3.3 节中讨论的例句的结构树形图。首先是 2.3.2 节中讨论的各个结构：

1　Lasnik（2000）对集合与树形图的关系做过回顾，可参阅。

（34）合并（喜欢，她）→｛喜欢，｛喜欢，她｝｝=（15）

（35）合并（张三，｛喜欢，｛喜欢，她｝｝）→｛喜欢，｛张三，｛喜欢，｛喜欢，她｝｝｝｝=（16）

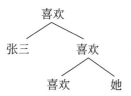

（36）合并（*v*,｛喜欢，｛张三，｛喜欢，｛喜欢，她｝｝｝｝）→{*v*,{*v*,｛喜欢，｛张三，｛喜欢，｛喜欢，她｝｝｝｝}}=（18）

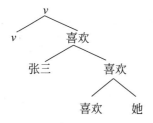

（37）**移动**"张三"：→{*v*,｛张三，{*v*,{*v*,｛喜欢，{~~张三~~,｛喜欢，｛喜欢，她｝｝｝}}}}}}=（19）

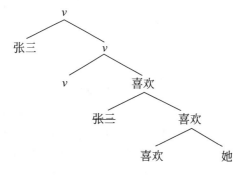

（38）合并（T, {v, { 张 三 ,{v, {v,{ 喜欢 ,{~~张三~~,{ 喜欢 ,{ 喜欢 ,
她 }}}}}}}})→{T,{T,{v,{ 张三,{v, {v, {喜欢,{~~张三~~,{ 喜欢 ,{喜
欢 , 她 }}}}}}}}}}} =（20 ）

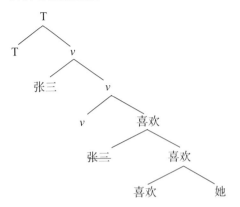

（39）移动"张三"：→ {T,{ 张 三 ,{T,{T,{v,{~~张三~~,{v,{v,{ 喜欢 ,{~~张
三~~,{ 喜欢 ,{ 喜欢 , 她 }}}}}}}}}}}}} =（21 ）

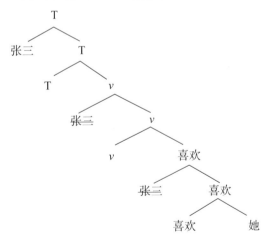

（40）合并（C, {T,{ 张三 ,{T, {T, {v, {~~张三~~, {v, {v, { 喜欢 , {~~张三~~, { 喜
欢 , { 喜欢 ， 她 }}}}}}}}}}}})→ {C,{C,{T,{ 张三 ,{T,{T,{v,{~~张
三~~,{v,{v,{ 喜欢 ,{~~张三~~,{ 喜欢 ,{ 喜欢 , 她 }}}}}}}}}}}}}}} =（22 ）

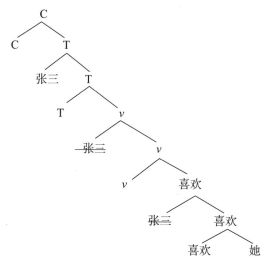

下面是 2.3.3 节里讨论的"那个同学喜欢她"的推导式,见(24)~
(26),结构如下:

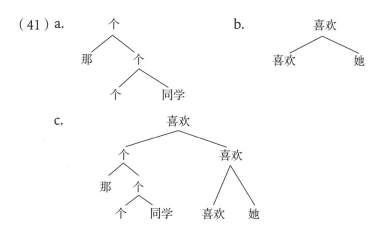

综上,合并本质上是集合构造,其功能相当于数学中的矩阵。语义
诠释可以通过合并的顺序程序性地读取,如此,显性的树形结构对于计
算系统而言并非必不可少,反而可能会浪费宝贵的计算资源。但正因为
合并隐含着层级结构,它可以转换成树形图加以表示。实际上,后者因
明晰直观的优势,拥有很高的使用频率,是教学中主要的辅助手段。
以上各小节较为详细地阐释了纯合并的基本含义和推导过程,可以看出该操作具有如下主要特性：

第一，合并操作自下而上地构建结构，因此不同于自上而下地安排结构的 X 阶标理论。合并以词汇数组为开端，每次选取两个句法客体放入同一个集合中，同时为了满足接口需要赋予该集合一个标签，形成一个更大的客体，如（12）所示。它可以递归使用，构造长度无限、数量无限的表达式。Cook & Newson（2007：250）对此做了形象的描述："（合并）程序很像是用成套零件制造模型：你从单个的零件开始，把它们粘在一起；1 号和 2 号零件粘好后形成的部件可以粘到 3 号和 4 号零件粘好后形成的部件之上，如此往复，直到模型建好。"

第二，合并是最简单的结构组合机制。它每次最少且最多操控两个句法客体，形成的结构必然是二元分枝的。2.2.2 节指出，尽管 X 阶标结构也有如此要求，但其二元性只是由美学和经验等外在因素驱动的。与之相比，合并操作的二元分枝性质是内在的，是出于加标考虑，因此是第三因素原则的一种体现（详细讨论见第 4 章）。不仅如此，合并操作禁止生成单分枝结构，否则就违背了扩展原则。如此，它排除了 X 阶标理论所允许的无分枝投射，如（42）所示：

（42）

第三，合并能够解释 X 阶标理论覆盖的经验事实，表现在以下三个方面。首先，它能够捕捉表达式的层级特性。最先参与合并的单位处于最底层，它包含在后续参与合并的更大的单位之中，从而受到后者的支配。在此基础上，成分统制关系自然形成。其次，X 阶标理论中补足语和标志语的区别可以通过合并的顺序自然地加以定义："第一个与中心语合并的是补足语，二者形成了最为局部的中心语 – 补足语关系；后续参与合并的是标志语，二者形成了中心语 – 标志语关系"（Chomsky，1995：63）。这种依据合并顺序派生句法关系的做法摆脱了硬性规定，更加符合最简方案精神。后期引入的不少方案，如多重标志语（multiple specifier）等，与新的定义方式密切相关（参阅 Chomsky，1995）。最后，

合并形成的集合中成员之间没有特定顺序，体现了句法原则参照支配 /
成分统制，不参照居前关系的思想。

在覆盖了 X 阶标理论能解释的经验事实的同时，合并操作还消除
了前者诸如 X^0、X' 和 XP 等不自然的表征符号。第 1 章提到，最简方
案以光杆短语结构替代了 X 阶标结构，而前者实际上是（纯）合并生成
的。合并要求集合的标签（ γ ）只能是其中的成员之一，所以它必然源
自词汇数组，这是包含性条件的要求，是强式最简命题的经验蕴涵之一。
究其原因是阶标层级可以被定义为语类的关系属性，而不是其内在的特
征。换言之，X^0、X' 和 XP 这些概念就像主语和宾语一样，是由它们
与句法环境中其他元素之间的关系所定义的，因此不必成为结构表征的
一部分。按照这种关系化的理解，各阶标层级的定义如（43）所示（参
阅 Hornstein et al.，2005：197）：

（43）a. 最小投射（X^0）：最小投射是从词汇数组中选择的词项。
　　　b. 最大投射（XP）：最大投射是不再继续投射的句法客体。
　　　c. 中间投射（X'）：中间投射是既非 X^0 也非 XP 的句法客体。

我们仍以 VP"张三喜欢她"为例 [见（16）] 做个说明。其树形图
为（35），复制如下：

（35）

如（35）所示的光杆短语结构，其表征符号全部来自词汇数组。根
据（43），其中的"张三""喜欢""她"是从词汇数组中选择的词项，
因此可被认定为最小投射（X^0）。同时，"张三"和"她"因为不再继续
投射，所以也属于最大投射。图中最上层的"喜欢"也是如此：它不再
继续投射，因此是最大投射。此外，处于中间层的"喜欢"直接支配下
层的"喜欢"和"她"，它既不是最小投射（不是词项），也不是最大投
射（继续向上投射），而是中间投射。这个例子表明，表征在不使用层
级阶标的情况下也能捕捉到短语结构可能涉及三个投射层次的事实。

　　综上，相较于 X 阶标理论，合并操作具有显著的优越性。首先，它符合包含性条件的要求，在推导过程中没有添加新的句法实体，形成的是一种光杆的短语结构，这与强式最简命题并行不悖。其次，它成功地派生出 X 阶标理论能解释的主要事实，在经验方面也毫不逊色。

2.4　内合并

　　本章引言提到，从生成语法出现直至早期最简方案，语言中离散无限的层级性和易位是由不同部门处理的。这种分离的处理模式不是没有原因的——移位与上节讨论的（纯）合并确实有些迥然不同的表现。例如，纯合并只涉及把两个句法客体 α 和 β 放入同一集合之中，然后赋予该集合一个标签，即合并（α, β）→ {γ, {α, β}}。与此不同的是，移位至少涉及两个步骤，一是某个句法客体在推导中被合并到某个位置，二是从这个位置移动到另一个位置，而且移位的成分一般不投射。再如，纯合并形成的是一个单一的结构，而移位则在原处和落点都留下痕迹，在这两个地方都得到诠释。由于诸如此类的原因，移位长期被视为是一种复合性操作，即比纯合并多了一个部分。此外，更为重要的一点是：纯合并对于结构建造和语义诠释而言不可或缺，但移位似乎非但不是不可或缺，反而增加了语法的复杂性。因此，很多研究者，包括 Chomsky 本人，一度认为移位不同于合并，甚至在某种意义上是语言的一个"缺陷"。

　　然而，经过一段时间的探索，最简方案学者终于认识到，既然结构建造的程序是选取两个客体，并把它们结合到一起，那么逻辑上就存在两种可能性：一种是从结构之外选取一个客体进行合并，另一种是从结构内部选取一个客体进行合并。前者是外合并，后者则是内合并。排除这两种合并方式中的任何一个都意味着排除一种逻辑上的可能性，从而增加系统的复杂性。因此，Chomsky（2008：141）指出，合并操作的存在本身就预示着移位的存在，排除内合并的可能性将是一种硬性的规定且有违最简精神。"易位不是语言的一种'缺陷'，没有易位反倒是一种缺陷。"

　　本节旨在追述移位变成（内）合并操作的过程。为了使阐述更加清晰，我们把相关理论分为三个模型分别加以介绍[1]：2.4.1 节介绍"移位 = 拷贝 + 合并"模型，即 Chomsky（1993）提出的移位的拷贝理论，重点解释语迹理论是如何转变为拷贝理论的；2.4.2 节介绍"移位 = 一致 + 合并"模型，阐述为什么移位的代价被认为是高于合并的，同时初步说明移位是如何与消除不可诠释的特征脱钩的；2.4.3 节介绍"移位 = 内合并"模型。

2.4.1 "移位 = 拷贝 + 合并"模型[2]

本节介绍最简方案有关移位的第一个理论模型，即"移位 = 拷贝 + 合并"，重点演示语迹理论是如何被拷贝理论取代的。

先简单回顾原 – 参理论关于移位的基本观点：移位是基于 D- 结构输出的操作，主要功能是化解原则子系统之间不同的乃至相互矛盾的要求。移位在原位留下一个语迹（t）。它尽管没有显性的语音实现，但却是一个具有独立句法特性的成分，根据落点的不同可以分为两个种类：一种称"wh- 语迹"，具有指称语的特性；另一种称"NP- 语迹"，和照应语的句法性质相似。语迹可以关联一个标引（通常为下标），用于表示它与其他成分之间的关系，特别是与其先行语之间的关系。此外，中心语也可以移入另一个中心语位置，形成一个嫁接结构。前文已经提到，语迹和标引都是推导过程中引入的新客体，因此违反了包含性条件 [见（28）]。

鉴于此，Chomsky（1993，1995）主张用拷贝理论取代语迹理论，形成了"移位 = 拷贝 + 合并"模型。这个模型的关键点在于它认为移位成分留在原位的是它自身的一个拷贝，而非语迹。拷贝在音系部门被删除，但在逻辑式中依然可被访问。下面我们以 "John was defeated."

1　除了将要介绍的这三个模型之外，文献中还不乏其他提案。例如，Chomsky（1995：297）认为移位"融合了最小链接条件（Minimal Link Condition, MLC）和不得已条件"。另有一些研究认为移位还涉及删除、连带（pied-piping）乃至"语链形成"（Form Chain）等组成部分，可参阅 Chomsky（2000a）等。这些提案与下文将要介绍的模型一样，都假定移位是复合操作。限于篇幅，本书略去这些相当复杂而且活跃时间不长的方案。

2　据笔者参阅的文献，把拷贝理论概括为"移位 = 拷贝 + 合并"最早见于 Nunes（1995）的博士论文。本书完全不采用 Nunes 在这个名称下发展的"侧向移位 / 合并"理论（相关讨论见 2.6 节）。

为例，对该模型进行演示。

首先，该句的推导需要一个词汇数组：

（44）{C, T, was, defeated, John}

推导程序如下：

（45）a. 合并（defeated, John）→ {defeated,{defeated, John}}

b. 合并（was, {defeated,{defeated, John}}）→ {was, {was, {defeated, {defeated, John }}}}

c. 合并（T, {was, {was, {defeated, {defeated, John}}}}）→{T, {T, {was, {was, {defeated, {defeated, John }}}}}}

d. 移动 was → {T, {<was, T>, {was, {was, {defeated, {defeated, John}}}}}}

e. 移动 John → {T, {John,{T, {<was, T>, {was, {was, {defeated, {defeated, John}}}}}}}}

f. 合并（C, {T, {John,{T, {<was, T>, {was, {was, {defeated, {defeated, John }}}}}}}}）→{C, {C, {T, {John,{T, {<was, T>, {was, {~~was~~, {defeated, {defeated, ~~John~~ }}}}}}}}}}

为了便于读者理解，附上（45）的树形图，如（46）所示：

（46）

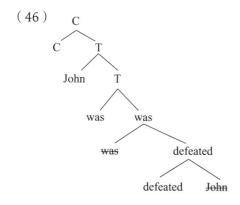

（45）～（46）显示，拷贝理论不依赖 D- 结构和 S- 结构可以派生出与原 – 参理论相一致的经验结果。首次合并发生在被动动词 defeated 和 John 之间，John 成为前者的补足语，从而获得客事角色 [见（45a）]。

之后，助动词 was 和 T 先后通过合并进入结构 [（45b）～（45c）]。（45d）～（45e）则应用了移位操作，先把助动词提升到 T 的位置，再把 John 提升到 T 的标志语位置。其中，（45d）是中心语移位，（45e）是短语移位。John 之所以提升到 T 的标志语位置，是为了获得主格，这与原 – 参时期的格理论基本相同。（45f）是本次推导的最后一个步骤，它把 C 合并到结构中，一个完整的句子就此生成。请注意，（45d）～（45e）这两个步骤体现了最简方案不同于先行理论的特色：它不再依赖 D- 结构和 S- 结构这样的内部表征层次，所以移位无须在合并操作全部结束后才启动，相反，合并与移位是交替进行的。

不难看出，拷贝理论不仅涵盖了格理论能解释的现象，而且在概念上也优越得多：移位后留在原处的不是具有独立句法地位的语迹，而是移位成分自身的一个拷贝，因此与移位成分的性质完全相同。它们要么是词汇数组中的词项，要么是由这些词项建构而成的短语，所以符合包含性条件。既然拷贝不是新的客体，它自然不需要标引来标识与移位成分的关系，这样标引也失去了意义。简言之，拷贝理论消除了语迹和标引等在推导中衍生的客体，从而达到了强式最简命题的要求。

（45）所示的推导过程充分体现了"移位 = 拷贝 + 合并"模型的两个特点。第一，移位本质上是合并，只不过参与合并的客体并非选自词汇数组，而是来源于结构内部。比如，对于（45e），我们既可以说 John 从补足语位置移到 T 的标志语位置，也可以说补足语位置的 John 与整个结构实现了合并。这与虚义代词 there 通过纯合并生成于 TP 的标志语位置并无差异。第二，移位包含了一个额外的操作，即拷贝。补足语位置的 John 在经历移位后在原处留下了自身的拷贝，这是之前的（纯）合并操作所不具备的。

实际上，将拷贝理论引入最简方案，并不仅仅使移位满足了包含性条件，而且还解决了 X 阶标理论中不少悬而未决的问题，特别是与约束原则相关的现象（参阅 1.3.3 节）。总之，正如 Corver & Nunes（2007：2）所说的那样："拷贝理论使对管约论理论机制的整体简化变得可能，因此成了最简方案的一个坚固的支柱。"

以上阐述了"移位 = 拷贝 + 合并"模型的基本设想，下面讨论与之相关的一个重要问题：既然移位涉及同一成分的（至少）两个拷贝，为何我们通常只能听到其中的一个，而且是最高位的那个呢？对于这个问题，不少研究者从不同视角给出了答案，经常是互补的。Nunes

（1995）等的看法是：这源自音系式中的线性化要求。具体地说，拷贝是词汇数组中词项的相同"出现"（occurrence），因此无法为线性化区分。而根据 Kayne（1994）提出的线性对应公理（LCA），线性顺序是按照不对称成分统制关系安排的。因此，不删除其中的拷贝之一，线性顺序就无法安排。比如，（47a）中 which picture of himself 的移位使该成分出现了高位和低位两个拷贝，如（47b）所示[1]：

（47）a. Which picture of himself did John see?

　　　b. Which picture of himself did John see [which picture of himself]?

在（47b）中，高位的 which picture of himself 不对称成分统制其他所有词项，包括低位的 which picture of himself，按 LCA 应该安排在句首位置；而低位的 which picture of himself 则被其他所有词项不对称成分统制，按 LCA 又应该出现在句末。为了化解这种相互矛盾的线性化要求，必须删除一个拷贝。不仅如此，与低位拷贝相比，高位拷贝的疑问特征可在接口得到诠释，即具有更强的接口可读性，因此，删除低位拷贝是最优解 [更为详细的阐述请参阅 Nunes（2004，2011）及其中所引文献]。

Berwick & Chomsky（2016：101）则从计算的角度提出了以下看法：

> 至于为何只有一处拷贝获得发音，从计算的角度有一个很好的原因：除了最简单的情况之外，多处发音会使计算复杂度大大增加。因此，计算效率与使用效率之间产生了冲突，而结果是计算效率轻易胜出。据我们所知，在所有的结构、所有的语言中均是如此。尽管我们没有时间深入探讨这个问题，但存在许多计算效率和使用效率之间存在竞争的其他例子（比如可分析性、交际，等等）。在所有已知的例子中，后者总是做出牺牲：语言设计总是遵循计算效率。

综上，"移位 = 拷贝 + 合并"模型主张移位成分留在原处的不是一

1　需要指出的是，基于拷贝的约束理论比（47b）显示的要复杂得多。事实上，Chomsky（1993，1995）提出了一系列逻辑式操作，使拷贝可以受到部分或整体性的删除。不仅如此，他还提出了一个专门应用于照应语的逻辑式附缀化（cliticization）操作。按这个操作，（47b）在逻辑式的实际表征是 "Which picture of himself did John self-see [which picture of]?"。详细讨论这些细节超出了本章的目的，可参阅 Chomsky（1995）和 Hornstein et al.（2005）及其中所引文献。

个具有独立句法地位的语迹，而是自身的一个拷贝，性质与它完全相同。每一个拷贝在逻辑式中都可得到诠释，尽管通常情况下只有最高位的拷贝可在音系式得到拼读。正因为如此，它在经验上毫不逊色于语迹理论，在概念上则取消了语迹和标引等推导过程中衍生的客体，从而使理论体系实现了整体的简化，与强式最简命题保持了一致。

2.4.2 "移位 = 一致 + 合并"模型

如上节所述，早期最简方案引入了比语迹理论更为优越的"移位 = 拷贝 + 合并"模型。尽管如此，以现在的眼光来看，它也引入了一个错误的观点，即移位是一种目的性的（teleological）操作。第 1 章提到，Chomsky（1993，1995）认为语言存在着两种缺陷：一个是不可诠释的特征，需要在进入接口之前消除掉，否则推导就会崩溃；另一个就是易位，因为它增加了语言系统的复杂性。他把两者联系到了一起，认为易位就是为了消除不可诠释的特征，否则它是不应该发生的。直到 21 世纪初 Chomsky（2000a：121）仍然持有这个观点："……我们想发现强迫易位的机制。最简直觉引导我们看向另一个主要的缺陷——不可诠释的屈折特征。也许这些特征被用于产出易位特性。倘若如此，则这两个缺陷可能归并为一个，即易位特性。"

下面我们简要追述目的论指导下的经济原则的发展过程。经济原则最早的实现方式是所谓的核查理论，其工作机制大致包括三个层面，第一，词项（包括功能词项）进入推导时已经携带了各种屈折形式，包括不可诠释特征，如动词的 φ 特征和名词的格特征，等等；所有特征都必须在推导中接受核查。核查后，可诠释的特征进入逻辑式，而不可诠释的特征则必须删除，因为它们在逻辑式得不到诠释。第二，核查发生在特定的句法配置中。就格特征而言，核查者和被核查者必须处于中心语 - 标志语的句法配置之中。其中，T 负责核查其标志语的主格，v 核查其标志语的宾格[1]。这就要求被核查者通过移位进入合适的位置。第三，正因为移位是出于核查的目的，所以当没有不可诠释特征需要核查时，移位不可发生，这就是不得已原则的来源（参阅 1.3.4 节）。请注意，该原

1　在最初的理论中，主格由 AgrS 核查，宾语由 AgrO 核查。本书对此不作讨论，直接以 T 和 v 为对象进行阐释。

则只针对移位而不针对纯合并，因为按照早期最简方案的看法，纯合并是无代价的，而移位则是不经济的。

核查理论最关键的要求之一是核查者和被核查者必须处于 [中心语 – 标志语] 的结构关系中。这意味着，只有移位才能核查不可诠释特征，特征核查和题元分派发生于不同的区域。题元区域基本就是 vP，其中内论元位于 V 的补足语位置，外论元位于 v 的标志语位置。与此不同，核查区域位于题元区域之上。两者的不对等是移位造成的，而移位又是由特征核查驱动的。因此，Chomsky（1995：222）说："易位特性反映了形态（特征的核查）和题元理论（语义角色的分派）之间的不对等性——事实上，互补性，随着我们向最简目标的进展，这个自然语言的事实变得日益凸显。"

正如第 1 章提到的那样，特征核查是以整个推导的收敛为目的的，具有全域性色彩，但缺陷比较明显，不久就被局部经济性原则取代了。在"最简探索"中，Chomsky（2000a：101）把移位定义为由合并和一致构成的复合操作，即"移位 = 一致 + 合并"。一致是消除不可诠释特征的操作，相关细节将在第 3 章详细阐释。在此，我们简单演示一下其基本思想。以（48）为例 [改编自 Chomsky（2000a：121）]：

（48）[$_\alpha$ an unpopular candidate] T-was elected [$_\alpha$ ~~an unpopular candidate~~]

根据 Chomsky（2000a：121–122），（48）涉及三种不可诠释特征：一是 T 上的 φ 特征（标明易位的目的地）；二是 T 上的 EPP 特征（要求某个名词性成分与 T 合并）；三是 an unpopular candidate（以下简称 α）上的格特征（标明该合并的候选者，从而可以易位）。首先，一致通过 T 的 φ 特征和 α 的格特征的匹配消除了两者；其次，合并通过把 α 移到 T 的标志语位置消除了后者的 EPP 特征，这就是"移位 = 一致 + 合并"这个机制的基本思想。其中，T 上的 EPP 特征不一定需要移位来满足，纯合并也可以实现相同目的，如（49）所示 [改编自 Chomsky（2000a：123）]：

（49）there [$_\alpha$ T-was elected an unpopular candidate]

Chomsky（2000a：123）在讨论（49）时指出："在此词汇数组包括了虚义代词 there。在推导的 α 阶段，相互独立的一致和纯合并操作足够了：一致删除了 T 上的 φ 集合和 candidate 上的结构格，（there 的）合并满足了 T 上的 EPP 特征。更加复杂的移位操作被阻止；尽管我们有 T 与其目标（它的关联）之间的远距离一致，但易位没有发生。"

可以看出，"移位 = 一致 + 合并"这个模型是以局部经济性为基础的，也就是说，参与竞争的不再是相同词汇数组关联的整个推导，而是在推导的某个点上所有可选的操作——哪个操作效率最高，哪个就能赢得竞争。既然移位是由合并和一致两个部分组成的复合操作，那么它的代价自然要比纯合并更高，即更不经济。因此，在推导过程中，如果纯合并或者移位均可选用，那么应该优先选用前者，这就是所谓的"合并优于移位"（Merge-over-Move）原则。（50）是一组具体的例子[1]：

（50）a. There seems to be someone here.

　　　b. *There seems someone to be here.

（50）中两个句子涉及的词汇数组是一样的，即 LA={C, there, T, seems, to, be, someone, here}。推导的第一步是合并 someone 和 here，形成一个小句（small clause, SC）；第二步是把 be 与已经造好的小句进行合并，形成一个 VP；第三步合并 to，形成一个不定式从句。这三个步骤的推导式如（51）：

（51）a. 合并（someone, here）→ {someone, here}

　　　b. 合并（be, {someone, here}）→ {be,{be,{someone, here}}}

　　　c. 合并（to, {be, {be,{someone, here}}}）→ {to, {to, {be, {be, {someone, here}}}}}

上面的这些步骤完成后，计算程序面临如何满足 to 的 EPP 特征问题。此时有两个可选的方案：一是移动 someone 到 Spec-T 位置；二是从 LA 中选择 there，并将之合并到 Spec-T 位置。这两种方案分别如（52）～（53）所示：

（52）方案一

　　　d. 移动 someone → {to, {someone, {to, {to, {be, {be, ~~someone~~, here}}}}}}}

1　基本相同的句子先后在 Chomsky（1995：249–254；2000a：104–105）都讨论过，可参阅。

e. 合并 (seem,{someone,{to{to,{be,{be,{~~someone~~,here}}}}}}) →
{seem, {seem, {to, {someone, {to, {to, {be, {be, {~~someone~~,
here}}}}}}}}}

f. 合并 (there,{seem,{someone,{to,{be,{~~someone~~, here}}}}})
→ {seem, {there, {seem, {seem, {to, {someone, {to, {to, {be,
{be, {~~someone~~, here}}}}}}}}}}}}

（53）方案二

d. 合并 (there, {to, {to, {be, {be, {someone, here}}}}}) → {to,
{there, {to, {to, {be, {be, {someone, here}}}}}}}

e. 合并 (seem, {to, {there, {to, {to, {be, {be, {someone, here}}}}
}}}) → {seem, {seem, {to, {there, {to, {to, {be, {be, {someone,
here}}}}}}}}}

f. 移动 there → {seem, {there, {seem, {seem, {to, {~~there~~, {to,
{to, {be, {be, {someone, here}}}}}}}}}}}}

对比（52）和（53）可以发现，两种推导涉及的词汇数组和步骤的
数量都是相同的，唯一的不同在于：在合并 there 和移动 someone 都可
供选择的情况下，方案一选择了移位，而方案二使用了合并。结果前者
产出了不合格的句子，即（50b），后者则生成了合格句，即（50a）。对此，
Chomsky（2000a：138）提出：合并 there 之所以优于移动 someone，
是因为"一致与合并都是移位的一部分，所以这是多对少（more versus
less）的一个简单的事情"。因此，对于（50）这样的句子，只要词汇数
组中包含 there，就一定会优先使用合并，而不是由一致和合并组成的
更为复杂的移位。

2.4.3　"移位 = 内合并"模型

上节所提到的"移位 = 一致 + 合并"模型，虽然维持了移位的代
价论，但它消除了移位的目的论，即不再坚持不可诠释特征触发移位
的立场（参阅 3.3 节）。就移位的性质而言，这是一个重大的观念转变。
此后，最简方案又经历了一系列新的发展，局部经济性原则被逐步改造
成有效计算原则，成为第三因素原则的一部分，移位的代价论最终退出

了理论舞台。后续各章将详细阐述这些新的理论发展，下面只简单勾勒其历程。

首先出现的一个重要概念是语段。按照这个概念，每一个 vP 或 CP 都构成一个最小的推导区域，这个区域构造完成之后，边缘部分仍可接受进一步操作，而补足语部分则移交给接口，在句法中不再活跃。语段理论为有效计算原则、推导的循环性等一系列重大理论问题提供了基础。例如，经济原则在运行中总是面临"最少步骤"和"最短距离"两个概念之间的张力，用 Chomsky（1995：166）的话说就是："如果推导坚持最短移动，就会有更多步骤；如果它减少步骤数量，就会有更长移动。"语段理论有效地化解了这个张力，因为它只允许移动的成分到达其所在语段的边缘，这样跨越语段的长距离移位是不可能发生的，移位只能取最短距离。正因为如此，语段理论问世后不久就成为近期最简方案最核心的部件之一。

语段理论的发展反过来对"移位 ＝ 一致 ＋ 合并"模型构成了威胁。前面提到，在最初的一致理论中，T 携带 φ 特征和 EPP 特征，从而触发了易位。然而，（早期）语段理论却要求移位发生在语段层。这意味着只有当语段中心语 C 合并完成、抵达语段层之后，移位才能发生。为了消除这个矛盾，Chomsky（2007，2008）提出 T 所携带的不可诠释特征是从 C 上继承而来的，而不是其内在固有的。这就是说，尽管一致和合并相结合仍然可以消除成分的不可诠释特征，并把它移入 T 的标志语位置，但两者不必再捆绑在一起了。仍以"张三喜欢她"为例。假设推导到达（20）的阶段，即 T 被合并，形成了 TP，结果如（54）所示：

（54）{T, {T, {v, { 张三 , {v, {v, { 喜欢 , {~~张三~~, { 喜欢 , { 喜欢 , 她 }}}}}}}}}}

按照早期理论，此时"张三"应该移位至 T 的标志语位置以消除其不可诠释特征，如（21）所示。然而，按照（早期）语段理论，（54）之后的步骤是合并 C，使推导抵达语段层，之后再移动"张三"，如（55）所示：

（55）a. 合并 (C, {T, {T, {v, { 张三 , {v, {v, { 喜欢 , {~~张三~~, { 喜欢 , { 喜欢 , 她 }}}}}}}}}}) → {C, {C, {T, {T, {v, { 张三 , {v, {v, { 喜欢 , {~~张三~~, { 喜欢 , { 喜欢 , 她 }}}}}}}}}}}}

b. 移动"张三" → {C, {C, {T, { 张三 , {T, {T, {v, { 张三 , {v, {v, { 喜

欢，{张三，{ 喜欢，{ 喜欢，她 }}}}}}}}}}}}}

上述分析——先合并 C，后移动"张三"——所带来的结果之一是：与 T 相关的操作（包括"张三"的提升）是 C 触发的[1]。如此，移位和一致两个操作就完全脱钩了（参阅 3.7 节）。

基于此，Chomsky 等研究者逐渐认识到，移位并不比（纯）合并复杂，更不是语言的缺陷。从 Chomsky（2004）开始，（纯）合并和移位这两个看似截然不同的操作都被归为合并操作，只是形式有区别：纯合并被称为外合并，而移位则被称为内合并。Chomsky（2004：110）的表述如下：

> 狭义句法是建立在合并这个免费操作的基础之上的。强式最简命题蕴涵着 α 和 β 的合并是不受限制的：因此要么是**外部的**要么是**内部的**。在外合并中，α 和 β 是分离的客体；在内合并中，一个是另一个的一部分，并且合并产出"易位"的特性，该特性在语言中无所不在，任何理论都必须以某种方式体现。内合并（语法转换）是一个免费可得的操作，很难想象出比它更简单的方式。相应地，易位不是语言的一种"缺陷"；如果它不存在反倒是一种缺陷。

与此同时，易位的"目的论"蕴涵也被取消了，反映在 Epstein et al.（2014：463–464）下面的这段话里：

> 最简理论近期的一个发展（Chomsky，2004，2007，2008，2013）是：合并被构想成最简单的形式，只要符合诸如不篡改条件和包含性条件这样的第三因素原则，它就可以自由应用（即没有"特定的目的"）。根据假设，合并不再是为了创造一个允许接口上不合法的特征被核查掉的结构；它没有早期最简论意义上的"目的性"，即它不再受收敛条件的驱动（比如，为一致特征或格特征定值）。在狭义句法（NS）内部，诸如"推导经济性"的概念不再决定合并什么时候必须发生和什么时候不能发生。相反，合并是自由的；其应用是任选的。

1　这种移位的目标是某个循环节点的子区域（proper subdomain），具有反循环（counter-cyclic）的性质。在 Chomsky（2015b）中得到匡正。此外，在 Chomsky（2015b）中，原来触发合并的 EPP 特征被取消，取而代之的是加标驱动的移位。详见第 4 章。

（56）可直观反映内合并与外合并的异同：

（56）a.   b.

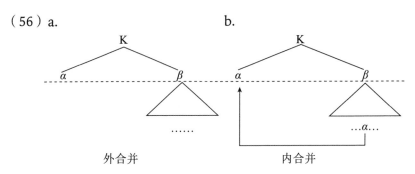

外合并   内合并

可以看出，虚线以上的部分（56a）和（56b）是相同的，这意味着两种形式的合并在本质上是相同的，即把两个句法客体（α 和 β）组合为更大的结构（K）。二者的不同之处在于 α 的来源不同，（56a）中 α 外在于 β，（56b）中 α 来自 β 内部。从集合的角度而言，外合并中 α 与 β 之间没有交集，而内合并中 α 是 β 的一个元素。正如 Boeckx（2008：30）所言，移位和纯合并之所以能得到统一处理，一个重要原因是 Chomsky 不再根据来源来定义合并。Boeckx 把这个设想表述如下：

（57）合并 – 移位等值性（equivalence）：
　　　合并是独立于来源的。

把移位归为合并的另一个先决性条件是拷贝不再被视为一种操作，因为它没有添加新的关系，也不涉及删除操作。Chomsky（2003：307）指出："用客体中的一部分来构建更大的客体，就像 {3, {5, 3}} 这样的集合一样，形成的句法客体毫无问题。"

内合并和外合并的统一意味着两者不仅要有相同的功能（结构建构），在其他方面也必须保持一致。例如，前文已经提到，既然外合并没有目的性，是自由的，那么内合并同样应该如此。再如，既然内合并不引进题元角色，那么引进题元角色也就不能作为外合并的一个固有的要求，题元角色的分派不能成为（狭义）句法的一部分。总体而言，Chomsky 等人持有的立场是：除了第三因素原则之外，不应该对合并操作施加任何限制（参阅 2.2.5 节）。这个立场允许合并"过度生成"（overgenerate），然后通过接口系统筛除不合格的结构。不少研究者不接受这个思想，主张合并需要一些内在的限制，以避免推导在接口中崩溃 [如 Frampton & Gutmann（2002）等]。Chomsky 多次表达了对此类限制的反对，下面的这段引言反映了他的立场（Chomsky et al., 2019：238）：

> 对核心句法"过度生成"的担忧是毫无依据的；唯一的经验标准是语法把其生成的每一个句法客体与一个 < 语义，音系 > 配对进行关联，其方式对应于本族语者的知识。事实上，单纯从经验角度就应该允许"过度生成"，因为"异常的"（deviant）表达式以各种各样的方式被系统地应用。随机选一个示例，涉及负极项 ever 的表达式 John will ever agree 必须被生成出来，以便用于诸如 I doubt that [John will ever agree] 这样的语境中。

本节叙述了最简方案对易位现象的认识过程，主要讨论了三种相关模型。第一个是"移位 = 拷贝 + 合并"，它取代了先行的语迹理论，从而使移位满足了包含性条件；第二个是移位 = "一致 + 合并"，它把移位分为两个组成部分，一个是一致，用于消除不可诠释特征，另一个是合并，用于把成分提升到目标位置。很大程度上因为语段理论的出现，一致与移位得以完全脱钩，移位最终变为合并的一部分，即"移位 = 内合并"；纯合并也相应地改名为外合并。由此，语言计算系统的基本操作就只有合并，分外合并和内合并两种方式。Chomsky（2004：125）下面的这段话反映了上述观念的变化：

> 过去四十年人们致力于为易位寻找动因。这似乎是一个错误。求助于任何机制来解释易位现象也是错误的，除非这个机制有独立的动因（如内合并）。如果这个观点正确的话，那么彻底简化我们耳熟能详的转换语法（移动 - α 及其变体）的形式就是一种概念上的必然，因为易位现象的存在是无可辩驳的。

2.5　最简合并

以上讨论了纯合并和移位在近期最简方案中终于被归并为同一种操作——合并。与此同时，句法计算是否应该生成标签也逐渐成为反思的对象。在早期版的光杆短语结构中，合并被定义为：Merge（α, β）→

{γ, {α, β}}，标签 γ =α 或者 β。此时 Chomsky 已经认识到，句法计算本身并不需要标签，标签是输出条件，亦即接口条件的要求。正如 Epstein et al.（2017）所言，标签反映了解释充分性与描写充分性的矛盾：最简命题要求合并生成的客体是 {α, β}，因为集合理论不要求集合关联标签；然而，短语具有向心性这个事实却要求该集合为 {γ, {α, β}}，即它必须具有标签才能被接口诠释。显然，对标签的显性表征增加了普遍语法的内容，从而偏离了强式最简命题（参阅 Chomsky，2007a；Collins，2002）。

不仅如此，含标签的合并带来了一个理论窘境：标签必须存在，但又无法从短语表达中直接观测到，因此是隐性的。Chomsky（2015b: 6）指出，投射是"理论内部的，……不能从所接触的话语中轻易地察觉到"。就此而言，它与组合性、易位性等语言基本特性有本质差异。例如，按照 {γ, {α, β}} 这个格式，see the picture 这个短语具有如（58）所示的结构，然而，see 和 the 两个标签的存在没有可察觉的证据。正如 Seely（2006）所说，它们在句法上是"惰性的"（inert），既不能独自经历中心语移位，也不能得到发音，因此是不可见的：

（58）{see, {see, {the, {the, picture}}}}

在生成语法学界，最早提出无标签合并的是 Collins（1997，2002），他（2002: 43）指出：

> 问题是合并操作（V, X）的结果是 {V, X} 还是 {V, {V, X}}。合并（V, X）把两个元素结合成为一个更大的短语，这一事实是关于人类语言的任何理论都不可或缺的部分。对于语法是"对有限手段的无限使用"而言，假设形成的是 {V, {V, X}} 而不是 {V, X}，即某个标签被选用，这就超出了必要性。

在各方面因素的作用下，近期最简方案中合并最终不再生成标签，发展成为"最简合并"，形式如（59）所示[1]：

（59）合并（α, β）={α, β}

在最简合并中，合并 α 和 β 生成的句法客体仅为二者的集合，再

---

[1] 从理论发展的时间来看，最简合并（即无标签合并）早于加标理论。前者在 Chomsky（2004，2005，2007a）中已初见端倪，后者的提出则稍晚。

无其他。换言之，与（12）所示的最早期的形式（合并（α, β）→｛γ, ｛α, β｝｝）相比，最简合并的典型特征是合并操作中不再包含与投射相关的任何内容，即合并操作不生成标签。由此，合并达到了集合理论所允许的最简形式，强式最简命题也因此得到满足。至于标签，它被改造为第三因素原则派生的一种结果，对此第 4 章将专题讨论。

最简合并的提出是近期最简方案的一次重大进展。它意味着合并终于变成一种原始性操作。正如 2.3.1 节提到的那样，带标签的合并不是一种原始性操作，因为它同时创造了两个新的句法客体：集合 ｛α, β｝ 和带标签的集合 ｛γ, ｛α, β｝｝，前者只定义了姐妹关系，后者则同时定义了母女和姐妹关系。因此，最简合并只定义姐妹关系，再无简化的可能。正如前文所述，它包含了两个种类：内合并和外合并。

Chomsky（2020：23）对最简合并的提出以及内合并与外合并的统一给予了高度评价，认为它们是"过去这几年出现的一些重大的成就，向我们展示了我们能走多远。成就之一是对某些事例实现了真正的解释，而这其中就是组合和易位的统一，它们在 20 世纪 50 年代就被认定为语言的两个基本特性"。

现阶段 Chomsky 对内合并和外合并哪个代价更高这一问题的看法也发生了几乎彻底的转变。上节提到，移位（内合并）长期被视为一种复合型的操作，比外合并的代价更高，所以才有"合并优于移位"的分析模式（参阅 2.4.2 节）。Chomsky（2020：23）现在的看法是，内合并是"更初始、最简单、涉及最少计算"的合并形式。这是因为，外合并需要搜索，而搜索不仅涉及包含众多词条的词库，而且还涉及已经造好的结构，即 2.3.3 节介绍的工作区中的子树。搜索是一个递归的程序，需要不断构造新的句法元素，并确保这些元素可为后来的操作所访问。这意味着外合并涉及巨大的搜索程序。与之相反，内合并几乎不涉及任何搜索，只需要使用自身结构中的成分即可。他（2013：41）说：

> 早些年人们（特别是我）普遍认为易位是个弊端，是语言的一个"缺陷"，需要由外部因素，可能是语法分析（parsing）上的因素，来解释。该错误观念的一个残余是相信外合并因某种原因比内合并更简单、更可取。该信念毫无依据。甚至正相反，内合并更简单，因为它所需的搜索远少于外合并（外合并必须访问已生成客体的工作区及词库）。

如果内合并是最简单经济的合并形式，那么，为什么不只用这种最简的形式，还要使用外合并呢？Chomsky（2020：25）对此做了如下解释：

> 但是语言有其他特性，比如，它有论元结构、题元结构（即有诸如施事、受事等语义功能）。这些从内合并是无法得到的。你必须有外合并以产出形成论元结构和题元结构的结构。因此，语言一个经验上的特性，即它有论元结构，迫使你使用外合并这个更为复杂的操作。另一个原因是存在离心结构，比如说主语－谓语。这个你当然也不能通过内合并得到。所以，仅仅由于经验上的原因才迫使语言有了更为复杂的外合并操作。

总之，在近期最简方案中，合并发展成为最简合并，其格式如（59）所示，其形式分内合并和外合并两种。最简合并最突出的特点是合并操作不生成标签，因此只生成句法中的姐妹关系，不生成母女关系。换言之，合并形成的集合中的成分是对称的、平等的。此外，合并允许离心结构的存在，比如主语－谓语结构的存在。语言成分间的不对称关系则是其他机制，特别是加标机制派生而来的。不仅如此，加标机制为前文提到的"合并优于移位"现象赋予了原则性的解释，相关细节将在第4章说明。

2.6 基于工作区的合并

Chomsky（2019，2020）把最简合并的"最简"进行了更为严格的定义，由原来针对句法客体的操作变成了针对工作区的操作。本节简述这个改造的主要内涵。

在合并概念出现后，特别是最简合并概念出现后，不少研究者提出了一批该操作的"扩展"（extension）形式，如平行合并（Parallel Merge）、迟后合并（Late Merge）、侧向合并（Sideward Merge）等。这些扩展形式的共同特点是它们都不违反合并的定义，都能解释一些现象，但使合并复杂化了，形成了多重支配、反循环等效应，不符合强式最简命题的精神。以平行合并为例。它像外合并那样把两个不同的客体（α和β）相结合，但采用内合并的形式，即把α中的一个客体（γ）与

β 相结合。平行合并产出的是"多重支配"（multi-dominance）结构，如（60）：

（60）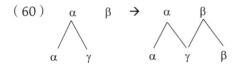

Citko（2005：480）认为，平行合并能够解释一系列现象，特别是如（61）所示的整体疑问句（across-the-board *wh*-question）：

（61）a. What did Gretel recommend and Hanse read?

b.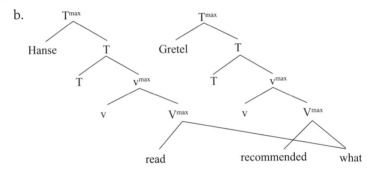

Chomsky（2019）明确地指出，狭义的合并操作，即外合并和内合并，足以解释人类语言中普遍存在的结构依存、易位、重构效应等特征。为此，他希望把合并操作的形式保持最简，消除上述的各种扩展形式，只保留外合并和内合并，并将其效应最大化。为了达到这个目标，他首先从语言计算的角度提出了任何语言操作都应当满足的六个限制条件。

条件一，描写充分性，即能够正确地捕捉事实。然而，以句法客体为操作对象的合并概念不足以满足这个条件，因为它无法生成语言中广泛存在的 {XP, YP} 这样的离心结构，如主语 – 谓语结构。这个问题目前是通过默认这类结构是在不同的工作区平行构造出来的（参阅 2.3.3 节）。Chomsky 认为有必要把这个默认的假设嵌入到合并的定义之中，他（2019：274）说："……正确版本的合并应当是针对工作区的操作，而非针对特定句法客体的操作，因为后者能够改变工作区。"事实上，平行合并等扩展形式就是利用了工作区中的独立元素来修改整个工作区的。因此，合并必须是针对工作区的。

条件二，强式最简命题，包括包含性条件、不篡改条件、语段不可穿透性条件等。

条件三，限定计算资源（restrict computational resource，RCR）。这是专属于语言的限制条件，不适用于其他形式系统，因为语言是一个有机体系统，计算资源十分有限。因此，在理想情况下，合并操作应该压缩而不是扩展工作区。

条件四，确定性（determinacy）。Chomsky（2019：270）提出，"确定性"意味着"若一条规则的结构条件得到满足，那么结构变化就应当以固定且确定的方式发生"。这一限制条件看似理所当然，但在生成语法的历史中，却不时被违反。例如，按照短语结构语法，结构（62）可能会有一条转写规则（63）：

（62）NP, V, NP
（63）NP → Det, N

结构（62）中的两个 NP 都满足转写规则（63）的应用条件，这就是不确定性：尽管规则的应用条件得到满足，但却无法判定结果是什么。事实上，上述的各种扩展形式都无法满足"确定性"这一限制条件。

条件五，稳定性（或连贯性），即句法客体的特性在推导过程中保持不变。例如，同一个句法客体不能在一处指称 Mary，又在另一处指称 John。

条件六，递归性。递归性是人类语言的普遍特性，指"生成出的每个客体都必须可用于后来的计算"（参阅 2.3.3 节）。理想情况下，应该从条件二（强式最简命题）得出递归性，无须专门规定。

上述六个限制条件中，最重要的是条件一和条件二（描写充分性和强式最简命题）。据此，Chomsky（2019）对如何将合并改造为针对工作区的操作进行了论证。从最简单的案例来看，a 和 b 的合并形成了集合 {a, b}，也就形成了一个工作区。接下来，如果引入一个新客体 c，形成 {{a, b}, c}，那么，按照递归的定义，已经生成的元素，即集合 {a, b} 的每一个部分（即 a 和 b）都应该可被 c 访问。这似乎意味着新的工作区应该具有如下的格式（Chomsky，2019：277）：

（64）{{{a, b}, c}, a, b}

在（64）中，a 和 b 依然留在工作区中。这符合数学中的证明理论（proof theory），即公理和生成后的每一行推导都存在原处，或者说都是工作区的一部分。然而，Chomsky（2019：277）争辩说，"它不符合语言的情况，至少违犯了上述六个限制条件中的三个。"首先，它不符合条件一——描写充分性。因为 a 和 b 还在工作区，所以有可能形成如（65）（Chomsky，2019：277）的结构，而它违犯了所有的移位规则：

（65）{{{a, b}, c}, a, b}

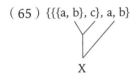

X

（64）还违犯了条件三，即工作区不得扩展，因为它明显地大于 {{a, b}, c}；它同时违犯条件四——确定性，因为假如有针对某个元素（比如说 a）的其他操作，那么无法确定它应用于两个 a 中的哪一个。

鉴于以上情况，Chomsky 着手对合并操作进行改造。最关键的是把合并的定义更正为"替换"（replace），即合并（a, b）等于用 {a, b} 替代（a, b）。这相当于在 {a, b} 形成后，把（a, b）消除掉。这个设想在早期最简方案就已经存在，但是当时并不知道从哪里清除掉（a, b）。现在他（2019：279）明确是从工作区中消除（a, b）。换言之，合并是"用集合 {a, b} 替代 a 和 b 并且从工作区中清除 a 和 b 的操作"。

Chomsky 指出，为了遵守强式最简命题，不应该把"清除"作为一条新规则引入理论之中。为此，最简单的方式如下：设有一个包含若干句法客体的工作区，从中可以确定一个序列 Σ：$\Sigma = (X_1, X_2, ...X_n)$。$\Sigma$ 在如下意义上是最短的序列：第一，每个 X_i 都可被访问；第二，Σ 穷尽工作区。以此为基础，可以把合并重新定义如下（Chomsky，2019：280）：

（66）合并 Σ ={ {X_1, X_2}, X_3, ...X_n}

对比一下最简合并 [见（59）]，即合并 $(\alpha, \beta) = \{\alpha, \beta\}$，以及上述（64）的格式，（66）是一个**替换**操作，它把序列中的前两个客体 X_1 和 X_2 替换为一个**集合**，同时也不包含任何删除操作。

（66）具有如下蕴涵。第一，它意味着可以把工作区中任何两个可访问的元素映现为一个新的工作区。它可以派生出外合并和内合并，同时也能派生出所有扩展形式所能涵盖的经验事实。第二，它满足了条件二，因为它是最简单的计算操作。第三，它符合条件三，因为它阻止了工作区的扩展：每次合并的结果都不大于原有形式。事实上，外合并减少了一个元素，内合并保持原有形式。

（66）可以排除上述所说的扩展形式（并行合并、侧向合并、迟后合并等），因为它们都是依托旧定义中保留在集合中的拷贝，以内合并的方式实现的。新的定义使它们失去了存在的基础。对此，Chomsky（2019：282）总结道："合并操作必须被重新定义为针对**工作区**的操作，它没有用到**清除**这个词而且满足了我们所列举的条件。"

与基于句法客体的合并相比，基于工作区的合并显然更具优越性。从上述讨论可得出，它满足了描述充分性条件、资源限制条件以及确定性等条件。不仅如此，它还保留了前者所有的优势，包括递归性（生成出的客体可用于后来的计算），句法客体的稳定性（客体的性质在推导过程中保持不变），以及与强式最简精神的高度契合。目前，如（59）所示的旧版本依然可以使用（而且也确实在继续使用），然而却必须把它理解为针对工作区的操作。

目前，最简方案对合并概念的改造并未结束，有大量工作有待完成[1]。

2.7 对合并

以上各节讨论的都是集合并，即集合构造的过程。它是合并的主体，人类语言生成的主要方式。对于任意两个句法客体 α 和 β，集合并生成的是对称结构 {α, β}，集合中的元素 α、β 是无序的。那么，是否存在其他合并方式，生成的是非对称结构呢？Chomsky（2004）给出了肯定答案——对合并：

（67）集合并与对合并

    a. 集合并 (α, β) → {α, β}（对称）

---

1 Komachi et al.（2019）等日本学者在新版本的定义上做了不少工作，取得了一定进展，可参阅。

　　　　b. 对合并 (α, β) → <α, β>（非对称）

Chomsky（2004：117）对两者做了如下说明：

　　　　对于结构的建构，我们迄今为止只假定了合并这个免费的、对称的操作，它所生成的客体都是集合，而且都是二元的，可称简单式（simple）。随之"免费"而来的关系（包含，成分统制，等等）是定义于简单式之上的。但是作为一个经验事实，还存在一种不对称的嫁接操作，它取 β 和 α 两个客体，构成一个有序的配对 <α, β>，α 嫁接于 β 上。集合并和对合并的源头是早期理论中的替换和嫁接。

Chomsky（2004：118）对嫁接结构的来源做了进一步说明：接口条件要求语义表达的丰富性与多样性。集合并能够表达论元结构和边缘特性，但无法形成"谓词组合"（predicate composition），即把两个谓词的值结合到一起，形成一个包含其组成部分所有信息的派生性谓词（Alsina，1993）。对合并能够弥补这一不足。比如，名词（女士）和指示词（那位）可以通过集合并形成一个名词短语（那位女士）。该名词如果通过对合并先与一个乃至数个形容词组合为一个整体，如"美丽的女士"或"美丽的、善良的女士"等，之后再与指示词合并，则表达变得丰富生动，"那位"和"女士"的结构关系也不受影响。再比如，英语中由 make、let 等引导的准致使式（quasi-causative）也涉及谓词组合，下面借用 Chomsky（2020b：54）的例子进行阐释：

（68）a. They made/let the guy walk down the street.

　　　　b. *They made/let the guy walking down the street.

（69）a. The guy was made/let walking down the street.

　　　　b. *The guy was made/let walk down the street.

以上两组例句显示 make 或 let 与另一个动词结合时，存在主动句和被动句的尖锐对立：当它们是主动句时，后面的动词必须是光杆的，不能是分词性的，如（68）；当它们是被动句时，后面的动词则必须是分词性的，不能是光杆的，如（69）。Chomsky 对此的解释是：一方面，make 和 let 是致使义的显性语音实现，它们通过对合并与 walk 结合，形成 <make, walk> 和 <let, walk> 的配对。尽管配对中的两个词是独立拼读的，但可以认为在底层结构中 make/let 是 walk 的致使屈折，性质与词缀相同，因此后者必须是光杆的，所以（68a）是合格的句子而（68b）不是；另一方面，对合并中的客体不能经历被动化操作，因此，当 make/let 是被动式时，walk 不能是光杆的，只能是分词性的，这就是（69a）合格而（69b）不合格的原因。

对合并区别于集合并的本质特性是其推导的反循环性。正因为它不遵守推导的逐级循环性，所以它不受包括成分统制在内的结构关系的约束，也不改变目标句法客体（即中心语）的结构性质。例如，就第三约束原则而言，附加语没有表现出重构效应，从而与补足语形成了对立。以下句为例（Chomsky，2004：117）：

（70）[$_{wh}$ Which [[picture [of Bill$_i$]] [that John$_j$ liked]]] did he$_j$/*$_i$ buy t$_{wh}$?

此句中补足语 Bill 是通过集合并引入结构之中的，它与 he 的同指违反了第三约束原则；与之相反，内嵌关系从句作为附加语，是通过对合并引入结构之中的，不是循环性的，无须受成分统制关系约束，因此其中的 John 可以与 he 同指。

然而，嫁接操作形成的配对最终变成了简单结构，从而建立了成分统制关系。如（71）所示，最底层内嵌句中的附加语 John 受到根句中 he 的成分统制，所以不能与后者同指：

（71）He$_i$ asked [$_{wh}$ which [[picture] [that John$_{*i}$ liked]]] Mary bought t$_{wh}$

为了解释这一现象，Chomsky（2004：118）提出了"简化"操作，用于将对合并生成的配对转换为集合并生成的结构，如（72）所示：

（72）简化（SIMPL）：在句法客体 <α，β> 拼读阶段，简化操作将 <α，β> 转变为 {α，β}。

也就是说，与集合并相比，对合并在拼读阶段需要额外执行简化操作。一个最佳的选择是把简化看作拼读（移交）的一部分：一方面，简化不属于狭义句法，故不能发生在移交之前；另一方面，如果它发生在移交之后，则推导同时涉及狭义句法和两个接口层面，使计算更加复杂。显然，这不符合强式最简精神。

简化操作是可选择的。注意，所谓"可选择"不是针对整个推导而言的，而是针对特定的推导阶段。换言之，一旦涉及对合并，则必须执行简化操作；然而，在某个特定的推导阶段，该操作可发生，也可不发生。（70）中的附加语之所以没有表现出重构效应，是因为简化操作发生在高位拷贝，而不是低位拷贝；同样的情况也适用于（71），但与（70）不同的是，（71）中内嵌宾语从句的 SPEC-C 位置即是 wh 成分移位的最终落点，因此在根句相关成分进入推导之前，内嵌句中的附加语已经被移交给接口，发生了简化操作。从这两个例子可以看出，对于显性移位，简化操作的可选择性会对语义诠释产生影响，因此它只能发生在必须发生的阶段，即中心语 β 的拼读阶段[1]。至于隐性移位，由于它发生在拼读操作之后，简化操作只能发生在低位拷贝，同样满足了语义接口的要求。

　　Chomsky（2020：49）提出，对合并为解释以下这类句子的生成提供了新的可能：

> （73）I met someone young, happy, eager to go to college, tired of
> 　　　wasting his time, ...

　　以（73）为代表的一类句子在文献中被称为"无上限非结构并列"（unbounded unstructured coordination）。（73）中的形容词性短语长度不等，数量无上限，每一个都对宾语 someone 进行述谓。这些并列短语彼此独立，构成一个多维结构（n-dimensional structure，其中 n 为并列短语数量），它们与 someone 形成不对称关系。

　　无上限非结构并列句的一个显著特点是并列元素的有序性。"John and Bill saw Tom and Mary."可以有多种解释，但如果在句末加上 respectively，那么 John 与 Tom、Bill 与 Mary 之间就有了唯一对应关系；同理，"John picked Tom and Bill."中 Tom 与 Bill 是无序的，但如果加上 in that order，便只能解读为"John 先去接 Tom，然后去接 Bill"。有序性的另一个依据是并列元素的可重复性。（73）中，我们可以不限次地在附加成分中的任意位置重复已有的形容词性短语来扩展结构，得到的表达式可能并不流畅，但仍是合乎语法的、可接受的。

　　综上，对合并与集合并既有相通之处，又有本质区别。然而，对合并自提出以来，一直饱受争议，其中最主要的一点便是它的来源。有的

1　实际上，简化操作作为拼读操作的一部分，发生在相关的语段层。有关语段的论述见第 3 章。

学者试图将嫁接操作归因于功能语类（mod）中某些特征的触发（参阅 Rubin，2003）；有的则舍弃对合并这种公理性的生成机制，试图运用已有的集合并推导生成附加语（参阅 Oseki，2015）。这些分析各有利弊，在此不做讨论。无论如何，对合并的提出是具有独立动因的，其在解释附加语的生成方面的确具有一定的优越性。不仅如此，它还有很大的挖掘空间，比如为上文提到的无上限非结构并列的生成提供了新思路。正如 Chomsky（2020：51）所言，"附加语这个概念并非足够完善"，但幸运的是，我们已经抓住了原则性的东西，接下来的大部分工作将会是技术性的。

2.8　总结

本章围绕最简方案中"合并"这个重要的概念展开讨论，介绍了它的发展历程以及各个阶段的理论蕴涵。从纯合并/移位到最简合并，再到基于工作区的合并，这个概念不断趋于简化、趋于自然。其中有三个最为关键的步骤：第一，忽略客体来源的差异，实现了外合并和内合并的统一；第二，取消明晰表征的标签，实现了最简合并——合并（α，β）= {α，β}［见（59）］；第三，限制合并可访问的资源，排除了各种不合法的扩展形式——合并 Σ ={ {X$_1$, X$_2$}, X$_3$, ...X$_n$}［见（66）］。自此，合并成为任何组合系统所能实现的最简单的操作。它是创造层级结构最低限度所必需的操作，不包含任何有关线性顺序的信息，没有特定的起止时间，应用也不受任何约束。这些任务都被移交给了具有独立动因的接口条件和第三因素原则。合并变成了普遍语法所允准的唯一操作，这意味着专属于语言官能的特性——包含层级结构的离散无限性和易位——无一不是合并操作派生的。

参照相关文献，结合自己的思考，我们把合并的特性总结如下：

第一，合并是语言中层级结构建造的唯一机制。它涵括了先行理论中短语结构构建和转换两个方面的规则（Chomsky，2004）。在这个意义上，2.4 节提到的"移位 = 拷贝 + 合并"以及"移位 = 一致 + 合并"等模型现在完全失去了理论基础，因为移位不再被视为独立的操作。

第二，合并是可迭代的（iterable）。所谓可迭代，是指对前一次操作的结果实施相同的计算步骤，即重复执行程序中的循环。合并输出的是句法客体，所以可用于合并操作的输入。迭代是语言无限性的来源，是"有限手段无限应用"的基础。

第三，合并是基于工作区的，不是针对特定的句法客体的（参阅 2.6 节）。

第四，合并是二元的。合并每次最多而且最少使用两个句法客体。Chomsky et al.（2019：237）指出："我们假定合并是严格的二元的：既然这是创造层级结构最低限度所必需的，我们假定它是普遍语法所定义的唯一的操作。最简合并（MERGE）的生成因此蕴含着一类由递归定义的、二元分支的离散层级结构。"

第五，合并是可交换的（commutable）。因为 {α, β} = {β, α}，所以合并（α, β）= 合并（β, α）。

第六，合并无关线性顺序。线性顺序属于语言外化的组成部分，因此是由拼读操作执行的，发生在句法向感知运动系统的推导过程中，不是合并操作的结果。

第七，合并的输出不包含标签。按照 Collins（2017），这一特性的蕴涵之一是：补足语和标志语这两个概念失去了定义的基础，它们只能依据标签定义，详细的情况将在第 4 章阐述。

第八，合并是自由的。无论是外合并还是内合并都不需要触发机制，不需要动因，不受限制，没有目的。正如 Epstein et al.（2016：29）所说的那样："在更为早期的最简论中，操作应用'以便'满足输出条件，与此不同，合并的应用完全是任选的。它可以应用，也可以不应用，而且如果它应用的话，只是因为'它能'（应用），而不是其他任何原因。"

第九，合并是循环性的（cyclic）。它只能以根节点的句法客体为目标，不断扩展结构。反循环的移位是不能发生的（参阅 Chomsky, 2008）。

第十，合并不包含拷贝操作。在近期最简方案中，拷贝被改称为"出现"，指"相同的表达式被合并后在不同位置的出现"（Chomsky, 2000：115）。"出现"和"拷贝"的意义大致相同，更改名称主要是为了避免将概念与操作混淆。此外，合并也不生成语迹、标引和语链等实体。

第十一，（集）合并不能产生嫁接结构。嫁接结构是由性质相当不同的对合并形成的。

以上，我们总结了合并的十一项主要特性。另一个重要的问题是：合并操作的限制性条件是什么？对此，一个可能的答案是：合并没有内置的限制，但必须遵守第三因素原则，主要包括以下几条（参阅Chomsky，2019）：

第一，强式最简命题，包含以下由其派生的条件：
- 包含性条件：合并只使用词汇数组中的客体，不引入任何新客体。
- 不篡改条件：合并不得改变句法客体。
- 语段不可穿透性条件（参阅第3章）。

第二，限定计算资源：合并只能压缩工作区，不得对其进行扩展。

第三，确定性：合并操控的对象在特定的工作区中应该是确定的（唯一的）。

第四，稳定性（连贯性）：句法客体的特性（即解读）在推导过程中保持不变。

总之，在我们看来，合并这个概念的出现、发展和完善是最简方案迄今为止最重要的贡献。它首次把人类语言结构的建造归结成为一个单一的操作，涵盖了先行理论中短语结构语法／X阶标理论和转换／移位两个部门的功能。这项工作的意义是巨大的，影响是深远的。在很大程度上，它揭示了人类语言和动物交际系统的本质区别，即前者有合并，而后者没有，这就为生物语言学的复苏和发展奠定了一个坚实的基础。对此，第6章将做进一步的讨论。

第 3 章

语 段 推 导

3.1 引言

　　第 2 章阐释了最简方案中最核心的操作——合并，它可以把两个句法客体 α 和 β 放入同一个集合，从而形成一个新的句法客体 {α, β}，如此递归往复，使结构不断扩展。合并分外合并和内合并两个种类，前者使用的客体互不相同，后者中的一个客体则是另一个客体的一部分。如此，合并操作统一了先前理论中的短语构造和移位两个部门，派生出了人类语言独有的特性——离散无限性和易位，是普遍语法定义的唯一操作。

　　然而，众所周知，语言除了离散无限性和易位之外还有其他性质，特别重要的是：它必须最终形成一个意义－声音的匹配体，才能被用作思维、交际等功能的载体。为此，语言计算系统需与概念－意向和感知－运动两个外部系统接口，发出后者可读取的指令。按照强式最简命题，句法推导必须以优化的方式满足外部系统的要求。这意味着，除了合并操作之外，语言至少还需要两个机制：一个用于消除接口不可读的特征，即所谓的不可诠释特征，确保只有可诠释的表达式才能进入接口；另一个用于把推导完毕的表达式"移交"给语音和语义两个接口。不仅如此，语言还需要以某种方式，确保推导遵守第三因素原则，特别是有效计算原则，表征上不包含多余的算符，推导上不包含多余的步骤。

　　把接口条件和优化推导纳入理论体系是最简方案最具标志性的理论创新。如前述两章所言，在早期最简方案模型中，满足接口条件的主要机制是核查理论，负责优化推导的则是经济原则。核查理论执行的是完全诠释原则，用于阻止接口不可读的元素和特征（如名词的格特征和动

词的 φ 特征等）进入接口 [1]；经济原则用于确保推导的优化性，使其做到"能小做不大做，能少做不多做，能不做则不做，能迟做不早做"（徐烈炯，2019：351）。

随着研究的深化，核查理论和经济原则也暴露出一些不足。前文提到，核查理论的缺陷在于它把消除不可诠释特征与移位紧密关联，同时还为核查特设了专用的区域，即核查区域；经济原则的弊端则体现在其"全域性"（global）的性质，即它需要"前瞻"（look-ahead）推导能否在接口收敛，并在此基础上评价哪个推导使用的步骤最少，或者移位的距离最短（详见 3.2.3 节）。全域性不仅增加了计算的复杂性，而且只针对移位，不见于语法的其他部分。此外，早期版的一些经济原则具有语言内部的、专属于语言官能的特性。因为以上原因，早期版的体系受到多方质疑，其中不少颇有见地。

上述问题在近期最简方案中得到了比较令人满意的解决。Chomsky 在"最简探索"（2000a）、"语段推导"（2001）及一系列后续论著中提出了一个以一致操作和语段理论为主体的新体系，相当出色地消除了早期理论的不足。概括地说，一致操作取代了核查理论，基本思路是：不可诠释特征是进入推导时未被赋值的（unvalued）特征，主要包括谓词上的 φ 特征和名词上的格特征。其中，T（时态）和 ν（轻动词）携带的未定值的 φ 特征构成"探针"（probe）[2]，在其成分统制区域内寻找包含匹配的可诠释特征的元素，即"目标"（goal）。目标为了被探针发现，也必须具有未被定值的特征。探针和目标通过匹配得以被赋值，从而形成了与核查理论相同的经验效应，即只有消除了未定值特征的表达式才能进入接口。

语段理论是在一致操作基础上形成的、具有限制表征作用的条件。按照该理论，句法推导不是一次性完成的，而是分语段进行的，一次只构造一个语段。语段由包含未定值特征的中心语定义，主要包括 CP 和及物性 νP 两种。语段构造完毕后，其内部区域（即补足语）被移交给接口，不再参与推导，以此确保计算负担的最小化。语段概念使推导摆

1　为了与作为操作的"一致"区别开来，也为了行文的简洁与方便，本章把传统上所说的"一致特征"（agreement feature）按惯例记为"φ 特征"，包括人称、数、性等特征。

2　探针含有搜索、选择的含义。顾名思义，它是操作的发起者。

脱了经济原则所关联的全域性和前瞻性，变成了局部性操作，即依托语段这样的小型组块（chunk）而逐步累积的计算。它同时也帮助计算系统向接口的推导超越了语言官能自身的限制条件，成为第三因素的一部分。

本章从一致操作入手，阐述语段理论的来源和发展情况，介绍近期最简方案有关句法推导的最新观点。分以下七个部分：3.2 节进行理论铺垫；3.3 节阐释一致操作；3.4 节讨论语段理论的核心内涵；3.5 节说明语段的性质；3.6 节聚焦对语段的诊断；3.7 节阐述 Chomsky（2007，2008）提出的特征继承假说；3.8 节总结本章。

3.2　理论铺垫

本节介绍本章涉及的基础性概念，包括特征、多重标志语、核查理论与经济原则等。这些概念在前两章已有所提及，本节对它们做集中讨论。

3.2.1　特征

第 2 章介绍的合并操作是以词项为对象的。按照 Chomsky（2000a：100）的提案，词项是由特征（feature）组装而成的。更具体地说，普遍语法提供了一个语言特征的集合（F）。为了降低计算的复杂性，语言会一次性地选取一个子集，构成一个词项（[F]），这个过程经常被称为"捆绑"（bundling）。各种词项构成某个具体语言的词库（Lex）。计算系统可以从词库中选取一个词汇数组（LA），以用于某个特定表达式的推导。它们之间的关系如（1）所示（改编自 Chomsky，2000a：101）：

（1）a. 特征（F）——普遍语法提供的语言特性的集合
　　　b. 词项（[F]）——部分特征一次性捆绑形成的子集
　　　c. 词库（Lex）——某个具体语言中词项的集合
　　　d. 词汇数组（LA）——某个特定推导使用的所有词项

按照生成语法的传统看法，词项是特征的一个丛集（cluster），两者均可为句法计算访问。词项中的特征分形式（即句法–形态）、音系和语义三个种类。在最简方案中，特征被赋予了更为重要的作用，在早期甚至成了驱动句法操作的关键元素。这个阶段常见于文献中的特征除了语类特征（名词性、动词性）、格特征、φ特征（性、数、人称）、时态、疑问特征、量化特征等之外，另有两个新引入的特征。一个是 EPP 特征，它源自原-参理论时期扩展的投射原则，在核查理论中被改造成了 T（时态）上的一个不可诠释的强 D 特征，要求一个名词短语显性移位到其标志语位置，从而派生出每个句子都必须有一个主语的现象。在 Chomsky（2000a）中，该特征被扩展到另外两个核心功能语类：C（用于承载提升的疑问短语）和 v（用于承载提升的宾语）。另一个是 Chomsky（2007a，2008）提出的"边缘特征"（edge feature，EF）。它是词项中允准乃至驱动合并（包括内合并和外合并两个种类）的特征，不可删除，用于确保合并应用于边缘，从而派生出无上限合并。同时，它也是一种不可诠释特征，不能进入接口，所以在移交操作中被自动删除。Chomsky（2007a：11）甚至一度认为："普遍语法仅有的句法特性是它包含合并和具有不可删除的边缘特征的词项，且其生成的表达式必须满足接口条件。"然而，EPP 和 EF 的性质与其他特征相当不同，在加标理论出现后被取消了，详见第 4 章。

在词项包含的三类特征中，语义特征可读于逻辑式，音系特征可读于音系式，形式特征则相对复杂：其中的一些是逻辑式可读的，称"可诠释特征"（interpretable feature），如语类特征和名词上的 φ 特征等；另有一些则为逻辑式不可读，称"不可诠释特征"，如名词上的格特征和动词上的 φ 特征等。为满足完全诠释原则，必须在推导进入接口之前把它们消除，这是设置核查理论的主要动因，3.2.3 节再做讨论。

3.2.2 多重标志语

2.2.2 节提到，X 阶标理论规定每一个短语都只能包含一个补足语和一个标志语。在最简方案中，随着光杆短语结构的引入，补足语和标志语两个概念改为从合并操作的顺序派生：中心语的第一次合并生成补足语，第二次合并生成标志语。自此，一个新的看法随之形成，那就是，假定一个中心语只有一个补足语是合理的，因为按照扩展条件（参阅 2.3.5 节），合并只能以根节点的句法客体为目标，否则已经建立的结构关系就会遭到破坏。与此不同，标志语可以在根节点逐次合并，即第二个标志语可以合并到第一个的上端，如此迭代往复，每次都扩展结构。在这种情形下，限制标志语的数量（即只允许中心语有一个标志语）反而变成了一种不自然的要求。为此，Chomsky（2000a：126）提出："单一标志语的限制也是有问题的：相反，我们预料可以发生第一次合并、第二次合并，等等，没有硬性规定的限制。"这个观点常称为"多重标志语"假说。

　　基于多重标志语假说，Chomsky 取消了核查理论中没有内在语义特性的 Agr 节点，转而引入了轻动词 v。简言之，v 是一个以实义动词 V 为补足语的功能语类，经常没有语音实现，但却具有显著的句法和语义效应。如此，新的句子骨架包含 C、T、v 三个"核心的功能语类"（core functional category），如（2）所示（Chomsky，2001：6）[1]。它们都有实际的语义内容，且具有广义上的 EPP 特征，可与多个标志语共现。其中，核查主格的依然是定式的 T，而核查宾格的任务由 v 承担。

（2）

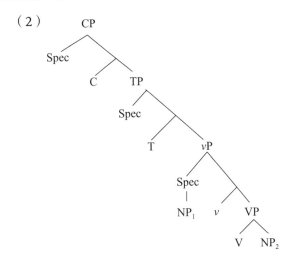

1　（2）中只包含句子结构最低限度所需的节点。实际的句子经常包含其他节点，如表示情态、体、施用（applicative）的中心语等。它们不是每个句子都必须包含的，所以没有体现在这个句子骨架中。

3.2.3 核查理论与经济原则

前文提到，早期最简方案中，用于满足接口条件的主要是核查理论，用于确保优化方式的是经济原则。本节旨在回顾这个由核查理论和经济原则构成的体系，总结其优点和弊端。

从最简方案诞生之初到内合并概念被正式提出之前，易位被认定为语言的缺陷，并与不可诠释特征关联到了一起：移位旨在消除不可诠释特征，这就是移位的目的论。特征核查理论即是基于这个设想而产生的。这个理论把名词上的格特征和谓词上的 φ 特征两种不可诠释的特征关联到了一起，设置了以 [标志语 – 中心语] 为配置（configuration）的核查区域，包含格特征的名词移入该区域，与包含 φ 特征的谓词相互核查。

举个具体的例子。"我们鼓励她"这个句子的推导涉及如下主要步骤：首先，按谓语内部主语假说，所有的论元都在（3）中的 vP 内部被引入。其中动词"鼓励"与"她"首次合并，形成 [中心语–补足语] 关系，后者获得客事的题元角色；"我们"基础生成于 v 的标志语位置，形成 [标志语 – 中心语] 关系，获得施事的题元角色。

（3）

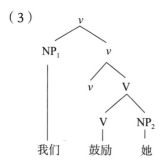

其次，"她"（隐性）内合并到 v 的标志语位置，成为后者的第二个标志语，其不可诠释的宾格特征得以消除；"我们"则提升到 T 的标志语位置，由此消除其主格特征。同时"鼓励"提升到 v 的位置，二者结合为一体，如（4）中虚线所示：

（4）

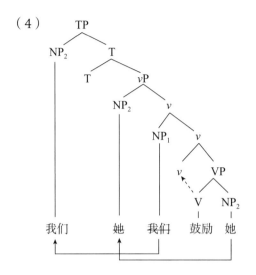

至于例外格标记（ECM）结构，其核查步骤与上例相似，如（5）所示：

（5）a. 我们鼓励她坚持

b.

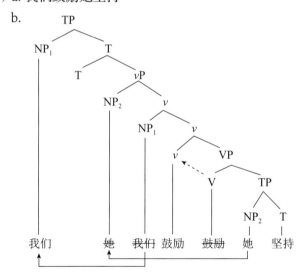

（5）中的推导主要由三个部分组成：第一，"鼓励"基础生成于 V 的位置，选择一个以"她"为主语、"坚持"为谓语的子句；该动词后

来提升到轻动词 v 的位置，形成一个"鼓励 $+v$"的复合成分；第二，"我们"外合并于 [Spec，vP] 位置，后来内合并至 [Spec，TP] 位置，以便消除其主格特征；第三，"她"从子句主语位置隐性内合并到 [Spec，vP] 位置，成为 v 的第二个标志语，从而与 v 相互核查，消除了其不可诠释的宾格特征。

可见，核查理论的基本假设如下。首先，包含格特征的名词是移位的发起者。这与第 1 章提到的自利原则相关联，即成分只为消除自身的不可诠释特征才移位（参阅 1.3.5 节）。其次，主格、宾格分别在 [Spec，TP] 和 [Spec，vP] 位置上得到核查。这意味着，特征核查是统一在 [标志语 – 中心语] 这种句法配置中实施的。最后，T 和 v 之所以参与格特征的核查，是因为它们自身也含有不可诠释特征，即谓词性成分上的 φ 特征。

至于与核查理论相关联，负责确保推导优化性的经济原则，前文已有不少介绍。基本思路是：移位是个有代价的操作，只能为消除不可诠释的特征而发生，否则不得发生，这就是所谓的"不得已"条件；如果确实需要移位，必须采用最省力的方式进行，即采用最短的距离或最少的步骤，这在文献中称"最简性"；显性移位比隐性移位代价更高，所以当后者可选时不得使用前者，这就是所谓的"拖延"（参阅 1.3.5 节）。

总体而言，核查理论和经济原则相结合的体系是一个出色的设想，它最重要的贡献是帮助早期最简方案摆脱了"管辖"这个不自然的概念，也为取消 S- 结构奠定了基础。不仅如此，它在经验上的功效不仅不低于格理论，在很多方面实际上是更胜一筹的。经济原则的引入也是最简方案最突出的特色之一，它们统一了原 – 参理论中散布在各个子系统的移位条件，大大提高了对语料的解释力。

尽管核查理论和经济原则具有上述优势，但在严格的最简视角下，它们也被认为存在一些欠缺原则性且与事实不够贴合的地方。比如：就核查理论而言，消除不可诠释特征需要统一在 [标志语 – 中心语] 的配置中进行，从而形成特殊的核查区域，这个设想就缺乏理据，有硬性规定的色彩。经验上核查理论也往往达不到预期结果。例如，对于英语中包含虚义代词 there 的句子，其相关名词格特征的核查就是一个有代表性的难题。按核查理论，there 是一个逻辑式词缀，（6b）中的 some applicants 需要经历隐性移位，嫁接到 there 上，从而进入 T 的核查区域，以此消除自身的格特征。同时，没有语义内容的 there 在逻辑式中被删除，以满足完全诠释原则的要求（Chomsky，1991: 141）：

(6) a. Some applicants seem to me to be eligible for the job.

b. There seem to me to be some applicants eligible for the job.

然而，den Dikken（1995）指出，没有坚实的经验证据表明 some applicants 在 there 存现句中发生了隐性移位，因为它没有产生新的约束可能性，也不允准负极项。例如，(7) 中，如果 some applicants（隐性）移入 there 位置，就可以成分统制（7a）中的相互代词 each other，以及（7b）中的负极项 any，从而形成合格的句子。然而实际的情况是这两个句子并不合格，表明核查理论所预测的隐性移位可能并没有发生。

(7) a. *There seem to each other to be some applicants eligible for the job.

b. *There seem to any of the deans to be no applicants eligible for the job.

与核查理论一样，经济原则也受到不少研究者的质疑。比如，对于 Chomsky 提出的自利原则，即核查由名词的格特征触发，学界颇有争议。很多研究者指出，这个原则对于解释下面的（8b）有困难，因为其中的 a face 不需要移位就可以消除自身的格特征，这一点可以通过（8a）中 a face 的位置得到证明。它在（8b）中的显性移位显然是为了满足 EPP 特征而发生的：

(8) a. There appeared a face at the window.

b. A face appeared at the window.

为了解释（8）中两句显示的对立，Lasnik（1995）提出了一个"开明的自利"（enlightened self-interest）原则，认为只要有不可诠释特征，无论其存在于移位成分自身还是移位的目标，都可以触发移位。

另一条原则——拖延原则——受到的批评更多。首先，为什么隐性移位比显性移位省力？Chomsky（1993）在最初的版本中没有为这个原则提供理据，基本上是以硬性规定的方式阐述的。Chomsky（1994，

1995）对这个问题进行了补救。他放弃了移位是由名词上的格特征触发的设想，转而提出了一个名为"吸引特征"（attract-F）的理论。按此理论，移位是功能性中心语（T 和 ν）发起的，它们为消除自身不可诠释的 φ 特征而吸引下层名词上的格特征（F）移动到其标志语位置，从而相互核查。如此，最省力的方式是只移动 F 本身，所以只需要进行隐性移位。与之相比，显性移位需要连带（pied-piping）语音 – 形态材料，所以代价更高。这就是隐性移位优于显性移位的理据。吸引特征是特征核查向一致操作转变的一个过渡步骤，在此不再赘述。其次，一些研究者（如 Collins，1997）指出，拖延原则的基础是"强"特征引发显性移位，"弱"特征引发隐性移位。而特征的强弱又取决于音式的收敛：前者不可为音系式诠释，后者可为音系式容忍。这意味着拖延原则依然是由普遍语法的内部条件决定的，而非来源于某种通用的原则，这是与最简精神相违背的。

经济原则最受人诟病的一点是本章引言中提到的全域性。正如 Collins（1997）所言，它们以词汇数组为开端、以推导步骤的数量为评估标准、以表达式能否在接口收敛为参照，这就使推导具有全域和前瞻的性质。然而，全域性不仅增加了计算的复杂性，而且也不见于语法的其他部分，是为移位专设的。Lappin et al.（2000）认为，Chomsky 所说的完美性和优化性不同于计算复杂性低，不同于音系学中优选论所使用的有排序、可取消的条件，也不等同于生物意义上的效率性。它最接近的概念是物理学中的最小性（minima）和最大性（maxima）。例如，肥皂泡以圆球形状出现，因为这是气压分布最优化的几何设计；同样地，镜子对光的反射采用两点之间最短的路线也是一种优化的设计。因此，"最小性／最大性原则派生于诸如波和矢量等粒子的深层次的物理特性，它们满足了这些原则。它们来源于这些粒子的亚原子结构和特性，本身并不是理论的基本要素，……与此相反，最简方案把经济条件视为语法的必要元素并把优化性编码为其定义性属性之一"（Lappin et al.，2002：666）。他们据此明确地指出：推导之间的比较没有降低计算的负担，反而显著增加了计算的复杂性。

下面将要阐述的一致操作和语段推导是在早期版核查理论和经济原则的基础上发展而成的，它克服了后者的不少缺陷，回应了批评意见。

3.3 一致操作

本节分三个部分介绍一致操作。3.3.1 节勾勒一致操作的基本轮廓；3.3.2 节阐述对移位的新理解；3.3.3 节讨论一致操作对相关经验事实的新分析及其理论蕴涵。

3.3.1 一致操作的基本构想

为了克服核查理论的不足，Chomsky（2000a，2001）提出了一个新的消除不可诠释特征的操作，称"一致"。概括地说，它是包含 φ 特征的核心功能性中心语（主要是 T，ν）与包含格特征的名词短语相互匹配，从而消除彼此不可诠释特征的操作。它一方面为了形态的目的给未被赋值的（形态）特征赋值；另一方面为了逻辑式的目的删除已被赋值的不可诠释特征。

一致操作最显著的特点之一是它放弃了核查理论在 [标志语 – 中心语] 配置中统一消除不可诠释特征的做法，转而把它放在 [中心语 – 补足语] 配置中进行，（9）显示了两者的不同（改编自 Koopman，2006：161–162）：

（9）a. 核查理论：标志语 – 中心语

  $[_{YP}$ **XP** $[_{YP}$ **Y**$...]]$

  b. 一致操作：中心语 – 补足语

  Y $[...$**DP**$...]$

这一变化使特征核查不再需要另设特殊的核查区域，而是仅仅依靠通用的、独立的姐妹关系和成分统制来进行。下面的讨论将显示，一致操作不仅在概念上更为简洁、自然，而且最终导致了不可诠释特征与移位的脱离。

提出一致操作的重要前提之一是对特征可诠释性的理解发生了根本变化。在核查理论中，特征是否可诠释被认为是词库确定的内在特性：名词上的格特征和谓词上的 φ 特征等是逻辑式不可诠释的，因此在进入逻辑式之前必须消除掉。在一致模型中，句法操作不再参照可诠释性，它让位给了特征"定值"（valuation）这个新概念，可诠释特征与不可诠释特征之间存在"定值的"（valued）和"未定值的"的对立，定义如（10）（Chomsky，2004：116）：

（10）不可诠释特征 F 在词库中必须以某种方式与可诠释特征区分开来。一个最简单的、不引入新机制的方式是把 F 标记为没有定值的：例如 [未定值 数]。

举个具体例子，如果一 φ 特征在进入推导时已携带一个特定的值（如 [数：+ 复数]），那它就是可诠释的；相反，如果未定值（用下划线表示，如 [数：_]），则不可诠释。按照 Chomsky（2001，2004），在进入推导的形式特征中，有一些是有定值的，如名词的 φ 特征，T 的时态特征等，它们是逻辑式可诠释的；有些则没有定值，如名词的格特征，T 的 EPP 特征，T 和 ν 的 φ 特征等，它们需要通过一致或移位操作获得定值。这些在词库中未定值的形式特征在获得定值后依然不可为逻辑式诠释，但在音系式却是可诠释的。例如，在"She sings beautifully."这个句子中，T 的 φ 特征实现为 -s。这个原本无值的特征在定值后并没有在逻辑式中获得诠释，但却在音系式中获得了诠释。

为什么一致操作既需要区别可诠释的和不可诠释的特征，又需要区别定值的和未定值的特征呢？答案是：这在很大程度上是为了避免前述的前瞻性问题。具体来讲，如果把不可诠释特征定义为逻辑式不可解读的特征，那么一致作为一种句法操作，就需要"前瞻"接口对推导的诠释，即推导的结果。注意，把不可诠释特征定义为缺乏语义内容的特征也不可取，因为它们是否有语义内容、有什么样的语义内容，历来众说纷纭（参阅 Legate，2012）。各方面因素权衡下来，最合理的做法是把可诠释特征定义为已定值特征，把不可诠释特征定义为未定值特征。这样一致操作就可以在语言计算系统内部完成，可以理解为向探针赋值的过程。这个过程一旦完成，探针的 φ 特征和目标的 φ 特征就变得不可分辨了。Gallego（2010：34）就这个问题发表了如下观点，可供参考（着重号为原文所加）：

（如果句法看不见语义需求的话），一个变得有趣的问题是可诠释性是否必须以某种方式与计算相关呢？用挑衅性的措辞表达：句法为什么应该在特征核查理论中在乎语义的事情呢？Chomsky（2001：5；2004：116）从一个不同的角度对这个问题做了判断，得出的想法是不可诠释特征是进入推导时未被定值的特征。以这种方式来看，句法只关心定值（一个形式概念），而不关心可诠释性（一个语义问题）。

以上述讨论为起点，下面介绍一致操作的总体架构。首先，它的执行必须满足以下四个条件（Chomsky，2000a）：

第一，活跃条件（the activity condition）：功能语类 T 和 v 上未被赋值的 φ 特征构成探针，在自己的补足语区域寻找匹配的可诠释（已定值）的 φ 特征，即目标。目标为了被探针发现，必须具有未被赋值的不可诠释特征。正式的表述如下：

（11）活跃条件

　　　探针和目标必须是活跃的，而活跃意味着具有未被赋值的特征。

回到（9b），功能语类 Y 为了成为探针，必须包含不可诠释的 φ 特征；与此同时，DP 只有在包含不可诠释的格特征时才能被探针发现。

以功能语类上未被赋值的 φ 特征为探针意味着：第一，一致操作是由探针驱动的，而不是目标驱动的；第二，一致操作的主要目的是消除功能性中心语 T 和 v 上的 φ 特征，对名词上格特征的消除变成了附带效应。以上两点是一致操作与核查理论以及更早期的格理论的重要区别。Chomsky（2000a：127）对此做过如下描述：

　　　按照这一设想，一致（以及移位）是受探针的不可诠释特征驱动的，它们出于可读性原因必须被删除。与此相反，最简方案中的自利操作是由目标的不可诠释特征驱动的。……随着视角的转变，结构格的重要性降级了。格过滤式依然以 Vergnaud 最初提案中的方式间接地发挥着作用，决定着名词短语的分布。然而最重要的是探针，包括 T 和 v 的 φ 特征。

第二，匹配条件（the matching condition）：探针和目标的特征必须匹配。匹配是指特征的同一性，或者说无差性（non-distinctness），而不是指值的同一性[1]。例如，对于上面提到的 "She sings beautifully." 这个句子，she 和 T 上的 -s 尽管值不相同（一个是定值的，另一个是未

---

[1] 根据 Chomsky（2000a，2001），特征由两个部分组成：属性（attribute）和值（value）。匹配指属性相同，与值无关。

定值的），但具有相同的 φ 属性（第三人称、单数、阴性），因此是匹配的。

第三，区域条件（the domain condition）：目标必须在探针的成分统制区域之内，即探针姐妹节点的下属单位。这个条件定义了探针搜索空间的上限，即它只能在自己的补足语中寻找匹配的目标。它所派生的即（9b）显示的配置。

第四，局部条件（the locality condition）：目标是探针可及的最近的名词短语。换言之，它必须受探针成分统制，与探针匹配，且无其他目标比它和探针的句法距离更近。局部条件定义的是探针搜索空间的下限，它与区域条件一道划定了一致操作的作用范围。

（12）~（13）为实例演示：

（12）John loves her.

先看宾语部分，其结构如下所示（注意：下划线"_"表示未定值）：

（13）a. $[_{vP}\ v_{\{\varphi:\_\}}[_{VP}\ \text{love her}_{\{\varphi:\ 3,\ sg;\ Case:\_\}}]]$
　　　b. $[_{vP}\ v_{\{\varphi:\ 3,\ sg\}}[_{VP}\ \text{love her}_{\{\varphi:\ 3,\ sg;\ \text{Case: acc}\}}]]$

v 包含未定值的 φ 特征，构成探针。它在其成分统制区域（即补足语）寻找适合的目标，发现了宾语 her。该宾语符合活跃条件，因为它包含不可诠释的格特征；它也符合匹配条件，因为它有可诠释的 φ 特征，可为 v 的 φ 特征定值。此外，her 也满足局部条件，因为它和探针距离最近，没有其他包含格特征的元素间隔（intervene）。因此，v 与 her 建立了一致关系，操作的结果是 v 为 her 上的不可诠释的格特征定值并将其删除，使其无法进入逻辑式；与此同时，her 也为 v 上的不可诠释 φ 特征定值并将其删除。

我们再来看主语部分，结构如（14）（为了方便演示，我们把已经完成一致操作的部分加上阴影，表示它不再与本阶段的操作相关）：

（14）a. $[_{TP}\ T_{\{\varphi:\_\}}\ [_{vP}\ \text{John}_{\{\varphi:\ 3,\ sg;\ Case:\_\}}\ [_{vP}\ v_{\{\varphi:\ 3,\ sg\}}[_{VP}\ \text{love her}_{\{\varphi:\ 3,\ sg;\ Case:\ Acc\}}]]]]$
　　　b. $[_{TP}\ T_{\{\varphi:\ 3,\ sg\}}\ [_{vP}\ \text{John}_{\{\varphi:\ 3,\ sg;\ \text{Case: Nom}\}}]\ [_{vP}\ v_{\{\varphi:\ 3,\ sg\}}[_{VP}\ \text{love her}_{\{\varphi:\ 3,\ sg;\ \text{Case: Acc}\}}]]]]$

如（14a）所示，T 包含不可诠释的 φ 特征。它在其补足语寻找适合的目标。宾语 her 此时既不可访问（因有主语间隔），又不再活跃（因为已经定值）。而位于 vP 标志语位置上的主语 John 既可访问（距离探针最近）又活跃（含不可诠释的格特征）。双方因此通过一致操作，为彼此的不可诠释特征赋值，并将它们删除。

下面让我们看一个包含不定式内嵌句的结构，如（15）所示：

（15）Mary T seems [$_{TP}$ ~~Mary~~ to be ~~Mary~~ happy]

（15）是一个所谓的 "提升结构"，包含两个 T：一个是内嵌句中的不定式 T，另一个是根句中的定式 T。按照谓语内部主语假说，Mary 基础生成于 happy 的主语位置，然后移位到内嵌句 TP 的标志语位置，最终降落在根句主语位置。这些移位的原因将在下节进行说明。本节先说明与一致相关的现象。从 seems 携带的第三人称单数可以清楚地看出，Mary 与根句中的 T 建立了一致关系。那么，这种关系是如何实现的呢？

对此，Chomsky（2001：6）提出的方案是：为了消除目标中未定值的特征，探针必须具有完备的不可诠释特征，即同时包括人称、性、数特征，如（16）所示：

（16）α 必须具有 φ 特征的完备集合（即它必须是 φ 完备的）才可以删除匹配元素 β 上的不可诠释特征。

Chomsky 进一步假设：定式的 T 包含完备的 φ 特征（记为 T$_{comp}$），可以消除目标中的不可诠释特征；与此不同，不定式 T 的 φ 特征只包含人称，没有数和性特征，因此是有缺失的（记为 T$_{def}$）[1]。有缺失的探针可以和未定值的目标建立一致关系，但不能删除后者未定值的特征。具体到例（15），其推导分两步进行，如（17）所示：

（17）Mary T$_{comp}$ seems [$_{TP}$ ~~Mary~~ T$_{def}$ to be ~~Mary~~ happy]

第一步：不定式 T$_{def}$ 包含未定值的 [人称] 特征，Mary 包含未定值的格特征，二者都是活跃的，因此建立了一致关系——Mary 为 T$_{def}$ 的 [人称] 定了值，但 T$_{def}$ 却因为 φ 特征不完备，所以不能删除 Mary 上的格特征。在 EPP 特征的驱动下，Mary 移位到内嵌句主语（[Spec, TP]）位置。

1　之所以认为 T$_{def}$ 只有 [人称] 特征，一个重要原因是填充词 there 可以满足其 EPP 特征，而 there 只有人称，没有性、数特征。此外，一些有显性宾语一致的语言（如爱尔兰语）也提供了一些佐证。更详细的讨论可参阅 Chomsky（2001）等。

第二步：根句中，T_{comp} 具有未定值的 φ 特征，Mary 有未定值的格特征，两者都是活跃的，因此建立了一致关系。两者的 φ 特征都是完备的，所有相关的不可诠释特征因此都得到删除。

总之，（15）显示：φ 特征完备的 T（T_{comp}）和目标可以相互定值并删除对方的不可诠释特征，而特征缺失的 T（T_{def}）不能为目标的格定值。此外，Chomsky 还进一步提出，除（15）所示的提升结构之外，诸如被动式这样的分词 – 宾语（participle-object）结构 [见（18）]，以及所谓的例外格标记结构 [见（19）]，也涉及 φ 特征完备与否的对立，如下面的两组句子所示（改编自 Chomsky，2001：7）：

（18）a. Several prizes are likely to be awarded.

　　　b. [T be likely [$_{TP}$ several prizes to be awarded ~~several prizes~~]]

（19）a. We expect several prizes to be awarded.

　　　b. [v expect [$_{TP}$ several prizes to be awarded ~~several prizes~~]]

Chomsky（2001）认为，在（18）中，several prizes 与其他结构中的补足语一样是 φ 完备的。然而，内嵌句中的分词 awarded 和不定式 T 都因为缺失性、数特征，不能为其目标的格定值；只有根句的（定式）T 才是 φ 完备的，可以为 several prizes 上的结构格定值并将其删除。（19）与（18）有平行之处：动词短语的结构是 v-[V-TP]，TP 中的 T 和分词不能消除其目标 several prizes 上的格特征，只有具备完备 φ 特征的 v 才能做到。

可以看出，一致操作割裂了不可诠释特征与移位的联系。换言之，不可诠释特征——包括 T 和 v 中的 φ 特征，以及名词短语上的格特征——均可在原位消除。

如果一致操作可以在原位消除不可诠释特征，那么自然而然产生的一个问题是：移位是如何被触发的？下一节将做专门讨论。

3.3.2 一致操作与移位

第 2 章提到的"移位 = 一致 + 合并"模型，本节将做进一步阐释。继续以（14b）为例，在一致操作之后，它的表征如（20）所示：

（20）$[_{TP}$ -s $[_{vP}$ John v $[_{VP}$ love her]]]

对比一下（12），可以发现（20）不是这个句子的表层形式。这就带来两个值得关注的问题：第一，John 是如何最终到达 TP 标志语位置的呢？第二，love 是如何与 -s 结合的呢？

先看第一个问题。Chomsky（2000a，2001）给出的答案是：T 不仅有不可诠释的 φ 特征，还有另一个不可诠释的特征：EPP 特征，要求一个 [+ 人称] 的成分与其合并。一致操作消除了 φ 特征，但 T 的 EPP 特征也必须被满足。在（20）中，它是通过把探针 T 的目标内合并到其标志语的位置被满足的，演示如（21）：

（21）a. $[_{TP}$ John $[_{T\{EPP\}}$ -s]$[_{vP}$ ~~John~~ v $[_{VP}$ love her]]]

换言之，移位是一致和合并相加的复合操作。更具体地说：一致操作除了删除目标的格特征之外，还起着确定合并操作对象的作用，合并则是移位的执行机制。

上节讨论的（15）中 Mary 从内嵌句移出也是 EPP 特征驱动的结果，复制如下：

（15）Mary T_{comp} seems $[_{TP}$ ~~Mary~~ T_{def} to be ~~Mary~~ happy]

首先，T_{def} 上的 EPP 特征要求一个 [+ 人称] 的成分与其合并，触发 Mary 移到内嵌句的 [Spec，TP] 位置；此后，T_{comp} 上的 EPP 特征也要求一个 [+ 人称] 的成分与其合并，而 Mary 因为尚有未定值的格特征，所以再次显性移位，到达根句的主语位置[1]。

移位操作的复合性似乎可以从英语这样有填充词的语言中找到证据。（22）是 Chomsky（2000a：121–122）给出的一组例子：

（22）a. $[_\alpha$ an unpopular candidate] T-was elected

　　　b. there T-was elected $[_\alpha$ an unpopular candidate]

文献中常把 an unpopular candidate 称为填充词 there 的 "联系词"

1　（15）中，Mary 之所以既可为 T_{def} 上的 EPP 定值，也可为 T_{comp} 上的 EPP 定值，是因为其特征是可诠释的，即在词库中已有定值，在句法操作中不可删除，所以能够重复参与句法操作。可参阅 Hornstein et al.（2005：294–295）。

（associate）。按照常规分析，（22）中的两个语义上大致等值的句子共享如下的推导阶段，其中 T 合并到一个以系词为中心语的短语上，如（23）所示：

（23）T be elected [α an unpopular candidate]

T 包含两种类型的不可诠释特征：φ 特征和 EPP 特征。先看一致操作。T 上的 φ 特征构成探针，在其补足语区域内寻找目标。（23）中符合要求的只有 candidate 上的 φ 特征。两者通过匹配，一方面消除了 T 上的 φ 特征，另一方面消除了 α 上的格特征。至于 T 携带的另一个不可诠释特征——EPP 特征，则与一致和合并操作都有关系：一方面移位的成分是探针所确定的目标；另一方面执行移位的是合并操作，它把目标合并到 [Spec, TP] 位置。Chomsky（2000a：122）对（22a）的生成做了如下描述："移位是复合操作，由对探针目标的选择、探针目标的合并、以及匹配下的特征删除（一致）组合而成，它移动了 an unpopular candidate，消除了所有的不可诠释特征。"

（22b）显示 EPP 特征可以通过外合并的方式被满足。这进一步说明移位和不可诠释特征之间并不存在必然的联系。事实上，能够统一处理（22）中两个相关的句式被认为是一致操作的最大亮点。首先，T 和联系词的一致关系是通过探针 – 目标的匹配建立起来的；其次，EPP 可以通过合并填充词或者合并联系词加以满足。这些事实在一致模型中都得到了合理的解释（参阅 Chomsky，2000a：126）。

上面提到的第二个问题是：love 是如何与 -s 结合的呢？核查理论以及更早的理论对此的答案是：love 是通过中心语移位与 -s 结合的。近期最简方案在中心语移位的性质方面存在一些争议，可参阅 5.4.4 节。

3.3.3　一致操作与经济原则

在厘清一致（原始操作）和移位（复合操作）的关系后，我们继续聚焦于一致操作，重点考察它是如何派生出经济原则的效应的。

我们首先看一下与不得已原则相关的现象。与核查理论一样，一致操作也假定句法是一个惰性系统，但实施的方式不一样：根据活跃条件，只有当探针和目标都活跃，即都包含不可诠释特征时，一致关系才能建立。目标如果被删除了格特征，就不再活跃，形成一种"原地冻结"的效应。这意味着：一致操作不同于核查理论单纯基于目标触发操作的做法（自利原则），也有别于 Lasnik 的探针或目标之一有不可诠释特征即可触发操作的做法（开明的自利原则），而是要求只有当探针和目标都包含不可诠释特征时，操作才能发生。按 Chomsky（2000a：127）的表述，一致是一种"自杀性自利"（suicidal greed）操作，因为探针和目标上的不可诠释特征通过匹配而同归于尽。

再以第 1 章中的（12）为例，复制为（24）。在一致体系中，（24a）中的 John 在内嵌的不定式 TP 中没有被消除格特征，所以依然活跃，可以参与后续的句法操作，通过内合并移到根句的主语位置；与此不同，（24b）中的 John 在内嵌的定式 TP 中被删除了格特征，不再包含任何不可诠释特征，因此不能继续参与推导。如此，活跃条件派生出了不得已原则的经验内容，如下所示：

（24）a. John seems [$_{TP}$ ~~John~~ to ~~John~~ be nice]
　　　b. *John seems that [$_{TP}$ ~~John~~ is nice]

接下来我们讨论与最简性相关的现象。按照局部条件，探针与目标之间的结构距离必须是最近的，不得受到其他包含相关特征的元素的间隔。因此，目标只能是探针所匹配的第一个名词短语。文献中经常把这个条件称为"最小搜索"（minimal search），Chomsky（2000a：123）对此做了如下演示（> 表示成分统制，β 和 γ 与探针 α 匹配，但 β 是不活跃的）：

（25）α > β > γ

（25）中 α 不能与 γ 建立一致，因为它与 β 的特征匹配，而 β 比 γ 更加靠近 α。换言之，β 作为一个间隔成分阻止了 α 和 γ 之间的一致。（26）是一个具体的例子：

（26）[$_α$ T] -seem that [$_β$ it] was told [$_γ$ friends] CP

（26）是一个过度提升的实例（参阅 2.3.5 节）。其中，α（根句 T）不能与 β 建立一致关系，因为 it 的格特征已被删除，因此是不活跃的。与此同时，因为 it 的间隔，α 也不能与 γ（friends）形成一致。这就是说，β 尽管不再活跃，但依然限制了 α 的搜索空间，实际上也相当于降低了一致操作运行的复杂度，从而派生出推导的最简性。

最后，我们讨论一致是如何处理所谓的拖延原则的。详细的论述需要在介绍语段理论之后才能展开，在此先做简要阐述，即在一致体系中，对 φ 特征的定值和删除是在原位进行的，无论是隐性的还是显性的移位都是不必要的。EPP 特征触发显性的移位，但不触发隐性移位。在这个意义上，计算系统只有一个单一的狭义句法循环，而不再区分显性 / 隐性两个独立的循环[1]。重要的是，不可诠释特征必须尽可能早地被赋值，且在被赋值之后必须立即删除，否则它们就会进入接口，从而导致推导崩溃。这个思想体现在 Pesetsky & Torrego（2001：400）提出的"尽早原则"（earliness principle）上，如（27）：

（27）尽早原则：

　　不可诠释特征必须在推导中尽可能早地被标志出来以供删除[2]。

让我们以（6）为例，再回看一下 there 存现句，复制如下：

（6）a. [α Some applicants] seem to me to be eligible for the job.

　　b. There seem to me to be [α some applicants] eligible for the job.

按照核查理论，（6b）中的 there 没有语义内容，是一个所谓的"逻辑式词缀"。联系词 α（some applicants）为了消除不可诠释的格特征，需要进入恰当的核查区域。为此它经历隐性的移位，嫁接到 there 上，在逻辑式上呈现 [α-there] 的主语形式。在一致体系中，对 α 格特征的定值和删除是在原位进行的，这样句法体系既消除了与格特征相关的隐性移位，也没有了专设的核查区域，从而在概念上大大前进了一步。不仅如此，一致分析也符合 den Dikken（1995）的观察，即 there 存现句没有产生新的约束可能性，也不允准负极项，所以不可能有隐性移位的发生（参阅 3.2.3 节）。

1　实际上，早在核查理论的修正版（即吸引操作）中，拖延原则已基本被放弃了。在吸引操作中，移位涉及的是特征，显性移位是连带语音材料的移位，称"语类移位"；隐性移位则只移动特征本身，称"特征移位"（参阅 Chomsky，1994，1995：257，以及本书 3.2.3 节）。

2　在后文讨论的语段理论中，不可诠释特征必须在本语段完成时被删除，这就捕捉了尽早原则的经验内容。

至于一度广受关注的语序上的跨语言差异 [见第 1 章例（16）~（17）]，在核查理论中被认为是特征强弱导致的，目前已经被视为音系式表征的一个合格性条件（参阅 Richards，1997），这一点从 Chomsky 把中心语移位纳入形态 – 音系范畴也可看出。

总的来说，一致操作是包含不可诠释 φ 特征的中心语 T 和 ν 与包含格特征的名词相互匹配，从而消除彼此不可诠释特征的操作。它一方面为了形态的目的给未被赋值的（形态）特征赋值；另一方面为了逻辑式的收敛而删除已被赋值的不可诠释特征。与早期版的核查理论相比，一致操作具有如下显著特点：首先，它发生在 [中心语 – 补足语] 配置中，依托的是常规的补足语和成分统制关系，而不是专设的 [标志语 – 中心语] 关系；其次，它把特征的不可诠释性从逻辑式不可诠释改造成为进入推导时没有定值，由此解决了推导的前瞻性问题；另外，它主张未定值特征的赋值与删除在原位进行，由此切断了不可诠释特征与移位的必然联系，移位则是一致与合并相加的复合操作；再者，它以自然的方式派生出了经济原则的很多效应，如不得已、最简性、拖延等；最后，它对事实的分析也更为妥帖，消除了一些工程性的解释。因此，从各个方面衡量，一致操作都远强于它的前辈——核查理论，展现出更高的解释力。Richards（2015：825）对它做了如下评价[1]：

> 探针 – 目标一致切断了一致和移位的联系，使它在概念和经验上比其基于核查的前辈有了不胜枚举的优势。经验上，探针 – 目标为下列现象允准了更为优越的方案：（在不需要隐性移位的情况下）填充词结构中的联系词一致，存在于 Tsez 语和印地 – 乌尔都语中的跨从句或曰"远距离"一致。它还基于探针分享（即涉及单个探针为多个目标定值的多重一致），为不胜其数的一致限制开启了清晰的分析，包括人称 – 格限制，直接 – 倒装交替，以及诸如巴斯克语中的作格易位等古怪一致（eccentric agreement）。概念上，探针 – 目标导致林林总总的冗余从一致理论中被清除，包括具有任意性的核查区域的设置；反之，一致被归并到成分统制这个独立而基本的关系。以这种方式，探针 – 目标一致似乎更加接近最简理想，即尽可能简单的、无冗余的一种依存模型。

---

1 基于可读性原因，译文略去了原文列举的大量参考文献。

3.4 语段理论的核心内涵

根据上节的讨论，当 *v* 与补足语区域的宾语通过一致操作匹配时，后者包含的宾格特征获得了定值便不再活跃。换个角度来看，这意味着 *v*P 构成了推导的一个组块。在它建构完毕之后，其补足语被移交给接口，不为后续的句法操作可见。这样，一个既不前瞻接口收敛情况，也不允许修改定值结果的局部经济性就随着 *v*P 的建成浮现出来了。CP 的情况也大致相同。正是基于一致操作的这些特性，同时综合考虑其他方面的情况，Chomsky 提出了语段推导的设想。按此设想，句法推导是以 *v*P 这样特定的、局部性的组块为单位进行的，称"语段"。每个语段由三个部分组成：中心语（H）、边缘（edge）和区域（domain）。其中，中心语指前文提到的携带不可诠释特征的核心功能语类，但其中的 T 不定义语段（参阅 3.4.1 节），只有 C 和及物 *v* 两个中心语定义语段。区域指中心语的补足语，边缘指补足语之外的其他成分，特别是标志语。语段理论的核心是"语段不可穿透性条件"，它规定当某个语段构建完毕时（即 H 不再投射时），其补足语被移交给接口，不再接受进一步的操作，只有中心语及其边缘仍然可以操作。

语段不仅是一致操作运行的区域，而且是一个集限制计算区域、减少词库资源访问、确保推导循环性、负责向接口移交等多种功能为一体的概念。正如 Chomsky（2012：1）所言："语段理论思想是 1950 年代以来以各种形式在语言学理论中扮演重要作用的几个概念的发展。"正因为语段涉的面很宽阔，所以不太可能从单一维度对它做出准确的理解。Chomsky 先后正式或非正式地为语段下过三个定义，如（28）所示：

（28）a. 推导的语段是……由词汇子数组所派生出的一个句法客体。（2000a：106）

b. 语段恰好是不可诠释特征得到定值的区域。（2008：155）

c. 语段是不同的推导阶段中移交给接口的句法客体。（2008：142）[1]

---

1 原文是："在推导的不同阶段有着移交操作：一个把已造好的句法客体交给音系部门，后者将其映现到感知运动接口（'拼读'）；另一个把句法客体交给语义部门，后者将其映现到概念 – 意向接口。这些句法客体称语段。"

我们认为（28）体现了语段理论的核心内涵：它是一个与词汇子数组、一致操作和移交操作同时关联的概念。本节旨在逐个阐释这三个侧面，希望最终呈现该理论的总体面貌，安排如下：3.4.1 节从一致操作入手，引入语段理论的核心概念，说明语段在限制句法推导区域中的作用；3.4.2 节讨论词汇子数组，阐释语段在限制词库资源访问方面的功能；3.4.3 节讨论语段与移交的关系，探讨语段在接口中的作用。

3.4.1 语段与一致操作

从上节的讨论可见一致操作是分段进行的，每一个小段即推导的"语段"。语段必须以一个包含未定值 φ 特征的功能语类为中心语，它可以通过与补足语中某个名词匹配的方式得到定值，同时消除后者的不可诠释特征（如格特征）。以此为标准，及物的 vP（如 love）是语段，因为它可以消除宾格；与之相反，被动、非宾格和提升 vP 不能消除宾格，因此不是语段（参阅 3.6 节）[1]。为了区别这两种 vP，文献中经常用 $v*P$ 标示及物性 vP，而用 vP 标示不及物 vP，或作为两者的统称[2]。然而，表面上包含未定值 φ 特征并负责消除主格的 TP 却不构成语段。这是因为，正如上节提到的那样，T 能否消除主格取决于它是否受 C 的支配：受 C 支配的 T 具有完备的特征（T_{comp}），形成定式句，可以消除主格；相反，不受 C 支配的 T 则是特征缺失的（T_{def}），形成不定式句或者特别格标记句，不能消除主格。有鉴于此，一个合理的理论选择是把 CP（而不是 TP）处理成语段（对这一问题更详细的讨论见 3.6 和 3.7 两节）。这样，我们就有了两个核心的语段：CP 和 $v*P$。

从内部结构看，一个语段由三个部分组成，如（29）所示：

（29）$[_{HP} \alpha \ [H \ YP]]$

H 是语段中心语，它携带不可诠释特征，是语段的定义者。YP 是 H 所成分统制的"区域"，即补足语，又称"腹地"（interior），经常也

---

1 对这两类结构的区别生成语法很早就有讨论。按照著名的 Burzio 概括（Burzio's Generalization），不能选择外论元的动词也不能分派宾格。因此，及物与非宾格结构之间存在两个不同：（1）能否为宾格定值，（2）能否选择外论元。参阅本书 3.6.2 节。

2 本书一般采用 vP 作为统称。只在必要的语境中才使用 $v*P$ 标记及物性 vP。

称"拼读域"（spell-out domain）；α 则是语段的"边缘"（edge），由 H 的标志语或其他嫁接而来的成分组成。不少研究者，包括 Chomsky 本人，经常把中心语 H 及其之上的成分合称为"边缘"，或者沿用核查理论的术语，把它们合称为"其余域"（residue）[1]。

语段理论的核心是"语段不可穿透性条件"，内容如（30）所示（改编自 Chomsky，2000a：108）[2]：

（30）语段不可穿透性条件（PIC）

在以 H 为中心语的语段 HP 中，H 的区域不可被 HP 之外的操作访问，只有 H 及其边缘可被此类操作访问[3]。

（30）的基本含义是：当语段 HP 构建完毕后（即 H 不再投射时），H 的区域（补足语）被移交给接口（传统上称为被"拼读"，参阅下节讨论），从而不再接受进一步的操作。只有中心语 H 和其边缘 α 仍然可以操作。Citko（2014：32）把语段分为边缘（包括中心语及其标志语）和拼读域两个部分，给出了语段的一个通用树形图（31a），以及 vP 的具体示例（31b）：

（31）a.

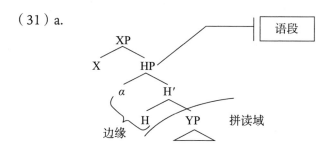

1　在核查理论中，其余域指补足语之外的其他所有区域。Chomsky（1995：163）指出："其余域是一个成分混杂的集合，包括标志语，嫁接来的任何东西……"它与语段理论中的边缘概念显然有继承关系。

2　在以下的讨论中，我们将视情交替使用"语段不可穿透性条件"和 PIC。

3　除了（30），Chomsky（2001：14）还提出过另一个版本：(i) 设结构为 $[_{ZP} Z ... [_{HP} [H YP]]]$，H 和 Z 为语段中心语。H 的区域不可被 ZP 中的操作访问，只有 H 及其边缘可被此类操作访问。文献中常把这个版本称为弱 PIC，（30）中的版本为强 PIC。两者的主要区别在于：强 PIC 意味着语段一旦构造完毕，其补足语区域就不再可访问；弱 PIC 则意味着下一个语段中心语合并后上一个语段中心语的补足语才变得不可访问。在目前的文献中，强 PIC 的接受程度更高，弱 PIC 基本上已被放弃。因此我们选择强 PIC 进行阐述。有关两种版本比较的讨论可参阅 Müller（2004）、Gallego（2010）、Richards（2011）、Citko（2014）以及其中所引文献。

b.

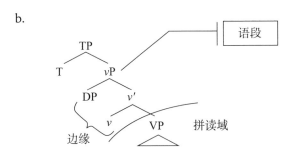

（31）显示，在一个语段（HP/vP）造好之后，在它之外的中心语（X/T）只能操作其边缘（[α-H/DP-v]），不能操作其拼读域（YP/VP）。这意味着一个语段一旦造好就可以移交给接口，即拼读出去。至于移交多少取决于词汇数组的情况：如果词汇数组耗尽则移交整个语段；否则移交中心语的拼读域。从（31b）可见，vP 的拼读域是 VP。同理，CP 的拼读域是 TP。通过及时移交相关区域，PIC 大大降低了计算负担，因为移交给接口意味着该成分被计算系统忘却，变得不再活跃，不可进一步参与句法操作。

以（12）为例演示基于语段的推导：

（12）John loves her.

该句的推导分两个语段进行。我们先看 vP 语段，推导步骤如（32）所示：

（32）vP 语段：

    a. [$_{VP}$ love her$_{\{φ: 3, sg; Case:\_\}}$]

    b. [$_{vP}$ $v_{\{φ\_\}}$ [$_{VP}$ love her$_{\{φ: 3, sg; Case:\_\}}$]]

    c. [$_{vP}$ love+$v_{\{φ: 3, sg\}}$ [$_{VP}$ ~~love~~ her$_{\{φ: 3, sg; Case:Acc\}}$]]

    d. [$_{vP}$ John$_{\{φ: 3, sg; Case:\_\}}$ [$_{vP}$ love+$v_{\{φ: 3, sg\}}$ [$_{VP}$ ~~love~~ her$_{\{φ: 3, sg; Case:Acc\}}$]]]

    e. 移交：[$_{VP}$ ~~love her~~$_{\{φ: 3, sg; Case:Acc\}}$] ＝√

在（32a）中，推导先合并 love 和 her，形成一个 VP，her 携带已定值的 φ 特征和未定值的格特征；（32b）引入包含未定值 φ 特征的语段中心语 v，（32c）包含两个下属操作：一是 love 嫁接到 v 上，二是 v 和 her 建立一致关系，相互消除对方的不可诠释特征；（32d）引入 vP 的外论元 John。至此，vP 语段构造完毕，补足语得到拼读。借用 Hornstein et al.（2005）的方法，我们把收敛的表达式用 √ 标记，如（32e）所示。边缘——包括标志语 John 和中心语 love+v——则继续参与推导。

再看第二个语段，如（33）所示：

（33）CP 语段：

a. $[_{TP}$ T$_{\{φ:\_\}}$ $[_{vP}$ John $_{\{φ: 3, sg; Case:\_\}}$ $[_{vP}$ love+$v_{\{φ: 3, sg\}}$ VP√$]]]$

b. $[_{TP}$ T$_{\{φ: 3, sg\}}$$[_{vP}$ John $_{\{φ: 3, sg; \text{Case: Nom}\}}$ $[_{vP}$ love+$v_{\{φ: 3, sg\}}$ VP√$]]]$

c. $[_{TP}$ John T$_{\{φ: 3, sg\}}$ $[_{vP}$ ~~John~~ $_{\{φ: 3, sg; \text{Case: Nom}\}}$ $[_{vP}$ love+$v_{\{φ: 3, sg\}}$ VP√$]]]$

d. $[_{CP}$ C $[_{TP}$ John T$_{\{φ: 3, sg\}}$ $[_{vP}$ ~~John~~ $_{\{φ: 3, sg; \text{Case: Nom}\}}$ $[_{vP}$ love+$v_{\{φ: 3, sg\}}$ VP√$]]]]$

e. 移交：$[_{TP}$ John T$_{\{φ: 3, sg\}}$ $[_{vP}$ ~~John~~ $_{\{φ: 3, sg; \text{Case: Nom}\}}$ $[_{vP}$ love+$v_{\{φ: 3, sg\}}$ VP√$]]]$ =√

f. 移交：$[_{CP}$ C TP√$]$ =√

（33）的推导步骤如下：（a）T 与 vP 合并，前者包含未定值的 φ 特征，后者的标志语包含未定值的格特征；（b）T 和 John 通过一致操作，消除对方不可诠释特征；（c）John 为满足 T 的 EPP 特征移入其标志语位置；（d）C 合并到 TP 上，CP 语段构造完毕；（e）C 的补足语 TP 得到移交；（f）因词汇数组用尽，推导不再继续，整个表达式得到移交。

（33）中一致操作在原位进行，下面我们看一个涉及跨语段内合并的例子。在此，需要特别提醒读者的是：PIC 有一个重要的经验蕴涵，即如果某个元素需要移出所在的语段，在移交时一定不能处于其补足语的位置，因为该位置是语段的拼读域。元素只有处于边缘时才能经历跨语段的移位。我们把这个推论专门表述如下：

（34）只有边缘中的元素可被移出语段，补足语中的元素则不可被移出语段。

将上面讨论的句子转换成疑问句，如（35）所示：

（35）Whom did John love?

（35）跟其对应的陈述句一样，包括两个语段——vP 和 CP，但推导步骤不尽相同。先看 vP 语段，如（36）所示：

（36）*v*P 语段：

    a. [$_{VP}$ love whom$_{\{φ:\,3,\,sg;\,Case:\_;\,+wh\}}$]

    b. [$_{vP}$ $v_{\{φ:\_\}}$ [$_{VP}$ love whom$_{\{φ:\,3,\,sg;\,Case:\_;\,+wh\}}$]]

    c. [$_{vP}$ love+$v_{\{φ:\,3,\,sg\}}$ [$_{VP}$ ~~love~~ whom$_{\{φ:\,3,\,sg;\,\sout{Case:\,ACC},\,+wh\}}$]]

    d. [$_{vP}$ John $_{\{φ:\,3,\,sg;\,Case:\_\}}$ [$_{vP}$ love+$v_{\{φ:\,3,\,sg\}}$ [$_{VP}$ ~~love~~ whom$_{\{φ:\,3,\,sg;\,\sout{Case:\,ACC},}$
    $_{+wh\}}$]]]

    e. [$_{vP}$ whom$_{\{+wh\}}$ John $_{\{φ:\,3,\,sg;\,Case:\_\}}$ [$_{vP}$ love+$v_{\{φ:\,3,\,sg\}}$ [$_{VP}$ ~~love whom~~
    $_{\{φ:\,3,\,sg;\,\sout{Case:\,ACC},\,+wh\}}$]]]

    f. 移交：[$_{VP}$ ~~love whom~~]＝√

（36）的推导与（32）非常相似，但有一个显著不同：whom 包含
一个疑问（[+wh]）特征，不能在 *v*P 内定值，为此，它需要移动到边缘，
与 John 共同成为 *v*P 的标志语，见（36e）。因此，这个语段没有拼读出
显性的成分。

再看（35）的第二个语段，如（37）所示：

（37）CP 语段：

    a. [$_{TP}$ T$_{\{φ:\_\}}$ [$_{vP}$ whom$_{\{+wh\}}$ John $_{\{φ:\,3,\,sg;\,Case:\_\}}$] [$_{vP}$ love+$v_{\{φ:\_\}}$ VP√]]]

    b. [$_{TP}$ T$_{\{φ:\,3,\,sg\}}$ [$_{vP}$ whom$_{\{+wh\}}$ John$_{\{φ:\,3,\,sg;\,\sout{Case:\,Nom}\}}$ [$_{vP}$ love+$v_{\{φ:\,3,\,sg\}}$
    VP√]]]

    c. [$_{TP}$ John T$_{\{φ:\,3,\,sg\}}$ [$_{vP}$ whom$_{\{+wh\}}$ ~~John~~ $_{\{φ:\,3,\,sg;\,Case:\,Nom\}}$ [$_{vP}$ love+$v_{\{φ:\,3,}$
    $_{sg\}}$ VP√]]]

    d. [$_{CP}$ [$_{C}$ did+Q] [$_{TP}$ whom$_{\{+wh\}}$ John T$_{\{φ:\,3,\,sg\}}$ [$_{vP}$ ~~John~~$_{\{φ:\,3,\,sg;\,\sout{Case:}}$
    $_{Nom}\}}$ [$_{vP}$ love+$v_{\{φ:\,3,\,sg\}}$ VP√]]]]

    e. [$_{CP}$ whom [$_{C}$ did+Q] [$_{TP}$ ~~whom~~ John T$_{\{φ:\,3,\,sg\}}$ [$_{vP}$ ~~John~~$_{\{φ:3,\,sg;\,\sout{Case:}}$
    $_{Nom}\}}$ [$_{vP}$ love+$v_{\{φ:\,3,\,sg\}}$ VP√]]]]

    f. 移交：[$_{TP}$ ~~whom~~ John T$_{\{φ:\,3,\,sg\}}$ [$_{vP}$ ~~John~~ $_{\{φ:\,3,\,sg;\,\sout{Case:\,Nom}\}}$ [$_{vP}$ $v_{\{φ:\,3,\,sg\}}$
    VP√]]]＝√

    g. 移交：[$_{CP}$ whom [$_{C}$ did+Q] TP]]]＝√

（37）中 T 和 John 之间的一致操作与对应的陈述句完全相同，在
此不赘述 [见（a）～（c），参阅（33）][1]。在此之后，C（+Q）进入推

1　按常规分析，此时 T 和 John 之间的一致受到 whom 的阻挡，有关解决方案见
3.7 节。

导，搜索到 whom 所携带的 [+wh] 特征，并将其吸引到其标志语位置，使两个特征同时定值，见（37d）~（37e）。最后，造好的语段被移交，先是补足语部分（TP），见（37f），之后是整个语段（CP），见（37g）。

正如（34）所述，为了提取语段内成分，需要逐级利用 *v*P 和 CP 的边缘，从而形成循环移位效应。边缘位置传统上被比喻为"逃生舱"（escape hatch），移位成分在此处留下一个拷贝。对此下文将继续讨论。

最后，有两点值得强调一下。首先，（37）中 John 和 whom 经历的是不同类型的移位，前者称"论元移位"（A-movement），形成谓语 – 论元关系，后者称"非论元移位"（A'-movement），形成算子 – 变项关系。这两种移位的联系与区别在下面的讨论中还将继续被提及。其次，在最简方案的体系中，未定值特征（如格、φ 特征等）被认为是句法操作的触发器，而未定值特征恰好是不可诠释特征，这就是 Chomsky 把语段定义为"恰好是不可诠释特征得到定值的区域"的原因。下面这段引语更加完整地表达了他（Chomsky，2008：154–155）的立场：

> 正如我在别处（Chomsky，2001）指出的那样，语段的尺寸部分地由不可诠释特征决定。这些特征是语言中一个引人注目的现象，但在 Vergnaud 创造性地发现结构格的作用之前，它们的重要性没有被认清，甚至也没有得到特别关注。这些特征的值是冗余的，由推导过程中的结构位置予以确定……这些观察进一步支持 *v**P 和 CP 是语段的结论，因为它们是决定宾语和主语的结构格和一致的基座（locus）。

3.4.2　语段与词汇子数组

在讨论了语段在一致操作中的作用之后，本节转向语段的另一个功能——限制推导对词库资源的提取和使用。基本的设想是：每个语段只能访问词汇数组的一个子集，称"词汇子数组"，而不能访问整个词汇数组。这个限制大大减轻了计算负担[1]。

前文提到，词汇数组是由构造某个特定表达式所需的所有词项组成

---

[1] 从理论发展的角度，这个设想是语段理论产生的初始动因。语段概念首先是在解释合并优于移位现象时被提出来的。

的。计算程序只能访问该词汇数组，不得直接访问词库，从中添加新的词项（参阅 2.2.2 节）。毫无疑问，设置词汇数组是一个正确的理论发展方向，但它的限制性还不够强，精细度也不够高。限制性不强的原因在于，词汇数组虽然大大小于词库，但从概念角度看，句子乃至其他表达式的长度在理论上是没有上限的，这意味着词汇数组相应地也可能没有上限，甚至可以大到计算无法承受的程度；精细度不够高，主要是因为仅仅依靠词汇数组往往不能对推导中哪些操作构成竞争做出正确的判断。在这个方面最知名的证据是第 2 章提到过的"合并优于移位原则"（参阅 2.4.2 节）。按照这个原则，当合并和移位发生竞争时，必须优先使用合并，而不是移位。第 2 章曾以下面两个句子为例 [例（56）] 加以说明，复制如（38）所示：

（38）a. there seems ~~there~~ to be someone here
　　　b. *there seems someone to be ~~someone~~ here

（38）两句的推导是在相同的词汇数组的基础上进行的。它们拥有部分相同的推导阶段（工作区）——to be someone here。在不定式 T 进入推导之后，其 EPP 特征需要满足。（38a）采用的方式是合并填充词 there，而（38b）采用的则是移动联系词 someone。尽管两者同为普遍语法允准的操作，但前者形成的句子合格，后者生成的结构却不可接受。这个差异似乎说明了合并优于移位原则的正确性。

然而，问题并不那么简单。请看（39）：

（39）a. evidence [that there was someone here] exists
　　　b. there exists evidence [that someone was here]

两句的词汇数组是相同的，如（40）所示：

（40）{C, that, T, v, someone, was, here, there, exist, evidence}

按照最简方案常规的分析，（39）与（38）具有部分相同的推导步骤，即首先造好 [T be someone here] 这个工作区，此时 T 上的 EPP 特征需要消除。与（38）一样，（39）两句也分别采用了合并和移位两种方式：一个把 there 合并到内嵌句的 [Spec, TP]，另一个把 someone 移动到该位置。分别如（41）所示：

（41）a. [there T was [someone here]]

b. [someone T was [~~someone~~ here]]

（41）推导的结果与（38）大相径庭：与合并优于移位原则的预测相反，移位生成的（41b）是一个合格的结构，即（39b）。这似乎显示，在相同的词汇数组中，合并不总优于移位。

为了解释上述现象，Chomsky（2000a）提出了一个方案：词汇数组不是完全无结构的，而是被分成了几个子数组（subarray），每个子数组负责构造表达式的一个组块，只有当该子数组穷尽之后，推导才可以访问下一个子数组。换言之，（39）的词汇数组并不是（40），而是一个包含两个子数组的集合，如（42）所示：

（42）a.（39a）的词汇数组 = {{C, T, v, exist, evidence}{that, T, someone, was, here, there}}

b.（39b）的词汇数组 = {{there, T, v, exist, evidence, C}{that, T, someone, was, here} }

（42）显示：与（39）相关的词汇数组均由两个子数组组成。其中，在（39a）的内嵌句中，there 和 someone 处在同一个子数组，所以合并和移位构成了竞争，只能优先使用前者，形成 [that there was someone here]。与此相反，二者在（39b）中分处不同的词汇子数组，不形成竞争关系。此时，移动 someone 是满足 T 的 EPP 特征的唯一选择。换言之，（39b）之所以合格，是因为当内嵌句 T 的 EPP 特征需要被满足时，填充词 there 不在该词汇子数组之中，不可访问。因此，计算系统别无选择，只能移动 someone。

Chomsky（2000a：106）的论述如下：

> 假定我们像以前一样选择词汇数组(LA)，……进一步假定在推导的每一个阶段，一个子集 LAi 被提取，放入积极记忆（即"工作区"）之中，并且提交给程序 L。当 LAi 被用完之后，可能计算会继续进行；或者它会返回 LA 并提取 LAj，像之前一样继续进行。因为推导的每一个阶段只能访问 LA 的一部分，运行复杂性自然就降低了。

Chomsky（2000a：106）称这些拥有独立的词汇子数组的句法客体

为语段："推导的语段是由 LA_i 的选择，……而派生出的一个句法客体。"这段引言中的 LA_i 所指即词汇子数组。

综上，为了进一步减少推导对词库资源的访问，同时为了合理解释合并优于移位原则的相关现象，Chomsky 把词汇数组划分为若干子集，称词汇子数组，规定只有当一个子集被穷尽后，下一个子集才可进入推导。每一个词汇子数组派生出一个语段。从这个角度，推导如（43）所示：

（43）推导的步骤：

    a. 访问词汇子数组；

    b. 应用合并操作（包括外合并和内合并两个种类），直到造好一个语段；

    c. 语段一旦造好，可以把它插入一个新的词汇子数组之中，继续推导。也可以停止推导。

再以（39）为例，讨论词汇子数组和语段的关系，以及语段推导的运行方式。从（42）可见，（39）中两句都各自包含两个词汇子数组，它们也各自定义了两个语段，都以 C 为中心语。为方便阅读，以下把内嵌句记为 CP_1。

先看（39a）中 CP_1 部分。（42a）已经给出词汇子数组（{that, T, someone, was, here, there}），填充词和联系词都包含在内。在推导到达 T be someone here 阶段之后，程序选择词汇子数组中的填充词 there 与 T 合并，消除了其 EPP 特征。之后 C（that）与 TP 合并，形成 CP_1（=[that there was someone here]）。至此，该词汇子数组被用尽，意味着它所定义的语段构造完毕，即所涉及的 C 不再投射，所形成的结构也不得更改。

在此之后，推导继续进行，进入第二个词汇子数组 {C, T, v, exist, evidence}，如（44）所示：

（44）a. 合并 evidence 和 CP_1 → {evidence, [CP_1]}

    b. 合并 exist 和 {evidence, [CP_1]} → {exist, {evidence, [CP_1]}}

    c. 合并 v 和 {exist, {evidence, [CP_1]}} → {v, {exist, {evidence, [CP_1]}}}

    d. 合并 T_{comp} 和 {v, {exist, {evidence, [CP_1]}}} → {T_{comp}, {v, {exist, {evidence, [CP_1]}}}}

    e. 合并（移动）{evidence, [CP$_1$]} 和 {T$_{comp}$, {v, {exist, {evidence, [CP$_1$]}}}} → {{evidence, [CP$_1$]}, {T$_{comp}$, {v, {exist, ~~evidence, [CP$_1$]~~}}}}}

    f. 合并 C 和 {{evidence, [CP$_1$]}, {T$_{comp}$, {v, {exist, ~~evidence, [CP$_1$]~~}}}}} → {C, {{evidence, [CP$_1$]}, {T$_{comp}$, {v, {exist, ~~evidence, [CP$_1$]~~}}}}}}

在（44）的推导中，步骤一是将造好的 CP$_1$ 与 evidence 合并，生成一个 NP，见（44a）；步骤二是将该 NP 与 exist 合并，生成一个 VP，见（44b）；步骤三是将该 VP 与 v 合并，见（44c）。请注意：该 v 没有完备的 φ 特征（exist 为不及物动词），不能消除格特征，也不能构成一个语段；步骤四是 T 与该 vP 合并，见（44d）。由于该 T 是特征完备的（T$_{comp}$），所以通过一致操作赋予了 [evidence CP$_1$] 以主格；在接下来的步骤五中，为了满足 T 的 EPP 特征，[evidence CP$_1$] 被内合并到其标志语位置，见（44e）；最后，C 被合并到结构中，见（44f）。至此，第二个词汇子数组也被用尽，语段构造完成，推导也随之停止。

再看例（39b）（there exists evidence [that someone was here]）的推导程序：首先，在（42b）所示的词汇子数组基础上，按照（41b）所示程序生成内嵌句部分，即 CP$_1$。其次，推导进入第二个语段，前四个步骤与（44）基本相同：一是将 CP$_1$ 跟 evidence 合并；二是将 exist 和 {evidence，CP$_1$} 合并，三是合并 v，四是合并 T。需要指出的是，推导的第五步与（44）有了区别：因为该词汇子数组中有 there 可用，所以推导将它与 T 合并，以此满足 T 的 EPP 特征。请注意，此时，如果消除 EPP 特征的方式是移动 [evidence CP$_1$]，而不是合并 there 的话，就会造成 there 无处可用的结果，从而导致推导的崩溃。我们把这个关键的推导步骤显示如（45）所示[1]：

（45）合并 there 和 {T$_{comp}$, {v, {exist, {evidence, [CP$_1$]}}}} → {there, {T$_{comp}$, {v, {exist, {evidence, [CP$_1$]}}}}}

最后，C 被合并到结构中，语段构造完成，推导也随之停止。

综上，近期最简方案对句法推导所能利用的词库资源进行了细化：

---

1 为节约篇幅，其他步骤不再列出（包括最后 C 的合并），可参考（44）中相对应的推导行。

一方面，词汇数组是生成一个特定语言表达式所需的所有词项；另一方面，能被放入"积极记忆"的词项只是它的一个子集，即词汇子数组，而这个子数组又定义了推导中的语段。应该说，这是一个相当精巧的理论选择，既解决了本节开端提到的词汇数组限制性不够强和精细度不够高两个缺陷，又没有增加额外的机制。与此同时，语段因为词汇数组的细化而具备了双重功能：一方面，它通过语段不可穿透性条件限制了推导可及的区域；另一方面，它又通过词汇子数组限制了推导对词库资源的提取和使用。

3.4.3　语段与移交操作

本节讨论与语段概念相关的第三个侧面：移交操作（transfer），即把狭义句法的推导递交给接口的操作（Chomsky，2004）。按照语段理论，移交发生在语段层面上，分两种情况：第一，根句的 CP 语段移交全部语段；第二，非根句则只移交补足语区域。这正是 PIC 派生的自然结果，即语段一旦建构完毕，补足语区域随即被移交给接口，从而不再接受语段之外的任何操作。由此可见语段与接口的基本关系：语段既是句法推导为满足可读性条件而消除不可诠释特征的区域，又是推导移交给接口的句法客体。

第 1 章对早期最简方案中的拼读操作做过简要介绍（参阅 1.3.1 节）。按照当时的理论架构，向概念 – 意向系统和向感知 – 运动系统的推导过程是相同的。在推导完成对不可诠释特征的核查之后，拼读操作对推导进行分离，分别把与语义相关和与语音相关的结构推送给逻辑式和音系式。这个模型主要针对音系式，所以称为"拼读"。其中，向音系式的映现称显性部门，向逻辑式的映现则称隐性部门。如前所述，决定这两个部门的是特征强度和拖延原则：强特征必须在拼读之前消除，从而导致有语音实现的显性操作，形成显性部门；弱特征则因为可被音系式容忍，按照拖延原则，只能在拼读之后消除，相关操作无语音实现，从而形成隐性部门。这意味着，两个诠释系统存在一种不平衡：感知 – 运动系统接收的是组块性的结构，而概念 – 意向系统接收的是整体性的结构。换言之，早期最简方案虽然消除了 S- 结构，仍然以隐含的方式保留了部分功能，即显性句法和隐性句法的对立。不仅如此，早期最简方案还有 S- 结构的另一个残余，即它假定对每一个词汇数组而言，拼读只发生在推导全部结束、词汇数组中的词项被用尽之时。这在文献中有时被称为"单一拼读"（single spell-out）模型。

语段理论最初沿用了拼读模型，直到 Chomsky（2004）才正式转换到"移交"模型（"拼读"专用于指向感知运动系统的映射）。这个模型的最大变化是，移交把语段补足语同时交给两个接口系统，从而消除了两个诠释系统之间的不平衡。另外，它还改变了拼读的单一性，使其变成一种多重性的操作，即每完成一个语段就有一次移交立即发生，称"多重移交"（multiple transfer）。（46）是移交的示例（改编自 Richard，2015：830）：

（46）多重移交

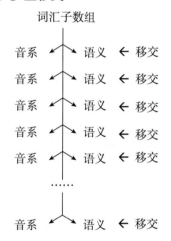

概念上，多重移交优于单一拼读，因为它不再像 S- 结构那样只与接口接触一次，而是渐进性地、一小段一小段地向诠释系统发送信息、进行互动，这就使计算系统完全摆脱了 S- 结构的残余。实际上，由于向两个接口的移交具有同时性，所以逻辑式和音系式作为句法和接口的中介层次不再必要了。一方面，在语段模型下，诠释与推导是交织在一起的，每一个语段都在概念 – 意向系统和 / 或感知 – 运动系统获得了一个相应的诠释，无须专有的逻辑式或音系式操作作为中介；另一方面，语段的基本特性之一是它一旦完成便不可再做修改，这意味着即使设置逻辑式或音系式操作，它们也不可用于语段之中。换言之，由句法推导

形成的 < 语义，音系 > 配对是直接移交给概念 – 意向系统和感知 – 运动系统的。Chomsky（2007：16）对这个设想做了如下的表达[1]：

> 优化的计算要求某种形式的严格循环性。如果在重复合并的某个生成阶段，造好的句法客体被移交操作送往这两个接口，且在向接口的后续映现时被移交的东西不可再被访问（语段不可穿透性条件，PIC），则它（即严格循环性——译者按）将必然出现。这样的阶段叫作语段。从最优化的角度来看，它们应该在移交的两个子例（即语义和音系——译者按）中是相同的，因此如果没有证据的反对，我们假定情况确实如此（向感知 – 运动接口的映现有时称"拼读"）。逻辑式现在被消除了，存在的只是一个单一的操作循环。

对于上段引文提到的单一操作循环的问题，3.7.2 节将做补充说明。至于其中提到的"严格循环性"，大致相当于文献中通常说的"逐级循环性"。正如 Chomsky（2007）所说，它是优化设计的体现。语段在这个方面发挥了关键作用。按照 PIC，每个语段在造好之后，补足语就会被移交出去，不再受后续的句法操作的访问。与此同时，语段边缘可以继续接受操作。如果补足语中有需要移出语段的成分，可以在移交前首先移入边缘并利用它作为逃生舱，使推导可以继续进行，直到收敛为止[见（34）]。从这个角度，语段由边缘、中心语和补足语三个部分组成[如（29）所示]，这不是一种人为的规定，而是推导优化性的必然体现。尤其值得一提的是，边缘是逐级循环移位得以实施的必要环节。Chomsky（2000a，2005）认为，词汇子数组用尽、语段构造完成后，语段中心语可以被赋予一个 EPP 特征，从而使之比非语段中心语多出一个标志语。由于语段中心语在语段构造完成后无法再触发进一步的操作，所以 EPP 特征只能通过提升语段内部成分的方式加以满足，而不能通过外合并满足。这就确保了边缘的存在，也为逐级循环移位提供了基础。显而易见，语段理论的提出为有效计算提供了一个合理的架构，取得了令人满意的效果。

关于移交有一个重要的技术问题，即它发生在什么时间？这个问题在文献中常被称为移交时机（timing）问题。3.3 节谈到，形式特征在进入推导时有已定值和未定值两个种类，一致操作的功能有两个：一是

1　据笔者所知，最早提出取消逻辑式和音系式的是 Epstein et al.（1998）。但他们依据的理论设想与语段理论有很大不同。

向未定值的特征赋值；二是删除逻辑式中不可诠释的特征，但保留音系式特征。一致操作对特征在接口是否可以诠释并不知晓，实际上也不关心。移交跟一致一样，也是一种句法操作，也只能分辨哪些特征已被定值，哪些特征未被定值，而无从知晓特征在逻辑式是否可诠释。这就带来了一个有趣的理论结果：首先，移交不能早于定值，否则不可诠释的特征就会进入逻辑式；然而，移交又不能晚于删除，因为定值后逻辑式可诠释特征和逻辑式不可诠释特征"失去了区别"。在经过一段时间的探索后，最终达成的意见是：一致（含定值和删除）和移交两项操作必须同时发生（参阅 Chomsky，2008：154–155）。Richards（2007：566）把这个思想称为"定值 – 移交同时性"（value-transfer simultaneity），如下：

（47）定值 – 移交同时性：
对不可诠释特征的定值和移交必须一起发生。

（47）把一致和移交两个操作有机地联系到了一起，并且统一到语段层面。然而，该设想预设所有的一致操作均由语段中心语触发，这就给非语段中心语何时为其补足语定值带来了挑战，最终导致了特征继承理论的问世。3.7 节将详细探讨这一问题。

最后，我们以语段（最低限度）具有的三个特性作为本节的小结，如（48）所示：

（48）a. 具有一个独立的词汇子数组；
b. 中心语触发其补足语的移交；
c. 跨语段的移位成分必须经过边缘，并留下一个拷贝。

以上三个特性，特别是第二和第三个特性，都是可验证的。在 3.6 节我们将以它们为基础，形成一组语段的诊断测试。

3.5　语段的性质

上节从一致操作、词汇子数组和移交操作三个方面阐释了语段的核心内涵。本节讨论一个基础性问题：语段的性质是什么？语段是理论上必不可少的概念吗？语段应该如何定义 / 刻画呢？这个问题涉及哪些语类范畴应该被认定为语段，乃至句法和语义 – 音系有什么样的关系等一系列重大问题，引起了比较热烈的讨论。本节重点介绍刻画语段性质时常见的两种路径，一种从接口条件入手，另一种从计算效率入手。

语段可从接口条件角度加以刻画，这个看法最初是 Chomsky（2000a：106）提出的，他认为语段是"一个自然的句法客体（SO），在接口特性方面具有相对的独立性"。语义上，它最接近于命题：要么是分派了所有题元角色的轻动词短语（ν*P），要么是包括了时态和语力的句子（CP）。与它们不同的是，TP 和被动、非宾格和提升 νP 不是语段，因为前者不能表达语力，后者的论元结构不完整（即缺乏外论元）。语音上，CP 和 ν*P 也相对可分离（isolable），即具有独立性，可以经历删除、移位等操作（详见 3.6 节）。据此，Chomsky（2004：124）得出如下结论：

> 语段应该有一个基于接口条件的自然刻画：它们在语义和音系上应该是一致的和独立的。在语义式，νP 和 CP（但不是 TP）是命题性结构：νP 有完整的论元结构，CP 则包括时态和事件结构以及语力，至少在矩阵句中如此。在音系式，这些语类在诸如分裂句、VP 移位等之中是相对可分离的。

基于接口特性来刻画语段性质，确实可以用自然的（而不是规定性的）方式把语段（CP 和 ν*P）与其他语类/投射区分开来，即语段具有如（49）所示的特性（改编自 Epstein，2015：76）：

（49）a. 语义和音系上的一致性（coherent）；
　　　b. 语义和音系上的独立性；
　　　c. 语义上的命题性；
　　　d. 携带完整的论元结构；
　　　e. 是包含时态、事件结构以及（根句中）语力的最小结构。

尽管如此，以接口特性定义语段也有明显缺陷。首先，"命题性""完整的论元结构"等标准含义比较模糊，甚至自身就不可定义，给语段的鉴别和描写也带来很多争议[1]。特别是"命题性"这个概念，它来源于

---

[1]　例如，Cikto（2014：29-30）用以下两组例子显示，非宾格 ν 和非作格 ν 都可以实现与及物结构的交替，因此很难说前者的论元结构是不完整的，而后者是完整的：
　　(i) a. The ship sank.　b. The captain sank the ship.
　　(ii) a. John ran.　　　b. John ran a race.

Frege、Tarski、Carnap 等人开创的形式语义学，以真值条件为基础，具有比较强烈的外化语言性质，与最简方案的兼容程度不高，放入语段体系之中多少显得格格不入。此外，正如 Epstein（2015）指出的那样，接口条件关注的是收敛，即它只要求进入接口的推导不得包含任何不可诠释特征。这意味着，接口条件对命题、论元结构的完整性、语义或音系的一致性和独立性等，实际上没有任何要求。因此，使用以（49）为代表的接口特性来刻画语段是不合理的。

针对以上问题，Chomsky 后来转从计算效率的角度来刻画语段，主要的看法是：决定语段的不是接口条件，而是格／一致系统，是为了删除不可诠释特征而形成的一个局部区域。更具体地说，不可诠释特征是句法操作的触发者，而携带不可诠释条件的中心语选择了一个区域，以便其找到目标从而消除自身的不可诠释特征。出现在这个区域的词项便构成了一个词汇子数组。语段一旦完成便被移交给接口，中心语也不再活跃。Chomsky（2000a：107）对此的描述是："语段完成后，语段的中心语是'惰性的'，不触发进一步的操作。"

总之，按照 Chomsky 的立场，语段是由有效计算的要求决定的，它在接口上所表现出来的特性是结果，而不是成因。这个立场在下面的这段引言中有比较明确的体现（转引自 Gallego，2010：54）[1]：

> 我的感觉是语段理论应该是派生于计算复杂性条件的，而且我认为很可能确实是，而接口动因则是不同的、附属的，更多的是一种结果而不是成因，……语段理论使逻辑式变得跟 D 结构和 S 结构一样不可陈述。这是优化设计的一个显著需求，我认为它本身就是语段理论的动因……语段能否在概念－意向和（次要的）感知－运动层次具有确定的诠释，（这个问题）……经常被当作语段理论的动因，但我认为这就把事情搞颠倒了。

在简要讨论了刻画语段性质的两种路径——依据接口特性或者依据计算效率的基础上，转向另一个相关的问题：语段是语言学理论所不可或缺的吗？从近期最简方案的整体架构来看，答案是肯定的。既然语段是有效计算所派生的自然结果，那么它就具有概念必要性。对此可以从两个方面加以概括。一方面，从词库和（狭义）句法的互动看，句法推

1　这段话来自 Chomsky 和 Gallego 的私人交流。

导不能自由地使用词库资源，即无限制地访问词库（参阅第 2 章），因此对每个推导而言，预先选好一个词汇数组是最优化的设计。然而，早期最简方案所使用的词汇数组依然缺乏足够的限制性和精细度。语段把每次推导所能使用的词汇资源限制在词汇子数组，从而最大限度地压缩了推导之间的比较空间，实现了局部化的经济性，为解释合并优于移位效应提供了坚实的基础。另一方面，从（狭义）句法和接口的互动来看，按照 Chomsky 近期的观点，负责结构建构的合并操作是自由的，不受任何限制，而这必定会引发过度生成的问题。Boeckx（2008，2009）提出，这同时引发了一个更加严重的问题，即接口可能根本无法利用合并操作所输出的信息。无论是语义还是音系部门都需要一些循环性的片段来建构一些依存性的关系，如题元角色、格／一致依存、韵律域等。为此，计算系统不得不使用某种机制，把合并的输出切分成一个个小型的片段，以供接口处理。语段就是这种切分的机制。换言之，只要合并是自由的，那就必须有某种类似语段的机制，一方面限制它对词库资源的提取，另一方面约束它向接口的输出，即不把每次合并的结果立即输送给接口，而是等它形成一个循环之后再提交给接口，（50）是这一设想的示意图（转引自 Gallego，2010：46）：

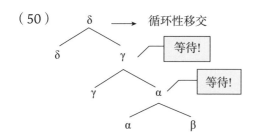

（50）

3.6　语段的诊断

语段理论的提出带来了一个重要问题：哪些短语可以被认定为语段，哪些不可以？目前为止我们采用的是外延法，即简单地把 CP 和 v*P 列举为语段，其他短语都不是。这显然不是最佳方式。正如 Citko（2014：58）所言："上乘之举是采用内涵法，即建立一套独立的诊断机制，由此来定义语段。"实际上，自语段概念提出以来，一些研究中已经出现了大量用于区分语段和非语段的诊断测试，其中的很多是基于接

口特性 [参阅（49）] 而设计的。这些诊断在理论上无可厚非，但在应用中却不够可靠，因为它依靠的那些接口特性不仅语段有，其他短语往往也有，所以导致了五花八门的结论。Citko 认为，相比之下，有两个方面的特性可为语段提供明晰的诊断：一是"边缘特性"，即按照语段不可穿透性条件（PIC）的要求，任何向语段之外的句法移位必须先到达语段的边缘；二是"语段中心语特性"，即语段中心语具有包含不可诠释特征、触发移交等独有特性。基于这两个特性，Citko（2014）提出了八个用于语段诊断的具体问题。我们从中选取最关键且最具普遍性的四个进行阐释，前两个关于边缘特性，后两个关于语段中心语特性，如（51）所示：

（51）a. 移位的元素在 XP 的边缘可以获得（语义）诠释吗？
（说明：按照 PIC，某个元素如果移出所在语段，必须首先移至边缘并留下一个拷贝。该拷贝在逻辑式不被删除，可被访问。）

b. 移位的元素在 XP 的边缘可以获得读音吗？
（说明：经历逐级循环移位的元素在中间（intermediate）语段的边缘所留下的拷贝一般不会发音，但在某些语言或特殊的构式中，往往部分地甚至全部获得发音。）

c. X 触发移交吗？
（说明：只有语段中心语触发其补足语的移交，非语段中心语不触发。）

d. X 是不可诠释特征的来源吗？
（说明：只有语段中心语包含不可诠释特征，特别是 φ 特征。非语段中心语不包含。）

下面我们根据（51）分别对 CP、v*P 和 TP 进行诊断，考察它们是否具有语段的特性。

3.6.1 CP

直觉上，CP 是最符合语段概念的单位，学界对此的争议也最少，测试的结果也证明了它的语段属性。

先对照（51a）——移位的元素在 XP 的边缘可以获得语义诠释吗？
跟这个问题关系最为密切的是逐级循环移位，指原位于最低层 CP 中的
疑问短语如果要移位到根句 [Spec, CP] 位置，必须经过中间的每一个
[Spec, CP] 位置并留下一个拷贝，如（52）所示：

（52）$[_{CP}$ WH $[_{C'}$ C $[_{TP}$ ... $[_{CP}$ WH $[_{C'}$ C $[_{TP}$ ... $[_{CP}$ WH $[_{C'}$ C $[_{TP}$ ... WH...]]]]]]]]]]

逐级循环移位在语义上经常引发著名的重构（reconstruction）效
应，即移位的成分可在比其发音位置更低的位置获得诠释。按照标准分
析，疑问短语只有在经过某个中间的 [Spec, CP] 位置并留下一个拷贝
时，才能触发重构效应。例如，在例（53）中（改编自 Citko, 2014：
75），存在多个疑问短语的拷贝，引发了多种潜在的诠释，涉及不同的
先行语。如果被诠释的是 [Spec, CP₁] 的拷贝，那么照应语 himself 的
约束者是 Bill；如果被诠释的是 [Spec, CP₂] 的拷贝，那么约束者是
John；如果被诠释的是最低位（即基础生成位置）的拷贝，则约束者是
Adam。

（53）John$_4$ asked $[_{CP2}$ which picture of himself$_{2,3,4}]_1$ Bill$_3$ thought $[_{CP1}$
which picture of himself$_{2,3,4}]_1$ that Adam$_2$ liked [which picture
of himself$_{2,3,4}]_1$.

（53）表现出的重构效应显示，疑问短语在移位过程中依次经过中
间 CP 的标志语位置并留下一个拷贝，从而在这些中间语段的边缘获得
了诠释[1]。

下面考察（51b）相关的情况：移位的元素在 XP 的边缘可以获得
读音吗？这方面也有大量证据，最显著的是存在于德语和阿非利堪斯
语等语言中的所谓"疑问词拷贝"现象，该现象指疑问词在其移位的
每一个 [Spec, CP] 上都留下一个有语音实现的拷贝。（54）引自 Felser
（2004：544）：

（54）a. **Wen** glaubst Du, **wen** sie getroffen hat? [德语]
Who think you who she met has
"Who do you think she has met?"

---

1 文献中对重构和语段的关系有很多讨论，可参阅 Fox（1999，2000）等。

b. **Waarvoor** dink julle **waarvoor** werk ons? [阿非利堪斯语]

Wherefore think you wherefore work we

" What do you think we are working for?"

按照移位的拷贝理论（参阅第 2 章），疑问词在移位过程中经过的每个位置都会留下拷贝，由此派生出疑问词拷贝现象。尽管与（54）相关的现象有很多值得进一步探讨的问题，但它无疑为移位经过 [Spec, CP] 位置这个设想提供了有力证据。

下面考察一下与语段中心语相关的两个诊断。首先是（51c）——X 触发移交吗？不少研究者提出，如果 C 的补足语 TP 可以被省略的话，那就构成 CP 是语段的证据，而这正是所谓的"截省"（sluicing）结构中发生的情况。在该结构中，疑问词短语移动到 [Spec, CP]，之后删除 TP，如（55）所示：

（55）I know Maria likes someone but I don't know [$_{CP}$ *who*$_i$ [$_{C'}$ C [$_{TP}$ ~~Maria likes t$_i$~~]]]

再看（51d）——X 是不可诠释特征的来源吗？在这个方面，爱尔兰语中的"一致性标句词"（agreeing complementizer）现象相当有说服力。McCloskey（2001，2002）指出，爱尔兰语中有许多不同类型的标句词，其中的一个是 aL，它出现在发生 wh 提取移位的结构中。更重要的是，它出现在 wh 提取式长距离移位中的每一个中间 [Spec, CP] 位置，如（56）所示（转引自 McCloskey，2001：67–68）：

（56）a. an ghirseach a ghoid na siogai. [爱尔兰语]

the girl   aL stole the fairies

"the girl that the fairies stole away"

b. rud   a gheall   tui a dheanfa.

thing aL promised you aL do. COND-S2

"something that you promised that you would do"

除爱尔兰语之外，一致性标句词也存在于德语和班图语等语言之中。文献中对此有一些不同的分析方案：Kinyalolo（1991）认为它是标志语 - 中心语一致的一种折射，McCloskey（2002）把爱尔兰语中的 aL 分析为一个算子特征和一个 EPP 特征在中心语 C 上的实现，Carstens

（2005）则认为它体现的是具有不可诠释 φ 特征的 C 与其辖域的一个疑问成分发生的一致操作。这些分析尽管细节不同，但都认定 C 是携带不可诠释特征的探针，因此是语段中心语。

3.6.2　*v*P

本节按照（51）中的诊断，考察 *v*P 是否具有语段特性。3.4.1 节提到过，*v*P 分为两个类型：一类可以选择外论元，主要包括及物的 *v*P 和非作格 *v*P，是语段。按照 Hale & Keyser（1993，2002），非作格结构的底层实际上是一个及物性结构。因此，可以把这两类构式合称为及物性 *v**P。另一类 *v*P 不能选择外论元，主要包括被动式和非宾格两个子类，不是语段。按照从 Burzio（1981）开始就逐渐形成的标准分析，这一类 *v*P 的表层主语在底层时处于动词的宾语位置，但因为这个 *v* 没有核查格特征的能力，所以其宾语提升至 [SPEC, T]，从而获得主格。为了便于叙述，下文有时把它们合称为不及物性 *v*P，以显示它们与及物性 *v**P 的对立。

Chomsky 对 *v*P 的二分法蕴含着被动式和非宾格式与及物结构一样，包含一个 *v*P 层。不少研究者不太认同这一看法，认为前者中没有 *v*P 层级。不过，即使被动式和非宾格式包含 *v*P，它们是否构成语段依然是一个值得探讨的问题。为此，本节将分为两个部分，依托（51）中的诊断式，分别讨论及物性 *v**P 和不及物性 *v*P 是否构成语段的问题。

1. 及物性 *v**P

我们现在考察及物性 *v**P。先看与边缘特性相关的两个测试。按照语段理论，如果 *v**P 是语段，则逐级循环移位必须经过其边缘位置，即 [Spec, *v**P]。这意味着，就长距离疑问短语移位而言，语段理论的分析比传统分析增加了两个拷贝，如（57b）中粗体的 WH 所示：

（57）a. [$_{CP}$ WH [$_{C'}$ C [$_{TP}$ ... [$_{CP}$ ~~WH~~ [$_{C'}$ C [$_{TP}$ ... ~~WH~~ ...]]]]]]
　　　b. [$_{CP}$ WH [$_{C'}$ C [$_{TP}$ [$_{vP}$ **WH** [$_{v'}$ *v* ... [$_{CP}$ ~~WH~~ [$_{C'}$ C [$_{TP}$ [$_{vP}$ **WH** [$_{v'}$ *v* ...
　　　　~~WH~~ ...]]]]]]]]]]]]

第一项测试是 (51a) ——移位的元素在 XP 的边缘可以获得语义诠释吗？答案似乎是肯定的。既有的大量研究所提供的证据显示，发生在 CP 边缘的重构效应同样存在于 v*P 边缘。（58）来自 Legate（2003：507）：

（58）a. [Which of the papers that he$_i$ gave Mary$_j$] did every student$_i$ √ ask her$_j$ to read _*_ carefully?

b. *[Which of the papers that he$_i$ gave Mary$_j$] did she$_j$ _*_ ask every student$_i$ to revise _*_ ?

（58）中的疑问短语（Which of the papers that he gave Mary）同时包含一个代词 he 和一个指称语 Mary，前者必须受句中 every student 约束，后者则不得受 her/she 约束。因此，该疑问短语必须重构到 every student 之下、her/she 之上的某个位置。（58a）提供了一个位置，即"v*P[ask her to read]"的边缘。与此不同，（58b）中没有这样的位置：疑问短语无论重构到"v*P[ask every student to revise]"的边缘，还是其基础生成的位置，she 都将成分统制 Mary，从而违反第三约束原则。如果 Legate 的这个观点正确的话，那就说明 v*P 边缘与 CP 边缘一样，为移位元素的诠释提供了基础。

（51b）中移位的元素能否在 v*P 的边缘获得读音？针对这个问题，很多研究者提出，不少语言中的"短疑问移位"（short wh-movement）现象，就是疑问短语移动到 [Spec, v*P]，并以此为最终着陆点而产生的[1]。限于篇幅，仅以 Aldridge (2010) 对古汉语短疑问移位现象的分析为例，说明这类研究的基本思路。短疑问移位的例子如（59）：

（59）a. 天下之父归之，其子焉 [VP 往焉]？（《孟子·离娄上》）
b. 吾谁 [VP 欺谁]，欺天乎？（《论语·子罕》）

Aldridge 认为，（59）中的"焉、谁"经历了移位，落点是 [Spec, v*P]，证据来自两个方面。首先，疑问词可以高于否定词"不"，显示其落点在 VP 之外，如（60）所示：

---

1 基于语段理论对短疑问移位的分析，可参阅 Jayaseelan（2001）对马拉雅拉姆语、Manetta（2010）对印地－乌尔都语、Cable（2008）对匈牙利语的分析等，也可参阅 Citko（2014）。

（60）a. **何**城不克?（《左传·僖四》）

　　　b. 然则我**何**为乎? **何**不为乎?（《庄子·秋水》）

其次，古汉语中的疑问词移位不高于 T。一方面它低于主语，如（59）所示，另一方面它也低于情态副词或其他副词，如（61）中的"将"和"独"。这说明与英语疑问词统一落在 [Spec, CP] 的情况不同，古汉语中基础生成在主语和宾语位置的疑问词占据的是不同的表层位置:

（61）a. 我将**何**求?（《左传·僖二十八》）

　　　b. 先生**独何**以说吾君乎?（《庄子·徐无鬼》）

按照最简方案，疑问词移位作为非论元移位的一种，必须降落在某个功能语类的标志语位置。既然短移位没有像英语等语言中的长移位那样到达 [Spec, CP]，即句子的左边缘，而且也没有进入 TP 领域，那么比较合理的解释就是它落到了 [Spec, v*P]。

如果 Aldridge（2010）的观点正确，那么很多语言中的短疑问移位，包括古汉语中的情况，就可以被理解为移位的元素在 v*P 的边缘获得了读音，从而支持 v*P 是语段的假说。

那么，基于（56c），X 触发移交吗? 答案是肯定的。英语中的 VP省略（ellipsis）是最显著的例子，可以认为它是 v* 触发补足语移交的结果。（62）引自 Citko（2014: 93）:

（62）a. Mary talked to Bill and Tom did, too.

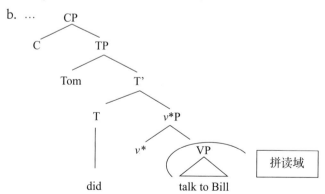

至于（51d），X 是不可诠释特征的来源吗? 答案也基本没有争议。

前面的讨论不断提到，及物性 $v*$P 负责为宾格定值并和宾语存在一致关系，这些都是 $v*$ 作为不可诠释特征来源的显著证据，不再赘述。

2. 不及物性 vP

本小节转向以被动和非宾格两种构式为主的不及物性 vP，对照（51）中的诊断式，考察它们是否构成语段。不难看出，对 vP 语段属性的诊断结果并不一致，目前还没有定论。

总体上，基于中心语的诊断不支持不及物性 vP 是语段的看法。首先，被动式和非宾格式中的 v 显然不是不可诠释特征的基座，因为它不能为宾格定值，也不能与宾语建立一致关系；其次，它也不可触发拼读，否则其补足语将在格特征没有消除的情况下被移交给接口，从而导致推导的崩溃。这就是说，以（51c）~（51d）的诊断衡量的话，不及物性 vP 应该不是语段。

然而，从边缘特性角度，即对照（51a）与（51b），不及物性 vP 的表现与及物性 $v*$P 却有颇多相似之处。Legate（2003）对此做了深入探讨，产生了较大影响。在对前文例（58）的讨论中，我们介绍过她的主张，即就 $v*$P 而言，宾语位置上的疑问词在提升的过程中发生了重构。紧接着，她声称针对 $v*$P 的测试"可以直接应用于被动式"。（63）是她举的例子（2003：507）：

（63）a. [At which of the parties that he$_i$ invited Mary$_j$ to] was every man$_i$ √ introduced to her$_j$ * ?

b. *[At which of the parties that he$_i$ invited Mary$_j$ to] was she$_j$ * introduced to every man$_i$ * ?

（63）跟（58）相同之处在于：其中的疑问短语（at which of the parties that he invited Mary to）必须重构到 every man 之下的某个位置，这样代词 he 才能得到约束；同时它又必须位于 her/she 之上，使 Mary 不受成分统制，从而使其与 her/she 的同指不违反第三约束原则。同样，（63a）提供了一个位置，使疑问短语在移位过程中在 vP[introduced to her] 的边缘留下了一个拷贝，从而形成了一个合格的句子。而（63b）中没有这样的重构位置，既能让 he 低于 every man，又能让 Mary 高于 she，所以是个不合语法的句子。Legate（2003）还讨论了非宾格式，认为相关情况与被动句相同。基于此，她得出了"重构效应支持非宾格式和被动式都是语段"（2003：509）的结论。

可以看出，对于不及物性 vP 是不是语段这个问题，常用的诊断测试不能给出确定的结果。一方面，从中心语特性看，它们不能触发其补足语的拼读，也不是不可诠释特征的基座，所以不像是语段；另一方面，从边缘特性看，它们又要求移位在其边缘中转，留下一个拷贝，从而允准重构效应，这又符合语段的性质。由于上述原因，非及物性 vP 有时被称为"弱语段"，及物性 v*P 则是"强语段"。

3.6.3　TP

本节讨论 TP 是否为语段这个争议较大的问题。总体而言，TP 的非语段的特性更加显著。

先从中心语特性入手。第一个问题是 T 触发补足语的移交吗？答案是否定的。T 的补足语是 vP，如果 T 触发 vP 拼读，那么 [Spec, vP] 上尚未赋值的不可诠释特征（如外论元的格特征）就会被移交给接口，导致推导的崩溃。第二个问题是 T 是不可诠释特征的来源吗？表面上看，答案似乎是肯定的，因为 T 负责消除主格。然而，更仔细的观察显示，只有在受到 C 的支配时 T 才具有 φ 特征，才能与主格特征建立一致关系。否则它只能投射不定式句，即没有完备的 φ 特征。（64）中常用的对立句显示，T 单独出现时不能消除格特征，只有当它与 C 共现，或者与一个介词性 C 共现时才能消除不可诠释特征。

（64）a. *[$_{TP}$ she to arrive on time] is important

　　　b. [$_{CP}$ [$_{C}$ that] [$_{TP}$ she arrives on time]] is important

　　　c. [$_{CP}$ [$_{C}$ for] [$_{TP}$ her to arrive on time]] is important

接下来转向边缘特性，并再次以逐级循环移位为例。第一个问题是移动到 TP 边缘的元素可以获得诠释吗？这涉及论元移位（如提升）和非论元移位（如疑问移位）两个种类，前者似乎经过 TP 边缘并留下拷贝，后者却没有。

首先，关于论元移位。研究显示，在这类移位中，移动的元素经过了 TP 的标志语位置。以（65）为例（转引自 Grohmann et al., 2000：160）：

（65）a. John_i seems to Mary to appear to *himself_i* to be ill

　　　b. *Mary seems to John_i to appear to *himself_i* to be ill

　　只有假定论元移位经过了中间的 [Spec, TP]，形成了如（66）所示的结构，（65）中两句的对立才有可能得到解释。

（66）a. John_i seems to Mary_j [_TP t_i to appear to himself_i [_TP t_i to be t_i ill]]

　　　b. *Mary_j seems to John_i [_TP t_j to appear to himself_i [_TP t_j to be t_j ill]]

　　（66）显示，根句主语（a 句中的 John 和 b 句中的 Mary）基础生成于 ill 的标志语位置，然后逐级经过 [Spec, TP]，每次留下一个拷贝。（66b）中的先行语 John 处于 himself 的约束区域（t_j to appear to himself_i）之外，造成了对第一约束原则的违反，从而形成了一个不合格的句子。与此相反，在（66a）中，John 移动到中间 TP 的标志语位置留下的拷贝处于 himself 的约束区域之内，因此形成的是合格的句子。

　　论元移位不仅通过了（51a）的诊断，即 TP 边缘中的元素可以得到诠释，而且也可以通过（51b），即移动到 TP 边缘的元素可以获得发音。Grohmann et al.（2000）指出，量词提升经过了内嵌句的 [Spec, TP]，可以在这个位置上发音。如（67）所示：

（67）a. They appear *all* to be likely to arrive.

　　　b. They appear to *all* be likely to arrive.

　　　c. They *all* appear to be likely to arrive.

　　其次，在非论元移位中，TP 的边缘无法形成重构效应。Abels（2003：30）举了（68）的两个例子，说明疑问移位没有经过 TP 的边缘位置。

（68）a. Which pictures of *himself_i* did it seem to *John_i* that Mary liked?

　　　b. *Which pictures of *himself_i* did Mary seem to *John_i* to like?

　　Abels（2003）指出，如果疑问短语的移位经过 TP 的边缘位置，则（68）中 a 和 b 均合法，但事实上 b 是不合法的。（68a）合法的原因是 which picture of himself 可在内嵌的 [Spec, CP]——（69）中黑斜体 t_i

位置——获得一个诠释。此时 John 与疑问短语所包含的 himself 的拷贝距离最近，可以约束后者：

（69）[$_{CP}$ Which pictures of himself$_i$ [$_{C'}$ did [$_{TP}$ it seem to John$_i$ [$_{CP}$ t_i that [$_{TP}$ Mary liked t$_i$]]]]]

然而，如果允许疑问移位经过内嵌的 [Spec, TP]，即（70）中黑斜体 t_i 位置，则会错误地预测（70b）也是合法的句子，因为在这个位置上，John 约束距其最近的 himself，这就与（69）的情况没有区别了。

（70）*[$_{CP}$ Which pictures of himself$_i$ [$_{C'}$ did [$_{TP}$ Mary seem to John$_i$ [$_{TP}$ t_i [$_{TP}$ to like t$_i$]]]]]

（70）显示，疑问移位不能经过 TP 的边缘并留下拷贝，所以 TP 不符合语段的特性。

综上，对照（51）中的诊断项，TP 的表现比较复杂。从中心语的角度，它不像 CP、v*P 那样可以触发补足语的移交；独立出现时，即在不定式结构中，它没有完备的 φ 特征，不能为主格定值。然而，当受 C 支配时，即在定式句中，它却可以消除主格，并体现 φ 形态。从边缘特性的角度来看，它在论元移位和非论元移位中有不同的表现。在前者中，移位的元素在其边缘可以获得诠释，如（65）~（66）所示，也可以得到读音，如（67）所示。但在非论元移位中，移出的元素似乎不经过 [Spec, TP]，如（68）~（70）所示。换言之，TP 有时表现得像语段，有时又不像语段。

3.7 特征继承假说

基于前文，可以得出以下结论：CP 和及物性 v*P 完全符合语段的标准，即无论从中心语特性还是从边缘特性考察它们都符合 PIC 的要求。然而，TP 和不及物 vP 在诊断中表现出一些复杂的特性：从中心语的角度来看，它们都不符合 PIC 的要求，但是从边缘特性来看又至少拥有语段的部分特性，表现在它们允准重构效应等。

如果上节的观察符合实际的话，那么应该如何解释 TP 和不及物 vP 的复杂特性呢？这是长期困扰生成语言学界的一个难题，在早期语段理论中也没有真正解决，只是把它当作一种硬性规定。如前所述，Chomsky（2000a）是基于语义选择来派生 T 的特性的，即 T 可被 C 或 V 选择。如果被 C 选择，T 就被分派完备的 φ 特征（T_{comp}）；如果被 V 选择，T 的特征就有缺失（T_{def}）（参阅 3.3 节）。同样，v 的 φ 特征也有完备的和缺失的之分，前者构成强语段，后者则是弱语段（Chomsky，2001），即只在"命题性"方面是语段，但不能按 PIC 的要求触发移交。显而易见，这种方法的原则性不够强、不够自然。例如，T 和 v 均存在完备的特征和缺失的特征之间的对立，那为什么 C 没有呢？可见，硬性规定没有解决问题，相反却在研究中带来了一些理论内部的冲突和对事实解释的困难。

Chomsky（2004，2005，2008）提出并逐渐完善了一种新的解释模式，称"特征继承"（feature inheritance），更准确的名称应该是"不可诠释特征继承"（uninterpreted feature inheritance）。特征继承降低了理论的不确定性，使上述问题的解决取得了重大进展。本节从两个方面对该假说进行阐述，一是理论概要，二是概念和经验方面的蕴涵。

3.7.1 理论概要

按照特征继承假说，只有语段中心语才具有不可诠释的形式特征。不可诠释特征主要有两种：一种是驱动合并操作的边缘特征（即广义的 EPP 特征），另一种是驱动一致操作的 φ 特征。语段中心语必须保留前者，否则会失去迭代合并的能力；但它可以将 φ 特征等传递给非语段中心语。相比之下，非语段中心语自身没有不可诠释特征，但在推导过程中可以从语段中心语那里继承得来。具体地说，C 和 v^* 作为语段中心语，拥有不可诠释特征；它们可以把这些特征传送给其补足语，即 T 和 V，从而形成 C-T 和 v-V 的复合体。后者通过继承不可诠释的 φ 特征，行使探针功能，进而与成分统制区域内的名词建立一致关系。

具体到 C-T 复合体，特征继承的运行方式大致如下：C 作为语段中心语同时包含边缘特征和未定值的形式特征（包括 φ 特征和时态）。在推导中，C 保留边缘特征，同时将其他形式特征移交给 T，以便这些不可诠释特征在语段形成的同时立即得到删除。换言之，T 上的 φ 特征和时态不是内在的，而是从 C 上继承的。Chomsky（2008：143）说道："在词库中，T 缺乏这些特征。当且仅当 T 被 C 选择时它才表现出基础的时态特征（默认的一致除外）；如果没有（被 C 选择—译者加），它是一个缺乏 φ 特征和基础时态的提升（或 ECM）不定式。因此假定一致和时态特征从语段中心语 C 上继承而来是合情合理的。"T 在继承了 C 上的不可诠释特征后，也具有探针功能，能与目标建立一致关系。

再看 v-V 复合体。出于多个方面的考虑，包括加标（参阅第 4 章）和动词 – 名词之间的平行性（参阅第 5 章），Chomsky 采纳了分布式形态学的一个假设，把 V 处理成了一个词根（root）。词根是句法上的中心语，但没有任何语法特征，尤其是没有语类特征。相反，v 是一个定类语素，可以为该词根赋予语类特征。v 有不同的种类，一类是及物性的，包含 φ 特征；另一类是不及物的，不含 φ 特征。词根为了获得语类必须与 v 结合。这就形成了 C-T 和 v-V 两个复合体之间的区别：T 可以在没有 C 的情况下出现，而 V 却必须与 v 共现（Chomsky，2008）。此外，T 可能但不必提升到 C 上，而 V 则必须提升到 v 上，由此造成的结果是 v 基本上是词缀性的（Chomsky，2007a）。

3.7.2 概念和经验蕴涵

特征继承在概念上和经验上的动因是什么？基于大量研究成果，我们认为主要包括以下几个方面。

第一，这个假设完善了语段的定义。它既维持了 T 不是语段中心语的观点，又允准通过特征继承携带不可诠释特征，从而与主语建立一致关系。从 3.4.1 节可以看出，如果把 TP 认定为语段会带来严重的概念和经验问题。一方面它有定式和不定式之分，后者没有消除主格的能力，说明 T 不独立地包含完备的 φ 特征，不是语段中心语；另一方面，如果把 TP 当作语段，那么按照 PIC，T 进入推导之后，补足语（vP）必须立即交付给接口，而此时 vP 的不可诠释特征还没有被赋值，接口会因此崩溃。此外，从接口角度，TP 也不具备完备性和独立性 [参阅（68）]。然而，T 显而易见地参与了一致操作，很多语言中存在的主语 – 时态一致关系就是证明。特征继承假说化解了这两个相互矛盾的特性。通过从 C 上继承不可诠释的 φ 特征，T 可以和主语建立一致关系，同时消除两者的未定值特征。

第二，特征继承假说在不假定 T 为语段中心语的前提下，自然地派生出了论元移位和非论元移位的区别：一方面，T 既可以在原位为目标的不可诠释特征定值，也可以把目标吸引到 T 的标志语位置，从而形成论元移位。另一方面，C 所保留的边缘特征吸引疑问短语到 C 的边缘，形成了非论元移位。这两种移位是平行进行的。下面的这段话引自 Chomsky（2008：148）（着重号为原文所加）：

> ……C 有两个探针：自动赋予任一词项的边缘特征 EF，以及一个一致特征（φ 特征）。前者吸引疑问短语到 C 的边缘，后者吸引 DP，但只到达与之一致的 T。这些事实引发了常见的两个问题：如何（机制是什么？）和为什么（动因是什么？）

> 显而易见的机制……是：T 继承了 C 的一致特征，然后衍生性地在 CP 的语段层面行使了探针的功能。其动因可以追溯到概念 - 意向接口的一个要求，即论元和算子 - 变项两者的结构都必须存在，一如论元 - 非论元的区别以最优化方式满足了语义两重性的要求一样。

以（71）为例：在 who loves John 中，who 生成于 v^* 的标志语位置，在 T 进入推导后，位置并没有发生变化，如（71a）所示；在 C 进入推导之后，先发生了特征继承——C 保留自身的边缘特征，而将形式特征（含 φ 特征和时态）传递给 T，从而触发 who 经历了两种不同方式的移位：一是向 C 边缘的移位，即非论元移位；二是向 T 边缘的移位，即论元移位：

（71）a. C [T [who [v^* [loves John]]]]

     b. who$_3$ [C [Who$_2$ [T [who$_1$ v^* [loves John]]]]]

在特征继承的作用下，C 携带的特征被分为两个部分，形成了两个探针。正因为如此，论元移位和非论元移位才能平行进行。这个设想避免了早期理论中的"间隔"问题。为了更好地理解这一点，以（35）为例：

（35）John loves whom?

在推导的某个阶段，whom 和 John 都处于 [Spec, v^*P]。按照早期分析，T 进入推导之后即与 John 建立一致关系，John 在 EPP 特征的作用下移入 [Spec, TP]；在 C 进入推导之后，whom 移至 [Spec, CP]。这意味着，T 与 John 之间的一致操作发生在 C 与 whom 的操作之前，而此时 whom 是介于 T 和 John 之间的。（72）是相关的推导阶段（虚线表示刺探／搜索的方向）：

（72）a. $[_{TP}$ $T_{\{\varphi:\_\}}$ $[_{v^*P}$ whom John $_{\{\varphi:3,\ sg;\ Case:\_\}}$ $[_{v^*P}$ love$+v_{\{\varphi:\ 3,\ sg\}}$ VP√]]]

　　　b. $[_{TP}$ $T_{\{\varphi:\ 3,\ sg\}}$ $[_{v^*P}$ $\boxed{\text{whom}}$ John $_{\{\varphi:3,\ sg;\ \text{Case. Nom}\}}$ $[_{v^*P}$ love$+v_{\{\varphi:\ 3,\ sg\}}$ VP√]]]

相比之下，特征继承机制要求 C 在进入推导之前 T 不能用作探针，因为它只有在继承 C 上的不可诠释特征之后才能执行一致操作。因此，T 与 John 间的一致操作及 C 与 whom 间的操作是同时进行的，避免了早期分析中 whom 的间隔而影响 T 与 John 间的一致操作的问题。（73）显示了这一过程（实线表示特征传递的方向）：

（73）

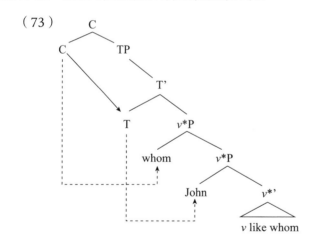

第三，特征继承把外合并之外的句法操作统一到了语段层。可以认为这是特征继承假说最重要的理论贡献。在没有特征继承假说之前，非语段中心语 T 可以独立进行一致操作，也可以独立进行内合并操作，即吸引主语从 [Spec, v^*P] 移动到 [Spec, TP]。有了特征继承假说之后，一致、移交和内合并都发生在语段层上。以（72）为例，只有在 C 进入推导且 T 继承不可诠释特征之后，对 John 的一致操作和 John 的论元移位才能发生；与此同时，who 进行非论元移位至 C 的边缘。不妨把语段理解为一个局部区域，在此之内的所有操作在顺序上不分先后，在距离上也不分远近。后者即 Chomsky（2001：27）所说的"等距性"（equidistance），见（74）：

（74）HP 边缘的成分对探针 P 而言是等距的。

基于 3.4.3 节对移交时机的讨论，可以看出，向未定值特征的赋值和移交两个操作必须同时发生，过早则未定值特征依然存在，过晚则无从分辨可诠释特征和不可诠释特征，因为定值后的所有特征就没有了区别。从概念的角度来看，假定赋值和移交同时发生是所有可能选项中最佳的一个。然而，这个假设给发生在非语段中心语上的一致带来了挑战。以 T 为例，如果假设它携带自身的未定值的 φ 特征，却要等到 C 进入推导之后才能开始搜索，那么这个假设就很不自然。这个问题在特征继承假说下迎刃而解：T 没有自身的 φ 特征，只有在 C 进入推导后，继承了 φ 特征，才能进行定值、移位、移交等一系列句法操作。换言之，特征继承假说为定值 – 移交同时性提供了坚实的理论基础，也派生了如（27）所述的尽早原则。

基于上述讨论，语段中心语 C 将 φ 特征传给了 T，但保留了自身的边缘特征。这一设想有一个重要的理论蕴含：既然中心语的边缘特征能够触发内合并，那么额外设置疑问、话题、焦点等特征自然是没有必要的。换言之，包含疑问、话题和焦点等信息的短语向所谓句子的"左侧边缘"的移位无一例外都是由 C 上的边缘特征触发的，它关联的诠释特性是在概念 – 意向接口建立起来的，而不是编码在句法结构中的。如此，特征继承假说消除了文献中常见的各种特征，如疑问、话题和焦点等，它们通常没有或极少有形态证据。Chomsky（2008：151）对此做了如下论述：

> 对疑问词移位的看法应该延伸到其他的非论元移位。假设语段中心语的边缘特征是没有分辨力的：它可以寻找区域中的任一目标，限制来源于其他因素。以 DP 的话题化为例。语段中心语的边缘特征可以寻找语段中的任一 DP 并将其移至语段标志语位置，……被提升的短语之所以被认定为是话题取决于它最终到达的位置，任何额外的要求都是多余的。其他形式的非论元移位也应该如此。我

们不需要为诱发非论元移位而设置一个不可诠释特征，便可以解决逐级循环移位中下层语段崩溃这一长期难题。

以上讨论的是 C-T 的特征继承。同理，及物性 $v*$ 也应该向 V 传递其 φ 特征，如此，包含结构格的 DP 可以提升到 [Spec, VP]，方式与 C 把 DP 提升至 [Spec, TP] 是相似的。有关问题将在第 4 章深入探讨。

3.8　总结

本节旨在对前述各节进行总结，分三个部分：3.8.1 节对本章的主要内容进行简要回顾；3.8.2 节对基于语段的推导模型进行评述；3.8.3 节讨论语段理论尚未解决的问题，以及该理论未来可能的发展方向。

3.8.1　本章回顾

本章主要介绍了近期最简方案模型中引入的语段推导以及与之相关的理论。首先介绍了一致操作——一种把不同句法客体上的特征进行关联的操作。该操作以功能性中心语（T 和 v）上的未定值的 φ 特征为探针，以名词性成分上同样未定值的格特征为目标，两者通过匹配而获得定值，从而得以进入接口。该操作一方面遵守区域条件，即探针只能在其成分统制区域内搜索目标；另一方面遵守局部条件，即探针只可访问在层级结构上距它最近的目标，不得有其他可能的目标间隔。一致操作替代了早期最简方案中的核查理论，与后者主要有两点不同：第一，它在 [中心语 – 补足语] 的配置中进行，取消了特设的、以 [标志语 – 中心语] 为配置的核查区域；第二，它以 [± 定值] 为基础定义可诠释和不可诠释特征，使之从语义概念变成了形式概念，从而无须前瞻接口是否收敛的情况下即可完成操作。一致操作与第 2 章介绍的合并操作也有两点不同：第一，合并操作的对象是词项，而一致操作的对象是特征；第二，合并是对称性操作，生成的是一个无序的集合；一致操作则是不对称的，由包含未定值 φ 特征的中心语（探针）发起，在区域内搜索对应的、包含已定值 φ 特征的目标。一致操作最重要的理论突破是切断了不可诠释特征与移位的必然联系，使两者成为相互独立的操作。

其次，本章阐释了移交，即把狭义句法推导出的表达式移送给音系部门和语义部门的操作。为此，狭义句法须把句法客体映现为 < 音系表征，语义表征 > 的配对。移交操作具有循环性，即由合并组装起来的客体在接受该操作之后，不得被后续的计算穿透，这就使句法推导的内部复杂性在任何一个阶段都被限制。移交与早期最简方案中的拼读操作有两点主要区别：第一，拼读偏重音系分支，形成显性和隐性两个部门，移交则同时向两个接口推送，而且更加注重语义分支，最终形成的是单一的循环；第二，拼读完成后，表达式可在逻辑式继续接受隐性句法操作，形成新的表征，移交后的表达式则不可为后续操作更改。长期的研究显示，向语义表征的映现是直接的、顺畅的，因为语义诠释是基于层级结构进行的。相比之下，向音系表征的映现却极其复杂，甚至如 Chomsky et al.（2019：241）所言，它们"违反所有计算效率原则，实施了大规模的修改（比如引入边界调、韵律轮廓、重音指派等，全都违反了包含性条件）"。因此，Chomsky et al.（2019：241）多次表示，旨在向音系表征映现的拼读操作不是由普遍语法决定的，甚至"不存在拼读，……只存在移交，它使语段不可为后续操作访问"。

最后，本章的重点是阐述语段理论。按此理论，语段由包含未定值特征的中心语定义，确定的有 CP 和 v*P 两个语类。句法结构的推导是以语段为单位，分阶段逐步完成的。第一，它是计算系统和词库资源的接口，每个语段都只能访问一个预先选定的、有限的词汇子数组，推导必须把该子数组用尽才能进入下个阶段的推导；第二，它是不同句法客体之间形成依存关系的区域，包含未定值特征的中心语通过对目标的刺探／搜索，与之建立一致关系，从而为未定值的特征赋值；第三，它是计算系统和外部系统的接口，语段的补足语在语段不可穿透性条件（PIC）的作用下被移交给外部系统，并且在计算中不再活跃。PIC 允许语段内部的元素通过边缘移出，从而衍生出了推导的严格循环性（即逐级循环）。按照特征继承假说，语段中心语是不可诠释特征的基座，但可以将其形式特征递交给其补足语的中心语，从而形成两个探针：边缘特征和以 φ 特征为主的形式特征。这两个探针平行运作，分别触发了两种类型的移位：非论元移位和论元移位。如此，内合并也被统一到了语段层面。换言之，随着语段理论的提出与完善，除外合并之外的所有句法推导均发生在语段层面。

3.8.2　语段理论的重要性

回顾上述各节的讨论，不难看出，语段是一个意义重大的概念，它与合并概念一道支撑起近期最简方案的主体架构。如果说合并解释了语言的基本特性（离散无限性和易位）的话，那么语段理论则解释了（狭义）句法是如何以优化的方式满足外部系统对它的要求的。下面将从计算效率原则和推导模型两个方面，对语段理论的重要性进行评价。

1. 语段理论与第三因素原则

语段理论最显著的优越性之一是它以第三因素原则派生出了语言推导的优化设计，从而摆脱了专设的经济原则，并初步解释了语言的计算特性。

如前所述，早期最简方案专门设置了经济原则，它们依据推导的步骤或操作的数量对推导的经济性进行评估，以确保用力最小（即步骤最少或距离最短）的推导在竞争中胜出。这种做法的缺陷显而易见，也引发了种种批评。与此不同，近期最简方案从有效计算角度定义优化性，并认定它源自所有生物系统都需要遵守的物理和数学的法则，即第三因素原则，从而摆脱了经济原则。语段理论就是以这一思想为指导建立起来的。

首先，有效计算要求一个优化的设计必须具有局部性，即复杂结构是由简单结构逐渐累积而成，表面上的长距离关系可以分解成更小的、局部性的关系。例如，（52）中，内嵌最深的疑问短语（WH）和根句WH 之间就可以分解成为若干局部性关系，逐级关联到一起：

（52）$[_{CP} WH [_{C'} C [_{TP} ... [_{CP} WH [_{C'} C [_{TP} ... [_{CP} WH [_{C'} C [_{CP} ... WH...]]]]]]]]]$

Chomsky（2012：1）对局部性提出了如下看法：

> 局部性原则又属于一个更为基本的极小化计算（Minimizing Computation, MC）原则，……如果我们认为语言（或者更为确切地说，内化语言）是心智 / 身体内的一个计算系统，服从普通生物学的条件，甚至更高层次的条件，那么这是一个非常自然的指导方针。在这一语境下，极小化计算是第三因素特性之一，它与外部数

据和基因禀赋相互作用，决定了语言在个体中发生和发展的进程（即语言获得的进程）。

从前述各节的讨论不难看出，语段体现了极小化计算原则。它使推导分成了若干极小的组块，并且确保了推导一次只处理一个这样的组块，极大地降低了计算的负担；它使推导在每个阶段（工作区）只接触到词汇子数组，限制了积极记忆中的词库资源；它使一致操作同时遵循"最小搜索"和"最简性"原则，前者使探针只能在其成分统制区域内搜索目标，后者使探针与目标之间的结构距离最近，不得有其他包含相关特征的元素间隔。语段还通过 PIC 使移交后的客体不再具有句法活性，确保了推导的最简性。这些都是局部性的不同实现，体现的正是极小化计算原则。

其次，有效计算要求优化的推导具有"严格循环性"（参阅 3.4.3 节）。正如 Gallego（2020：208）说的那样："近期最简方案对传统意义上的循环性赋予了新的理解。"简单循环性由外合并派生。在不篡改条件的作用下，后续的合并只能发生在已生成客体的边缘。严格循环性则是在语段基础上形成的，即只有在一个语段中心语上的未定值特征被消除之后，推导才可继续到下一个语段中心语[1]。用 Chomsky（2007a：5）的原话表述就是："一个基于合并的系统……如果在计算上有效的话，小单位的诠释一旦被确定将不可被后续的操作修改——这就是不断被发现的严格循环性的通有特性。"如 3.4.3 节所述，语段推导是保障严格循环性的关键机制：一方面，所有已定值的客体通过补足语被送往接口，且在向接口的后续映现时不可再被访问；另一方面，所有需要接受进一步操作的客体都必须移至边缘，以在下一个语段继续接受操作。

可以认为，语段是在上述两个原则——极小化计算原则和严格循环性原则——的张力下形成的一种平衡：它必须尽可能地小，以满足极小化计算条件的要求；它又必须足够大，以确保已被诠释的单位不被修改，从而满足严格循环性的要求。一方面，满足极小化计算原则只需要中心语 - 补足语，外合并的情况就是如此；另一方面，为满足严格循环性又必须存在边缘，以此作为语段内单位移出的逃生舱。所以，Chomsky

---

1　严格循环性早在 1970 年代就受到关注。Chomsky（1973：243）曾提出"严格循环性条件"，大意为规则的应用应该从最下层的循环开始，只有在规则使用完毕后方能进入下一个循环。参阅徐烈炯（2019：198–200）。

（2012：6）说道："为满足极小化计算条件，语段应该尽可能小，但不能小到其腹地在后续的阶段受到修改。需要进一步修改的下层部分必须提升到边缘。"从这个意义上说，语段是局部性条件和严格循环性条件的结合体，作用和原则与参数时期的领属原则（subjacency principle）相仿。但它不是语言内部的原则，而是由有效计算原则派生而来，所以理据更强。

语段理论可以解释人类语言在计算上的特殊性质，即人类语言何以是轻度语境敏感的语言 [参阅 Uriagereka（2008）等]。我们知道，Chomsky（1956，1959）曾经从计算复杂性的角度把形式语言分为四种，分别对应于四种语法，如（75）所示：

（75）a. 递归可枚举语言→无限语法
　　　b. 语境敏感语言→语境敏感语法
　　　c. 语境自由语言→语境自由语法
　　　d. 正则语言→正则语法

按照图灵最初提出的计算理论，一种语言的生成需要两个体系：一个逻辑处理器和一个无限的记忆 / 内存磁带。不同语法的算法对记忆资源的利用（即对记忆磁带的访问）有不同的方式和限制，在语言能力的形成中发挥了关键作用。简要地说，在（75）中，正则语法不能独立访问记忆磁带；语境自由语法只能访问和提取记忆磁带中最新存储的算符，记住推导的当前状态；语境敏感语法可在已存信息（即记忆堆栈）中做任意搜索，从而超越当前状态的限制；无限语法则没有记忆限制，可以对记忆磁带进行任意操控。按照当前的一些研究，"语法只需要一个包含少量元素的'等待程序集'"（Uriagereka，2008：229），即可生成轻度语境敏感的语言。以此为基础，可以把人类语言的计算特性归溯于两个方面。第一，具有生成语境自由语言的机制，即外合并。第二，具有生成轻度语境敏感语言的机制：在语段的作用下，内合并、一致和移交等操作发挥了等待程序集的作用。这就是传统上所说的人类语言需要短语结构语法与转换相互配合才能完全生成的原因。在最简方案中，这两个机制可以表述如（76）（参阅 Gallego，2020：210）：

（76）a. 外合并 = 语境自由；
　　　b. 内合并 / 一致 / 移交 =（轻度）语境敏感

　　语段理论使早期最简方案提出的经济原则失去了用武之地，经济原则的弊端也随之清除。第一，语段是很小的组块，其作用只局限于词汇子数组，因此不再具有全域性，而是一个局部操作；第二，正如 3.5 节指出的那样，一致是由未定值特征触发的区域性操作，而未定值特征是形式概念，不是语义概念，这意味着一致操作不再以接口收敛为目标，实际上与接口特性没有直接关系，同时脱离了前瞻性；第三，诸如特征强弱这样需要在接口确定的语言内部因素在语段理论中也被放弃，让位于有效计算原则，经济原则中的语言专属性质也随之消除；第四，尤其重要的是，语段理论把推导之间的比较限制在相同的词汇子数组中（参阅 3.4.2 节），它的运行基本不依赖推导间的比较，而是依靠语段中心语自身的特性，包括具有未定值特征、可触发移交、也可传递部分特征等。这个体系既能自主区别已定值和未定值的特征，前者在词库中有内在的定值，后者需要在推导中获得定值，也能自主掌握移交的时机——与定值同时 [见例（47）]。如此，语言的优化特性变成了由语段机制与词项特性的相互作用而派生，不再是推导之间比较的结果。

　　总之，从计算的特性看，语段理论通过依托有效计算原则，克服了早期最简方案中经济原则具有的全域性、前瞻性和语言专属性等弊端，最终取消了专设的经济原则本身。它不依赖推导之间的比较，而是依赖系统的设计和词项的特性派生出语言的优化性。在很大程度上，这是最简方案超越解释充分性的关键。

2. 语段理论与推导模型

　　可以说，语段理论的第二个优越性在于它优化了推导模型，特别是取消了逻辑式和音系式，从而帮助最简方案最终摆脱了原有的 Y 模型，形成了一个单一循环的模型。

　　3.3.3 节对逻辑式和音系式的取消做了初步阐述，下面做一个补充说明。我们知道，早期最简方案取消了 D- 结构和 S- 结构两个语言内部层面，但保留了逻辑式和音系式两个与外部系统的接口层面。那么，为什么近期最简方案要取消逻辑式和音系式呢？回答这个问题的关键点之一是了解移交和拼读两个操作的区别。在早期最简方案中，拼读的首要功能是把计算"分离"（split）到音系式和逻辑式两个层面，以便它们分别在感知 – 运动和概念 – 意向两个外部系统获得诠释。这个模型去掉了 D- 结构和 S- 结构，但与原 – 参理论时期的模型相比并没有实质变化。拼读模型即是文献中常说的 "（倒）Y- 模型"，如（77）所示：

(77)　　Y- 模型

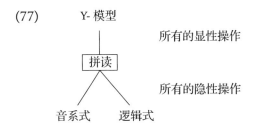

3.4.3 节提到，传统的 Y 模型主要针对的是感知 – 运动系统，形成了显性部门和隐性部门两个循环。经验上，这两个循环的存在蕴涵着显性操作发生在隐性操作之前，而这与观察到的事实有较大落差。Fox（2000）、Nissenbaum（2000）等大量研究表明，在某些结构（如寄生语缺）中，显性操作发生于隐性操作之前，与 Y- 模型吻合[1]；在另一些结构（如量词提升）中，隐性操作又可能发生于显性操作之前，从而呈现出反 Y- 模型的特性[2]。换言之，从各种构式反映的情况看，推导没有表现出双循环模型所预测的规则应用顺序，显性操作和隐性操作实际上也不存在模块性的区别。

随着语段理论的出现，用单一循环的模型替代传统的 Y 模型逐渐成为一种必然选择（参阅 Fox & Nissenbaum，1999；Pesetsky，1998）。单一循环的基本思路是：显性操作和隐性操作之间并不存在分界线，并非所有的显性操作都完成之后才会发生隐性操作。显性 / 隐性之间的区

1　寄生语缺（parasitic gap）是英语中一个有趣的语言现象，指一个附加语结构中的语缺 / 拷贝须被其所在的 CED 孤岛之外的另一个语缺允准，如：

(i) Which article did John file __ [before reading__]?

在语段理论框架下，Nissenbaum（2000：50）对寄生语缺结构提出了如下分析：附加语不处在 vP 内部，而是嫁接在 vP 上。在该位置上，寄生语经历了隐性的移位，形成一个由一个空算子（O）和一个拷贝组成的语链，该语链与根句部分的语链互不相同；根句内的语迹（twhich article）经历了右向的外置（extraposition），与附加语形成了一个修饰性的谓语；外置发生在疑问短语向 [Spec, CP] 的提升之后，意味着显性操作发生于隐性操作之前。

2　例如，按标准分析，量词提升（QR）是隐性操作。Fox & Nissenbaum（2000：2）证明，显性操作必须以它的输出为操作对象，才能形成正确的语义诠释。例如在 "We saw every painting yesterday [by John]." 这个句子中，every painting 必须隐性外置到附加语位置，才能允准 by John 的显性存在，同时得出正确的量化解读。

别不是句法部门造成的，而是语音部门决定的。句法为音系部门提供结构，音系－句法接口的原则决定语链中的哪个部分得到发音。譬如，（78a）显示疑问移位发音的是语链的头部；（78b）则显示量词提升发音的是语链的尾部（转引自 Fox & Nissenbaum，1999：132）：

（78）a. 显性疑问移位

"Which girl does John like"

[which girl] does [John like which girl] → [which girl] does [John like ~~which girl~~]

b. 隐性量词提升

"A boy likes every girl"

[every girl] [a boy likes every girl] → [~~every girl~~] [a boy likes every girl]

上述分析方式有时称为"隐性移位的音系理论"。Chomsky（2004：111）的一段话表达了这个模型的核心主张：

> 根据定义，移交操作应用于语段层面。在这个层面，内合并在移交之前或之后应用，因此在拼读之前或之后应用都可以。前者产出显性移位，后者产出隐性移位，即在原位拼读易位的元素。
>
> 隐性和显性移位产出 <α, β> 的配对（这个配对就是通常所说的语链——译者按），α 是一个边缘元素，成分统制 β，α 和 β 在拼读中均有可能失去自身的音系特征：α 在隐性移位中失去，β 在显性移位中失去。

如果上述隐性移位的音系理论是正确的的话，那么显性移位和隐性移位的区别仅在于读音的区别，而不代表部门的不同。换言之，句法推导形成的 < 音系，语义 > 配对对于接口而言是相同的，句法的循环因此是单一的，不分显性和隐性两个部门。这个结果与语段理论是完全兼容的，实际上也是循环移交的必然结果。从这个意义上看，逻辑式和音系式作为独立的语法表征层级是冗余的，因而是必须取消的 [1]。

---

1 需要说明的是，不少学者往往出于习惯，继续使用逻辑式和音系式两个术语，用于指称概念－意向系统和感知－运动系统本身。这造成了一些混乱，不过也属于情有可原、难以避免的现象。但关键的是，不能再区分显性句法和隐性句法两个部门，也不可再设置逻辑式操作。参阅 Chomsky（2008：158）。

取消逻辑式使早期版"拖延原则"完全失去了存在的基础，因为它就是依托显性部门和隐性部门的对立而提出的。至于特征的强弱也在单一循环的模型中基本不再使用了，这是因为 φ 特征并不触发移位，触发移位的是边缘特征（即 EPP 特征），而它只有强特征，并不引发显性和隐性移位的对立。实际上，边缘 /EPP 特征最终也被取消了，具体的论述参阅第 4 章。

总之，把推导模型从传统的显性 – 隐性双循环改造成单一循环，对于满足强式最简命题而言是一个重大进展，标志着表征层级最简化的任务基本完成了。

除此之外，语段理论还在其他方面进一步改进了理论模型。首先，一致操作的出现割断了消除不可诠释特征和句法移位之间的关系，最终导致了移位被改造成内合并。其次，把特征与移位脱钩的另一个益处是推导系统对特征的依赖也大大下降了。在最简方案的初期，研究者普遍接受句法操作具有不得已性质的观点，并以此为出发点对几乎每种移位都设置了一个起触发作用的不可诠释特征，造成了特征数量的激烈膨胀。在语段理论的模型中，包含性条件被扩展到对特征的限制：不得引入词项固有特征之外的特征（Chomsky et al., 2019）。如前所述，特征被限制到 EPP（即边缘特征）和 φ 两个种类，前者驱动非论元移位，后者关联论元移位。这种限制无疑大大简化了理论模型。

被取消的特征不仅包含常见的强弱、焦点等特征，还包括词库中的语义选择（s-selection）。语义选择是服务于题元理论的，它以词库特性的方式规定了外论元和内论元的区别，前者关联施事、感事等角色，后者关联客事、方位等。就多数动词而言，语义选择是可预测的。尽管如此，有一定数量语义相近的动词对论元的选择却相差很大[1]，为此在词库中规定语义选择是一个由来已久的做法（Chomsky, 1965）。在近期最简方案中，Chomsky（2004）重申，题元角色只与两种因素相关：一种是结构上的配置（Hale & Keyser, 1993a, 2002），另一种是中心语的语义属性。它们与包括语义选择在内的其他因素没有关系。题元关系完全由概念 – 意向系统决定。即使题元角色选择不当，推导也不会崩溃，

1　例如，在英语中，ask 和 wonder 意义相仿，但只有前者才能以名词短语为补足语进行提问（John asked/ *wondered the time）；eat 和 devour 都属消耗类动词，前者可以单用，后者则必须带宾语（John ate/*devoured yesterday）。参阅 Melchin（2019）。

而只会获得一个"异常"的诠释而已。语义选择被取消涉及多种因素，其中包括它与语段理论的冲突。总之，按 Chomsky（2004：112）的观点："由于多种原因，语义选择应该是可放弃的。"

3.8.3　对语段理论的探讨与争议

上述各节讨论的是主流的语段理论，以 Chomsky 的著述为主要代表。实际上，文献中还有大量的替代性分析，也有对主流理论的批评性意见。尽管这些分析和批评中相当一部分缺乏足够的建设性，或者在后续的研究中已经得到解决或化解，但也不乏极有洞见、切中肯綮的意见。在篇幅不允许全面介绍的情况下，下面选取四个比较有代表性的方面加以陈述，供读者参考。

第一，语段是静态的还是动态的。至此，本书介绍的均是静态的语段观，即只有 CP 和 v*P 是语段。与此相反，不少研究者认为语段具有动态性。比如，第一种是 den Dikken（2007）倡导的"语段扩展"（phase extension），主张一个语段 α 的中心语如果移到 β 位置，则会使 β 变成语段，α 则失去语段地位，变成 β 语段的一部分。第二种是 Gallego（2010）提出的"语段滑动"（phase sliding），主张语段的边缘是由不可诠释特征标记的，因此语段可能因不可诠释特征所在位置而发生变化。具体地说，如果 v* 移动到 T 上，则 TP 变成一个语段，主语的格特征必须在该语段内消除，从而导致显性主语的强制性出现。而在西班牙语等语言中，v* 不能移动到 T 上，所以主语可以通过与 C 建立一致关系而消除，从而形成空主语现象。第三种是 Bošković（2014）提出的"最高短语即语段"方案，即所有短语均有成为语段的可能，但只有层级最高的短语才能成为实际的语段。例如，在英语中，因为有 D（限定词）的存在，所以 NP 不是语段，而名词性短语的最高投射 DP 是语段。然而，克罗地亚语没有 D，NP 有成为语段的可能，但如果它与量化短语 QP 共现，则只有后者才能是语段。它们共有的思路是语段地位不是一成不变的，而是会受到特定的语境或操作的影响。这类方案虽然为 Chomsky et al.（2019）明确否定，但至少为解决部分构式中的问题提供了更多思路。

第二，语段是否存在跨语言变异。Chomsky 对此基本没有做过讨论，他的阐述也没有为变异留下任何余地。从概念的角度，既然语段源自生物体都遵守的第三因素原则，那么语段的存在应该是普遍的、无变异的。然而，正如 Citko（2014：168）指出的那样："概念的考虑只引导我们期待语段的存在是普遍的，而不是它们的身份是普遍的。"换言之，语段在不同语言中由不同的语类担任，这种可能性是不违反有效计算原则的。文献中确有一些相关的讨论。例如，Abels（2003）注意到有的语言（如英语）允许介词悬空，有的（如波兰语）则不允许。作为对这一现象的解释，他提出 PP 在那些不允许介词悬空的语言中是语段，而在那些允许介词悬空的语言中则不是语段。Bošković（2014）的研究也允许变异发生在名词性成分中，即有 D 存在的语言，NP 不是语段；而没有 D 存在的语言，NP 是语段。总的来看，这方面的研究虽然颇有争议，但也有一定参考价值。

　　第三，CP-DP 平行性的问题。生成语法中有一个由来已久的看法，即句子（CP）与传统意义上的名词性短语（DP）有平行的性质，甚至有名词性短语是没有时态的句子的说法。然而，在标准的语段理论中，CP 和 vP 都是句子骨架中的成分。对于 DP 是不是语段的问题，Chomsky 最初有些含糊其辞，后来态度逐渐明朗，认为它不是语段："这些语类缺乏与逐级循环移位相关的效应，这一事实支持只有 v*P 和 CP 是语段的假说。"（Chomsky et al.，2019：241）在目前的体系中，DP 的语段地位确实有可疑之处，所以把它排除在语段之外并不意外（参阅 van Urk，2016）。然而，这个做法等于在实践上放弃了对句子与传统意义上的名词性短语之间平行性的追求。为了解决这一问题，Oishi（2015）提出一个方案，即 D 根本不是限定词，而只是定冠词的一种减缩形式，因此 D 不是名词性成分的最大投射。相反，名词性成分的中心语是其定类语素—n，其地位与 vP 中的 v 相似。或许从这个角度才可以在语段理论中捕捉名词性成分与句子之间的平行性。

　　第四，理论内部的自洽性。有研究者提出，语段理论尽管已经相当精练，但跟其他部分理论中的某些要素仍有若干冗余乃至冲突的地方，其中比较明显的是不篡改条件（NTC）和语段不可穿透性条件（PIC）两个条件。NTC 规定已生成的客体在推导中不得被删除或修改，形成的重要经验结果之一是合并只能发生于边缘。这就是边缘特征的来源（参阅第 2 章）。PIC 的功能与此颇为相似，旨在禁止推导删除或修改已被移交的客体。两者的区别在于：NTC 负责狭义句法部分，负责形成普通的循环性；PIC 负责接口部分，负责形成严格循环性。尽管有区别，但不难看出两者的相似性：都源于第三因素原则，都旨在保证计算的效率。从这个角度来看，NTC 和 PIC 之间存在冗余。不仅如此，NTC 和特征继承假说之间还有一定冲突，即特征继承"是对 NTC 的一个微小的违反"（Chomsky，2007：8），因为它修改了继承者的特征。有研究者提出，鉴于这些问题，有必要以某种方式对相关理论进行适度修正。作为这一努力的一部分，Gallego（2020）提出一个强化版的 PIC，以之派生 NTC 覆盖的经验内容，效果还有待验证。

　　以上介绍了近期最简方案中语段理论的基本情况，讨论的范围覆盖了核心的概念、性质诊断方式以及特征继承假说。最后介绍了与语段理论相关的争议性话题以及非主流观点。可以说，语段理论还有进一步完善的空间，但基本理念已经经受住了近 20 来年的考验，概念和经验的价值不可低估。

第 4 章
加 标 理 论

4.1 引言

第 2 章提到，早期最简方案引入了合并作为语言成分的组合机制。它应用于两个客体 α 和 β，形成一个新客体 K。K 由两个部分组成，一个是 α 和 β 的集合，另一个是该集合的标签 γ，基本形式如（1）[同第 2 章例（12）]：

（1）合并（α, β）→ {γ, {α, β}}

Chomsky（1994，1995）提出，（1）中新客体 K 的标签 γ 一定是 α 或 β 之一，既不可能是 α 和 β 的交集，也不可能是 α 和 β 的并集。换言之，合并（α, β）要么形成 {α, {α, β}}，要么形成 {β, {α, β}}。（2）是这一设想的体现 [同第 2 章例（13）]：

（2）a.   b.

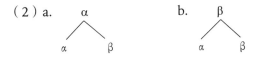

在近期最简方案中，合并又发展为"最简合并"，如第 2 章例（59），复制为（3）：

（3）合并（α, β）= {α, β}

与如（1）所示的最早期形式相比，（3）中的最简合并不生成标签，不再包含与投射相关的任何内容。

本章旨在阐述下列问题：近期最简方案为何取消合并中的标签？标签是否仍有作用？如果有，作用是什么？如何确定标签？

Chomsky（2013，2015b）对于上述问题给出了相对完整的解答[1]，文献中一般称"加标理论"（labeling theory），基本观点是：标签不是合并操作的一部分，而是出于满足接口条件的需要，为接口识别合并所输出的客体提供的一种方式。加标是通过最小搜索实现的，是第三因素原则的一种体现。最小搜索选择集合中最显著的中心语或特征作为标签，从而使接口上的诠释程序得以进行。如果无法选出中心语或特征加标就会失败。不过，无法加标的结构可以通过结构改造或者特征共享方式获得标签。

加标理论还被延伸到主语相关的现象，使原 - 参理论中"扩展的投射原则"（extended projection principle，EPP）和"空语类原则"（empty category principle，ECP）得到了统一处理——T 特征有强弱之分。在英语中弱，不能独立加标，因此其标志语需要一个显性的名词性成分的存在来加强 T，如此加标才能成功。这意味着该位置既不能为空，也不能是不可见的拷贝，由此分别引发了 EPP 和 ECP 效应。与此相反，意大利语 T 的特征强，无须显性主语的加强即可加标。因此，它不要求加标时主语可见，不会引发 EPP 和 ECP 效应。这个统一处理也适用于 v*P，CP 和 v*P 两个语段的推导模式由此也得到了统一。

本章安排如下：4.2 节介绍相关的理论背景，说明标签概念在生成语法中的出现与发展；4.3 节勾勒 Chomsky（2013）所述的加标理论的基本面貌；4.4 节演示部分结构中的加标机制；4.5 和 4.6 两节讨论 Chomsky（2015b）对加标理论的扩展分析，一是对 EPP 和 ECP 的统一分析，二是对所谓加标时机（timing）的阐述；4.7 节总结本章。

4.2 理论铺垫

标签概念源自传统语法和结构主义语法，大致而言，它指在句法客体上所明晰表征的名称（参阅 Epstein et al.，2017：18），用于标明句法特性，通常以语类信息为基础，如名词短语（NP）、动词短语（VP）等。比如，V（α）"学"与 NP（β）"语言学"结合，形成的句法客体是 VP（γ）

1　这两篇论文的题目可翻译为"投射的问题"和"投射的问题：一些延伸"，文献中常分别简称为"POP"和"POP+"。

"学语言学"，VP 就是这两个成分结合后形成的新客体的标签，而这就是例（1）的基本含义。

与前辈理论一样，生成语法也长期认为标签是语言结构中一种无可置疑的存在。其最初的短语结构语法本质上是把一个算符（如 S）改写为另一组算符（如 NP VP）的程序，这些算符就是标签。如此，句子 S 的改写式及其相应的树形图如（4）所示：

（4）a. S → NP VP

b.
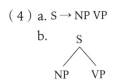

除了树形图，成分结构另一种常用的表示方式称"带标签的括号"（labeled brackets），其中的"标签"即指某个成分的名称，一般用下标的语类符号表示，如（5）所示：

（5）[$_S$[$_{NP}$[$_{Det}$ the][$_N$ boy]][$_{VP}$[$_V$ likes][$_{NP}$[$_N$ football]]]]

不难看出，标签是短语结构语法中必不可少的部分，它反映了结构生成中的输入－输出关系，体现了成分的层级结构。从宏观层面上看，标签反映了语言的组合性，表征了语言可以从单个元素逐渐扩展为更大单位这一事实。然而，在这一时期，对于标签的性质问题鲜有探讨，其存在与应用仅仅是一种硬性的规定。以（4）为例，为什么母节点 S 有别于其他标签，没有中心语呢？S 为什么需要改写成 NP VP，而不是其他组合呢？再如，为什么 VP 能改写成"VP → V NP"，却不可以改写为"A PP"呢？对于这些问题，当时能给出的答案是：这些改写规则是从经验事实中归纳出来的，是以定义的方式确定下来的。换言之，它们是规定性的（stipulated）。总之，短语结构语法中的标签为描写语言的结构特性提供了一种机制，是语言研究中的一个重要创新，但其性质却未能得到应有的探究与解释。

在原－参理论中，X 阶标理论取代了短语结构语法，把短语结构分析带入了新的阶段，也开启了标签研究的新篇章，最突出的是它对向心性（endocentricity）的规定。所谓向心性，指每个短语都必须有一个中心语（head），其语类属性可以逐级映现到支配它的节点上

（$X^0 \rightarrow X' \rightarrow XP$），从而决定该短语的语类属性。这个过程通常被称为"投射"（projection）。这意味着，X 阶标理论从中心语的语类特征以及阶标的指数派生出短语成分的标签。就此而言，它在很大程度上纠正了短语结构语法对标签的硬性规定，并促成了理论体系一系列的变化。例如，（4）中无中心语的标签 S 被改造成了标句词（C）的最大投射，即 CP。它支配了一个以时态为中心语的最大投射，即 TP。如此，所有的功能语类都跟词汇语类一样成了向心性结构，都以 XP 的形式呈现（参阅 Chomsky，1986b）。*VP → A PP 这类改写式之所以不合语法，不再是规定的结果，而是因为它不是由 V 这个中心语投射而成的，违反了向心性要求。

尽管 X 阶标理论在对标签的解释上取得了很大的进步，但从"为什么"的角度来看，它依然存在很多悬而未决的问题。比如，为什么结构的生成涉及投射？为什么短语必须是向心性的？X 阶标理论对这些问题没有给出令人信服的解释。

除了向心性之外，X 阶标理论对"主语"这个概念有了更为深入的研究，对其特异性有了进一步认识，出现了 EPP 和 ECP 等主要针对主语的限制条件。相关问题将在 4.5 节讨论。

在进入最简方案之后，合并操作替代了 X 阶标理论中的结构模板，形成了光杆短语结构模式，并且逐步从带标签的形式发展为无标签的最简形式，分别如（1）和（3）所示。在最简合并中，合并 α 和 β 所形成的客体仅为二者的集合，再无明晰表征的标签，X 阶标理论所定义的向心性以及投射两个概念由此无法在合并中陈述。第 2 章对这一历程做了较为详细的叙述，不再赘述。

有充分的理由相信，在合并操作中取消标签是一个合理的选择。首先，如第 2 章提到的那样，合并只是一种成分组合操作，不需要关联标签。相反，标签在句法中无显性证据可查，既不能独自移位，也无法得到发音。不仅如此，标签增加了普遍语法的内容，从而偏离了强式最简命题。其次，合并操作并不以向心性为基础和前提。一方面，它是基于工作区的，在不同的工作区构建结构的子树，然后组装到一起（参阅 2.3.3 节和 2.6 节），这意味着离心结构（短语层面上常表示为"{XP, YP}"）不仅不可避免，而且是频繁出现的。另一方面，内合并每发生一次，都有可能产生一个 {XP, YP} 结构。如此，像 X 阶标理论那样在成分组合中排除离心结构的做法是不可行的。

　　然而，标签不由合并操作生成不代表它在语言计算中没有作用。我们知道，（集）合并是一项对称性操作（Chomsky，2004），集合中的成员具有平等的地位[1]。然而，在实际推导中，成分之间通常展现出不对称的关系。比如，有的成分可以不对称地成分统制另一个成分，或者在线性顺序上前于后者，等等。因此，语言推导需要某种打破对称的机制，而这正是加标的意义所在。第 2 章提到，Chomsky（1995）认为输出条件要求合并所形成的客体携带标签，因为不同的语类（名词或动词）和不同的层级（中心语或短语）在诠释系统有不同的表现。Chomsky（2005：14–15）再次指出，在对某个句法客体进行进一步计算时，无论用于内部搜索还是外部作用，标签"是最低限度所必不可少的"，因为：

> 标签是许多不对称的来源：比如，在一个中心语 –XP 的构式中，标签必将是中心语，XP 是其"依存语"；如果该中心语是实词性的，后者则是它的一个论元并由它分派一个语义角色。因此，诸如此类的不对称不需要在句法客体本身标明，而且一定不能标明，因为它们是冗余的。……类似的例子还有很多。

　　加标理论为化解上述矛盾而提出。在这个理论中，标签不是狭义句法结构表征的一部分，却为接口的诠释所必需，用于为接口识别、区分不同的短语范畴提供必要的信息。

4.3　加标理论的基本假设

　　加标理论的基础性假设如下：

　　第一，加标不是合并操作的一部分，而是独立于合并的一种程序。借用 Chomsky（2013：43）的话来说："……结构不必是向心的，投射（与语序）同样是个独立的特性。"

　　第二，加标的目的是识别句法客体，以使其在接口获得诠释。加标就是在最简合并所生成的客体中寻找该客体相关信息的过程。加标是由最小搜索完成的，如 Chomsky（2013：43）所言："（加标算法）就是

1　请注意，另一种合并形式——对合并——是不对称的、有序的（<α, β>），α 嫁接于 β。参阅 2.7 节。

最小搜索，大概与一致以及其他操作一样，是对某个第三因素原则的征用。"第 3 章讨论一致操作时曾介绍过最小搜索，它是第三因素原则中有效计算的一种体现，要求搜索在关联探针与目标中的步骤最小化[1]。因此，它具有独立的动因，没有在普遍语法中添加内容，符合强式最简命题的要求。

第三，加标过程有固定的算法，称"加标算法"（labeling algorithm），以下有时简称为 LA。总体上，LA 是对中心语的探测，最早出现于 Chomsky（2008：145），相关部分转述如（6）：

（6）在集合 {H, α} 中，如果 H 是一个词项（即中心语），那么 H 就是该集合的标签。

Chomsky（2013：43）对此做了如下说明：

在最理想的情形中，有关句法客体的相关信息将由其中的某个单一特定的元素提供：一个计算原子，近似于一个词项（LI），即中心语。当算法可以应用时，该词项可提供加标算法所发现的标签。

Narita（2014：32）把基于最小搜索的加标算法称为"最小中心语探测"，定义如（7）：

（7）最小中心语探测：
对任一句法客体 Σ，定义 Σ 中最显著的词项 LI 为 Σ 的中心语。

那么，为什么最小搜索会选择中心语作为句法客体的标签呢？Narita（2014）认为，这是因为它是最简单的诠释模式。他从概念－意向系统的角度对此作了较为具体的说明：诠释系统跟句法一样是组合性的。当它作用于客体 {α, β} 时，需要分别审视 α 和 β 的语义特性。而 α 和 β 又可能分别包含另一个复杂的客体 {γ, δ}。因此，相关的审视将递归进行，直到搜索到某个原子性元素（H），即最小的 {H, α}。只要语言官能的设计遵循有效计算原则，那么通过中心语的语义特征，诠释系统总可以有效地为每个短语性的句法客体分派一个解读。换言之，在一个

1　从实际操作情况看，最小搜索在一致与加标两种操作中的体现方式不尽相同。比如，在一致操作中，探针只搜索特征，且仅涉及 [中心语－补足语] 关系。而在加标操作中，探针不仅搜索特征，也搜索中心语，而且经常涉及传统意义上的 [标志语－中心语] 关系。

短语中，总存在一个中心语，决定该短语的组合性语义。

随着研究的逐渐深化，LA 从对中心语的探测延伸到对特征的探测，即通过寻找句法客体 {XP, YP} 中两个元素的某个共有特征来为该客体加标，这就是基于一致的加标。具体情况见以下各节，特别是 4.4.2 节的讨论。

第四，加标发生在语段层，是移交操作的一部分。如 Chomsky（2015b：6）所言："既然加标对于概念 – 意向和外化过程来说都是必须的……，因此加标一定发生在语段层，是移交操作的一部分。"换言之，在近期最简方案的体系中，除合并之外，一致、加标和移交等操作都发生在语段层。这意味着，加标可以延迟，不立即伴随每次合并发生。相反，只有当语段构造完毕后，加标操作才发生。了解这一点对理解加标所触发的操作，如逐级循环移位等，是非常重要的。

第五，内合并（移位）在原位留下的拷贝在加标中不可见。Chomsky（2000a：131）在讨论冰岛语等语言中所谓的古怪格时就得出结论："论元移位的语迹对探针 – 联系词关系是'不可见的'。"（同见 Chomsky，2001：16）Chomsky（2013）为此下了一个定义，大意是只有包含某个成分的所有拷贝的区域才是加标的区域。下层的拷贝不符合这个定义，因此不为加标可见。Ott（2015）对这个定义做了进一步阐述。他指出，内合并尽管不篡改原有客体，但使之在两个不同的结构配置中分别占据一个位置。更具体地说，对于集合 {XP, YP}，假设 YP 移位，它会产生两个拷贝，一个在原有的集合之中，另一个则在其之外。这意味着移位后的 YP 不再是原有集合"严格包含"的成员。相比之下，XP 只出现于原有集合之中，即是严格包含于原有集合的。因此，在 YP 发生移位的情形中，对 {XP, YP} 的加标应以该集合严格包含的成员（XP）为基础，移位成员（YP）则在落点加标[1]。

以上总结了加标理论的五个基础性假设：第一，加标独立于合并；第二，加标是为满足接口要求而实施的操作，它是最小搜索的一个实例，是第三因素原则的一种体现；第三，加标有确定的算法，以集合中最显著的词项或特征为搜索目标；第四，加标发生于语段层；第五，移位成分的原位（即下层）拷贝不为加标算法可见。用 Chomsky et al.

---

[1] 有些学者对拷贝不为 LA 所见的观点持不同意见，认为它不符合不篡改条件（具体内容见 2.3.5 节）的要求。可参阅 Takita et al.（2016）以及 4.7.3 节。

（2019：247）的话总结就是："加标算法是合并操作的补充，旨在解决传统意义上的向心性问题。该算法与一致操作一样，是最小搜索的一个实例，发生在语段层。"

4.4 不同结构的加标机制

加标算法适用于各种句法结构。本节主要阐述 Chomsky（2013）中讨论的两种基本结构——{H, XP} 和 {XP, YP}——的加标，重点是后者的加标。此外，本节将简要介绍该文提到的其他一些结构的加标情况。

4.4.1 {H, XP} 的加标

加标的第一种情形是 {H, XP} 形式的句法客体，其中 H 是中心语，XP 是短语。此时，最小搜索查看该集合的内部，找到两个客体 H 和 XP（即集合中的元素）。这一搜索的结果是"无歧义的"（unambiguous），即只有 H 可以充当标签，因为它是 LA 能够搜索到的距离最近、嵌入最浅的中心语。相比之下，XP 是一个集合，因其中心语嵌入在该集合之中，所以不直接携带能够识别整个客体身份信息的特征。通过加标，客体 {H, XP} 在接口被识别为 H。例如，$[_\alpha \, v \, [NP]]$ 是一个典型的 {H, XP} 结构，此时最小搜索会把 v 认定为标签，该结构会被加标为 vP[1]。

可以看出，就 {H, XP} 形式的短语而言，加标算法和 X 阶标理论的结果是一致的，即该类短语具有向心性，VP={V, …}，NP={N, …}。它们都有一个中心语，与整个短语的标签一致。两者的不同之处在于，加标算法不是通过中心语 H 在表征上的投射来分派标签的，而是依据第三因素原则（最小搜索）做出的推断。

4.4.2 {XP, YP} 的加标

加标的第二种情形是 {XP, YP} 形式的句法客体，其中的 XP 和 YP

---

1 请注意，这里以及后文使用的 v、NP、vP 乃至 SPEC 等标记都只是为了方便阐述。按照加标理论，标签在狭义句法中是没有表征的。

都不是中心语。对于这种典型的离心结构，最小搜索的结果是"有歧义的"（ambiguous）：既可能定位到 XP 的中心语 X，也可能定位到 YP 的中心语 Y，因此无法确定一个唯一的元素来为整个客体的身份识别提供信息。显然，接口不能接受这种模棱两可的情况，加标失败，推导也随之崩溃。

尽管 {XP, YP} 客体无法通过直接搜索中心语来加标，但可以通过其他方式加以挽救。Chomsky（2013）主要阐述了两种方式：第一，通过移位加标（labeling through movement），即对 {XP, YP} 进行调整，只保留其中一个短语，使其中心语成为标签；第二，通过一致加标（labeling through agreement），即在两个短语中建立一致关系，以二者共有的特征作为标签。下面分别介绍这两种方式。

1. 通过移位加标

移位留下的拷贝在加标中不可见。据此假设，可以把 {XP, YP} 中的一个成员 XP 或者 YP 从该集合中移出，使其只有一个中心语可见，从而为 {XP, YP} 加标。意大利学者 Moro（2000，2007）首先在系动词句（copular sentence）中关注到这类结构的特殊性，并从线性化的角度做了分析。Chomsky 等人从加标的角度对系动词句进行新的解读，并把经验范围扩展到了分裂话题（split topic）、谓语内主语（predicate-internal subject）等结构。下面逐一简要介绍。

1）系动词句

系动词句，顾名思义，指用系动词连接两个短语所形成的句子，其中的一个短语担任主语，另一个担任表语。Moro（2000，2007）等的长期研究显示，主语和表语是平行的、对称的，它们可以互换位置，但不可以同时出现在系动词的一侧，如（8）所示：

（8）a. 张三是老师　　　b. 老师是张三　　　c. * 是张三老师

Moro（2000：42）提出，系动词的底层结构是 [系动词（COP）－小句（small clause）]，如（9）所示：

（9）

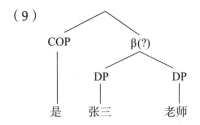

（9）中的小句 β 是一种 {XP, YP} 形式的句法客体，LA 无法为其加标，这就是（8c）不合语法的原因。为此，其中之一——XP（张三）或者 YP（老师）——需要移出，使小句中只有一个中心语可见，如（10）所示：

（10）a. 张三 是 {β 张三，老师 }

   b. 老师 是 {β 张三，老师}

（10）展示了加标驱动的移位。从中可见，对诸如（9）这样的系动词句而言，移出表语（β）中的短语之一可以避免加标失败。典型情形中，XP（张三）移出，β 被加标为 Y（老师），形成（10a）；YP（老师）也可移出，形成倒装（inverse）结构，β 被加标为 X（张三），即（10b）。无论哪种情形，LA 均只看到一个短语，看不到移位留下的低位拷贝，句法客体由此获得识别。

2）分裂话题结构

另一种可以通过移位挽救加标的 {XP, YP} 结构是分裂话题结构，如德语例（11）所示（转引自 Chomsky，2013：44）：

（11）Nagetiere   hat   Peter nur   zwei Eichhörnchen gesehen.
   啮齿动物 助动词   Peter 仅   二   松鼠   看见
   "啮齿动物 Peter 仅看见两只松鼠。"

对该结构的加标分析最早是 Ott（2011，2015）提出的。为了节约篇幅并提高可读性，我们将直接用汉语例句阐释他的分析方案。对分裂话题结构的生成主要有两种传统观点：一种认为该类话题是从某个单一的 NP 中提取一部分而生成的，如"张三的书我只看过三本好的"中的话题"张三的书"是从"三本好的张三的书"这个 NP 中提取出来的；另一种认为话题是基础生成在句首位置的，不涉及移位，称"悬垂话题"（dangling topic）。Ott 对这两种观点进行了反驳：一方面，他依据各种句法形态证据说明话题和述题是两个相互独立的短语，而不是同一短语的下属成分；另一方面，他指出分裂话题涉及移位，所以不能移出诸如附加语、关系从句及复杂 NP 等孤岛结构。在此基础上，Ott 认为如（11）所示的分裂话题句的生成过程分两步。第一，话题与述题合并，形成一个 {DP, NP} 集合。其中话题是个光杆的、表特征的 NP，无任何指称性质；述题则是一个完整的 DP。在这个意义上，可以把 DP 和 NP 诠释为一种论元－谓述关系，NP 表达 DP 所指个体所具有的特性。具体到（11），它表达"松鼠是啮齿动物"的意义。第二，{DP, NP} 集合是一种无法加标的 {XP, YP} 结构。出于加标的需要，NP（啮齿动物）移位至句首位置。树形图如（12）所示：

（12）

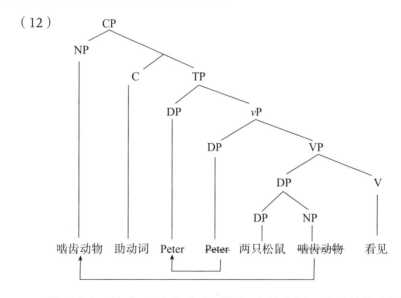

以上简要介绍了加标算法在分裂话题句中的应用。这种结构广泛存在于不同语言，是传统理论难以解释的谜题，但在加标体系下获得了相对自然的解释。

3）谓语内主语结构

根据谓语内主语假说，主语基础生成于谓语内部，后移位至 [SPEC,

TP] 位置。"谓语内主语结构"指的是在主语移位前基础生成的结构，如（13）所示，EA 指外论元，IA 指内论元（参阅 Chomsky, 2013：43）[1]：

（13）T [$_\beta$ (EA) [$_\alpha$ v* [V IA]]]

按照谓语内主语假说，"张三打李四"的谓语内主语结构如（14）所示：

（14）

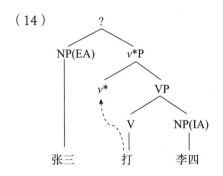

（14）中的主语"张三"和谓语"打李四"在不同的工作区构造而成，然后组合到一起的（参阅 2.3.3 节），是不可加标的 {XP, YP} 形式。为获得标签，必须移出一个成员。典型情况下，EA "张三"移位至 [SPEC, T]，v* 由此成为该客体中 LA 唯一可见的中心语，因此（14）被加标为 v* 或 v*P。值得注意的是，在此之前的标准理论中，外论元的提升一般被认为是由 EPP 驱动的，旨在消除 T 上不可诠释的 D 特征。加标理论消除了这种目的论视角下的移位，赋予它新的解读。具体地说，外论元的移动与 EPP 无关，也不服务于收敛。它是由加标触发的，因为只有它移出谓语内主语结构，最小搜索才能无歧义地把 v* 识别为该结构的中心语，从而进行加标。在这个意义上，可以说加标理论使 EPP 失去了存在的基础。4.5 节将对相关问题做更为详细的阐述。

4）非论元移位中的强制性移出现象

英语中的疑问短语在逐级循环移位过程中，往往不能停留在中间位置，而是必须移走，这个现象称"强制性移出"（obligatory exit）。例如，在（15）中，疑问短语 in which Texas city 从基础生成位置（即

---

1 这个结构在 Chomsky（2015b）中被进一步改造，详见 4.5.2 节。

assassinated 的附加语位置）移位至内嵌句的 [SPEC, C] 位置，形成句法客体 α，然后再与根句 CP 进行内合并，形成句法客体 β。

（15）[$_β$ In which Texas city did they think [$_α$ ~~in which Texas city~~ [C [$_{TP}$ JFK was assassinated ~~in which Texas city~~]]]]?

例（16）则显示，疑问短语 in which Texas city 与内嵌句 CP 进行内合并后，如果滞留于该位置，不再移走，将会导致推导崩溃。因此，它只有移出该位置结构才能合乎语法。

（16）*They thought [in which Texas city [C [$_{TP}$ JFK was assassinated ~~in which Texas city~~]]]?

此类疑问短语的强制性移出正是由加标驱动的。（16）中疑问短语 in which Texas city 与内嵌句 CP 内合并，形成的是一个 {XP, YP} 形式的句法客体，如（17）所示：

（17）…(think) [$_α$ [$_{XP}$ in which Texas city] [$_{YP}$ C [$_{TP}$ JFK was assassinated ~~in which Texas city~~]]]

因此，（17）中的 α 无法被加标（LA 同时搜索到两个中心语 X 和 Y），从而导致其得不到解读，这意味着 in which Texas city 必须被移出，以便低位拷贝不为 LA 可见，这样 α 就会被加标为 C。

普遍认为，加标为非论元移位中的强制性移出提供了一个原则性的解释。按照 Chomsky（2013）的方案，移位操作本身实际上不是强制性的，相反，（16）中的疑问短语 in which Texas city 可以自由停留在中间位置，即内嵌句的标志语位置，然而这么做会导致相关客体加标失败。与传统分析不同，基于加标的方案没有把（16）不合语法这一事实简单地归因于动词的选择性特征与疑问特征之间的错配这一句法内部因素，即没有将其归因为其中的 think 只能选择 [–Q] 特征的 C 作为补足语，而疑问短语具有 [+Q] 特征这一冲突；也没有为此设置明晰表征的标志语 – 中心语关系，或是增添其他的句法内部机制。相反，这个方案剔除了这些专设的描写技术，转而把相关现象的出现归结到了第三因素原则。由此可见，至少就非论元的强制性移出现象而言，加标理论实现了一次重要的突破。

强制性移出现象还关联其他很多问题，4.4.2 节将做进一步讨论。

5）合并优于移位现象

上节介绍的是 Chomsky（2013）对非论元移位中的强制性移出现象的分析。沿着这个思路，Epstein et al.（2014，2017）把基于加标的分析方案延伸到了论元的逐级循环移位，从而解释了著名的合并优于移位现象。该现象在经济性相关研究中广受关注，本书第 2 章和第 3 章均做过介绍。逐级循环移位的实例如（18）所示：

（18）a man is likely [~TP~ a̶ ̶m̶a̶n̶ to be a̶ ̶m̶a̶n̶ in the room].

在（18）中，DP（"a man"）从下层小句提升后进入内嵌句 TP 的标志语位置，此时形成了一个不能加标的 {XP, YP} 结构，XP 是 DP，YP 是不定式从句 TP。DP 因此只能进一步提升，到达根句的主语位置。换言之，Epstein 等的研究说明主语的逐级循环移位是由加标驱动的，与 EPP 无关，这与 Chomsky 的观点是一致的。

以对（18）的分析为基础，Epstein 等对合并优于移位现象的分析如（19）所示：

（19）a. *there is likely [~TP~ a man to be a̶ ̶m̶a̶n̶ in the room]
　　　b. there is likely [~TP~ t̶h̶e̶r̶e̶ to be a man in the room]

（19）中的两句是在相同的词汇数组基础上推导生成的，并且拥有部分相同的推导阶段（工作区）——to be a man in the room。在 EPP 驱动移位的模式中，不定式 T 进入推导后，其 EPP 特征需要消除。（19a）采用的方式是移动联系词 a man，（19b）则采用合并填充词 there。前一操作形成的句子不合法，后一操作形成的结构则是合格的（参阅 3.4.2 节）。这就是所谓的合并优于移位现象。为了解释这一现象，Chomsky（2000a）假设移位是合并和一致组成的复合性操作，不如单纯的合并经济。与此同时，他还提出了词汇子数组概念，把填充词与其联系词的竞争关系局限到了语段层，从而大大提升了对相关现象的解释力。然而，随着理论的发展，移位最终被认定为合并的种类之一。不仅如此，移位因为不涉及对词库的搜索，所以甚至比外合并更加经济。以"移位 = 合并 + 一致"模型为基础的分析方案显然不再适宜。

在此背景下，Epstein 等尝试从加标角度解释合并优于移位现象，大致如下：（19a）之所以不合格，是因为 a man 从内嵌句内部移出并且滞留在其边缘，与 TP 形成了一个不可加标的 {XP, YP} 结构，即 [α[XP a man][YP to be ~~a man~~ in the room]]，α 不可加标。相比之下，（19b）中的 there 在外合并至内嵌句的 SPEC 位置后没有滞留在该位置，因此对内嵌句的加标不构成威胁。换言之，在（19）的内嵌句中，任何一个位于 SPEC 位置的名词性成分与不定式 T 都不可能通过一致得到标签（详见下节），即都不可滞留，所以加标的唯一方式是进一步移位。（a）句中的 a man 滞留在不定式 T 的主语位置，所以加标失败，而（b）中的 there 则移出了该位置，没有违反加标的要求。

以加标理论派生合并优于移位效应，其理论价值是不言而喻的。它使"内合并 = 合并 + 一致"的复合性操作这个假设失去了存在的基础，为合并的自由应用提供了坚实的理论基础。自此，加标驱动逐级循环移位这一设想逐渐得到了认可，一个长期令人困扰的难题也得以化解。

2. 通过一致加标

上一小节讨论的情形是通过移位使结构发生改变，从而使加标成功。除此之外，另一种可能的情形是：如果 X 和 Y 共享某个显著特征，那么该特征可以用作句法客体 {XP, YP} 的标签。如此，无须 XP 或者 YP 移位，也能避免或化解 LA 搜索结果的歧义。这就是通过一致加标。按Chomsky（2013：43）的表述，通过一致加标指"X 和 Y 在相关方面是相同的，提供相同的标签，可以被用作句法客体的标签"。这里所说的"相关方面"即 X 和 Y 共有的最显著的特征，主要有 φ（一致）特征和Q（疑问）特征两种。Chomsky（2013：45）进一步指出，对于加标而言："只在最显著的特征上匹配（matching）是不够的。所需要的不只是匹配而是实际上的一致，一种更为强烈的关系"，"加标要求配对的中心语之间不仅是匹配而是一致。一致存在于 < 定值的，未定值的 > 特征配对之间"。由此可见，加标中的一致由定值的和未定值的特征配对触发。（20）中的两个树形图分别演示了 {DP, TP} 和 { 疑问 -XP, CP} 两种基于一致的加标情况：

（20a）是论元移位（A-movement）的情形。按常规分析，此时主语 DP 携带的是定值的特征 [φ]，而 TP 拥有的是未定值的特征 [uφ]。当主语 DP 与 TP 合并时，{₍ₐ DP, TP} 形成一个 <φ, uφ> 的特征集合，触发一致操作，[uφ] 得到定值并删除。与此同时，{₍ₐ DP, TP} 被赋予 <φ, φ> 的标签。（20b）是非论元移位（A'-movement）的情形，其中的疑问短语携带未定值的特征 [uQ]，而 CP 则拥有定值的特征 [Q]。Chomsky（2015b：13）提出："C 的 Q 特征是定值的，所以疑问短语中相应的特征必然是未定值的，它被诠释为关系词、疑问词还是感叹词取决于结构位置。"{₍ₐ 疑问 -XP, CP} 形成一个 <Q, uQ> 的特征集合，触发一致操作，[uQ] 得到定值并删除，{₍ₐ 疑问 -XP, CP} 也由此获得 <Q, Q> 的标签。具体情况见对例（21）的分析。

通过一致加标意味着 LA 搜索的目标不限于中心语，还包括特征。理论上，这两者之间并不冲突，因为基于特征一致的加标并不发生在所有结构中。例如，非论元移位中的强制性滞留存在一致关系，而上节讨论的强制性移出则不存在此关系。同样，系动词句、分裂话题结构和谓语内主语等涉及的小句也无一致关系（参阅 4.4.2 节）。Chomsky（2015b：7）认为，在 {XP, YP} 结构中，"加标算法发现 XP 和 YP 各自的中心语 {X, Y}，这里没有标签，除非它们一致"。由此可见，Chomsky 把对特征的搜索和对中心语的搜索视为两种平行的加标方式。当然，从简洁性角度考虑，加标算法最好只搜索特征，不搜索中心语。Chomsky（2013：45）[1] 没有对此做出深入探讨，只是做了如下说明：

> 为使这一路径（即通过一致加标的路径——译者按）站得住脚，必须让加标算法寻找特征，而不仅寻找词项——或者可能让加标算法仅仅寻找特征，这样的话它就相当于广义上的探针 - 目标关系，尤其是一致。这似乎很自然，尽管其蕴涵还有待探讨。

值得一提的是，凡是通过一致进行加标的结构，其边缘成分通常处

---

1 Chomsky et al.（2019：247）表达了大致相同的意见。

于 Rizzi（2010，2015）所说的"标准位置"（criterial position），即不可移出的位置。

1）非论元移位中的强制性滞留现象

上一小节讨论的非论元移位中的强制性移出，如例（15）~（16）所示。这个现象有一个对立的情形，称"强制性滞留"（obligatory halting），指非论元移位中，当一个 DP 内合并到某个位置时，所有特征均已得到定值，该 DP 在这个位置上"冻结"，任何进一步的移位都将导致生成的结构不合法，如（21）所示：

（21）They wondered $[_\alpha[_{XP}$ in which Texas city$]$ $[_{YP}$ C_Q $[_{TP}$ JFK was assassinated ~~in which Texas city~~$]]]$

（21）显示，若根句动词为 wonder，当 in which Texas city 移位至内嵌句 C 的标志语位置时，同样形成 {XP, YP} 结构，其中 XP 是疑问短语 in which Texas city，YP 是 {C_Q, TP}。然而，与例（17）不同，（21）中的疑问短语可以滞留于中间位置，形成一个间接问句。之所以如此，是因为该集合中的 XP 和 YP 共有一个显著的 Q 特征，可以通过一致加标。具体地说，YP 作为动词 wonder 的补足语，其中的 C 携带定值的 Q 特征；XP 作为疑问短语具有未定值的 Q 特征。两者通过一致操作，使 α 被加标为两者的共同特征 Q，即 <Q, Q>，如（20b）所示。因为两者可以通过一致加标，所以疑问短语 in which Texas city 无须移出 α，就可以滞留在内嵌句的 [SPEC, C] 位置。用 Chomsky（2013：45）的话来表述，（21）中的 {XP, YP} 之所以可以加标，是因为它们"分享最显著的特征，即疑问特征 Q，……加标算法在这两个成分上发现了相同的显著元素——Q，并以它作为 α 的标签"。

进一步考察例（21）可以发现，如果其中的疑问短语 in which Texas city 移出内嵌句的标志语位置，到达根句的标志语位置，就会形成不合语法的句子，如（22）所示：

（22）*$[_\beta$ In which Texas city did they wonder $[_\alpha$ ~~in which Texas city~~ $[C_Q$ $[_{TP}$ JFK was assassinated ~~in which Texas city~~$]]]]$?

（22）显示的即所谓的强制性滞留现象。它与上节讨论的强制性移出形成了鲜明对比，随之带来一个富有争议的问题：为什么该疑问短

语（in which Texas city）必须滞留在中间位置而不能移出呢？Chomsky
（2015b）对此给出的解释是：在句法客体 α 加标时，疑问短语 in which
Texas city 已经移出，因此其低位拷贝对 LA 不可见，α 将被加标为 C_Q。
由于其中的疑问短语已被移出，因此 α 在概念 - 意向系统中将被解读
为是非问句，而非特殊问句。然而，按照英语形态 - 音系的要求，是
非问句中的 T 应该倒装至 C 的位置，如 "In this Texas city was JFK
assassinated?"，或者使用升调韵律，如 "JFK was assassinated in THIS
TEXAS CITY?"。显然，（22）满足不了这一形态 - 音系要求，因为无论
是 T 至 C 的倒装，还是升调韵律，均不能在英语的内嵌句中发生。也
就是说，α [即（21）的内嵌句] 中的疑问短语不为 LA 可见，因此只
能被解读为是非问句，但它作为内嵌句又不能进行 T 至 C 的倒装或用
升调发音，所以"是不可理解的话（gibberish），在概念 - 意向系统崩溃"
（Chomsky，2015b：8）[1]。

2）主谓结构

在论述谓语内主语结构（即主语移位前基础生成的结构）的加标问
题时，前文提到 EA 或 IA 需要从中移出，以使该结构顺利加标。基于此，
聚焦 EA 或 IA 移向 [SPEC, T]（主语）后形成的客体，即主谓结构。

在 X 阶标理论中，主谓结构的表征式如（23）所示：

（23）$[_{CP}$ C $[_{TP}$ NP $[_{T'}$ T v*P]]]

NP 被当作 TP 的标志语，然而这仅仅是一种硬性规定：为什么不
能把 [T v*P] 看作 NP 的标志语（即 $[_{DP}$ D' $[_{TP}$ T v*P]]）？如果采用最简
合并，只能得到如（24）所示的结构，其中的 NP 与 T 之间并不存在标
志语与中心语的关系：

（24）$[_c$ C $[_\alpha$ NP TP]]

按照 Chomsky（2013：45），主谓结构 $[_\alpha$ NP TP] 存在某些限制，
使主语 NP 一般不可以进一步移位。这是因为，主谓结构在概念 - 意向
系统中具有自己的语义解读，因此应该有自己的标签。其加标方式就是
利用 NP 与 TP 的共有的显著特征 φ，使 α 被加标为 <φ, φ>，具体过程
见 4.5 节。

---

1 相关问题亦可参阅 Epstein et al.（2017）。

4.4.3　X 或 Y 无法充当标签

前文论述了在 {XP, YP} 加标时避免或化解 LA 搜索结果歧义的两种主要方式：通过移位，使 {XP, YP} 中的成员之一在加标中不可见；通过一致，以 X 和 Y 共有的显著特征为之加标。本节介绍一种不甚普遍的加标方式，它的基本假设是：只有部分特征或中心语可以充当标签。具体而言，{XP, YP} 客体在加标时，尽管 LA 同时搜索到两个中心语 X 和 Y，但如果其中一个中心语无法充当标签，那么另一个中心语就可以充当该客体的标签[1]。

以汉语中的并列式为例。按照 Chomsky（2013：45-46），并列式可分为两种。一种是无结构的，如"张三聪明，健康，勤奋，很有教养，助人为乐，学习成绩优良"。在无结构并列句中，谓语中的每一个短语都是有关主语的独立陈述，缺乏整体性。Chomsky 认为此类结构是由对合并构建的，形成的是配对，而非集合（参阅 2.7 节）。另一种并列式则与之不同，是有结构的，称并列结构。它通过连词（"和""或"等）把若干个 NP 连接到一起，如"我买 [一瓶油、两包盐和一袋米]"。并列结构不同于其他结构，似乎不遵守二分枝条件，可以包含很多相互平行的 NP。不仅如此，尽管用了连词，但其生成的结构在语类上却与其中的连接项相同。比如，"[一瓶油、两包盐和一袋米]"是名词性的，而不是连词性的。那么，应该如何解释这一现象？对此，Chomsky（2013）做了两个假设。首先，并列结构的底层结构是（25a）（Conj = 连词），（25b）是其一个示例：

（25）a. $[_\alpha \text{ Conj } [_\beta \text{ Z W}]]$[2]
　　　b. $[_\alpha$ 和 $[_\beta$ 两包盐 一袋米]]

（25）捕捉了并列结构在语义上的对称性（各连接项关系平等）和句法上的无限性（连接项不限数量）。其中，β 是 {XP, YP} 形式，且 Z

1　这种方式类似于 {H, YP} 客体的加标，即 LA 的搜索结果实际上并无歧义。如 4.4.1 节所述，LA 同时搜索到 H 和 YP，由于后者不直接携带能够识别客体身份信息的特征，无法充当标签，因此 {H, YP} 被加标为 H。

2　需要注意的是，这里的 Z 和 W 都代表非中心语客体，即它们都是 XP 的形式。之所以用 Z 和 W 表示，是因为两个并列的成分一般都具有相同的语类。此外，（25）中的连接项可以多于两个，实际上没有上限。为方便阐述，文中仅取两个。

和 W 之间无一致关系。因此 Z 或 W 之一必须移出，以使 β 获得标签。如果 Z 移出，则形成如（26）所示的结构：

（26）[γ 两包盐 [α 和 [β 两包盐 一袋米]]]

Chomsky（2013）的另一个假设是：连词特征弱，无法充当标签。因此，在（26）中，客体 γ 总是被加标为 Z，而 Z 一般与 W 的语类相同。换言之，上句中提升到集合 γ 中的 "两包盐" 被征用为标签，整个并列结构也由此展现出 NP 的特性。

4.4.4　{H, H} 的加标

按照强式最简命题，句法推导中不再有空投射（参阅 2.3.7 节），如此一来，句法推导的第一步应当是合并（H, H）形式的客体，即两个计算原子。对这种最小的离心性结构，加标应该如何进行？对此，Chomsky 采用了分布式形态学的一个假说，即在客体 {H, H} 中，只有当其中一个是定类语素（categorizer），另一个是词根（root）时，加标才能成功。按照这个假说，词根不携带语法特征，需要通过与定类语素（n、v 等）合并来获得语类（详见第 5 章）。Chomsky（2013）将合并后的客体标记为 f-R，f 代表定类语素，R 代表词根。该客体的加标方式类似于并列结构：LA 同时找到两个中心语 f 和 R，由于词根和连词一样只有弱特征，无法充当标签，所以 f-R 被加标为 f。这个观点在 Chomsky（2015b: 7–8）中再次得到确认，转述如下：

> 另一个由来已久的不解之谜与中心语－中心语结构的地位相关。哪一个是标签？Hagit Borer（2005，2013）详细阐述了一个对语类的看法，在 Alec Marantz（1997），Embick & Marantz（2008）中也有讨论，依据他们的路径可以得到一个可行的解答。假设词库中的实词性元素是词根，语类没有确定，它们的语类是名词性的还是动词性的派生于其与一个功能元素 n、v 等的合并。这就好像语言是某种理想化了的祖始闪米特语（proto-Semitic）。进一步假设词根本身太 "弱"，不能担任标签。因此，{K, R} 形式的结构，其中的 R 是词根，K 是语类标记，将被要求加标为 K。其他 {H, H} 结构是

不可加标的，这就基本上，或许完全地，化解了这个难题。

在讨论 {H, H} 的加标时，Chomsky（2013）也连带讨论了一些看似是中心语 H 但实际上是复杂结构的例子，比如代词。表面上，它出现在一个 {X, YP} 形式的结构中，如句子"He left."。然而，如果代词是中心语，那么 S 就无法获得正确的标签。因此，代词必定是个复杂结构，可能是 D-pro 的组合。相似的情况还存在于"John left."和"Sugar is sweet."等句子中，证明其中的主语也是复杂结构。此外，that 这样的限定词以及 what 这样的疑问词都不可能是中心语，而是复杂的结构[1]。这个观点的证据之一是：在其他一些语言中，与它们的分布和功能相似的成分有些是复杂的，如对应于 what 的成分，在西班牙语中是 lo que，在法语中是 ce qui。这些例子显示了句法特性和形态实现之间可能存在错配，一些形态简单的成分在句法上实际是复杂的，具有短语的性质。

本节演示了加标理论中四种客体的加标方式。第一，{H, XP}，相当于 X 阶标理论中的向心结构，最小搜索将其加标为 H。第二，{XP, YP}，相当于 X 阶标理论中的离心结构，一般不可加标，但可以通过以下两种途径加以挽救，使其获得标签：一是通过移位改造 {XP, YP} 的结构，使其只有一个成员为 LA 可见，中心语由此成为标签。这种方式的加标往往发生在小句结构中，如系动词句、分裂话题句、谓语内主语等。二是通过一致操作，使 X 和 Y 共有的显著特征成为标签。这种方式通常发生在逐级循环移位中，特别是疑问移位中，如例（21）～（22）中的情形，也发生在主谓结构中，如例（24）中的情形。第三，当 X 和 Y 之一无法充当标签时，以另一个中心语为标签，如（25）～（26）所示的并列结构。第四，{H, H}，只有当其中的一个是词根（R）且另一个是定类语素（K）时，方可加标为 K，其他的中心语 - 中心语结构不可加标。

4.5　EPP 与 ECP 的统一

上两节论述了加标理论的基本假设及其在多种结构中的应用情况。

1　请注意，用作标句词（complementizer）的 that 是中心语。

本节转向其向主语相关问题的延伸，尤其是 Chomsky（2015b）提出的、旨在统一处理 EPP 和 ECP 两种现象的一个分析模式，以及该模式在 *v**P 语段的应用。这是加标理论最引人注目的进展之一。本节力求深入浅出地说明 EPP 和 ECP 两个概念在原则与参数理论框架中的基本含义以及它们涵盖的语言现象，同时阐释加标理论对它们的统一处理。

4.5.1 原则与参数理论中的 EPP 与 ECP

"主语"是语言研究中的常用概念，但性质怪异，难以捕捉，而且往往具有强制性。这体现在：第一，其他短语一般不强制性要求标志语，而位于 TP 标志语位置的主语却必不可少；第二，主语即使不显性出现，也似乎有一个空成分在其位置上，产生与其相类似的语义解读，如"PRO to seem to be intelligent is not as easy as you might think."（PRO 显得聪明不像你可能想象的那么容易。）中的 PRO，具有任意性的解读。Chomsky（2013：45）把诸如此类的空成分称为主语的"次级代理"（secondary agency）；第三，如果某个句子没有一个携带题元角色的主语，也必须有某个虚义成分，比如 there 或者 it 来代替。为了描述上述现象，研究者提出了"扩展的投射原则"（EPP），定义如（27）（Ouhalla，1994：125）：

（27）扩展的投射原则（EPP）：
　　　句子必须有一个主语。

EPP 反映了句子（至少英语等语言中的句子）强制性地要求有主语，但并没有反映背后的机制。换言之，它将相关的语言现象归纳成一条原则，硬性规定主语必须存在，但对于为什么却没有解释。

原–参理论中另一个与主语密切相关的原则称"空语类原则"（ECP）[1]。它属于移位理论子系统的一条原则，要求移位成分留下的语迹必须受到严格管辖。简要地说，严格管辖比常规管辖的要求更高，必须满足以下两个条件之一：第一，受动词而不是时态 T（当时

称屈折 I）管辖，意味着被管辖者处于宾语而非主语位置；第二，如果不受动词管辖（意味着移位成分是主语而非宾语），则须受先行语（antecedent）管辖。用当下的术语表达，先行语管辖指语迹与先行语之间不得受一个显性的语段中心语（比如英语中的 that，whether 等标句词）的间隔（参阅徐烈炯，2019：257–261）。如例（28）~（30）所示（改编自 Ouhalla，1994：264–276）：

（28）a. Who do you think defeated Tom?
　　　b. [_CP who do you think [_CP ~~who~~ [_C' ∅ [_TP ~~who~~ defeated Tom]]]]
（29）a. *Who do you think that defeated Tom?
　　　b. *[_CP who do you think [_CP ~~who~~ [_C' that [_TP ~~who~~ defeated Tom]]]]
（30）a. Who do you think that John defeated?
　　　b. [_CP who do you think [_CP ~~who~~ [_C' that [_TP John defeated ~~who~~]]]]

在（28）中，who 位于内嵌句的主语位置，意味着它受 T（非严格）管辖。因此当它移位时，其语迹必须受先行语管辖。此句中，语迹与先行语之间没有其他显性语段中心语的间隔，即在最下层 SPEC-T 的语迹（who）和内嵌 SPEC-C 的语迹（who）之间不存在诸如 that 之类的显性中心语，即该位置是空的（标记为 ∅），所以 who 顺利获得先行语管辖。与之相反，（29）中处于最下层 SPEC-T 位置的 who 的语迹与先行语（处于内嵌 [SPEC, C] 位置的 who 的语迹）之间受到显性中心语 that 的间隔，先行语管辖被阻断，造成句子不合法。这一现象常称"标句词 – 语迹效应"（that-trace effect）。在（30）中，who 基础生成于宾语（而不是主语）位置，意味着它通过动词管辖获得严格管辖。因此，无论先行语与其语迹之间是否有 that 的间隔，均不影响句子的合法性。

早在原 – 参理论时期，研究者已经观察到 EPP 和 ECP 关联着显著的跨语言差异。据 D'Alessandro（2014）和 Roberts（2019）的分类，语言中主语的情况可分为两类：一类是强制要求显性主语的语言，称"非空主语语言"（Non-NSL），以英语等为代表；另一类是允准没有显性主语的语言，称"空主语语言"（NSL）。其中，空主语语言可以分两个次类：一是一致形态比较丰富的语言，其主语的指称可以通过一致形态推断，称"完全空主语语言"（full NSL），以意大利语等为代表；二是完全没有一致形态的语言，其主语的指称一般需要在特定的语境中确定，称"激进空主语语言"（radical NSL），汉语是代表之一。此外，还有"部分空主语语言"（partial NSL，如芬兰语）、虚义词空主语语言（expletive NSL，如荷兰语），等等。在这一时期，对英语和意大利语中EPP 和 ECP 的研究最为深入。人们发现这两个语言在空主语和标句语 – 语迹效应方面存在系统性对立，如（31）~（32）所示（参阅 Ouhalla，1994：311–315）：

（31）(Lui) ha telefonato.

　　　(he) has phoned

　　　"He has phoned."

（32）a. Chi hai　　detto (che) ha　telefonato?

　　　　who have-2S said　that　has phoned

　　　b. [$_{CP}$ chi hai detto [$_{CP}$ (che) [$_{TP}$ ~~chi~~ ha telefonato]]]

　　（31）显示，与英语不同，在意大利语中定式句的主语可为空。这种空主语现象经常被称为"代词脱落"（pro-drop），即定式句可以没有显性的代词性主语，意大利语因此被称为代词脱落语言。（32）显示，意大利语中，内嵌定式分句中无论是否存在显性标句词（che），主语都可以从中移出。总体而言，英语类语言严格遵守 EPP 和 ECP，而意大利语类语言则可以自由地违反两者。

4.5.2　加标理论下 EPP 与 ECP 的统一

　　上节简要介绍了原 – 参理论中的 EPP 和 ECP 两个原则，以及它们覆盖的语言现象。Chomsky（2013，2015b）在加标理论的框架下对相关现象提出了新的分析。前面提到，EPP 和 ECP 在原 – 参理论中是相互独立的两个原则。Chomsky 试图以加标理论为基础对二者以及二者相关联的跨语言差异进行统一处理，基本设想是：英语类语言要求主语在加标阶段必须是可见的，即在 [C [SPEC-T]] 中处于 SPEC 位置。这意味着此时 SPEC 位置不能为空，也不能是不可见于最小搜索的拷贝，由此分别引发了 EPP 和 ECP 效应。与此相反，意大利语类语言不要求主语在加标时可见，所以不表现出 EPP 和 ECP 效应。换言之，Chomsky

认为 EPP 和 ECP 均由加标机制派生而成，是相同加标条件的不同表现。不仅如此，他还试图把这种新的分析模式延伸到第二个语段，即 v^*P 之中。相关的讨论技术性较强，为此我们将聚焦于关键假设，力求帮助读者了解概要。

1. CP 语段的推导

为了阐述英语类语言和意大利语类语言之间的系统差异，Chomsky 重新启用了早期最简方案的特征强度（feature strength）参数，即特征有强 / 弱之分。具体地说，他假设英语类语言中的 T 跟词根类似（参阅 4.4.4 节），特征弱，无法独立担任标签，而意大利语等语言中的 T 特征强，可以独立担任标签。基础性假设表述如（33）所示：

（33）a. 英语类语言中的 T 和（所有语言中的）词根（R）特征弱，不能担任标签。

　　　b. 意大利语类语言中的 T 特征强，可以担任标签。

Chomsky（2015b：9）认为，英语 T 的特征弱，所以加标时 T 的 SPEC 位置不能为空，即必须存在一个显性主语，以提供一个显著的 [φ] 特征。当 T 从 C 上继承了 [uφ] 特征之后，主语和 T 能以 [φ] 为基础，为 TP 加标为 <φ, φ>。他把这个过程称为"加强"（strengthen），大致的含义是：一个因为缺乏显著特征而本不可加标的中心语，在其他某个包含显著特征的成分的帮助下，变得可以加标的过程。Ginsburg（2016：5）做了如（34）的定义：

（34）加强：

　　　一个不可加标的句法客体获得有加标能力的显著特征的过程。

T 标志语上的 NP（即主语）是加强性成分，它使特征弱的 T 能以 φ 为显著特征，通过一致操作得以加标。因此，英语遵守 EPP，即它的每个句子都有主语。英语也同时遵循 ECP，即当内嵌分句存在显性标句词（如 that）时，主语不能移出。假设主语从 Spec-T 的位置移出，那么在执行加标操作时，LA 看不到其低位拷贝，也就无法为 [SPEC, TP] 加标，从而导致推导崩溃。Chomsky（2015b：9）本人的相关表述如下：

[T 的特征]"弱",不能用作标签。通过显性的主语,SPEC-TP 结构以一致的特征被加标为 <φ, φ>。……假如主语提升到 SPEC-CP,因而不为加标算法可见,那么依然可见的就只有 T,而 T 是不可加标的。

让我们以几组例子做个演示,先看与 EPP 相关的(35):

(35)a. Mary sang.
　　　b. [$_β$ T [$_α$ Mary$_{[φ]}$, sang]]
　　　c. [C [$_γ$ Mary$_{[φ]}$ [$_β$ T$_{[uφ]}$ [$_α$ ~~Mary~~, sang]]]]

在(35b)中,T 与一个主谓结构 {Mary, sang}(即 α)合并,形成 β。按照 Chomsky(2015b)的假设,由于 T 特征弱,不能担任标签,所以此时 β 没有标签。(35c)中的操作主要由三个部分组成:一是 α 中的 Mary 内合并至 SPEC-T 位置,形成结构 γ。sang 成为 α 中唯一可见的中心语,也因此成为标签。二是 C 合并到结构中,推导到达语段层。在特征继承的作用下(参阅 3.6 节),C 将其特征传递给 T,T 由此获得 [uφ] 特征。三是携带 [φ] 特征的主语 Mary 和已经获得 [uφ] 特征的 T 形成了一个 <φ, uφ> 的配对,通过一致操作,为 γ 赋予了一个 <φ, φ> 标签,传统上称为 TP。可见,在英语 TP 的加标过程中,由于 T 特征弱,所以一方面需要其标志语的加强,即提供 [φ] 特征,另一方面需要 C 传递 [uφ] 特征,否则无法通过一致加标。这就是加标理论中 EPP 的来源。

Chomsky(2015b)认为,正因为 TP 的加标需要主语的加强,所以英语类的语言在没有外论元提升到 SPEC-T 的情况下,需要使用一个虚义主语,以此为 T 的加标提供一个 [φ] 特征。或许正是因为虚义主语的作用只是加强 T,所以它一般具有比较古怪的性质。比如,英语中的虚义主语来源于一个副词(there),但又不总有句子副词的诠释;冰岛语中的虚义主语是个指示词,希伯来语中的则是一个无意义的助词,德语、法语等的虚义主语存在一些特殊的构式,如类似 "There were destroyed three buildings." 这样的句子,实义主语在原位,虚义主语在 SPEC-T 位置。

接下来看两个与 ECP 相关的例子。先考察不包含 that 的例子,改编自例(28),其内嵌句的加标情况如(36)所示:

(36)a. Who do you think defeated Tom?

b. [$_\gamma$ that [$_\beta$ who [$_\alpha$ T [$_{v*P}$ ~~who~~ defeated Tom]]]]

c. [$_\gamma$ Ø [$_\beta$ who [$_\alpha$ T [$_{v*P}$ ~~who~~ defeated Tom]]]]

（36）涉及标句词 – 语迹效应，即内嵌句主语移位时，语迹与先行语之间不得受另一个显性语段中心语的间隔。这个效应涉及的操作比较多。（36b）主要包括两个操作：首先，疑问词 who 从谓语内主语移入SPEC-T 位置，形成结构 β；其次，that 被合并到结构之中，推导到达语段层。请注意：β 此时是可加标结构，因为一方面 T 受显性主语（who）的加强，另一方面 T 可从 C 上继承 [uφ] 特征，与 who 形成 <φ, uφ>特征的配对，由此加标为 <φ, φ>。然而，β 存在的问题是，随着语段中心语 that 的加入，它作为 that 的补足语就变成了移交域。按照语段不可穿透性条件（PIC），当语段构建完毕时，补足语将被移交给接口，不再接受进一步的操作，只有中心语及其边缘仍然可以操作（参阅 3.3.1节）。这意味着，处于 β 之中的疑问词 who 不得参与任何进一步的操作，比如说内合并到下一个语段，成为如（36a）所示的直接疑问句。而这显然不是一个正确的预测。

为了化解上述难题，Chomsky（2015b：11）设置了一个移交前删除语段中心语的规则，形式化表达如（37）所示：

（37）删除 C

　　　C → Ø

他（2015b：11）对删除 C 操作做了如下说明：

> 语段中心语 C 消失了，句法客体 {C, α} 也随之消失。自然的假设是 T[通过特征继承] 继承了语段性，以及 C 上所有的屈折 /功能特性（φ 特征，时态，Q），并且当 C 被删除时在 T 上激活，……我们因此维持了语段不可穿透性条件对计算的简化，并且派生出了移位必须全部是逐级严格循环的这个事实。

简言之，在移交前删除 C，使 T 继承了 C 的所有特征，包括语段性（phasehood）。由此产生的结果如（36c）所示：一方面，移交域变成了T 的补足语，即 $v*P$；另一方面，who 作为 T 的标志语，变成语段的边缘，因此可被下一个语段访问，如被内合并到根句标志语位置，形成直接疑问句。值得注意的是，在移交域发生变化之前，客体 β 已被加标为

<φ, φ>，who 后续的内合并操作不会剥夺 β 已经获得的标签。也就是说，客体 β 的相关信息（即标签）在下一个语段（v*P 或 CP）中仍是可访问的。

从以上讨论可见，在对 ECP 现象（即英语中的标句词 – 语迹效应）的分析中，如（37）所示的删除 C 是关键的操作之一，其产生的效果有时被称为"去语段化"（de-phasing），即 T 继承了 C 的语段性，从而完全改变了原有语段的结构：T 成为语段中心语，v*P 成为移交域，who 成为语段的边缘。Ginsburg（2016：17）对这个操作做了总结，相关部分转述如（38）：

（38）去语段化（部分版）：
　　　删除 C 将语段性移交给了 T。

复制例（29）为（39a）。它与前面讨论的（36）具有平行的结构，只是多了中心语 that，内嵌句的加标情况如（39b，39c）所示：

（39）a. *Who do you think that defeated Tom?
　　　 b. [$_γ$ that [$_β$ who [$_α$ T [$_{v*P}$ ~~who~~ defeated Tom]]]]
　　　 c. [$_δ$ who [$_γ$ that [$_β$ ~~who~~ [$_α$ T [$_{v*P}$ ~~who~~ defeated Tom]]]]]

基于前文，可以相对容易地理解为何（39a）是不合格的——它没有发生删除 C 操作，没有实现去语段化。因此，内嵌句中的 that 依然是语段中心语，TP（即 β）是移交域，who 受 PIC 限制，不可继续参与句法操作，即不能逃离内嵌句进入下一个语段。不仅如此，如果 who 如（39c）所示，移入 δ 中的 SPEC-C 的话，那么由于加标发生于语段层，所以当其应用时，T 的标志语上就会是 who 的拷贝，而拷贝不为最小搜索可见，所以无法加强 T，致使 β 无法加标，最终导致推导在接口崩溃。

从（36）和（39）的对立可见，ECP 效应，亦即标句词 – 语迹效应，取决于删除 C 的操作是否发生。句（36）在内嵌句中删除了 C，语段的内部结构发生了相应变化：T 变成了语段中心语，其补足语（v*P）成为移交域，who 则位于其边缘，可以内合并到下个语段的 [SPEC, CP] 位置，形成一个合乎语法的直接疑问句。与此相反，（39）之所以表现出 ECP 效应，是因为内嵌句中的 C 没有删除，意味着语段性没有移交给 T。C 依然是语段中心语，TP 是其移交域，who 位于该移交域之中，所以按 PIC 不得提升。实际上，即使 who 只内合并到本语段的边缘 / 标志语位

置 [如（39c）所示]，生成的客体也是不合法的，因为它在 [SPEC, TP]
上留下的拷贝不为最小搜索可见，致使特征弱的 T 不可加标。

下面讨论与 ECP 相关的最后一种现象：宾语移位为何不表现出标
句词 – 语迹效应？为方便叙述，将例（30）改编为（40），（40b）是包
含 that 的结构，（40c）则是 C 被删除的结构：

（40）a. Who do you think (that) John defeated?
　　　b. [$_{CP}$ who do you think [$_{CP}$ ~~who~~ [$_{C'}$ that [$_{TP}$ John defeated ~~who~~]]]]
　　　c. [$_{CP}$ who do you think [$_{TP}$ ~~who~~ [∅ [John defeated ~~who~~]]]]

不难看出，宾语移位之所以不表现出标句词 – 语迹效应，是因为
无论删除 C 操作是否发生，它对内嵌 TP 的加标均无影响。这组句子
中，内嵌句的主语是 John。一方面，它显性存在于 [SPEC, TP] 位置，
与 T 通过一致将 TP 加标为 <φ, φ>，因此不触发 EPP 效应；另一方面，
John 没有移位，所以也不表现出 ECP 效应。至于 who 本身的移位，也
符合各种条件的限制。首先，它从基础生成的宾语位置提升至内嵌句
的 SPEC 位置，形成一个不可加标的 {XP, YP} 结构。此时，无论是否发
生删除 C 的操作，语段是 CP [见（40b）] 还是继承了特征后的 TP [见
（40c）]，它都不可能在此通过一致加标。因此，who 只能移出该结构，
以使内嵌句加标成功（参阅 4.4.2 节）。对于 who 在 C 被删除情形下的
移位，Chomsky（2015b）假设，内嵌句中的 C 被删除之前，who 已经
内合并至标志语位置，所以去语段化的发生，即 T 对语段性的继承及其
补足语（$v*$P）的移交，不影响 who 的进一步提升。其次，who 在提升
至根句的标志语位置之后，再次形成一个 {XP, YP} 结构。然而，与内嵌
句中的 C 不同，根句上的 C 包含一个 [Q] 特征，它与包含 [uQ] 特征的
疑问词 who 发生了一致操作，使该结构获得了 <Q, Q> 标签，一个直
接疑问句也由此生成。

可见，在加标理论框架下，EPP 和 ECP 是相同机制的不同效应。
具体来讲，英语类语言中的 T 特征弱，不能独立加标。因此，在语段层
中的加标阶段，[C [SPEC-T]] 中的 SPEC 位置必须有一个显性的主语，
用于加强 T，使之在继承 C 的特征之后，可以通过一致为 TP 加标。这
就派生出两种效应：一是主语位置不能为空，即 EPP 效应；二是主语位
置不能是拷贝，即 ECP 效应。

Chomsky 认为，与上面所述的英语中的情况相反，意大利语中的 T

拥有强特征，所以可以自由违反 ECP，也无须遵守 EPP。从加标角度来说，该语言的 T 包含强 φ 特征，可以为 TP 加标，所以主语在加标阶段不必可见，既可以为空，也可以移走。Chomsky（2015b: 9）指出："意大利语既没有 EPP，也不遵守 ECP，因此以加标为基础可以统一 EPP 和 ECP，同时把参数性差异局限于一致的丰富性之上。"换言之，EPP 和 ECP 不是普遍语法的原则，只是加标操作派生的副现象。

2. v^*P 语段的推导

Chomsky（2015b）以加标理论为基础，不仅为 EPP 和 ECP 提出了统一的分析，而且把这个分析延伸到了 v^*P 语段。这个延伸有一个重要的基础：引入内论元的不再是实义动词（V），而是一个（动词性）词根（R），如（41）所示（改编自 Chomsky，2015b: 10）：

（41）$[_\beta (EA) \, v^* \, [[_\alpha R \, XP]]]$

（41）中，EA 指外论元，XP 指 R 的补足语，既可能是内论元，与（13）相同，也可能是个更为复杂的结构，如（42）[1]。之所以用词根 R 取代实义动词 V，主要原因在于：与 V 不同，R 的特征弱，可以跟 T 一样，在加标过程中触发结构的改变。如（42）所示：

（42）a. They expected Tom to win.
　　　 b. ...$[_\gamma v^* \, [_\beta Tom \, [_\alpha R \, [_{TP} \text{~~Tom~~} to \, [\text{~~Tom~~} win...]]]]]$
　　　 c. ...$[_\gamma R+v^* \, [_\beta Tom \, [_\alpha R \, [_{TP} \text{~~Tom~~} to \, [\text{~~Tom~~} win...]]]]]$

（42a）是所谓的例外格标记（ECM）结构，与汉语的兼语句颇为相似。（42b）~（42c）是其 v^*P 语段部分。其中，R（即 √expect）作为不含任何显著特征的词根，不能独立加标。它的补足语不是一个内论元，而是一个以 Tom 为主语的不定式句，即 TP。（42b）的加标程序由三个步骤组成：

　　第一步，R 与 TP（[~~Tom~~ to [~~Tom~~ win...]]）合并，形成 {R, TP}，Tom

1　大致而言，可以把动词分为两种类型，一种称"桥梁动词"（bridge verb），如"期待""认为""说"等，以句子为补足语。另一种是普通动词，如"踢""爱""找"等，以内论元（宾语）为补足语。因此，（41）中的 XP 既可能是句子，如（42）中的情况，也可能是 NP，如（43）中的情况。

是 TP 的主语。

第二步，Tom 从 TP 的主语提升至 R 的标志语位置，形成一种所谓的"提升至宾语"（raising-to-object）现象。这个过程类似于外论元提升到 SPEC-T 位置 [见例（35）]。正如 Chomsky（2015b：10）所言："就像英语 T 受 SPEC-T 加强后可以为 TP 加标一样，R（词根）在宾语提升后可为 RP 加标。"

第三步，$v*$ 外合并到结构中。

（42c）的加标程序由两个步骤组成：

第一步，R 以对合并方式与 $v*$ 结合，形成一个 $R+v*$ 的复合体（$<R, v*>$），由此产生两个结果：首先，R 从 $v*$ 继承了其不可诠释的 [uφ] 特征，并与 Tom 发生一致操作，为其确定格位[1]；其次，$v*$ 变成其中的词缀，由此在句法上不再可见。R 和 $v*$ 的结合，与（37）所示的删除 C 操作异曲同工。具体地说，这一结合去除了 $v*$ 的语段性。

第二步，语段中心语的地位在 R 的拷贝上激活。由此，移交域变成低位 R 的补足语，即不定式 TP，而主语 Tom 依然处于语段的边缘，可以被下一语段访问。

当 $v*P$ 中的补足语不是不定式 TP，而是个简单的内论元时，其加标过程基本不变，如（43）所示：

（43）a. John likes Mary.

　　　b. $[_\delta$ John $[_\gamma v* [_\beta$ Mary$_{[\varphi]} [_\alpha$ R$_{[u\varphi]}$, ~~Mary$_{[\varphi]}$~~]]]]

　　　c. $[_\delta$ John $[_\gamma$ <~~R,~~ ~~$v*$~~> $[_\beta$ Mary$_{[\varphi]} [_\alpha$ R, ~~Mary$_{[\varphi]}$~~]]]]

（43a）中 $v*P$ 语段的推导如（43b，43c）所示。第一，R 与内论元 Mary 合并。第二，出于加标需要，Mary 提升至 β 中的 SPEC-R 位置。第三，$v*$ 和外论元 John 先后通过外合并被引入，推导进入语段层。第四，R 提升至 $v*$，两者形成一个 $<R, v*>$ 的对集合。由此，一方面 R 从 $v*$ 上继承不可诠释特征，并与 Mary 进行一致操作，将其定为宾格；另一方面 $v*$ 在句法上变得不可见。最后，R 的低位拷贝被激活为语段中心语，Mary 得到移交。

1　可参阅 3.7 节对特征继承的讨论。

　　下面，我们将例（42）中的兼语 Tom 替换为疑问词 who，以此进一步说明 v*P 中的加标过程，特别是 R 需要嫁接到 v* 的原因。（44）转引自 Chomsky（2015b：10），其 v*P 部分的推导如（44b，44c）所示：

（44）a. Who do you expect to win?
　　　　b. [v* [who [RP √expect [TP ~~who~~ to win]]]]
　　　　c. [v*P ~~√expect+v*~~ [who √expect [TP ~~who~~ to win]]]

　　在（44b）中，内嵌 TP 的主语 who 提升至 R 的 SPEC 位置，之后 v* 通过外合并进入结构。按照语段理论，RP 作为语段中心语（v*）的补足语，必须移交给接口，不再参与进一步的句法推导。然而，果真如此的话，who 就无法进入 CP 语段并形成直接问句。为此，词根 √expect 需要跟 v* 发生对合并，形成 √expect+v* 组合，如（44c）所示。既然语段中心语 v* 变成了词缀，也就不再为句法可见，补足语也就不再需要移交。换言之，√expect 与 v* 合并成为一个整体，起到了把语段性传递给 √expect 的作用。如此，该语段的移交域变成了低位 √expect 的补足语，即 [TP ~~who~~ to win]，who 则处于语段的边缘。这样，当根句中的 T 合并之后，可以访问 who，使之提升到 SPEC-T 的位置，推导可以成功收敛。

　　以上，依托三组例子对 v*P 语段的加标操作进行了阐述和演示。在此，有三个方面的问题值得作进一步说明。第一，在 v*P 的推导中发生了"双重提升"（double raising）：一次是所谓的提升至宾语，即（42）中的 Tom 被提升到 SPEC-R 位置[1]；一次是 R 提升到语段中心语 v* 上。双重提升使原有的语序又得到了恢复（即根句动词 expect 位于内嵌句主语 Tom 之前）。表面上看什么也没有发生，实际上结构却发生了变动，同时语义也发生了有趣的变化。Chomsky（2015b：7）指出，这个现象"极为另类"（super-exotic），因为语言学习者没有任何相关证据。因此，他主张这种另类结构背后的机制应当只是那些用于解释简单结构或常用结构的机制，不应设立额外的机制，因为语言学习者根本不可能学到"额外的机制"，这是从方法论上对这类结构或现象的分析所施加的一种限制条件。从加标角度对提升至宾语现象的解释满足了这一条件。

1　注意，在 Postal（1974）中，Tom 被分析为移动到动词的宾语位置；在 Lasnik & Saito（1991）中，其落点是 SPEC-AgrO 位置；在 Chomsky（2015b）中，其落点是 SPEC-R。

第二个需要说明的问题是，按照 Chomsky（2015b）的提案，词根 R 与 v^* 进行对合并之后，形成的结果之一是 v^* 在句法上变得不再可见，R 得以继承其语段中心语地位。这个设想与传统概念反差较大。按传统分析，嫁接语是不能投射的，这意味着可见的是宿主（host），而不是提升的成分[1]。但是，Chomsky（2015b: 12）却认为传统分析不适用于中心语的提升。在此类情形中，附加语应该是宿主，而不是提升的成分。原文如下：

> 对中心语提升的常规处理假定，提升的元素嫁接在其宿主上——用我们的术语来说，对合并到其之上。但这不正确。例如，当 V 提升到由一组屈折特征组成的 T 时，其结果不是 V 附缀到 T 上，而是 T 附缀到 V 上。更广泛地说，有关中心语提升的常规理论似乎把事情说反了：宿主应该是附缀在提升的语素上的。不存在反对这一观点的概念论据：中心语提升是个独特的操作，具有特殊的性质，没有任何概念上的原因来偏好复合体的一种或另一种形式，因此也就没有任何原因拒绝经验上准确的形式。
>
> 相应地，R 向 v^* 的提升形成了一个 v^* 嫁接于 R 的复合体，词缀不为加标算法可见。注意，尽管 R 不能加标，[R-v^*] 却可以。

第三个需要说明的问题是，以上介绍的是英语中 v^*P 的推导情况，一个接踵而至的问题是，意大利语等语言中也需要进行 R 向 v^* 的提升吗？Chomsky（2015b: 10）给出的答案是肯定的："既然 R 普遍地弱，不能加标，那么可以断定，无论是英语还是意大利语都遵守 EPP 在 v^*P 中的对应规则，但在此 EPP 指提升至宾语。"

比较 v^*P 和 CP 两个语段中的加标操作可以发现，它们之间的平行性显而易见，大致可以总结为三个方面：

第一，v^*P 语段中的 R 与 CP 语段中的 T 具有平行性。Chomsky 假定，在所有语言中，R 都与英语中的 T 类似，无法独自为客体加标。

第二，v^*P 语段的提升至宾语现象与 CP 语段的主语提升相类似，两者均由加标驱动。简言之，在 CP 语段中，主语的提升是为了加强 T 的 φ 特征，以使其可以基于一致加标；在 v^*P 语段中，宾语的提升是为了加强 R（词根），从而使其可以加标。

1　Marantz（2013a）所持就是类似观点，即当词根与定类语素进行对合并时，句法上可见的是后者，词根只是其修饰语。详见第 5 章。

第三，v^* 和 C 是平行的。在 CP 语段的推导中，C 在移交前被删除，使 T 继承了语段中心语的地位；在 v^*P 语段的推导中，v^* 与 R 通过对合并形成了一个复合体，其结果是 v^* 变成了词缀，不再为句法可见，R 由此继承了语段中心语的地位。换言之，它们本质上都是删除操作，C 和 v^* 的语段中心语地位被取消，分别由 T 和 R 继承。把（38）中 CP 的去语段化与本节讨论的 v^*P 语段的情况结合起来，就形成了去语段化的一个全貌，如（45）所示（参阅 Ginsburg，2016：16）：

（45）去语段化（完整版）：

  a. 一个动词性词根与局域内 v^*（如果其存在的话）合并，语
   段移交给该动词性词根。

  b. 删除 C 将语段性移交给 T。

基于 Chomsky（2013，2015b）对 EPP 和 ECP 两种现象的统一处理，以及该分析模式向 v^*P 语段的延伸，可以发现该分析模式从加标的角度找到了两者背后的同一性：这两种情形都要求主语在加标阶段可见，即在 [C [SPEC, TP]] 中处于 SPEC 位置。在这个方面它比把 EPP 和 ECP 视为互不相关的两种现象的原 – 参理论在概念上显然更具优越性。不仅如此，基于加标的理论，EPP 和 ECP 何时需要遵守，何时可以违反，取决于加标的需要：英语中的 T 因为特征弱而不能担任标签，因此只有当主语显性存在时，才能为 [SPEC, TP] 加标，因此英语既遵循 EPP，也服从于 ECP。与之不同，意大利语中的 T 特征强，可以为 TP 加标，所以它既无需遵循 EPP，也可以违反 ECP。换言之，并不是所有语言中的句子都必须有显性的主语，EPP 和 ECP 并不是语言的普遍特性。在这个方面，它又优于基于硬性规定的原 – 参理论。此外，基于加标的分析没有专为主语相关现象增添新的理论机制，而只是对加标理论的一种扩展，后者本身又可从第三因素原则派生，具有独立的动因。最后，需要强调的是，Chomsky 并没有止步于对 EPP 和 ECP 的统一处理，而是把它进一步延伸到了 v^*P 语段，从而又明确了 CP 和 v^*P 两个语段的平行性。

4.6　加标时机

除了最小搜索，加标理论还涉及众多因素，如特征继承、删除

C、R 和 v^* 合并、移交等。那么，这一系列的操作是否有顺序呢？如果有，顺序是怎样的？文献中常把这一程序性要求称为加标的"时机"（timing）。这是一个重要的技术问题，涉及理论内部的自洽性。本节以 CP 语段为例对此进行阐述。

如前所述，在英语中，如果语段中心语 C（that）存在，则主语无法移出，如例（29a）；反之，只有在删除 C 的操作之后，主语方可移出，如例（28a）。为方便演示，将（28a）复制为（46a），并给出相应的结构，如（46b）所示：

（46）a. Who do you think defeated Tom?

　　　b. [γ who do you v^* think Ø [α ~~who~~ T [β ~~who~~ defeated Tom]]]

在（46b）内嵌的 CP 语段中，T 进入结构后发生的操作有两项：一是 who 内合并至 α 中的 SPEC-T；二是外合并语段中心语 C。在 Chomsky（2013）最初提出的模型中，外合并发生在内合并之前，即 who 的内合并迟于 C 的外合并。这样的顺序主要是基于两点考虑：第一，内合并只能发生在语段层，以便区分由内合并生成的拷贝和外合并生成的重复；第二，内合并的应用须受某种动因的驱动。例如，（46b）中 who 的提升是为了满足 T 上的 EPP 特征，而该特征是从 C 上继承而来的，所以 who 的内合并操作只能在语段中心语 C 合并完成后才能发生。这一分析模式覆盖了主要事实，但仍存在问题：它违反了循环性条件（cyclicity condition）。所谓循环性条件指操作只能应用于根节点。该条件派生于扩展条件，旨在禁止任何操作修改已经造好的句法客体（参阅第 2 章）。然而，正如 Epstein et al.（2012: 256）指出的那样，C 合并之后才发生主语的移位，会形成一种"双峰（two-peaked）客体"，一个是 {主语，T}，另一个是 {C, T}。这是一种交集性客体，是相互独立的两个客体。

现在看来，只允许内合并（移位）发生在语段层未必是一个可靠的假设。假定记忆是以语段为单位的，即便内合并不发生在语段层，移交也同样能够区分拷贝和重复。按照强式最简命题，内合并的应用应该与外合并一样，是完全自由的，不应受任何限制，其结果由接口来评估。Chomsky（2015b: 14）对此作了如下说明：

　　那么，最简单的结论应该是合并的应用是自由的，包括内合并。

因此内合并可以在 C 的合并和特征继承之前应用，问题就此解决。有若干原因使这个简单的设想没有在更早的研究中被采纳。第一个是移交必须知道内合并是否已经应用，以便区分拷贝和重复，但是如果假定记忆是以语段为单位的，那就不需要内合并与移交在语段层同时应用以达成这个结果。第二个原因是早期研究残存的一个观点，即每个操作都必须受某种需求的驱动。但没有理由保留这一条件。操作可以是自由的，至于结果是否可以移交并在接口得到诠释，（那需要）在语段层进行评估。

基于这一考虑，Chomsky（2015b：11）对 CP 语段层各项操作的顺序进行调整，恢复了推导的循环性。以（46）为例，顺序如（47）所示：

（47）CP 语段层各项操作的顺序：
    a. 通过外合并形成 $\{T, \beta\}$；
    b. who 内合并到客体 α 中（用于对 T 的加强）；
    c. 合并 C，抵达语段层；
    d. 特征继承；
    e. 加标，客体 α 被加标为 $<\varphi, \varphi>$；
    f. 删除 C，who 留在原位并可在下一语段中参与内合并操作；
    g. 移交 β。

（47）的推导步骤：
第一步（47a）：通过外合并形成 $\{T, \beta\}$，见（48）：

（48）T $[_{\beta}$ who v^* defeated Tom$]$

第二步（47b）：who 内合并到客体 α 中，为 T 的加标提供了一个显著的 φ 特征，同时 β 加标为 v^*，见（49）：

（49）$[_{\alpha}$ who T $[_{\beta=v^*}$ ~~who~~ v^* defeated Tom$]]$

第三步（47c）：合并 C，抵达语段层，见（50）：

（50）$[$C $[_{\alpha}$who T $[_{\beta=v^*}$ ~~who~~ v^* defeated Tom$]]]$

第四步（47d）：特征继承，T 继承 C 上的所有屈折性 / 功能性特征，包括 φ 特征、时态、Q 特征，也包括语段地位，其中未赋值特征从

C 上删除掉。

第五步（47e）：加标，客体 α 被加标为 $<\varphi, \varphi>$，见（51）：

（51）[C [$_{\alpha=<\varphi, \varphi>}$ who T [$_{\beta=v\cdot}$ ~~who~~ v^* defeated Tom]]]

第六步（47f）：删除 C（C → Ø），客体 {C, α} 也随之消失，语段性得以在 T 上被激活。需要注意的是，who 此时在 TP 中处于边缘位置，所以可在下一语段中参与内合并操作，如（52）所示。

（52）Ø [$_{\alpha=<\varphi, \varphi>}$ who T [$_{\beta=v\cdot}$ ~~who~~ v^* defeated Tom]]

第七步（47g）：向接口移交 β。

以上是 Chomsky（2015b）模型中 CP 语段的规则应用顺序。可以看出，它与 Chomsky（2013）模型最显著的不同在于 who 的内合并发生在 C 的外合并之前，如（49）~（50）所示。这样，推导的各个步骤都满足了循环性要求，Epstein et al.（2012）有关双峰结构的问题由此得到了合理的解决。

v^*P 语段的加标时机与上述 CP 语段的情况是平行的，即词根 R 的内合并先于语段中心语 v^* 的合并。

简要地说，在 Chomsky（2013）的模型中，推导是反循环的。也就是说，语段中心语（C 和 v^*）先合并，以使 T 和 R 分别得以继承它们的特征。在此之后，相关论元分别提升到 SPEC-T 和 SPEC-R 位置，通过对 T 和 R 的加强，使两个客体最终加标成功。这个模型虽然捕捉到了核心事实，但在概念上违反了循环性条件。Chomsky（2015b）为此提出了一个如（47）所示的新的加标时机模型，其最主要的特点是把移位调整到了特征继承之前。如此，新的推导模型纠正了 Chomsky（2013）模型的反循环问题，使推导满足了循环条件。

4.7　总结

本节分三个部分对本章进行总结：4.7.1 节归纳加标理论的基本要点，梳理理论脉络；4.7.2 节阐述加标理论在近期最简方案中的地位和作用，列举概念和经验两个方面的主要进展；4.7.3 节综述加标理论主要的争议性话题，以及未来可能的发展方向。

4.7.1 本章回顾

概括而言，加标理论的基本思想主要有两个方面。一方面，合并生成的客体为最简的集合形式，即 {α, β}，标签不是组成部分。另一方面，投射性／向心性由独立的加标操作派生。该操作负责对合并生成的句法客体进行识别，以使其在接口得到诠释。加标是通过最小搜索完成的，以客体中最显著的中心语或者特征为探测目标。

加标有两种基本情形。第一种是 {H, XP} 形式的句法客体，H 是中心语，XP 是短语。此时，最小搜索选取 H 作为标签，使客体 {H, XP} 在接口被识别为 H。第二种是 {XP, YP} 形式的句法客体，XP 和 YP 都不是中心语。此时，最小搜索无法得出确定结果来识别整个客体的身份，加标因此失败。然而，可以通过两种方式对客体加以挽救：一是对客体进行改造，移出集合中的某个成员，只保留一个可见的中心语，使之成为标签；二是两个中心语通过共享某个显著特征而发生一致，从而使该特征充当句法客体的标签。

此外，加标也可应用于其他两种句法客体：第一，当句法客体中的成员之一仅有弱特征，不可担任标签时，另一个成员便成为标签；第二，{H, H} 形式的句法客体，按照加标理论，当且仅当其中一个成员是定类语素，另一个是词根时，加标方可成功，其他形式均不可加标。

通过对加标理论的延伸，Chomsky 还为 EPP 和 ECP 两个重要的语言现象提出了统一的解释模式，基本设想是：英语类语言 T 的特征弱，不能独立加标，因此在加标阶段需要一个显性的主语来加强 T，即在 [C [SPEC-T]] 中处于 SPEC 位置。这意味着该位置既不能空缺，也不能是不可见的拷贝，由此分别引发了 EPP 和 ECP 效应。与此相反，意大利语类语言 T 的特征强，无须显性主语的加强即可加标。因此，它不要求加标时主语可见，也不表现出 EPP 和 ECP 效应。换言之，EPP 和 ECP 均由加标机制派生而成，是相同加标条件的不同表现。

Chomsky 不仅统一处理了 EPP 和 ECP 效应，还基于加标理论为 CP 和 *v**P 两个语段提出了平行的推导模式，主要体现在三个方面：一是 CP 中的外论元提升和 *v**P 中的内论元提升均由加标驱动；二是 CP 中的 T（英语）和 *v**P 中的 R 均只有弱特征，不能单独加标；三是 C 和 *v** 均以某种方式被删除，并将各自的语段性分别传递给 T 和 R。不仅如此，两个语段各项操作的顺序也大致相同，即 CP 语段中的主语和 *v**P

语段中的宾语首先分别提升至 T 和 R 的 SPEC 位置，之后 C 和 v^* 合并到各自的结构，分别向 T 或 R 传递特征，再进行加标操作，TP 和 RP 分别被加标为 <φ, φ>。在此之后，发生去语段化：或者 C 被删除，或者 v^* 附着于 R，语段性分别由 T 和 R 继承，语段的边缘和补足语也被重新定义。最后，进行移交操作，推导结束。

4.7.2　加标理论的价值

我们认为，加标理论是近期最简方案中一个重要的进展，其价值可以从概念和经验两个方面归纳。概念上，它在对语言基本特性的捕捉方面完成了理论体系的一次新分工。首先，合并被减缩成最简形式，即合并（α, β）→ {α, β}。它分外合并和内合并两个种类，派生出离散无限性和易位。其次，向心性 / 投射性则从合并操作中分离出来，由独立的加标算法确定。至此，标签不再是结构生成的一部分，也不是句法表征的一部分。换言之，标签被移出了狭义句法，变成了接口条件的一部分。经验上，加标理论在一系列重大的问题上优化了传统分析，达到了更高的解释充分性。最典型的表现为：第一，深化了对向心性 / 投射性的认识；第二，化解了与主语相关的难题，派生出了 EPP/ECP 等描写机制；第三，为统一处理 CP 和 v^*P 两个语段开辟了新路径；第四，为系动词句、话题结构、强制性移出与滞留、并列结构等众多棘手的结构提出了新的分析方案。

下文将分不同的主题，对加标理论主要的贡献做详细阐述。

1. 优化了合并理论

加标理论与最简合并是相伴而生的，合并与加标由此实现了分离，合并变成了集合理论允许的最简形式——{α, β}，这个理论变化意义重大。通过把投射性 / 向心性移交给加标理论，合并的职能最终实现了单一化：它只需负责把两个句法客体放入同一集合，再无其他职责。在这个意义上，加标理论深化了狭义语言官能仅包含可递归的合并操作的这个设想（Hauser et al., 2002；亦可参阅 1.4 节），使语言起源于一次"微小的变异"这个设想变得更为可行（参阅第 6 章），最简方案也因此更符合可演化性的标准。

加标理论不仅为最简合并的出现清除了障碍，而且在确立内合并和外合并的同一性方面扮演了重要角色。加标时机相关论述提到，在加标理论出现之前，外合并和内合并有不同的应用条件：前者可以随时发生，后者则只能发生在语段层；前者可以自由应用，后者则必须受到某种需求的驱动。正是在加标理论中，为了避免所谓的"双峰客体"问题，Chomsky 等才最终放弃了内合并必须发生在语段层的设想，转而认定它的应用也是自由的，内合并与外合并由此实现了统一。

2. 深化了对投射性 / 向心性的认识

相比于先行理论，加标理论对语言的投射性和向心性等特性的认识更为深刻，解释得更为合理。它没有像 X 阶理论那样硬性规定句法只能生成向心性的结构，也没有像 Collins 等那样为了获得合并的最简形式而把投射性 / 向心性完全剔除在语言的生成程序之外。相反，加标理论以接口条件和第三因素原则派生出了投射性 / 向心性，主张这一语言特性是如下两个原则相互作用的结果：一是概念 – 意向系统要求句法客体拥有一个显著元素，或者是中心语，或者是特征；二是负责寻找元素的加标算法是最小搜索。按照这个理论，狭义句法中不存在标签，也不参照标签。这意味着合并生成的结构是相同的，没有构式之分，这就彻底消除了 X 阶标理论中专为构式而设的规则。换言之，标签只存在于接口，为诠释系统所用，而构式是建立在加标基础之上的。

在对事实的分析中，加标理论的优越性显而易见。一方面，它派生出 X 阶标理论中正确的和合理的部分。例如，与 X 阶标理论一样，加标理论预测 {H, XP} 结构以 H 为中心语，具有投射性和向心性。再如，加标理论同样不允许 *VP → A PP 这样的改写规则，因为它是基于最小搜索的，而最小搜索在 A 和 PP 中搜索不到 VP 的信息。另一方面，加标理论消除了 X 阶标理论中不合理乃至不正确的规定，如投射原则。该原则不允许生成 {XP, YP} 形式的离心结构。然而，正如 Chomsky et al.（2019：247–248）指出的那样："它被每一个内合并的例子轻松地证伪，内合并产出不可加标的 {XP, YP} 配置（中心语移位除外）。"与 X 阶标理论相反，加标理论允许离心结构自由生成，但同时预测它们不可加标，除非改造结构，或者找到共有特征，否则它们在接口不可诠释，推导因此崩溃。由此可见，加标理论与先行的 X 阶标理论相比取得了长足的进步。

值得一提的是，目前已有足够证据表明投射性／向心性与离散无限性一样，是人类语言独有的特性，不见于其他动物的交际系统乃至更广范围的认知活动之中。Hornstein（2009：16）指出："我把向心性标签理解为普遍语法主要的'新起之物'（novelty）。"Boeckx（2009：13）认为："事实上，一些语言学者认为在层级性地表征信息的认知领域中，向心性可能是语言所独有的。"Everaert & Huybregts（2013：16）基于对鸟的鸣啭的研究得出结论："组合语义、易位效应和加标要求是关联（人类）自然语言结构的特性，是（人类）生物系统一个基本的性质，也是独特的性质……"。加标理论体现了人类语言的这一特性，是不可或缺的。

3. 为主语提供了新分析思路

加标理论帮助我们更深刻地认识到主语这个概念特有的复杂性，并为解释这种复杂性提供了新的思路。前文提到，主语是传统结构分析中的一个难点，主要体现在以下三个方面：第一，至少在英语类语言中，它的存在具有强制性；第二，它比宾语更难提取，需要满足的条件更为苛刻；第三，它关联着极为显著的跨语言差异（参阅 4.5.1 节）。为解释主语的复杂性，原 – 参理论设立了 EPP 和 ECP 两项原则。然而，这两项原则具有浓厚的硬性规定色彩，也难以解释与主语相关的更为广泛的现象，包括跨语言差异。

加标理论以一种比较原则性的方式提升了对主语相关问题的解释力，最突出的是它消除了 EPP 特征。进一步来说，按照谓语内部主语假说，携带题元角色的主语（外论元）是通过内合并从下层结构提升而来的，而外论元每次内合并都形成一个不可加标的 {XP, YP} 客体。为此，外论元（XP）不得不继续提升，形成（逐级）循环移位效应，直到它能通过一致为直接支配它的客体加标为止。外论元可以滞留、无需进一步提升的位置即是所谓的"标准位置"。如 Chomsky（2015b：7）所言："内合并受加标失败驱动，是逐级循环的，它会持续，直到它抵达一个标准位置。"总之，加标理论消除了 EPP 特征存在的基础，促使这个长期备受争议的概念最终退出了舞台。ECP 在加标理论中的地位与作用与

EPP 相似，它不再被认作普遍语法的原则，而只是加标操作派生的副现象。

4.7.3 相关探讨与争议

加标理论的出现，在学界得到了比较广泛的认同，引发了大量旨在完善其概念或扩展应用范围的研究。由于篇幅限制，本章不讨论这类研究。本节将聚焦于研究成果中关键的争议点，管窥加标理论现存的不足及未来可能的发展方向。

1. 标签的作用

4.2.3 节提到，Chomsky 认为无论在概念－意向系统还是在感知－运动系统，标签对句法客体的诠释都不可或缺。从 Chomsky（1995）到他（2015b）这个立场历经 20 余年没有变化，可见他对标签作用的确信。不过，他对标签的作用没有做过系统的阐述，留下了一些疑点。从既有的研究看，一方面，标签对感知－运动系统，特别线性化的作用比较直观可查（参阅 4.2.3 节）。实际上，加标理论重要的来源之一是 Moro（2000）的动态反对称原则，而该原则恰好是基于线性化而提出的。然而，不少研究者认为在概念－意向系统的诠释中，标签的具体作用不甚透明，似乎缺乏系统的对应关系。Bošković（2021：3）认为："标签是否为诠释所必需实际上并不是显而易见的——形式语义学模型一般不使用标签。即使它们为诠释所需，是否所有的情形都需要标签也是一个问题。"Collins（2017：55）、Epstein et al.（2017：29）和 Takita（2019：4-7）等也表达了相似的意见。很大程度上因为这个原因，不少研究者不从语义诠释的角度来考察加标问题，转向从向感知－运动系统的移交来派生经验效应。例如，作为最早提出无标签合并的研究者之一，Collins 至今仍然坚持不用标签。相反，他提出向感知－运动系统移交的操作（TRANSER$_{SM}$），由其负责对一个建构完毕的语段进行线性化安排，经验蕴涵与加标理论有相通之处 [1]。例如，在加标理论中，{XP, YP} 是不可加标的结构，而在 Collins 的感知－运动系统移交理论中，它是不可

---

1 参阅 Collins（2017）、Collins & Stabler（2016）等。

线性化的结构，在一定程度上可以说是 Moro 早期理论的升级版。与
Collins 不同，Takita 提出的"为线性化的加标理论"有加标操作，但只
针对线性化结构，语义诠释则被明确排除在外。可以说，完全排斥标签
或认为加标仅针对线性化似乎不是正确的选择。然而，现有理论对加标
操作的语义贡献确实阐述得不够清晰。例如，主语和 T 可以通过一致加
标为 <φ, φ>，这种方式确如 Takita（2019：7）所说，暗藏着赋予 DP
和 TP 相同语义值的错误蕴含。因此，有必要进一步研究、明确标签的
作用，甚至有必要超越目前的"加标服务于诠释"的观念，使加标理论
更具说服力[1]。

2. 加标的完备性

　　加标理论覆盖的经验事实相当广泛，对于核心事实的解释也比较合
理。尽管如此，一些结构在现有体系下似乎无法加标。最显著的是某些
句法配置中的标志语，它们没有确定的加标方式。按照 Chomsky 的理
论，在 {XP, YP} 结构中，如果不能通过一致加标，那么其中之一必须移
出。按照 Adger（2013：13）的说法："这意味着所有基础生成的标志
语都不得不提升。"然而，在某些句法配置中，标志语无须提升便可获
得正常的语义诠释，如填充词主语结构，可参阅（19b）"there is likely
[~~there~~ to be a man in the room]"。此句中基础生成的小句结构（[a man
in the room]）是无法加标的。再如，英语中的绝对格 + 小句结构，如
"with [the vase on the table], the room looks perfect"。正如 Adger（2013）
指出的那样，一方面没有证据表明 the vase 发生了移位；另一方面，该
配置不允许填充词的插入（*with there a vase on the table, ...），说明
the vase 没有提升的目标位置。大致相同的问题还存在于领属结构，如
Anson's picture of Lilly 中的 Anson。此外，对于附加语是否需要标签以
及如何加标，学界看法不一 [参阅 Bode（2020）及其中所引文献]。这
些问题在 Moro 早期的动态反对称理论中已存在，在 Chomsky 的加标
理论中也未得到合理解决。它们或许并不致命，但暴露了现有理论在完
备性方面的缺失。换言之，它们似乎暗示有的成分即使不加标也为诠释
系统可读，而这与诠释需要标签的基础理念产生了冲突。化解这个问题
应该是加标理论未来的任务之一。

---

[1]　Murphy（2015）从生物语言学的角度就标签的作用阐发了一些新观点，有一定参
　　考价值。

3. 特征的强度

Chomsky 为了应对 EPP 和 ECP 关联的跨语言差异，重新引入了特征强度参数，这个做法颇受质疑（如 Gallego，2017；Hayashi，2020）。特征强度参数在最简方案的最早期即被提出，是拖延等经济原则的基础。它的缺陷已被证实（参阅第 3 章）。Chomsky（1998：127）也曾指出："优化设计应该消除诸如（特征）强度这样奇怪的和麻烦的特性。"事实上，这个参数从语段理论提出后就已在最简方案中被弃用了。Chomsky 重新启用这个概念，确实需要更多的证明和检验。比如，如果 T 有强度区别，那么其他语类是否也有？如果答案是肯定的，那就意味着特征强度理论的复活；如果答案是否定的，则意味着有特征强弱之分的 T 是一个孤例。无论何种答案，都会关联一些难解的问题。此外，从跨语言角度来看，特征的强度对英语和意大利语的差异解释力较强，而对其他类型的语言却不太适用，比如既没有一致形态，又允许违反 EPP 和 ECP 的激进空主语语言，如汉语；再如一致形态较为丰富，但仅允许虚义词空主语的语言（如荷兰语），等等。总之，主语的特异性很强，关联的跨语言差异多种多样，用 T 的特征强度来捕捉相关现象，前景尚不明朗。

以上对加标理论现有的疑点和未来的发展方向提出了一些看法，包括标签的作用、加标的完备性和特征的强度三个方面。实际上，值得进一步探讨的方面不止这些，由于篇幅限制，我们无法一一列举。总体上看，加标理论的必要性毋庸置疑，但尚不完善，仍具有较大的提升空间。

第 5 章
形态与词库

5.1 引言

前文讨论了句法领域的三个主题：合并、语段和加标。本章介绍另一主题——形态学（morphology）。这个领域以语言中的词汇知识为对象，主要研究词的结构、意义和形式以及词与词之间的关系，尤其是词的构造方式。因此，它常与"构词"（word-formation）这个术语通用，在汉语中常被译作"词法"[1]。

与形态密切关联的一个概念是"词库"（lexicon）。需要指出的是，它在语法理论中专指负责列举句法操作的句法原子、标明个体性特征的部门，完全不等同于"词典"等相关用语。Bloomfield 是最早把专有意义上的词库引入语言学理论的学者，他（1933：162）将其定义为"某个语言中所有语素的库存"（the total stock of morphemes in a language）。因此，诸如"奥林匹克运动会"等复杂结构不能储存于词库[2]。不仅如此，他（1933：274）还认为，既然"每一个语素都无规则可言"，那么词库就是"一份不规则事物（irregularities）的列表"。由此，与词库相关的形容词 lexical 也被赋予"不规则的、异质性的"的含义（Aronoff，1994：18）。

---

1 在不少当代文献中，"构词"和"形态"这两个概念有一定的分工，前者偏重于派生形态的组合操作，后者则偏重于屈折形态的组合操作。本章主要讨论构词，对构词和形态两个术语不做严格区分。

2 日常用语中的"词典"在语言学中尚无名称。如 Aronoff（1994：22）所言："……词库这个术语因此应该被理解为……所有个体性符号的列表，而无论它们的范畴或复杂性如何。相比之下，由所有的词组成的无穷无尽的列表将是没有名称的。"

　　本章旨在介绍近 20 年形态学领域一种新的理论走向，即非词库论（non-lexicalism）。它主张压缩和精简词库，尽量把对语言事实的解释交由句法以及后句法的（post-syntactic）诠释系统承担。更具体地说，非词库论认为语法中不存在构词和造句两个相互独立的部门，不存在独立于句法之外的形态／构词规则。相反，句法操作不仅作用于词以上单位，也是构词的主体机制。构词必须遵守句法规则，其推导受句法性局部区域条件的限制。换言之，词跟短语一样，也是由句法组合而成的音－义匹配系统。

　　非词库论包含若干不尽相同的理论体系，其中出现最早而且迄今为止影响最大的是分布式形态学（distributed morphology，DM）（Halle & Marantz，1993，1994；Marantz，1997）。此外还有外骨架理论（exoskeletal theory）(Borer，2003，2005)、纳米句法（nanosyntax）（Caha，2009；Starke，2009）、第一语段句法（first phase syntax）（Ramchand，2008）等。不同于原－参理论时期的形态学理论，上述理论与句法理论联系紧密，交融程度很高。DM 在这个方面尤为突出，它从最简方案中汲取了很多灵感，采纳了其主要的概念和分析技术，如合并和语段推导等，并与之有较为深入的互动。因此，它被普遍认为是"最简方案之内的一个框架，它把形态和句法融合成为语法的同一个部门，而不是如词库论最简方案那样把它们设定为两个分离的部门"（Siddiqi，2010：523）。

　　本章以 DM 为主线，兼顾其他形态学流派以及部分句法学者的研究，阐释当代形态学理论的最新进展情况，特别是简化词库的成果。各节安排如下：5.2 节介绍传统的词库论，铺垫后文；5.3 节介绍 DM 的总体架构，阐述它是如何把词库回归为静态的列表的；5.4 节探讨 DM 的句法操作和局域限制；5.5 节围绕 DM 的形态操作，说明它是如何在后句法的形态推导中派生语素变体（allomorph）的；5.6 节梳理 DM 中有关百科表和语义变体（allosemy）；5.7 节归纳 DM 在论元结构研究方面的新进展；5.8 节总结本章。

5.2　词库论

　　词库论（lexicalism），又称"词库假说"（lexicalist hypothesis），"指现代生成语言学内部的一个理论立场，即语法中有*一组独立于且不同于句法规则的词库规则*，负责复合词语的过程（派生和复合），也就是说，构词不由句法转换执行。这些词库规则被假定运行于一个句法之前的部门"（Scalise & Guevara，2005：147；斜体为原文所加）。词库论是 Chomsky（1970）在"论名物化"中以不甚清晰的方式提出来的。当时，有很多研究试图用转换来解释动词和对应名词之间的联系，如"refuse → refusal, destroy → destruction"等，最著名的就是生成语法的第一篇博士论文《英语名物化的语法》（Lees, 1960）。这样的研究很快就暴露出操作过于复杂、生成能力过强的问题。为此，Chomsky（1970）提出了词库规则的概念，与句法规则相对立，用于处理特殊的、不规则的形态变化。具体来说，Chomsky 把名物划分为两种：一种是"派生的"（derived），如"destroy → destruction"；另一种是"动名的"（gerundive），如"destroy → destroying"。他的基本立场是：派生的名物化与普通名词的特性相仿，在形态、句法和语义等方面都具有很强的特异性，而动名的名物化则像句法搭配，规律性强、语义透明。因此，只有动名的名物化可以通过转换推导，而派生的名物化只能在词库中列举。这篇论文包含了词库论的核心要素：词库规则及其与句法规则的对立，句法推导与词库列举的分野等，因而被视作词库论的奠基之作[1]。不久，Jackendoff（1972：12–13）把 Chomsky 文中的思想概括为"转换不可执行于派生形态"，并称之为"词库假说"，并使之成为正式名称。Chomsky 提出的两种名物化被其他研究者延伸发展，逐渐概化为派生形态与屈折形态的对立，前者在词库生成，后者由句法驱动，这就形成了词库和句法"两个地方构词"的假说（Wasow，1977；Dubinsky & Simango，1996）。不仅如此，词库路径不断强化，最终形成了词库 – 句法两个模块的对立。词库的内涵也变得越来越丰富，甚至可以与句法部分并驾齐驱。概言之，词库论框架下的词库有以下特点。

第一，生成性。由于词库论认定句法计算的起点是词，所以词库承担构词的任务，负责把语素组合成词，赋予其语义和音系的诠释，并将其输送到句法。这样，词库就从 Bloomfield 意义上的一个静态的列表变成了一个动态的计算系统，成为语法体系的一个模块，具有与句法高度相似的功能。Marantz（1997：202）用图 5.1 显示了两者的相似性：

1　Chomsky（1970）是一篇影响巨大而又颇难准确理解的论文，本处只综述了最基本的主张。对该文更为详细的解读可参阅 Spencer（1991）、Marantz（1997）和 Embick（2021）等。

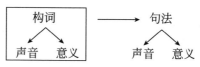

图 5.1　词库与句法的功能

第二，自主性，即它与句法在信息上相互封闭，两者相互独立、互不相同。词库规则可以改变操控对象的语类特征和次语类特征，而句法规则不可以。例如，构词操作"translate → translation"不仅使动词变成了名词，也消除了前者的及物性，即其强制性携带 NP 补足语的能力（参阅 Ouhalla，1994）。Lapointe（1980）等提出的"词汇自主律"（lexical integrity hypothesis），规定句法操作不能进入并影响词的内部结构；Botha（1983）提出的"无短语限制"（no phrase constraint）认为，形态操作不能使用句法生成的结构，即不能将短语结构运用于构词。Lieber & Scalise（2005：2）指出："实际上，词汇自主律和无短语限制这两条原则旨在阻止跨模块互动：词汇自主律阻止句法'看见'形态，无短语限制阻止形态'看见'句法。"

第三，词库是多模块和多层次的，跟原 – 参理论如出一辙（参阅1.2 节）。从 Halle（1973）提出的第一个完整的词库模型开始，直到现在，它始终包含若干相互独立的内部模块：一是语素列表，用于列举某个语言所有语素，标明它们的个体性特性：是自由的还是黏着的，是词根还是词缀，属于何种词类，具有什么样的次语类范畴，意义是什么，等等；二是构词规则，负责组合词语，确定形态核心（Williams，1980），并把该核心的特征渗透到整个词语（Lieber，1980），有时还要运用移位规则，用于调整词语里各个成分的结构关系，使语义得到正确反映（Roeper & Siegel，1978；Hale & Keyser，2002）；三是诠释规则，负责词语的音系和语义表达；四是过滤器，筛除虽合规但不被认可的词语（可能的词语），只保留被接受的部分（实际的词语），形成完整的词语列表，以备句法操作选用。

词库的各个模块，内部一般又需要设置若干推导层次。例如，仅为解决重音相关问题，Siegel（1979）、Selkirk（1982）等词库音系 – 形态学者就为英语词库设置了 4 个层次：第一层是词缀界限词缀，主要源自拉丁语，一般附着在黏着的词根上，能够触发重音迁移等形态音系变化；第二层是词界限词缀，主要来源于本族的日耳曼语，一般附着在自由的词基上，不触发形态音系变化；第三层是复合，能够触发重音迁移；第四层是规则的屈折变化，不能触发重音迁移。他们提出的"顺序假设"（ordering hypothesis）规定每个层次的词缀只能附着于同层次或下一层次的成分，不可有任何顺序颠倒。

第四，投射性，即它在很大程度上决定着句法的操作。传统词库包含极为丰富、细致的信息，主要包括：描写词项固有特征（如语类特征等）的系统；次语类框架；词项插入规则；语义选择，用于规定谓词论元的题元角色；词项的各种屈折变体形式，等等（Chomsky，1965，1981，1995）。原 – 参理论设置了多条原则和条件，用于确保这些信息体现在句法操作中。比如，投射原则规定词库信息在句法的每一个层次都必须遵守。该原则又被扩展到题元理论，规定句法操作不得违反词库里的语义选择信息。在早期最简方案中，句法操作依然基本依存于由词库规定的特征，如 Adger（2010：2）所言："最简论语法可以被视为词库驱动的组合系统。"Boeckx（2015：10）也指出："与最简论圈子里的言辞相反，并不是'合并是所需的一切'。事实上，合并是附属于词库的。没有特征的驱动，合并是不能用的。"这种由词库规定大量而又关键的信息，决定了句法操作的理论途径被称为"投射论"，也常形象地被称为"大词库，小句法"的理论。

综上，词库具有的主要特性有：生成性、自主性、多模块和多层次、投射性。在"论名物化"发表之后到早期最简方案这近三十多年的时间里，词库论占据了主导地位[1]。在这段时间里，一个相当流行的做法是设置词库 – 句法参数，让一些现象由词库决定，另一些现象由句法决定，以此解释某些跨语言的差异，如 Reinhart & Siloni（2005）等；一些专属特定语法部门的词库理论，如"词库音系学"（lexical phonology）和"词库语义学"（lexical semantics）等涌现了出来，而且从者甚众，一片繁荣。最终，"强词库论"（strong lexicalism）应运而生，它主张所有的构词——无论涉及的是派生形态还是屈折形态——均发生在词库（参阅 Aronoff，1992；Anderson，2002），将词库论推到了极致。

毋庸置疑，词库论有其积极的一面。然而，以今天的视野来看，它

1　值得指出的是，这一时期仍有不少学者坚持依据句法的操作和原则解释构词中的现象。比如，Baker（1988）对"并入"（incorporation）现象的研究和 Hale & Keyser（1993a，2002）对词库句法（lexical syntax）的研究，相当系统深入，至今仍被广泛引用。尽管如此，他们没有撼动词库论的主导地位。

在概念和经验上有明显的缺陷。首先，从概念上看，它需要维持形态和句法两套互不相同的生成系统，这是一个沉重的理论负担，从生物语言学的角度看也不具备可演化性；而且词库和句法都旨在输出音 - 义结合的配对，两者高度同质，信息冗余，不符合最简性的要求。同样不具备可演化性的还有内部多模块性、多层次性和投射性。其次，从经验上看，词库论假设词和短语有本质差异，因此需要不同的规则生成，这并不符合实际。正如 Marantz（1997）所说，一方面，词不是语法、语义和语音等规则汇聚的区域，并没有同一性，比如语法词就不同于音系词和韵律词。另一方面，词和短语的相似性清晰可见，比如二者的意义均既可能是透明的，也可能是非组合性的。汉语研究多年的实践也证实，词和短语之间很难划出一条泾渭分明的界限。词库论主张句法操作不能用于构词，这也经不起跨语言事实的考验。以汉语为例，至少从 20 世纪 40 年代开始，研究者们就纷纷指出汉语中主要的构词模式——复合法——是按句法方式组织的，可参阅高名凯（1948）、赵元任（1952）、陆志韦（1957）、吕叔湘（1979）和朱德熙（1982）等。总之，它不符合最简性的追求，违反了强式最简命题，且与经验事实扞格不通（参阅 Marantz，1997；Bruening，2018）。

5.3　分布式形态学的总体架构

　　非词库论是为了克服词库论的弊端而兴起的。本节介绍其代表性的理论模型——DM，主要从理论架构、语素以及词根三个方面展开。

5.3.1　理论架构

　　DM 与最简方案是几乎同时出现的，二者的开篇之作正式发表于同一部文集中（Hale & Keyser，1993b）。它最初是以处理形态学中的一些经典事实（如异干互补、合形等）为动因而形成的一套理论假设，但最终超越了形态和构词本身，成为一个完整的语法模型。概括而言，如果说最简方案旨在构建一个最简的语言计算系统并且取得了重大突破的话，那么 DM 则致力于简化词库，取消词库中的生成性构词规则，转而把句法放在了构词的中心位置。换言之，DM 支持最简方案的核心主张，即语法中唯一的生成引擎源自句法（合并操作），且结构的推导受局部区域的限制（分语段进行）。二者努力的方向是一致的，从不同侧面来实现语言官能的最简性和可演化性。Embick & Noyer（2007：292）说明了 DM 和最简方案在理论追求方面是并行不悖的：

> 从一个纲要性的最简视角来看，语法必须包括的部分有：（1）原始项的一个集合；（2）一个用于把这些原始项组合成（离散无限的）复杂客体的推导系统；（3）一个与概念 – 意向系统的接口（逻辑式）；（4）一个与发音 – 感知系统的接口（音系式）。除此之外的任何东西，包括生成性句法系统之外的生成性词库，在这个视角下都变得可疑。

与词库论不同，DM 不认为语法中存在一个集中式的词库，专用于储存集意义、句法、语音、形态等各种特性为一体的词项，更不认为语法中存在专门用于构造词项的形态规则。相反，它认为语言中需要储存的词汇相关知识分布在三份独立的列表之中，每份列表对应传统词库的某一项功能，如图 5.2 所示（改编自 Marantz，1997：204；Bobaljik，2011：1）。

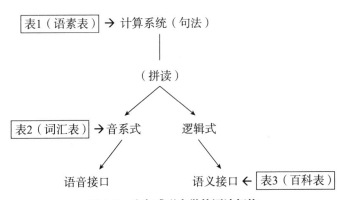

图 5.2　分布式形态学的语法架构

第一份列表——语素表（morpheme），通常也称"（句法）终端表"（terminal），由特定语言中的词根和功能语素组成，是语言中可以放置于终端节点之下的最小元素。这意味着，语素是句法规则可操控的原子性算符，而不是形态 – 音系的操作过程或其操作的结果。从这个角度来看，DM 是"基于部件的"（piece-based），而部件指离散的客体，亦即传统理论中的"项目"（item）。因为语素表在 DM 语法体系中出现的位置与传统词库的位置相同，即处于句法之前，负责向句法计算提供可操控的算符，所以可理解为是一个"狭义词库"（Marantz，1997：203）。

第二份列表——词汇表（vocabulary），由某个语言中所有的语音形式及其插入条件构成，负责为语素提供音系内容，或者说实现句法的特征。词汇表中的每一个条目称作 vocabulary item，本书译为"词汇项"[1]。词汇项通过插入操作与语素结合，向后者指派语音。

第三份列表——百科表（encyclopedia），位于句法和概念 - 意向的接口位置，负责表征词根的个体性语义信息，形成最终的意义诠释。

从图 5.2 可以看出，对应传统词库的三份列表——语素表、词汇表和百科表——是在不同的地点和阶段进入推导的。这意味着，在 DM 中形态不是集中地发生于句法之前的词库中，而是分布在语法系统的不同位置，这个思想正是"分布式形态学"名称的由来。按照 DM，形态的一部分就是（狭义）句法，负责以纯句法规则（合并）形成更为复杂的、包含内部结构的句法单位，然后经拼读操作将输出结构送入接口层面。另一部分则位于拼读之后、音系式之前，由一系列句法后操作组成，负责给终端填入音系信息，确定线性顺序，并根据普遍语法和个别语法的要求进行进一步的计算，以方便其在音系式得到诠释。Halle & Marantz（1993：112）指出："'构词'——对复杂的句法中心语的构造——可以通过诸如中心语移位、嫁接、对结构上或线性上毗邻的中心语的合并等过程，在语法的任何一个层级上发生。"

从历史的眼光看，分布式形态学是向生成语法最早期理论模型的回归。这个由 Chomsky（1957）在《句法结构》中提出的模型由三类规则组成：短语结构规则、转换规则和语素音位规则（morphophonemic rule）[2]。其中，短语结构规则负责生成层级结构，转换规则负责在必要的时候对短语结构做出调整，语素音位规则负责输出正确的音系形式。例如，"John would sing three times."一句的推导包括如下步骤：首先，短语结构规则生成一个底层结构（当时称"结构描写"），在此阶段时态（-ed）在结构层级上是高于情态动词（will）的；其次，转换规则把不

---

1 请注意，"词汇项"不同于"词项"（lexical item），前者只负责语音的表征，后者则近似于词。

2 Chomsky & Halle（1968）把"语素音位规则"改称"再调整规则"（readjustment rule）。

能独立发音的黏着语素 -ed 转换到 will 之后的位置，形成正确的表层结构（当时称"结构改变"）；最后，语素音位规则把"will+ed"序列按照英语音系的要求，变成一个（强变化）的词形，即 would：

（1）a. 短语结构规则：John -ed will sing three times.
　　　b. 转换规则：John will+ed sing three times.
　　　c. 语素音位规则：John would sing three times.

（1）中的分析模式以"词缀腾挪"（affix hopping）的名称而广为人知。可以看出，在最早期的生成语法中，句法原子由简单词以及诸如 -ed 这样的屈折语素组成。复杂的词，如派生词和复合词等，包括（1b）中的"will+ed"，是通过句法规则，特别是转换规则形成的。形态发生在句法之后，即体现在（1c）中的语素音位规则，它把"will+ed"组合拼读为 would。这种处理形态的方式就是 DM 的原型，即"构词的一些方面源自诸如中心语移位这样的句法操作，发生在句法层面，另一些方面源自向音系式推导的过程"（Embick & Noyer，2007：293）[1]。Marantz 在 2019 年写的一篇博客中说道："如果从 Halle & Marantz（1993）来看分布式形态学的起源，可以看到如下框架设计：屈折形态应该是部件，在句法上是分布式的，在句法后得到音系实现。在一定程度上，Halle & Marantz（1993）是对 Chomsky《句法结构》的直接扩展，……他在用'词缀腾挪'分析英语助动词系统时，用的是句法构词，然后为屈折形态迟后填音，这跟 DM 的方式基本相同（太阳底下无新事，尤其是在 Noam 的身影下）。"[2]

下面我们首先聚焦于第一份列表——语素表。词汇表和百科表将分别在 5.5 和 5.6 两节讨论。

5.3.2　DM 中的语素

DM 体系中的语素与传统概念有很大区别。传统学者一般从语

1　有必要指出的是，尽管《句法结构》包含句法构词的思想，但也有词库论的倾向。实际上，他主张的句法构词仅局限于屈折形态，而不包括派生形态。这个思想跟他在"论名物化"表达的思想是一致的。Bjorkman（2017）对此做过详细阐述，有兴趣的读者可以参阅。

2　参阅 Alec Marantz 2019 年 9 月 6 日的博客"Teaching Harley and Noyer 1999"。

义的角度来定义语素，即认为语素是语言中"最小的有意义的元素"（Spencer，1991：4；Katamba，1993：19）。也有从（语音）形式的视角来定义语素的，如 Bloomfield（1926：155）把语素定义为"反复出现的（有意义的）形式，该形式不可被分析成更小的反复出现的（有意义的）形式。因此任何不可分析的词或因子是语素"。这种理解下的语素主要有两个特点：具有某种意义或者语法功能，并且形式是最小的、不可再分的。例如，disagreements 这个词包含前缀 dis-，词根 agree，派生性后缀 -ment 和屈折性后缀 -s，这四个单位的共同特点是具有意义或语法功能，且不可再分，因此都是语素。换言之，传统意义上语素是一种索绪尔意义上的符号（sign），即声音形式与意义的一个结合体。词库论也是在这个意义上理解语素概念的。

与上述传统理论不同，DM 是从句法角度来定义语素概念的，认为语素是句法 – 形态特征的一个丛集，是可以担任句法终端（即中心语）的元素，也可将其表述为句法计算的原子。语素包括词根和功能语素两个种类。词根没有句法特征，特别是语类特征[1]。换言之，词根不是 [N 猫]、[V 踢]、[A 美] 这样的名词、动词或形容词，而是语类中立的（category-neutral）元素，一般用 √ 标记，如 "√猫，√踢，√美"（详见下节的讨论）。功能语素，早期称"抽象语素"，则是语法特征（如 [时态]、[数]、[体] 等）的丛集。功能语素既包括传统理论中的屈折语素，也包括派生语素，后者被称为"定类语素"（category-assigning morpheme），文献中，定类语素一般用小写字母表示，如 v（动词性，如 -ize、-fy 等）、n（名词性，如 -tion、-ness 等）和 a（形容词性，如 -y、-ious 等）[2]。

5.3.3 词根的功能

词根的功能是什么？为了回答这个问题，我们先说说其功能不是什

---

[1] 在不同的名称下把语素分为词根和功能语素两个种类实际早有先例，如 Beard（1995）和 Pesetsky（1995）。目前流行的用根号（或 √⎺⎺）表示词根的方法实际上是 Pesetsky 首创的。然而，认为词根在进入句法时不含语类信息的主张似乎是 DM 首创的，尽管 Chomsky（1970）也以较为模糊的方式表达了这个设想（参阅 Marantz，1997；Embick，2021）。

[2] 对于 n 和 v 两个定类语素的存在，学界的争议不大，但对形容词和介词的理论地位尚有争议，可参阅 Panagioditis（2014）。

么。在非词库论中，词根不具备完整的音系特性和确定的意义，也没有语法特征。这些性质在闪米特语言（如阿拉伯语和希伯来语）中有着完美的体现。这些语言中的词由词根和模式（pattern）两个部分组成。词根由三个辅音位置（√C-C-C）组成，模式则由若干元音和一套音节结构组成，分动词性、名词性等不同类型。以希伯来语词根 √k-b-ʃ 为例，如表 5.1 所示（改编自 Aronoff，2007：822）：

表 5.1　词根 √k-b-ʃ

词性	词根 =k-b-ʃ ~	共时的意义
名词	keveʃ	通道、脚步、度数、腌水果
	kviʃ	铺装道路、公路
	kviʃa	压缩
	kivʃan	熔炉、窑
	maxbeʃ	压路机、路碾
	mixbaʃa	腌制店
动词	kavaʃ	征服、制服、压、铺路、腌制、保存、藏
	kibeʃ	征服、制服、压、铺路、腌制、保存
	hixbiʃ	制服、征服
形容词	kavuʃ	被制服的、被征服的、被碾压的、被压的
	kvuʃim	腌制的
	mexubaʃ	被压过的、满的

由表 5.1 可见，希伯来语词根的核心特点：第一，只有辅音而没有元音，不能发音，即在音系上是不充分赋值的；第二，没有词类，可出现在动词或名词等不同模式中，构造出不同词类的词；第三，具有多重意义，相互之间的联系往往多到难以揣摩的程度。Aronoff（2007：822）在总结 √k-b-ʃ 的语义特点时说道："在腌水果和公路之间试图寻找到共有的意义会使人接近经验的空灵（empirical emptiness）。"

如表 5.1 所示的词根特点不仅存在于闪米特语言，深层次上也为其他语言的词根所共有。以英语为例，单词 pre-*fer*、in-*fer*、de-*fer*、con-*fer*、trans-*fer*、re-*fer* 中的 -*fer*，per-*mit*、re-*mit*、com-*mit*、ad-*mit* 中的 -*mit* 等，

符合语素的语音特征，但意义上没有同一性。至于著名的"独特语素"，如下列词语中的斜体部分，*cran*-berry、*rasp*-berry、*logan*-berry，更是自身没有意义。英语跟希伯来语一样，其词根缺乏语法特性。Borer（2005：102）指出，英语中的 stone（石头），既可做可数名词（2a），也可做不可数名词（2b），甚至可做动词使用（2c）：

（2）a. I've got a stone in my hand.

b. There's too much stone and metal in this room.

c. They want to stone this man.

如果词根确实如上所说，或者没有完整的语音，或者没有确定的语义，而且缺乏语法特性，那么它们的功能是什么呢？对此，目前被广泛认同的看法是：词根的功能不是传达信息、表达意义，而是把概念区分开来。它就像标签或索引一样，目的只是为了建立一个与众不同的身份（identity）。为此，词根一般或多或少地包含一定的有别于其他词根的信息，以实现身份的建立（Borer，2009）。Acquaviva（2009：17）指出，词根的"作用是区别性的，而不是实质性的，一如 'he$_1$ likes broccoli, but he$_2$ doesn't' 这句话中的标签 1 和 2 一样"。Embick（2015：8）也谈道："词根拥有一个独一无二的辨认标签有时是必要的。当两个词根同音异义时，这类标签的必要性是最清晰的。例如，金融机构 bank 和河岸 bank 的底层词根具有相同的音系底层形式，但却是两个不同的词根。用数字做标签的话，这两个词根除了音系式之外，可以被标志为比如 $\sqrt{\text{BANK}}_{254}$ 和 $\sqrt{\text{BANK}}_{879}$。"

有理由相信，Chomsky（2016）指出的"句法计算原子"与 DM 体系中的语素颇为相似。他提出，计算原子没有语音实现，也不对应、指称外部世界的任何客体，它们"像语音表征的元素。我们可以把它们看成向发音器官（相似地，感知器官）的指令"。（Chomsky，2016：43）换言之，尽管表述方式有所不同，但 DM 和 Chomsky 均把语素／计算原子视为心智中的某种表征，行使区别概念和发送指令的功能，是独立于语音实现和语义诠释的（参阅 6.3.3 节）。

本节呈现了 DM 的理论模型。可以看出，DM 取消了传统意义上的词库，将其拆分成三份独立的列表，并且把这三份列表分布到语法不同的部门。在这个模型之下，DM 对传统的语素概念做了重大的改造。一方面，它把语素的句法－形态功能与音系实现进行分离：语素是句法计算的最小单位，仅起句法终端的作用。其语音是词汇表提供的，语义诠释则由百科表提供的。另一方面，它又把语素分离成为词根和功能语素两个种类。词根负责定义身份、区别概念，并向接口发送指令，类似于标签和地址；功能语素则是语法特征（如时态或数）的丛集。

不难看出，与最简方案对普遍语法的研究路径一样（参阅 1.4.2 节），DM 对语素和词库的研究也采用了"自下而上"的路径，即尽可能减少语素／词库的内容，而把尽可能多的内容交给接口以及第三因素。通过设置词汇表和百科表，DM 把语素的语音实现和语义诠释移出词库，交给接口。正因为如此，无论词汇项是自由的、黏着的、零形式的，也无论其意义是组合性的还是习语性的，对句法操作都没有影响。在这个意义上，DM 最大限度地简化了词库，使之成为语素（即句法计算原子）的一份静态的列表。它不包括构词规则，其语素又不包含语音和语义等方面的要求，所以不论与原－参理论相比还是与结构主义相比，它的词库都要简洁得多。

5.4　构词的句法操作和局域

综上，DM 中的语素是可以担任终端的元素，分为词根和功能语素两个种类。句法操作，即合并，以语素为最小操控对象，生成词内结构，一如生成短语结构一样。这就是 DM 的核心主张——"单引擎论"（single engine hypothesis），它是 DM 有别于其他理论的特征之一。DM 所用的句法机制大多源自最简方案，从合并操作到语段推导，莫不如此。本节从概述、名物化和语类化假设、局域条件和语段推导三个方面进行阐述。

5.4.1　概述

在 DM 中，合并词根和定类语素就可以得到传统意义上的简单词，而这就是最简单的构词操作。例（3）展示的是英语动词 translate 和名词 translation 的派生过程：

（3）a.

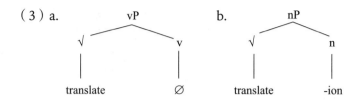

第一，语素占据终端节点的位置，是句法计算的最小单元。第二，词根通过与定类语素的合并获得语类，意味着词的语类不是在词库中确定的，而是在句法中赋予的。第三，不同语类但意义关联的词，如 translate 和 translation，不一定有转换关系，二者可能是平行推导而成的。例（3）是同一个词根与不同的定类语素合并而成的，二者没有转换关系，这意味着（3b）translation 并不像"动转名词"（deverbal noun）暗含的那样，是从（3a）转换来的。第四，词是句法操作的成品，一般包含至少两个语素：词根和定类语素。因此，传统意义上所谓的单语素词是不存在的，词本质上是短语。

除了简单词，合并操作也可以通过定类语素在词内迭代应用形成更为复杂的词，其方式与建构短语一样。例（4）演示了这个过程：

（4）globalization 的推导：

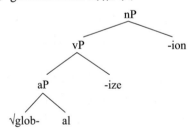

例（3）～（4）涉及的是外合并。构词中也经常使用内合并，即处于不同句法节点下的语素通过中心语移位结合。以"I realize my dream."为例，在 DM 中，该句的生成步骤如下：首先，词根 √real 与形容词定类语素 -∅ 通过（外）合并生成形容词 real；其次，real 与 [DP my dream] 合并，形成一个形容词性的小句（small clause）（标记为 aP_SC）；最后，real 通过内合并与 v（-ize）结合。例（5）是一个简略的图示：

（5）

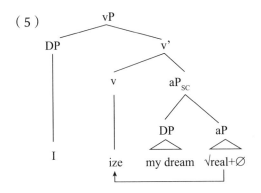

在不少语言中，不同语类的词往往形式相同。例（6）中的英语单词 run 是名、动同形的，一般可以分析为相同词根与不同定类语素结合的结果，如（6）所示：

（6）a.　　　　　　　　　　b.

英语部分单词包含音系上的痕迹，使词结构构造过程更容易被察觉。例如，comparable 这个词有两种不同的重音模式。一个是 cómparable，重音在第一音节上，意思是"相同的，对等的"；另一个是 compárable，重音在第二音节上，意思是"可比较的"。按照 Nevins（2016：48），表示"相同"意义的 comparable 是词根派生的，如（7）所示，而表示"可比较"意义的 comparable 是从动词 compare（比较）派生出来的，如（8）所示。正因为如此，后者保持了动词的语义及其音系。

（7）　　　　　　　　　　　（8）

可见，DM 既允许以词根，也允许以词为对象构词。不仅如此，DM 的句法操作只以形态句法特征为操控对象，完全不必考虑音系因素。正如 Harley（2009：322）所说："每当你看到一个语素，在句子的结构分析中都必须有一个相应的终端节点。在你没有看见语素的地方，可能有也可能没有一个由 ∅ 元素填充的终端节点；这在英语中比比皆是。但确定的是，在你看到了语素的地方，最好给它一个终端节点。"

在 DM 研究的进程中产生了一个饶有趣味的问题：词根和功能语素是在什么样的结构配置中合并的？换言之，词根是功能语素的补足语、附加语，还是其他成分呢？对此，主要有三种观点。第一种观点认为词根是功能语素的补足语（Embick，2010；Harley，2014）。例（9）中，词根（√ROOT）与 DP 合并，形成词根短语（√P），之后该词根经历中心语移位与定类语素 v 结合。Harley（2014）基于英语中的 one- 替代、动宾习语和雅基语（Hiaki）的词根异干互补等三个方面的证据，对此结构进行了论证。

（9）

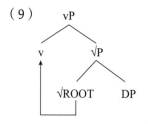

该结构配置较好地体现了动词和内论元关系密切的程度要远大于外论元这一事实，加标理论部分采用了这个假说（参阅 4.5.2 节）。但也有不少研究者不接受词根可携带补足语这个设想，认为证据不充足（参阅 Alexiadou & Lohndal，2017）。

第二种观点认为词根是定类语素的附加语。换言之，词根是以对合并而不是集合并的方式与定类语素结合的，即形成的是一个 <α, β> 集合。这个方式的最大优势是它能在理论上确保当词根与定类语素合并时，投射出的标签必定是后者，因为前者在对合并这样有序的集合中是无法投射的。Marantz（2007，2013b）是这个分析方式最主要的倡导者之一：按 Chomsky 的语段推导理论，语段中心语将补足语区域移交给诠释系统。这意味着，只有把词根当作定类语素或其他某个功能语素的附加语，才能确保它们处在相同的拼读域之中。相反，如果词根是定类语素的补足语，那它就有单独被送往诠释系统的可能。不仅如此，词根可与不止一个定类语素结合，如（4）所示。此时，从描写的角度，可以把每个定类语素定义的词视为一个"词干"（stem），加在每个词干上的定类语素视为"转类语素"（category-changing morpheme）。理论上，转类语素与已经造好的词干应该通过对合并嫁接到一起，以一个整体进入拼读域，如（4）中的 global（a）→ globalize（v）→ globalization（n）等。如果词根或者词干是以集合并的方式与定类语素结合的话，这意味着它们是后者的补足语；如此，按照语段不可穿透性条件原则（参阅 3.4 节），每添加一个定类语素，之前的词根或词干就会被移交给接口，不可参与进一步的操作，而这显然是不合适的。因此，Marantz 提出词根是嫁接到定类语素上的，后者将其"定类"（type）为一个词汇语类，并与它一起进入句法后的诠释系统。

第三种观点认为：词根既可以做定类语素的附加语，也可以做补足语。这个观点源于一个由来已久的观察，即动词有方式和结果两个种类的区分，且二者具有分布互补关系。方式动词包括：nibble、rub、sweep、laugh、run、swim 等，结果动词包括 clean、cover、empty、fill、freeze、kill、melt、open 等（参阅 Rappaport & Levin，2010；Alexiadou & Anagnostopoulou，2013；Alexiadou & Lohndal，2017）。据此，一些 DM 研究者认为方式动词是词根通过嫁接到定类语素构造而成的，而结果动词则是词根通过集合并的方式与定类语素结合而成的。例如，在 Embick（2004：370–371）中，方式动词 hammer 和结果动词 flatten 就是通过这两种不同方式分别形成的，如（10）所示：

（10）a. hammer (the metal)　　　　　b. flatten (the metal)

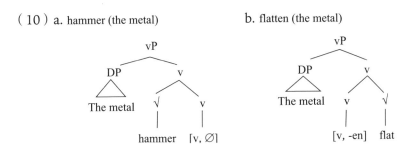

Embick 把（10a）所示的方式称为"直接合并"（direct Merge），形成的是一个包含"方式"部分的复杂中心语；（10b）中的词根 √flat 则是定类语素的补足语，起着表示其结果 / 状态的功能。这一方式能较为简洁地捕捉 √hammer 和 √flat 两种词根的对立，但需要在语素表中把词根区分为方式和结果两个种类。这实际上是词库论的做法，概念上有缺陷。上述三种观点各有利弊，平衡之下，第二种观点，即主张把词根分析为功能语素的附加语，相对周全。Chomsky（2020：52）也支持这一分析。

5.4.2 名物化和语类化假设

5.2 节提到，词库论最初是 Chomsky（1970）以名物化现象为基础提出的，基本主张是：派生的名物化（如 destruction）无论在形态、句法和语义上均有很强的异质性，其表现与普通名词并无二致；而动名的名物化（如 destroying）却高度规则、透明、能产，很像句法搭配。这说明派生的名物化与动词之间没有派生关系，不能通过句法转换规则生成。相反，它们是在词库中列举的。只有动名词是通过转换规则从动词派生而成的。语言中存在派生的和动名的两类名物化，反映了词库构词与句法构词之间的对立。

显然，要想破除词库论，必须回应上述主张。Marantz（1997）在 DM 框架下，首次提出了如下的一个替代性分析：派生的名物化与相应的动词之间，如 destruction 和 destroy 之间，确实如 Chomsky 所言没有转换关系，然而它们具有相同的词根——√DESTROY（也有记为 √DESTR- 的），而词根没有语类特征，它的语类由定类语素赋予，或者由其句法结构位置决定。如此，名词 destruction 是词根 √DESTROY 在名词性语境下（用 D 表示）形成的，如（11）所示：

（11）The Romans' destruction of the city

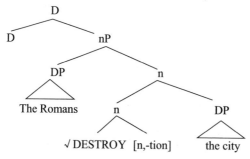

与（11）不同，动名的名物化既包含名词化语境（D），又包含动词性语境（v=ing），实际上是在动词基础上形成的名词，如（12）所示：

（12）The Romans' destroying the city

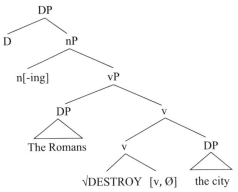

　　（11）～（12）显示，词根不含句法特征这一假说为破除 Chomsky（1970）的提案发挥了强有力的支撑作用。根据该假设，destroy 和 destruction 均包含一个词根（√DESTROY），至于最终形成的是名词还是动词是由与其合并的定类语素决定的。这种"共用词根"的分析方式既避免了传统转换分析的弊端，又无须设置只发生于词库之中的形态规则，从而把两者都纳入句法构词的范畴。与派生的名物化不同，动名的名物化 destroying 之所以表现得更像动词，是因为其包含了一个 vP；至于它比派生名词 destruction 更加规则、透明，则是由局域限制条件决定的，即其名词性标记 -ing 不是直接与词根结合，而是与包含该词根的 vP 结合。换言之，词根不含句法特征的假设，一方面维持了 Chomsky 提案中正确的部分，即派生名词不由动词派生而来。因此，派生的名物化不包含任何动词节点，见（11）。另一方面它把派生的和动名的名物化均放在句法中构造，消解了两个地方构词的弊端[1]。Marantz（1997）的这篇论文产生了很大反响，显著推动了基于句法操作的构词实践。Chomsky 最终认同了这一方案，将它纳入最简方案，这在包括加标理论在内的体系中发挥了重要作用（参阅 4.4.4 节）。不仅如此，Chomsky（2020：52）还对定类语素提出了新观点，他认为 n 和 v 不单是名词性的或动词性的定类语素，而是"语段标记"（phase marker）；应该从"体词"（substantive，S）和"谓词"（predicative，P）两个基本概念派生出定类语素，如（13）所示：

1　与名物化相关的还有很多重要的现象，可以参阅 Alexiadou（2010）、Alexiadou & Rathert（2010）、Borer（2005）、Embick（2021）、Harley（2009）等。

（13）a. [+ 体词，– 谓词] = 名词 　　b. [– 体词，+ 谓词] = 动词

　　　c. [+ 体词，+ 谓词] = 形容词 　d. [– 体词，– 谓词] = 介词

纯体词（13a）和纯谓词（13b）是基本情况，分别形成名词和动词，均与词根短语（RP）联系，向后者分派语类。形容词和介词则不是基本的语类，前者既是体词也是谓词，后者则两者都不是。Chomsky（2020）的设想很有洞见，可以自然地派生出为什么语言中存在名词、动词、形容词和介词四个主要（实义）语类。但目前该设想尚未见于实际应用，经验效果有待检验。

按照上述认识，词根是语类中立的，定类语素则是语类的分派者。如果这一观点成立的话，那么词根为何需要与定类语素结合？Embick & Marantz（2008：6）提出，这是接口条件的一部分。定类语素是语段中心语，起着触发拼读操作的作用，从而使词根在接口上获得形态音系和语义的诠释。如此，词根如果不与定类语素结合，得不到语类化，便不能启动拼读程序。这个设想体现在他们提出的"语类化假设"（categorization assumption）之中，如下：

（14）语类化假设：

　　　词根如果不被语类化就不能出现（指被拼读或者诠释）；它们以句法方式与定类功能语素合并而被语类化。如果所有的定类中心语是 Chomsky（2001）意义上的语段中心语的话，也就是说，如果它们是引发拼读操作的中心语的话，那么语类化假设可以从语法的总体架构推导出来。

基于此，词根之所以被赋予一个语类，不是句法的要求，而是后句法后诠释系统的要求。从这个意义上说，名词性、动词性等语类特征与其他一些功能语类（如格或谓词上的一致）不同，是逻辑式可诠释的、乃至是必需的。

5.4.3　局域条件和语段推导

在 Chomsky（2000a，2001）开发出语段理论之后，一些 DM 学者很快接受，并以之为基础对构词中的局部区域（local domain）——

句法规则在推导中的作用范围——进行了密集的研究。值得强调的是，DM 依托语段概念派生出原 – 参理论中词库涵盖的经验现象，为取消集中式词库提供了更为坚实的基础，从而使句法构词理论得到了显著的提升，体系更趋完善。

　　DM 中对构词中局域限制条件的研究是 Marantz（2000，2001，2007）开启的，他提出定类语素是语段中心语的设想，为后续的研究奠定了基础。尽管 Chomsky 只认定 CP 和 vP 两种短语是语段，但 Marantz（2001，2007）认为词也是独立的声 – 义匹配单位，具有语段的性质。定类语素与语段中心语的功能相当，即定义名词、动词、形容词等独立的单位。因此，如果把定类语素视为与 C 和 v 相同的语段中心语，词以上和词以下单位的句法计算可以得到统一。不仅如此，鉴于定类语素可在单个词语中形成多个语段，词内循环性的音系和语义诠释效应也可以得到有效的解释。

　　具体地说，Marantz 的观点可以整体概述为如下两种：词内存在两种局部区域。第一种是内部区域（inner domain），由词根和定类语素构成，定类语素是该区域的中心语，决定边界，构成一个推导的循环区域，即 Chomsky 所说的语段。因此，词根和定类语素 x 的组合被拼读操作送往接口，分别进行语义和音系诠释，词根的意义在此过程中也得以固定。如（15）所示：

（15）
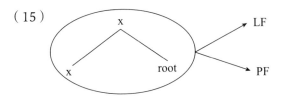

　　第二种局部区域是外部区域（outer domain），中心语（y）处在由定类语素 x 定义的内部区域之外，如（16）所示：

（16）
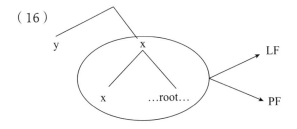

需要注意的是，由于词根已经与 x 合并，所以（16）中外层的中心语（y）不能体现词根的特性，只能看到（上层）x 的整体特征。

从结构上看，当定类语素 x 与词根结合时，如（15）所示，选择性要求必须由词根满足。而词根的特性不仅因语言而异，甚至也因人而异，因此语义本质上具有特异性。当一个中心语位于 x 之外时，如（16）所示，选择性要求由 x（即 v、n、a）的特征满足。x 是定类语素，其特性由普遍语法提供，因此呈现出较强的统一性。Marantz 认为，本质上这是派生形态和屈折形态差异的来源。换言之，构词的"两个地方"，在词库论里是词库和句法，在 DM 里则是内部区域和外部区域。其中，内部区域是第一个语段，关联弱能产性、词根语义和非组合意义；外部区域则是在内部区域的基础上推导而来，关联强能产性及组合意义。

以 globalization 为例 [见（4）]，推导的第一步是 √GLOBE 与一个实现为 -al 的定类语素合并，形成一个内部区域 [如（15）]。该复合体由此获得语类定型（形容词）、可以发音的形式（/gləʊbl/），以及确定的语义诠释——"全球的"。global 可与另一个定类语素 -ize 合并，形成一个外部区域 [如（16）]。由此，它的语类变成动词，读音变成 /gləʊbəlaɪz/；语义上，它被诠释为"（使）全球化"。最后，它还可以与名词性的定类语素 -tion 合并，形成一个新的语段（"globalization"）。外部区域在意义上维持了内部区域推导的结果，即保留了"全球化"的义项，这与语段理论的预测是一致的，其内部结构如（17）所示：

（17）

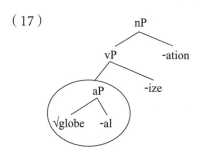

Marantz（2001）的观点得到了 Arad（2003，2005）的强力支持。她通过对希伯来语构词的研究，展示了语段理论在构词中的效应。如 5.3.3 节已经提到的那样，希伯来语的词根在不同的语境下能够实现的意义是多种多样的，且跨度很大。例如，词根 √s-g-r 可在各种动词或名词模式中被指派不同的含义，如（18）所示：

（18）√s-g-r
    a. CaCaC（v）   sagar   v,   "关闭"
    b. CoCCayim（n） sograyim   n,   "括号"
    c. miCCeCet（n） misgeret   n,   "框架"

除（18）所示的词根构词（word formation from roots）之外，希伯来语还允许在已有词的基础上构词，即"词构词"（word formation from words），两种方式存在显著差别。以动词为例，在词根基础上构造的词可表现出多重意义，而在名词基础上生成的动词却必须与该名词的语义保持一致。（18c）是名词 misgeret（框架），在它的基础上可以构造一个新的动词 misger（以……为框架），如（19）所示：

（19）√s-g-r
    a. miCCeCet misgeret   "框架"
    b. CiCCeC   misger   "以……为框架"

考虑到（19a）~（19b）和词根 √s-g-r 的关系，Arad（2003：746）指出：首先，√s-g-r 与名词定类语素（实现为 miCCeCet）结合；其次，名词 misgeret 被内嵌于中心语 v 之下，如（20）所示：

（20）a. 词根派生名词

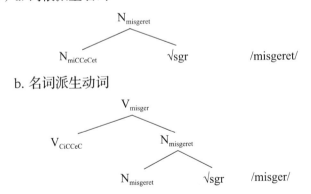

b. 名词派生动词

由词根派生的动词可在不同的环境中获得诸多语义诠释。与之不同，由名词派生来的动词在意义上基本脱胎于该名词。所以，（20b）中动词 misger 的意义固定且单一，√s-g-r 在各种环境下产生的诸多意义都不能在 misger 上表现出来。Arad 由此判定，名词 misgeret 阻挡了动词

misger 和 √s-g-r 之间的联系。那么，为什么这里的名词会阻挡两者的联系呢？Arad（2003：747）提出了"词根诠释的局域限制"：词根在与它首个合并的定类语素的环境里被分派一个诠释；该诠释一旦被指派，将在推导中始终携带。

Arad（2003）进一步提出，词根诠释局域限制可以从语段的定义中派生出来。如果首个定类语素形成一个语段，那么合并后就形成了封闭区域，作为计算的结果送到接口层面，发生语义和音系诠释，且固定下来。之后，在该语段之上的成分就不能改变词的诠释，也不能进入词根内部。Arad 的分析捕捉到了词的基本特性的来源：语段推导不允许后续的推导取消之前语段推导的结果。这正是动词 misger 不能触及词根的多重意义，却只能与来源名词 misgeret 意义密切相关的原因所在。

可以看出，Marantz 等最初把语段概念引入 DM，根本目的是破除词库论"两个地方构词"的理论，并揭示了词内结构确实具有语段的一些核心性质，与短语结构有一定的平行之处。上节提到，Chomsky（2020）在一定程度上认同这个观点，所以把定类语素称为语段标记。

除了为派生出词库的特性（即关联特异性、不规则性和低能产性）提供了一个可行的替代，语段理论还被一些研究者用于派生"词汇自主律"关联的事实（参阅 5.2 节）。该原则禁止句法操作进入词的内部结构，由此产生出词最突出的特点之一，即不可分离性，又称内部凝聚性，指下属成分一般不能像短语那样接受移位、删除、插入、修饰、回指等句法操作。Newell（2008）试图以语段为基础推导出这一特性。他区分了两种类型的语段：补足语 – 诠释语段（complement-interpretation phase）和整体 – 诠释语段（total-interpretation phase），前者包括 CP 和 vP。它们遵守语段不可穿透性条件，只有语段中心语及其边缘可接受语段之外的操作（参阅 3.2 节）。因此，在补足语 – 诠释语段里，当语段送往接口时，得到诠释的是补足语，而不是整个语段，内部其他成分可被进一步推导，如移位等。整体 – 诠释语段则是 DM 中提出的构词语段，包括 vP（动词）、aP（形容词）和 nP（名词）等。与补足语 – 诠释语段不同的是，DM 内部结构中的任何成分一律不得移位，如（21）所示（改编自 Newell，2008：16–17）：

（21）a. Lightning has been seen.

b. *ning$_t$ has been seen light-$_t$.

　　c. *light has been seen ₜ-ning.

　　Newell 认为，两类语段的差异在于中心语的特征组成不同。补足语–诠释语段（CP、vP）之所以允许进一步的句法操作，是因为这些语段的中心语包含不可诠释特征，需要在进入接口之前消除掉，由此触发进一步的句法操作。例如，φ 和格这些不可诠释特征，是与 D 而不是与 nP（名词）相关的。与它们完全不同的是，定类语素（n、v、a）尽管也是功能性的，但以它们为中心语的语段（nP、vP、aP）没有不可诠释的边缘，内部也没有成分携带可触发移位的不可诠释特征。由定类语素定义的语段必须与其补足语同时被诠释，而无须因核查而诱发移位操作[1]。总之，按 Newell 的分析，传统意义上的词和短语表现出的差异，不是由词的句法原子性及词汇自主律造成的，而是由中心语的特征组成决定的——若移位等句法操作由特征驱动，则在没有不可诠释特征的构词语段里不能发生。

　　语段理论除了用于派生词库和词汇自主律的经验效应之外，还在分析、解释词的接口特性，尤其是语素变体和语义变体方面得到了广泛应用，相关情况将分别在 5.5 和 5.6 两节做进一步的阐述。

　　总之，DM 试图通过词的内部语段派生出词库论构词的"两个地方"。首先，内部区域是词根与第一个定类语素结合形成的语段，关联弱能产性、词根语义和非组合意义；其次，外部区域是由其他外层的定类语素定义的语段，关联强能产性以及组合意义。其中，词根与定类语素的首次合并构成内部区域，实际上是词库论意义上的词库。词库论中著名的原则——词汇自主律——可能也与语段相关，即定类语素不携带不可诠释的特征，因此无法触发词内操作。这些观点目前尚有探索的性质，需要进一步检验。但它们在概念上已经展现出超过词库论的优越性，有理由对它们抱有期待。

5.5　形态操作

　　5.1 节提到，广义上的形态分布在语法系统的不同部分，其中一部分是（狭义）句法，它是搭建词语内部层级结构的唯一机制；另一部分

1　我们认为，用"对合并"的方式结合 light 和 -ning 两个语素，使它们处于相同拼读域，因此不能分别移位，也是一种可行的分析思路。参阅 5.6.2 节。

发生在句法操作完成之后，向音系式接口移交的过程之中。后一部分就是 DM 文献中的形态部分，如图 5.3 所示（参阅 Bobaljik，2011：1；Embick，2015：4）：

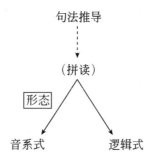

图 5.3　分布式形态学中形态的位置

形态部分的作用是对句法所输出的成品进行诠释和调整，为其在感知运动系统的使用做好准备。它以拼读为起点，由一系列的操作组成，以音系为终点。因此，形态有时被称为"后句法部门"（Arregi & Nevins，2012：4）。由于形态操作发生在拼读之后，所以对表达式的语义诠释不产生影响。

5.3 节追溯了 DM 中的形态与最早期的生成语法模型的历史渊源。换个角度看，它又与近期最简方案中的"外化"（externalization）概念比较吻合。按照 Chomsky 的观点，外化与感知运动系统相连接，在功能上属于"输入 – 输出"系统，相当于语言的打印机，因而不在核心特性之列（没有无限离散性和易位性等）。形态是外化组成部分之一（参阅第 6 章）。诚如 Berwick & Chomsky（2016）所言，外化的任务很不简单，它需要连接两个极为不同的系统：一是成千上万年以来基本原封不动的感知运动系统；二是新出现的计算系统。相应地，形态操作也是复杂多样的，其中有两项操作最为关键，一是线性化（linearization），二是词汇插入（vocabulary insertion）。

线性化是把句法输出的层级结构转化为可以发音的线性化顺序，即变成串联性的接口，从而使句法输出可为感知 – 运动系统所用。线性化的过程即串联的过程，有时用⌢符号表示。例如，对 X 和 Y 的线性化可写为 X⌢Y 或者 Y⌢X。前者表示"X 直接居前于 Y"，后者相反（Embick，2015：73）。在很大程度上，线性化在形态操作中起分水岭的作用。按照 Embick & Noyer（2007）的主张，线性化之前的形态操作是依托层级结构进行的，之后的操作则按照线性顺序进行，依托毗邻（adjacency）关系执行。

词汇插入是为处于特定语境中的语素提供准确的发音指令。按照 DM，句法操控的最小原子——语素——只是形态句法特征，没有语音特征。形态负责在句法推导结束之后，依据词汇表为语素提供语音内容（包括空音素 ∅），以供感知运动系统使用。

对于线性化和词汇插入，语言又有一些辅助性的形态调整机制，这些机制具有很强的个体语言的特性。对调整机制的内容及应用顺序，DM 内部还没有形成完全一致的意见。根据 Arregi & Nevins（2012：4），形态部分的主要内容与顺序如图 5.4 所示[1]。本节将简要说明 DM 中的形态操作[2]。

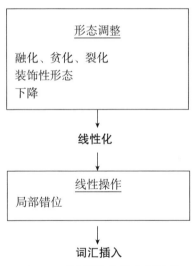

图 5.4　形态操作的种类和顺序

1　图 5.4 对原文做了较大的压缩，去除了一些细节性的操作。其他观点见 Embick & Noyer（2001：566）、Harley（2014：228）等。

2　Embick & Noyer（2007）把形态操作分为三个种类：第一类称"节点操作"，包括融化、贫化、裂化等；第二类称"装饰性形态"，即在音系式中添加一些句法中不存在的成分；第三类称"音系式移位"，包括下降和局部错位两种。本书没有采用他们的分类是因为其没有反映形态操作的顺序。

5.5.1 形态调整

形态调整是句法向形态映现的初级阶段，负责把句法生成的层级结构向线性顺序转化，并对语素的特征进行各种调整。

融化（fusion）是指不同性质的特征被融入某个单一语素的过程，它造成了语素与音系实现之间多对一的关系。例如，英语中的时态和一致特征是融为一体的，所以 am 包含三种特征：第一人称、单数和现在时；says 也包含三种特征：第三人称、单数和现在时。然而，在德语和俄语中，时态和一致特征各有独立的语素。这说明时态和一致原本应该是不同的语素。它们在英语中使用同一个词汇项表达，这就是融化的结果。类似的过程也发生在其他语类之中。比如，法语的介词 de 与阳性定冠词 le 结合后形成一个单一性的语素 du。

贫化（impoverishment）是在特定语境中删除语素的某个或某些特征的操作。例如，英语系动词 be 有很多异干性的变体，其中第二人称单数的变化与其他形式颇为不同：其现在时不采用第一人称和第三人称分别使用的 am/is，过去时不使用第一人称和第三人称共用的 was。它也没有某个专用的形式，却使用与复数相同的形式——are 或 were。为了体现这一现象，Marantz 建议设置一条贫化规则，如（22）所示，负责在词汇插入时删除第二人称语素中的 [–复数] 特征[1]：

（22）[–Pl] → 0，当其环境为第二人称时。

Halle（1997）认为，（22）不仅在形式上简化了英语的词汇表，而且解释了英语缺乏第二人称单数的词汇项这一事实。

在英语系动词 be 的词形变化表中，第二人称单数需要使用复数的形式，这在文献中称为"合形"（syncretism）。在屈折形态丰富的语言中，合形是一种极为普遍的现象。贫化规则为此提供了经济而又合理的解释路径。

至于裂化（fission），最初由 Noyer（1992）提出，指某个单一语素对应两个乃至更多词汇项，以此分批释放特征的情形。由此，语素（特别是屈折语素）与音系实现之间存在一对多的可能。在亚非语系特别是

---

1 本段根据 Halle（1997：131）改写。（22）是原文的（13），其规则为：[–PL] → 0 in env. [___, +PSE, –Auth]。其中 PSE 意为"言语事件参与者"，Auth 意为说话人。

闪含语族中，这种情形比较普遍。以圣经希伯来语中由 √z-r-q（扔）派生的动词为例，如（23）所示，该语言的动词有两种屈折变形模式：一种是完成体变形，只用后缀；另一种是未完成体变形，同时使用前缀和后缀。

（23）a. **Perfect**　　b. **Imperfect**

	Singular	Plural	Singular	Plural
1	za:raq-ti:	za:raq-nu:	ʔe-zroq	ni-zroq
2m	za:raq-ta	zEraq-tem	ti-zroq	ti-zrEq-u
2f	za:raq-t	zEraq-ten	ti-zrEq-i:	ti-zroq-na:
3m	za:raq	za:rq-u̱:	yi-zroq	yi-zrEq-u:
3f	za:rq-a:	za:rq-u:	ti-zroq	ti-zroq-na:

在（23）中，完成体的词汇项只有一个，每个都包含若干特征。然而，在未完成体中，词缀却分为前缀和后缀两种，前者有 /n/、/y/、/ʔ/ 和 /t/，后者有 /i:/、/na:/ 和 /u:/。如此，未完成体可以在完成体的单一语素中分裂出一个辅助性语素，从而使某些没有匹配特征得到实现。例如，在完成体中，第三人称的复数没有性特征区别，无论阳性阴性都是 /u:/。而在未完成体中，辅助性词汇项 /y/（前缀）表示阳性，词汇项 /u:/（后缀）表示复数（yi-zrEq-u:）; /na:/（后缀）同时表示阴性和复数（ti-zroq-na:）。换言之，在裂化操作的作用下，语素中的特征与词汇项的匹配更全面了。

装饰性形态（ornamental morphology），又称"游离语素"（dissociated morpheme），指在后句法阶段添加一些句法阶段不存在的语素的操作（参阅 Embick & Noyer，2001，2007；Harley & Noyer，1999）。DM 相关研究讨论比较多的是诸如一致和格等不可诠释特征。按照早期最简方案，一致和格是词项的一部分，在句法中即存在，并且因其不可诠释特征起着驱动句法操作的功能。在 DM 的体系中，形态上的一致和格不是在句法而是在向音系式推导的过程中引入的。较早提出这个设想的是 Marantz（1992）等，后续影响较大的专项研究有McFadden（2004）等。以一致语素为例，多数 DM 学者认为，动词上的一致特征是从相应的名词上拷贝过去的。以拉丁语未完成式第一人称动词的形式 laudō"赞扬"为例。根据 Embick & Noyer（2007：305），其部件如（24）所示：

（24）laud   -ā   -bā   -mus.

词根 – 主题 – 时态 – 一致

"我们（当时）在赞扬。"

（24）中的部件 -mus 是一致节点的语音实现。然而，该节点不存在于句法中，它是在音系部门中引入并与限定性的时态融为一体的，这就是它被称为装饰性形态的原因。

一些 DM 研究者试图把一致和格的相关现象与最简方案的一致操作结合起来（Arregi & Nevins，2012；Nevins，2016）。按照他们的方案，一致操作分两个步骤。第一步是"一致连接"（Agree-link），发生在句法；第二步是"一致拷贝"（Agree-copy），发生在形态。在一致连接中，探针 T 包含没有定值的 φ 特征并启动搜索。探针在成分统制区域内找到距离最近的名词短语，即目标，并且有选择地拷贝其 φ 特征。以"I am going to the store."为例，其中，am 是用于包含 [现在时、定式、第一人称、单数] 的节点。然而，与 [现在时、定式] 两个内在特征不同，[第一人称、单数] 两个特征是未定值的，需要从主语 I 拷贝到 T 上。格的情况与此基本相同。

形态调整的最后一种方式是下降（lowering），其前身是 Chomsky（1957）提出的词缀腾挪，通过它可以把英语中的时态词缀下降并附着到动词上（参阅 5.3.1 节）。尽管 Chomsky 后来放弃了这一分析方式，转而把句法移位都处理为提升操作，但这反映出来的句法与形态的错配——句法层级上高于动词的时态在线性顺序上处于动词的后面——并没有得到合理的替代性解释。DM 学者将词缀腾挪改造成形态操作，使其价值在新的框架下重新得以体现。下降负责把一个中心语下降至补足语的中心语位置，使两者能在音系上被拼读，如（25）所示（Embick & Noyer，2001：561）：

（25）X^0 向 Y^0 的下降

$$[_{XP} X^0 \dots [_{YP} \dots Y^0 \dots]] \rightarrow [_{XP} \dots [_{YP} \dots [_{Y^0} Y^0 + X^0] \dots]]$$

下降操作发生时线性化的过程尚未开始，因此不受线性毗邻关系的限制。相反，它涉及的两个成分是句法上的中心语。换句话说，下降不必受毗邻条件的限制，可以跳过状语等非中心语进行。从（26）可以看出，属于 VP 内部的方式副词 loudly 不阻碍时态的下降：

（26）Mary [_{TP} -e̶d̶ [_{vP} loudly play-ed the trumpet]]

5.5.2　线性操作

在线性化之后、词汇插入之前，还可能发生一些依托线性关系的操作，称"线性操作"（linear operation）。其中讨论较多的是局部错位（local dislocation）[1]。它负责使两个线性上毗邻的节点移动到一起（X ⌢ Y → Y-X）。例如，在英语里，根据词在音系上的特点，特别是音节的多少，形容词的比较级 / 最高级可以是分析式的（如"Mary is more intelligent than John."），也可以是综合式的（如"Mary is smarter than John."）。其中，综合式中的程度语素 -er 通过局部错位的方式与形容词融合成一个词。按照常规的分析方式，比较级和最高级构成程度（DEG）投射，在层级上高于形容词。（27）显示了局部错位的移位情况：

（27）Mary is [_{DegP} -e̶r̶ [_{AP} smart-er than John]]

局部错位跟下降有明显的不同。首先，它对宿主（host）的音节数量是敏感的，只能附着于音节数量不超过一个的形容词上，这一事实说明操作时语音信息已经存在了。其次，当比较级 / 最高级语素和形容词之间存在间隔的副词时，它们不能结合。这一点在最高级中表现得最清楚。下例中，当形容词 smart 携带修饰语 amazingly 时，它与比较级 / 最高级语素在结构上就不存在线性上的毗邻关系了。因此，最高级语素 -st 只能使用分析型的 mo-st 形式，如（28a）所示，而不能与 smart 结合，如（28b）所示：

（28）a. Mary is the mo-st amazingly smart person...
　　　b.*Mary is the -e̶s̶t̶ amazingly smart-est person...

局部错位和上节所述的下降都涉及移位，故而在 Embick & Noyer（2001）中合称"音系式移位"。但二者的性质有显著不同：下降在形态的较早时期发生，依托的是层级关系，关联的是两个中心语，不受毗邻

1　线性操作还包括音段换位（metathesis）等。

条件的限制。局部错位则发生在线性化之后，是局域性的操作，依托的是线性毗邻关系，不允许其他成分的隔离。

移位操作涉及若干技术问题。比如，中心语移位，一般被理解为一个中心语嫁接到另一个中心语的操作。该操作很早就被提出，并被用于解释构词中的并入（incorporation）（Baker，1988）、日耳曼语中的动词二位（V2）（Haegeman，1991）及其他现象。中心语移位与最早期的最简方案保持了良好的兼容关系，但随着 Chomsky（1994）提出光杆短语结构理论，修改了中心语的定义，中心语大致等于终端节点（参阅第 2 章），两者开始出现矛盾。由于中心语移位不扩展目标（即嫁接不发生于根节点），不符合语链一致（chain uniformity）要求，不成分统制其语迹，不产生语义效应等原因，Chomsky（1995）认为它不是句法现象，而发生于音系部门。如果 Chomsky 这个观点正确的话，那就意味着，DM 学者普遍持有的中心语移位是句法操作，而下降和局部错位是形态操作的立场就无法成立了。

DM 相关研究对上述问题有大量讨论，其中比较有代表性的两项研究如下。一是 Matushansky（2006）提出的方案。按此方案，中心语移位是一项复杂操作，先后涉及三个部分。第一部分是语类选择（C-selection），它建立了中心语（吸引者）与补足语中心语（被吸引者）之间的联系。语类选择是一致操作中的一种，起触发内合并（移位）的作用。但其涉及的特征与短语移位不同，后者是 φ 特征。第二部分是合并，发生在狭义句法中，以根节点的标志语为落点。就此而言，中心语移位和短语移位一样，扩展了目标，也遵守了成分统制的要求。第三部分是形态合并（M-merge），发生于句法之后。该操作把一个中心语嫁接到另一个中心语上，形成传统意义上的中心语移位效应。Matushansky 的这个方案各方面的考量比较周到，受到广泛好评。

二是 Arregi & Pietraszko（2018，2021）。他们比 Matushansky 更进一步，尝试把提升和下降两种形式的中心语移位统一纳入句法范畴。他们认为这两种形式的移位具有相同的句法特性：两者都是循环性的，形成相同的内部结构，并都表现出 Baker（1988）所说的镜原则效应。为此，他们提出了"广义中心语移位"（generalized head movement）操作，该操作把一个中心语与补足语的中心语加以关联，并在这两个位置上形成了内部结构相同的复杂中心语的拷贝，该拷贝的发音规则决定了表层的结果是提升还是下降。简言之，Arregi 和 Pietraszko 为中心语移位提出了统一模式：提升和下降是相同的句法操作，前者的上层拷贝获得发音，而后者的下层拷贝获得发音。

5.5.3　词汇插入

本节讨论词被指派语音指令的过程。如前所述，语素的形态句法特征与音系实现是分离的，语音是在（狭义）句法推导结束后，通过词汇表插入的。在这个意义上，词汇表是某个语言里用于向抽象语素提供语音信号（signal）的总库存。词汇表中的每一个条目叫词汇项，基本模式如（29）所示：

（29）信号 ⟷ 插入语境

举一个具体的例子。假如一句法树上的某个节点包括 3 个特征 [现在]、[单数]、[第三人称]。英语中词缀 *-s* 实现了这一特征的组合。换言之，英语中有一个词汇项 *-s*，在拼读后被插入该节点之下，以显性的音系形式 /z/ 实现了这组特征，如（30）所示：

（30）/z/ ⟷ [+ 现在，+ 单数，+ 第三人称]

注意，音系内容可以是多种多样的。例如，英语中的 [复数] 特征，默认的词汇项是 *-s*，但在 ox、child 等词中是 *-en*，在 sheep、fish、deer 等词中则是零形式。它们的词汇项分别如（31）所示：

（31）a. /z/ ⟷ [+plural]（默认）
　　　b. /-en/ ⟷ [+plural]（*ox-* 类名词）
　　　c. /∅/ ⟷ [+plural]（*sheep-* 类名词）

可见，词汇表是在拼读操作之后插入句法终端节点的。这是 DM 最关键的特征之一，称"迟后填音"（late insertion）。与此同时，词汇表也反映了 DM "实现性"（realizational）形态学理论的属性，顾名思义，词汇项是对相应的句法 / 语义特征的实现。正如 McGinnis-Archibald（2017）等所言，词汇是 DM 中与传统意义上的语素最为接近的概念。它是一组与句法 – 语义特征相关联的音系表达式。在 DM 中，词汇是唯一可以分为自由的、黏着的单位。

与词汇表密切关联的是音系表达式的另一个特性，即相对于句法终端节点的特征，词汇项是不充分赋值的（underspecified）[1]。也就是说，词汇项可能只匹配句法终端的部分而不是全部特征。例如，英语中的系动词 are，可以用于第一人称复数现在时，第二人称单数现在时，第二人称复数现在时，以及第三人称复数现在时。可以说，在 are 能够出现的所有语境中，词汇项只表达 [现在] 特征，不表达 [人称] 和 [数] 的特征。

不充分赋值使不同词汇项在插入时存在竞争关系：与目标语素的特征匹配度最高且不超过其特征的词汇项将赢得竞争。Halle（1997：128）称这一要求为"子集原则"（subset principle）。

以英语系动词 be 为例。在"I __ now happy.（我现在很高兴。）"这句话中，该选用哪个系动词呢？were 和 was 包含 [过去时] 特征，与现在时相冲突；are 虽然包含 [现在时] 特征，但表示的值不够多；is 包含 [第三人称]、[现在时] 和 [单数]，其中 [第三人称] 与目标节点的特征冲突。只有 am 包含 [第一人称]、[现在时]、[单数]3 个特征，与目标节点的特征匹配度最高，所以在竞争中胜出，被插入目标节点。

再如，"They __ now happy.（他们现在很高兴。）"，哪个系动词可以胜出呢？出于上述原因，包含 [过去时] 的 was 和 were，包含 [单数] 的 am 和 is 都与本句的主语及所在语境有冲突。唯一没有冲突的词汇项是 are。尽管它只被赋予了 [现在时] 和 [复数] 两个特征，而目标节点涉及 [现在时]、[第三人称] 和 [复数] 三个特征，但它是英语系动词中与该语素在该语境中最合适的匹配词汇项，因此在竞争中胜出。

在词汇插入的竞争中，往往存在一个"默认条件"（elsewhere condition），它规定某个形式具有优先被选用的特权，不选用该形式需要特殊说明。例如，英语过去时的默认词汇项是 -d，如（32）所示（参阅 Embick，2010：6）：

（32）英语过去时的词汇项
    a. -∅：hit/hit-∅，sing/sang-∅，break/broke-∅，etc.
    b. -t：bend/ben-t，leave/lef-t，buy/bough-t，etc.
    c. -d：默认

总之，当不同词汇项竞争插入同一个终端节点的时候，胜出者是赋

---

1 另一种译法是"不详标的"。

值与终端节点相符度最高且没有冲突的词汇项。这意味着，节点包含的
特征可以多于词汇项被赋予的特征，但词汇项的特征不能多于节点包含
的特征。

5.5.4 语境性语素变体

语素变体指语素表层形式的变异，既涉及功能语素本身，也涉及
在语境中的词根。以（32）为例，其形式除了默认的 -d 之外，还可能
是 -∅ 形式或者 -t。与此同时，词根也有可能在时态的作用下发生音变，
如 buy~bough-t 等。DM 把它们称为"语境性语素变体"（contextual
allomorphy）。Embick（2010，2013）等在这个方面做了比较全面系统
的研究，主要观点是：语境性语素变异主要是两种因素相互作用的结果，
分别是语段和线性，如（33）~（34）所述（Embick, 2010: 16–17;
2013）:

（33）语段：仅当语素处于相同语段区域时，它们才可互动产生语
　　　素变体。

（34）线性：仅当语素处于直接线性毗邻（即被串联时：X ⌒ Y）时，
　　　它们才可互动产生语素变体。

（33）规定语素变体的产生不得跨越语段。若 X 和 Y 在同一个语段
内，而 Z 在另一个语段内，那么 X 和 Y 之间可以发生形态–音系上的
交互，从而产生语素变体。Z 不参与两者的交互，不引发语素变体。更
直观地说，一方面，两个语素 X 和 Y 若不在同一个语段内，即使线性
顺序相邻，也不能相互作用；另一方面，若 X 和 Y 在同一个语段内，
即使位置不相邻，也可以相互作用。（34）指的则是：两个节点（X 和 Y）
只有在串联（X ⌒ Y）的情形下，即处于最严格的局部线性关系，不受
其他任何语素的间隔时，才有可能导致语素变体的发生。

前文提到派生的名物化（destruction）和动名的名物化（destroying），
前者往往实现为不同的变体形式，如下列词语中包含下划线的部分：
laugh-ter、marri-age、destruct-ion，意义上也多有习语化的倾向。与此
不同的是，动名词的标记 -ing，无论在形式还是意义上都是稳定不变的。
按 DM 的分析，专用的名词定类语素是与词根直接相连的，而 -ing 形式

尽管看上去与词根是毗邻的，但实际上却是在外部区域中合并的（参阅 5.4.2 节）。两者的结构分别如下所示（改编自 Embick，2010：16）：

（35）a. destruction　　　　　　b. destroying

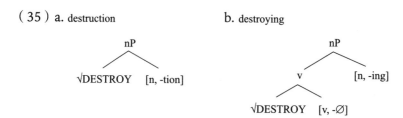

与（35b）中的 -ing 相似的例子还有施事性定类语素 -er，如 √TEACH+v（∅）+ n（-er）; -er 是语段中心语，但在外部区域。因此，它不能诱发词根产生语素变体，同时词根也不能诱发 -er 产生语素变体。

至于（34）中的线性因素，显而易见的是英语中词根与 T 之间的交互：它们在结构上不相毗邻（受 v 节点的间隔），却可以相互作用，继而发生音变。例如，词根 √TEACH 在过去时的环境中实现为 /tɔ:/，同时过去时语素 T 在词根 √teach 的环境中实现为 /-t/，这表明词根和 T 可以相互作用，结构如（36）所示：

（36）

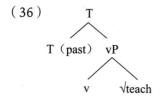

可见，语段之外的非语段中心语（如时态中心语 T）仍然可以"看到"词根，从而导致动词过去时存在大量的语素变体，主要原因有两个：首先，不同于施事性定类语素 -er，T 不是语段中心语；其次，间隔在 T 和词根之间的语段中心语 v 没有语音形式。如果 v 有语音形式，那么词根和过去时语素都不可音变。比如，几乎找不到"词根 + -en/-ize +T"结构中出现音变的例子：√QUANT+v（-ize）+Tpast = quantized，语段中心语 v 语音形式不为空，因此词根和过去时语素都不能发生音变。

总之，语素变体既涉及结构条件，也涉及线性关系，分别如（33）和（34）所示。从目前研究的结果看，对此几乎没有争议（参阅 McGinnis-Archibald，2017：408）。

作为外化的重要组成部分，形态履行两个重要职能：线性化和词汇插入，前者负责把句法输出的层级结构转化为可以发音的线性顺序，后者负责为处于特定语境中的语素提供准确的发音指令。围绕这两项职能，形态中有一系列的操作，其中发生在线性化之前的是形态调整，主要包括：融化、贫化、裂化、装饰性形态，以及下降等；在其之后的有线性操作，如局部错位。词汇插入则有如下特点：一是迟后填音，即词汇表在拼读操作之后插入句法终端节点；二是不充分赋值，即词汇项可能只匹配句法终端的部分而非全部特征；三是子集原则，即词汇项在竞争插入时，获胜的是与目标语素的特征匹配度最高且不超过其特征的那个。此外，本节讨论了语境性语素变异的来源，说明了它们主要是语段和线性两种因素相互作用的结果。

可见，形态操作非常不同于句法操作，既可依托层级关系发生，如形态调整中的各类操作，也可依托线性关系发生，如局部错位。形态操作也远比句法操作复杂，种类繁多，而且相互之间有时序的安排。此外，其跨语言个性也多于句法。比如，本节提到的很多形态调整操作都只见于屈折语言，这在分析语乃至黏着语中比较罕见。从这个意义上看，DM 的研究和 Chomsky 等有关外化的观点比较一致（参阅第 6 章）。

5.6　百科表和语义变体

如前，DM 主张词根没有确定的意义，词根只有与定类语素结合方可在接口获得诠释。这一过程以百科表为基础。此外，DM 还允许语素在不同局域中出现语境性语义变体。本节讨论这两个方面的情况。

5.6.1　百科表

如 5.3.1 节所述，百科表位于推导的语义接口，旨在为句法在具体的句法 – 形态语境中生成的词和其他表达式提供语义诠释。词和短语一样，既有可能具有组合性的常规意义（即字面意义），也有可能实现为非组合性的、不可预测的意义。DM 把后者称为"习语"（idiom）。按照 Harley & Noyer（1999：4）的说法，"百科表是一个语言中习语的列表"，而"习语这个术语用于指意义无法完全从其形态句法结构描写中预测出来的表达式"。百科表对这两种意义均进行表征和诠释。以 √cat 为例：

（37）√cat ⟷ 一种毛茸茸的动物 /[n [_]]

   √cat ⟷ 秘密 /[the __ out of the bag]

（37）说明了 √cat 的两种特殊意义。第一，在名词环境下被诠释为"猫"。Marantz（1995：5）对此专门做了说明，"'猫'指一种毛茸茸的、家养的猫科动物，这是非组合性的且与（句法）计算无关，是一个习语（即一个百科项）"。第二，在"let the cat out of the bag"（泄露秘密）环境中它被诠释为"秘密"。这两种意义都不是句法决定的，而是由百科表指定的。

可见，百科表跟词汇表一样都是在后句法阶段插入的，即迟后插入的。这一做法既维持了句法和意义的联系——后者由前者推导而来，又否定了二者的同构性，因此在经验上具有两大优势。第一，它正确地预测词的个体性、非组合意义不与其句法结构必然相关，意义的漂移和流变也不必然伴随结构的变化。比如，与英语相似，汉语中的词也不断涌现新的意义，如"拍砖、吃瓜、佛系"等，但没有任何证据表明它们的结构也发生了变化。第二，它有利于解释为什么有些句法上没有瑕疵的句子意义却不合格。以 Chomsky 所举的著名的"Colorless green ideas sleep furiously."为例，该句的功能语素在句法和语义上都是合格的，但词根语素的百科内容却互不兼容（根据 DM，功能语素没有百科内容），因此该句在概念–意向系统是不合格的。

在近期的 DM 模型中，词根被认为没有自身的语音和语义，而是联系两者的一个最小的计算单位（参阅 5.3.3 节）。因此，它时常被标记为索引。以词根"√黑"为例，设其索引为 √288，则音系式和逻辑式的指令如（38）所示 [1]：

（38）a. 音系式指令（词汇表）   b. 逻辑式指令（百科表）

   √288 ⟷ /hēi/   √288 ⟷ "像煤或墨的颜色"

值得一提的是，习语区域可以包括一个致使性的小 v 中心语，但不包括施事性的外论元，如（39）所示（Marantz，1997：208）：

1　Harley（2014）提供了很多英语及其他语言的实例，可供参考。

（39）

特殊意义区域的边界线

施事

v

（39）最为知名的例子是：英语中包括 do、take、give、make 等在内的轻动词均有可能产生习语意义，但都不包含施事性的成分。（40）是由 take 组成的几个短语：

（40）a. take a leap　　　b. take a leak

　　　c. take a piss　　　d. take a break

主语固定的习语一般是以下几种：状态式被动式（X's goose is cooked）、不及物非宾格式（the roof caved in on X）、及物句子中的非施事主语（the shit hit the fan）等，但这些主语都不是施事。总之，习语是以事件性小 v 为边界构成的区域，但不包括更高的语段中心语，如引入施事的 Voice 等，这与语义变体有着原则上的差别（Anagnostopoulou & Samioti，2013）。

5.6.2　语境性语义变体

5.5.4 节讨论了语境性语素变体，即语素的语音形式的变化，并指出该现象涉及语段和线性关系的交互作用。从语义的角度，两个问题油然而生：第一，语境性语义变体（以下简称"语义变体"）也同样存在吗？第二，如果存在的话，它与语素变体的局域限制是相同的吗？

如前所述，语素变体既存在于功能语素也存在于词根之中。充足的证据显示，语义变体也存在于这两类语素中。本节聚焦于词根的语义变体[1]，即"在特定语境中对特定词根意义的选择"（Marantz，2013a：101）。例如，英语词根 √HOUSE 跟 n 结合，产生了（字面）意义（"房子"）和默认语音（hou/s/e）；但它跟 v 结合，一方面发生了语素变体，

1　有关功能语素的语义变体，可参阅下节论述的论元引入者（i*），它可实现为不同的
　　中心语，见例（49）~（50）。

最后一个塞音浊化，读作 *hou/z/e*，另一方面也发生了语义变体，意为"储藏"，不必与房子或容器相关联。

Marantz（2001，2007）和 Arad（2003，2005）等很早就提出，词根与第一个定类语素的合并会形成一个确定的语义诠释，该诠释必须在后续的推导中保留（参阅 5.4.3 节）。后来，Marantz（2013a）对构词语段概念做了进一步的补充说明和修订：第一，内部区域（即词根区域）具有一些特殊的性质。词根必须首先通过对合并嫁接到一个定类语素，由此"定型"为某个特定的词类，然后才能进入推导。这就是说，词根只有与定类语素结合，构成传统上的词之后，才能拼读。因此，词根不能脱离定类语素独自被拼读，两者处于同一个拼读域。以 √TEACH+v 为例。两者结合形成的是传统意义上的动词（=teach），处于相同的拼读域。第二，词根与定类语素处于相同的拼读域，这意味着内部区域不同于其他语段。在其他语段，语段中心语的合并触发补足语移交给拼读操作。而在内部区域，词根和其定类语素是以一个整体被移交的。以（17）globalization 为例，按照 Marantz（2013a）的提案，词根 √GLOB 与定类语素 -al 是通过对合并结合的，形成的是形容词 global。之后，global 通过中心语移位，先后与 -ize 和 -tion 结合，最终形成名词 globalization。换言之，内部区域是通过外合并与其定类语素结合的，而外部区域是通过中心语移位形成的。

基于此，Marantz（2013a）认为，内部区域尽管是语段，但并不阻碍外部区域对它的操作，进而形成语境性语素变体。例如，√TEACH 与定类语素 v 结合后，可能会再与过去时（Past）合并。按照定义，时态 T 不是语段中心语，因此可以认为 v 和 T 同处一个语段，两者同时拼读。相比之下，在 worker 这个词中，-er 是语段中心语，需要把补足语区域（即 root+v）送交拼读，因此两者的音系诠释是相互独立的，互不构成语素变体的语境。可以说，介于词根和时态之间的 v 语素是否为空，不影响语素变体的产生。

把词根与定类语素放在同一个拼读区域，目的是为语素变体和语义变体建立一个共同的局域。Marantz（2013a：101）指出："只有相同拼读区域的客体才能影响语义变体，该客体应该在语义上毗邻语义值有待确定的语素。在此，语义'毗邻'应该平行于音系串联，指'语义上直接结合'的意思。"他还认为，以前所说的词根意义会被第一个定类语素固定的观点，可以直接从语义毗邻推导出来。

非语段性的中心语可以诱发语素变体，那么，语义变体中也存在类似的情形吗？Marantz（2013a）对此做了肯定性的回答：首先，词根与定类功能语素构成同一个拼读区域，在此之外合并的非语段中心语也处于该拼读区域之内，这与语素变体中时态语素和词根的关系是一致的；其次，语境性语义变体只限于语义毗邻，间隔的中心语如果没有语义内容的话，则不阻碍语义变体。以希腊语状态分词 -t-os 为例，这些状态分词往往出现在动词性后缀 [例（41）中下划线的部分] 之后，但赋予了词根以动词性语境中没有的特殊意义，如下所示（转引自 Marantz，2013a：110 ）：

（41）a. axn-iz-o　　"steam$_v$"　axn-is-t-os　"steaming hot"

　　　b. kol-a-o　　 "glue$_v$"　　kol-i-t-os　　"close friend"

　　　c. xtip-a-o　　"hit$_v$"　　 xtip-i-t-os　 "striking"

一般情况下，当词根具有动词含义时，状态分词 -t 是直接附着于词根上的。但是（41）中的词根只含有名词性或形容词性的语义，甚至没有语类的语义。因此，这些词根必须首先被定型为动词，以便 -t 可以与它们结合。如果附接于词根的定类语素阻止了外部中心语的作用，那么（41）中的状态分词是处于小 v 中心语之外的，因此不具备诱发词根产生特殊意义的能力。然而，状态分词缺乏事件性诠释（Anagnostopoulou & Samioti，2014），（41）中的动词性定类语素因此没有引入事件变量。以 kol-i-t-os 为例，字面意义是"粘住的"，诠释为"密友"，它不隐含"友谊"是某个事件的结果。据此，Marantz（2013a）认为，状态式中的小 v 中心语缺乏事件性诠释，这表明它在语义上是空缺的，只起句法的作用。因此，它没有隔开动词的词根和状态分词之间的语义毗邻，状态分词因此可以赋予词根以一个特异性的语义诠释。换言之，从语义毗邻的角度，（41）中的状态分词和词根仍处于同一个拼读区域，仍有能力赋予词根一个特殊的语义诠释。

对语素变体和语义变体之间关系，Marantz 认为两者由不同的接口处理，难免有一些微小的差异。例如，一些音系上形式为空的中心语在语义上并不空灵，而一些音系上有内容的中心语可能在语义上是空灵的 [如（41）中的动词语素]。这就在两者之间造成了不匹配的现象。然而，它们都由句法推导而来，所以局域限制本质上是相同的，都是基于毗邻定义的。

综上，本节围绕语义变体问题，梳理了以 Marantz 为代表的 DM 学者的一些研究进展。总的看来，目前的研究足以表明，特殊意义产生于和词根相关的句法局域，而不是句法前的词库。意义，无论是句内的还是词内的，均离不开句法推导的贡献。

5.7　论元结构

语言中，中心语与依存语之间的关系是多样化的。比如，不同动词能携带的论元在数量上不一致，有不及物、及物和双及物之分；不同结构位置上的论元在语义上起不同作用，如担任施事、受事等。当代句法理论一般把这一现象称为"论元结构"（argument structure）。词库论为解释这一现象，在词库中设置了语义选择规则，同时为动词逐一设置了题元栅格（θ-grid），规定了它们可携带论元的数量及其题元角色。此外，在句法中设置了题元准则（θ-Criterion），负责把题元栅格的信息投射到句法结构中，并确保题元角色和论元形成一一对应的关系：每个论元都必须被分派给一个题元角色，每个题元角色都必须被分派给一个论元。不难看出，这种做法主张词库信息决定语法推导，是"投射论"的典型体现 [1]，极大地增加了词库的内容，但经验效果并不理想。

本节介绍 DM 把论元结构移出词库的尝试。在最初阶段 DM 借用的是所谓的"建构论"（constructivist），该理论由 Hale & Keyser（1993a，2002）等创建，在 Borer（2005）、Ramchand（2008）等研究中得到进一步发展。建构论强调句法在建构论元结构中的作用，认为题元角色不是理论的原始项，而只是 D- 结构中结构配置的名称。Hale & Keyser（1993a）提出，题元角色的数量之所以很少，是因为词汇语类只有 V、N、A、P 等，而且结构配置的变化也极其受限，因为其分枝只能是二元性的。在建构论的影响下，目前 DM 学界已经大致达成如下共识：在论元结构的形成中，句法结构的总体性要求大于谓词的个体性要求。因此，任何动词都不可能单独带三个内论元。此外，句法和意义之

1　投射论还有一个版本，常被称为词库语义学，特点是把论元结构与事件结构关联起来。在此框架下，词库中的论元结构由若干语义概念组织而成，之后通过一组"连接规则"（linking rule）映现到句法结构中。参阅 Grimshaw（1990）、Jackendoff（1990）、Levin（1993）、Pustejovsky（1995）等。

间的联系也超越了具体动词与意义的联系。这也决定了动词的灵活性是有局限的。例如，尽管动词"开"有及物用法（他开了门），也有不及物用法（门开了），但因为句法结构的作用，两者的意义都涉及状态的变化。

在建构论的基础上，DM 目前开发出了具有自身特色的理论 [参阅 Pylkkänen（2008）、Harley（2011）、Marantz（2013b）、Wood & Marantz（2017）等以及其中所引文献]，主要观点是：论元是由若干中心语引入的，包括 v（动词性定类语素）[1]、Voice（语态）、Appl（施用）和 P（介词）等，这些中心语在不同的结构配置中引入论元，后者由概念 – 意向系统诠释为不同的题元角色。

首先是 v（动词性定类语素）。v 在语义上引入可能发生的活动（activity），或者可能出现的状态（state）。因为合并一次只能操作两个客体，所以 v 只能携带一个补足语，但补足语可以有两种变体，一种是名词性成分，即宾语，如（42）；另一种是谓语性成分，即由一个主语和另一个短语组成的"小句"，如（43）。如果 v 表示的是一个动态的事件（如 open），其补足语是个名词性成分，则该补足语通常被诠释为经历了状态变化，如（42）中的 the door（转引自 Marantz，2013b：156）。在这个短语中，词根 √open 贡献的只是"状态"这个部分，其他的语义（如"状态的变化"）则是由结构配置提供的：

（42）

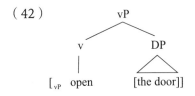

$$[_{vP} \text{ open} \quad [\text{the door}]]$$

当 v 的补足语为小句时，该小句的主语获得的语义诠释与（42）中的补足语相仿。例如，在 put the book on the table 这个动词短语中，小句主语 the book 经历了状态变化，PP "on the table" 提供了该状态，如（43）所示（转引自 Marantz，2013b：156）：

1　对于 v 能否引入论元的问题学界意见不一，Pylkkänen（2008）、Legate（2014）、Wood & Marantz（2017）等认为 v 不能独自引入论元，但目前多数学者，包括 Marantz（2013b），认为它可以引入。

（43）

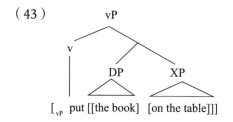

[$_{vP}$ put [[the book] [on the table]]]

第二个可以引入论元的中心语是 Voice。这个概念是 Kratzer（1996）首先提出的，Voice 在 vP 外层的句法标志语位置引入一个论元，即外论元（施事或致事）。众所周知，外论元与动词没有直接联系，不是动词的论元（Marantz，1984）。在原–参理论中，它被设想是由整个动词短语决定的，这就使外论元成为唯一由短语而非中心语引入句法的论元。用 Voice 引入外论元能够消除这一异常，如（44）所示。Chomsky（2001）提出的强轻动词（v^*）与其地位和作用大致相等。

（44）

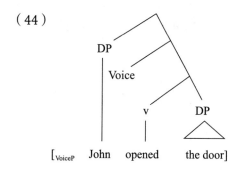

[$_{VoiceP}$ John opened the door]

第三个是施用（Appl）。它引入的论元通常被认为是"非核心的"（non-core），通常被赋予受益者（beneficiary）或受损者（maleficiary）的诠释。根据 Pylkkänen（2008），施用分两个种类：一个跟 Voice 一样，位置高于 v，称"高位施用"，语义上用于把 vP 构建的事件与一个论元关联起来。高位施用引导出的论元与汉语中"为、在"等介词引导出的论元基本相同，如"妻子为他做饭""张三用笔写字"等（周光磊、程工，2018）。该结构在班图语等语言中广泛存在。（45）是 Chichewa 语中的一个工具施用（例中加粗的部分）的示例（转引自 Baker，1988：354）[1]：

---

1 Chichewa 是班图语言中的一种，使用于马拉维地区。例（45）中 SP 意为主语前缀（subject prefix）。

（45）Mavuto a- na- umb - ir -a mpeni mtsuko.
　　　　Mavuto SP-PAST-mold-**APPL**-ASP knife　waterpot
　　　　"Mavuto molded the waterpot with a knife."（Mavuto 用刀做
　　　　了个水罐）

另一种施用称"低位施用"，处于 v 节点之下，语义上直接连接两个论元，可在两者之间形成领属关系，表示所有权的转移等。例（46）是 Chichewa 语中的一个低位施用的示例（转引自 Baker，1988b：353）：

（46）Mavuto a -na -umb -ir -a mfumu mtsuko.
　　　　Mavuto SP-PAST-mold-**APPL**-ASP chief　waterpot
　　　　"Mavuto molded the waterpot for the chief."（Mavuto 为头领
　　　　做了个水罐）

Pylkkänen（2008）提出：高位和低位施用在结构上有相似之处，两者的施用宾语都不对称地成分统制直接宾语。两者的不同之处在于：高位施用成分统制整个 vP，即以 vP 为补足语，这与 Voice 有相似之处；而低位施用只成分统制 vP 中的直接宾语，与动词本身没有语义关系。因此，两者的语义很不相同：高位施用把施用宾语添加在事件上，而低位施用则把它添加到直接宾语上。前者为事件添加一个非核心论元（如工具），后者表示领属的转移。不少研究者，如 Cuervo（2003），认为低位施用是双宾结构中间接宾语的来源，因为它表示了直接宾语所实现的状态。例（47）转引自 Pylkkänen（2008：14–15）：

（47）英语中的低位接受类（recipient）施用：
　　　　a. I wrote John a letter.（我写了一封信，信被 John 所有。）
　　　　b. I baked my friend a cake.（我烤了一块蛋糕，蛋糕被我的
　　　　　　朋友拥有。）

（47）中的接受类低位施用在汉语等语言中比较边缘。与此同时，汉语、朝鲜语等语言中似乎存在英语等语言中不常见的来源类低位施用，如例（48）所示：

（48）汉语中的低位来源类（source）施用：
　　　　a. 张三打断了李四一条胳膊。（张三打断了一条胳膊，该胳膊

源自李四。)

　　b. 小明偷了小红十块钱。（小明偷了十块钱，这钱源自小红。）

　　如果间接宾语真如 DM 学者所言，由低位施用中心语引入，那么对双宾结构的分析将会发生变化。

　　在上述研究的基础上，Wood（2012，2020）、Marantz（2013a，2013b）、Wood & Marantz（2017）等进一步尝试把论元的引入进行统一处理。他们把有能力引入论元的中心语归纳为五个（Wood & Marantz，2017: 257），如（49）所示：

　　（49）a. 语态：引入 vP 的外论元（经常是施事）

　　　　　b. 低位施用：引入与某个 DP 关联的论元

　　　　　c. 轻介词（little p）：引入 PP 的外论元（主体）[1]

　　　　　d. 介词（big P）：引入非核心论元

　　　　　e. 高位施用：与介词同样具有引入非核心论元的功能，但二者的句法方式不同

　　Wood & Marantz（2017）认为，这五个中心语是同一个论元引入者（可称为 $i*$），区别仅在于它们所处的句法语境不同，因而所遵守的规则也不相同。$i*$ 没有确定的语类（或者说其语类特征未定值），需要选择一个语类为 D 的句法成分，这就是它具有引入论元特性的原因。熟悉最简方案的读者可以看出，这个方案与一致操作较为类似，即 $i*$ 只有通过 D 为其语类特征赋值，其选择特征才能被消除（参阅 3.3 节）。三种因素相互作用决定了 $i*$ 的句法和语义特性：第一，$i*$ 可以与多个种类的语类合并，因此可以在结构位置上得到诠释；第二，$i*$ 的语类特征可以由其合并的第一个或第二个成分定值；第三，词根可以嫁接到 $i*$ 上，并可能影响 $i*$ 的诠释。

　　以英语短语 the car on the road 为例。首先，词根 √ON 嫁接至 $i*$，形成一个选择 DP 的介词。当 $i*$ 与 DP "the road" 合并时，选择特征得到满足，语类特征也被定值为介词（P）。介词的词汇语义源自词根，介词 in 的意义之所以不同于 on，是因为 √IN 表示容器（container），而 √ON 表示表面（surface）。其次，该 PP 与另一个 $i*$ 合并，形成轻介

———————————————————

1　主体（figure）指某个结构中最突显的部分，与背景（background）相对立。

词短语（p*P），该 p*P 选择一个 D 语类的成分。最后，DP "the car"
与 p*P 合并。按照相应的诠释规则，"the car" 被诠释为相关空间关系
中的主体（见 49c）。该结构的树形图如（50）所示（改编自 Wood &
Marantz，2017：259）：

（50）

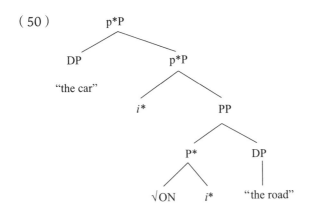

　　可见，总体而言，下层的 *i** 先与词根合并，再与一个 DP 合并，并
依据词根向该 DP 指派意义 the road 被诠释为表面）。上层的 *i** 则先与
一个 PP 合并，再与一个 DP 合并，并且根据该 PP 的蕴涵向该 DP 指派
意义（the car 是 p*P 中的主体）。（49）中其他中心语对论元的引入跟
（50）演示的过程有细节上的差异，但基本步骤相同。

　　简言之，DM 学者经过多年努力，目前对论元结构已经形成了崭新
的认识，现有方案一方面体现了句法的自主性，其表征和关系不包含任
何语义价值；另一方面又为论元结构在语义上的跨语言一致性提供了解
释，指出决定性的因素涉及引入论元的中心语携带何种语类的补足语，
以及是否有词根的嫁接等。也许他们的方案还有改进的余地，但至少相
较于题元理论和基于事件结构的方案而言，在概念和经验两个方面都有
了显著的进步。

　　本节对论元结构的介绍只覆盖大量相关文献的一小部分。可以看
出，与词库论相比，DM 取消了复杂的词库结构，代之以句法结构，这
也使题元准则、连接规则（映现规则）等失去了用武之地；与其他建构
论相比，DM 以功能性中心语引入论元的方式维持了句法的自主性。

5.8 总结

以上各节概述了当代形态学中以 DM 为代表的非词库论思想。本节盘点 DM 在简化词库方面所做的尝试和取得的成果。

5.2 节提到，词库论把词库设想为语法中的一个自主的模块，有着与句法几乎同样丰富的内涵。词库具有如下特性：生成性、自主性、多模块和多层次，以及投射性。DM 取消了这个意义上的词库，并消除了其所关联的各种特性。

第一，DM 取消了词库的生成性。它不再设置独立于且不同于句法规则的词库规则，而把造句和构词放到同一个部门——句法。如此，句法成了构词的主体，词内结构生成的唯一引擎。由此，词库失去了作为独立的语法模块的地位，词库和句法的冗余性也不复存在。Bruening（2014：364）对此做了很好的表述："简洁性的追求决定了当其他因素相等时，只有一个生成部门的理论比有两个的更优越。既然独立的句法模块不可或缺，我们就应当去掉基本上复制句法的词库。"

DM 并不否认形态规则的存在，但并不像词库论那样认为它是生成性的，而且存在词库之中。相反，DM 认为形态规则在后句法阶段应用，位于句法向语音部门的接口，起着实现 / 诠释句法结构的作用，并在某些情形下为了发音的需要对句法所生成的结构做出有限的调整。在这个意义上，DM 中的形态不是与句法平行的模块，不具有生成性，只是对句法推导的实现和诠释。

第二，DM 取消了词库的自主性。在这个新模型中，词库和句法在信息上不是相互封闭的。相反，正如 Halle & Marantz（1993, 1994）所言，句法在构词过程中的作用是一路向下的（syntax all the way down）。换言之，句法贯穿于构词过程的始终：首先，句法计算以语素为起点，而语素在 DM 中是句法计算的最小单位，起着充当句法终端的作用；其次，句法操作（合并）将语素组合成更大和更复杂的客体，生成了层级结构；最后，句法定义了成分之间的关系，形成了局部区域，并导致了推导的循环性。这些都对形态和音系的推导施加了严格的限制。相比之下，形态操作在拼读之后才进入推导，受句法结构的限制，在句法形成的局域中进行。可以说，形态和构词不能脱离句法的限制，不是自主的。

第三，DM 取消了词库内部的多模块性。比如，在 Halle（1973）提出的词库模型中，语类信息被认为是语素的固有特征，是在词库中标明的（参阅 5.4.1 节）。与之不同，DM 认为词根没有语类特征，它需要与另一种语素——定类语素——在句法中合并，并由此获得语类。Halle（1973）所说的构词规则和诠释规则，以及用于筛选词语的过滤器，均以不同方式被移出词库。同样从词库中剔除的还有各模块的推导层次。比如，规定词缀插入的顺序以解释重音相关现象的顺序假设，在 DM 体系中得到了新的诠释，被改造成语段推导的效应，其核心思想是：词缀 x 与词根直接结合后形成一个语段 xP，词重音在该语段中指派，并形成一种重读模式，而此重读模式会在后续的构词语段中保留下来。无论是后加词缀（如吸引重音的词缀）还是音系规则，都无法将 xP 中已形成的重读模式（彻底）清除。但原有的重读模式可有多种表现形式，如次级重音、元音不弱化等 [参阅 Marvin（2002, 2013）、Newell（2008）等]。

　　第四，DM 取消了词库的投射性。相关的例子有两个。一是 DM 把论元结构移出了词库，如此，题元角色不再是理论的原始项，而变成了概念 - 意向系统对特定句法位置上的论元的诠释；题元角色也不再来源于词库中的语义选择，而是由中心语在句法推导中引入的。二是 DM 还放弃了另一种形式的投射论，即句法是受词库 / 形态特征驱动的一个组合系统。这种形式的投射论出现于早期最简方案，一方面设置了大量的词库特征，如边缘特征、EPP 特征等，另一方面规定了词项的各种屈折变体形式都要在词库中列举，然后由句法加以核查或消除。这些强词库论性质的做法饱受争议。与此相反，DM 等非词库理论认为形态和句法是一种实现关系，而非驱动关系。其词库仅由可以担任句法终端的语素构成，不含驱动句法操作的特征或元素。那些句法不可诠释的形式特征，如谓词上的一致形态和名词上的格形态，是在向音系式推导过程中引入的，所以称"装饰性形态"。至于词项的各种屈折变体形式则是在后句法阶段依托局域条件推导而成的，而非在词库列举的。正因为如此，非词库论被认为是一种"实现性"（realizational）的形态学理论。

　　总之，在 DM 等非词库论学者的努力下，词库被减缩到最简或者说接近最简的程度。正如 5.3.4 节的论述，DM 的词库是语素的一份静态（但可扩展）的列表，它不包括构词规则，其语素也不包含语音和语义等方面的要求，因此不论是与原 - 参理论还是与结构主义理论相比，它的词库都要简洁得多。换言之，DM 在形态方面取得了最简方案在句法方面所取得的成绩，即分别最大限度简化了词库和句法，从而使它们满足了可获得、可演化的标准，属于真正的解释性理论。

在形态/构词领域，非词库论扬弃了很多似是而非的看法，颠覆了不少传统观念。在 DM 出现之前，词库论在形态/构词研究中占据主导地位，基于词库的各种研究——如词库音系学和词库语义学——纷纷涌现，甚至早期最简方案也采纳了强式词库论的主张。DM "戳破了这个气泡"（Marantz 用语）[1]，让研究者认识到词库论的种种缺陷，以及脱离句法结构研究词内结构的诸多局限，最终扭转了局势。在相当大的程度上，可以说词库论尽管依然拥有不少支持者，但 DM 已经超越它，成为形态学的主导理论。Bjorkman（2017）对《句法结构》以来的形态学研究进行总结，他指出，在这个历程中存在两个极端，一个是源自 Chomsky（1970）的词库论，一个是以 DM 为代表的实现论。他（2017：301）认为："尽管这两个极端，以及许多中间的立场，在生成语法研究中依然继续存在，但在过去数十年里，把词库论当作默认的理论立场已经稳定地过渡到了对实现性形态学的更多接受。"

当然，DM 等非词库理论存在一些不足。比如，它致力于跟最简方案实现更高程度的融合，但还没有取得满意的结果。正如 Scallise & Guevara（2005）所言，DM 跟最简方案一样，目前展现出来的特色更像是研究纲领，而非确定的理论。有理由相信包括 DM 在内的非词库论未来会有更大的发展空间，做出更大的贡献。

1　参阅 Alec Marantz 2019 年 9 月 6 日的博客 "Teaching Harley and Noyer 1999"。

第 6 章
生物语言学

6.1　引言

本章是上篇（句法学）的最后一章，着重阐述生物语言学。生物语言学是近期最简方案的主要研究视角，从第 1 章中的实质最简论和强式最简命题，到后续各章中的合并操作、语段推导、加标理论和非词库论等，无不隐含它的背景。不妨说，不了解生物语言学的基本观点就难以准确把握近期最简方案的发展逻辑和走向。本章从更为宽广的视野来分析最简方案相关的研究，探讨实质最简论在理论发展中的支撑作用。

生物语言学有两个相互关联但又不尽相同的定义。按第一种定义，它是从生物学的视角对语言的研究，即把语言学视为适当抽象层次上的生物学的一个分枝，以此为视角、指导思想或方法来研究语法特性。Berwick & Chomsky（2016：53）指出："人类语言，（是）生物世界的一个特定客体。基于这一理解的语言研究被称为'生物语言学'视角。"按第二种定义，生物语言学是旨在揭示语言生物基础的一项跨学科研究（Boeckx & Martins，2016），即将语言学与相关学科（演化生物学、遗传学、神经科学、心理学等）加以结合，从而为语言相关的生物基础提供明确的解答（Boeckx & Grohmann，2007b）。换言之，依据第一种定义，生物语言学是一种研究视角（perspective），用于指导构建合理、正确的语言学理论；依据第二种定义，它是一项事业（enterprise），由不同学科的研究者共同经营，旨在揭示语言的生物基础。在生成语法内部，第一种定义形成的研究传统是由 Chomsky（1957，1965）开创的，第二种定义形成的研究传统是由 Lenneberg（1967）奠定的。这两种传统是互补而非矛盾的，甚至可以说，生物语言学在当代的复兴正是这两种传统汇聚的结果。鉴于本篇的主题是句法学，主要按照第一种定义，讨论视角意义上的生物语言学，把相关的跨学科研究放在辅助位置。

生物语言学覆盖的范围很广[1]，其中语言演化相关问题具有特别重要的地位。它对近期最简方案的构建最具指导意义，与之的关联也最为密切，从"可演化性"在最简方案中与可获得性并列成为语言学理论"真正的解释"的标准便可看出这一点（参阅 1.4.3 节）。从更宏观的角度看，"演化是所有生物学中最基本的原则之一"（Pierce，2010：443），是我们理解自然最可靠的视角之一。不仅如此，"演化视角可以显示生物学的每一个主题，从分子生物学到生态学。诚然，演化是生物学的统一理论"（Futuyma，2005：1，着重号为原文所加）。正如现代演化遗传学的奠基者之一 Dobzhansky 所言："不依演化，不明生学。[2]"因此，演化可以把相关问题连贯于一体，以它为主线讨论生物语言学视角是一个合适的选择。

讨论演化问题，应首先明确"演化"的含义。一些学者对这一概念有误解和误读，时常用其指任何形式的变化。然而，按生物学界的标准用法，演化仅指以基因变化为基础的变化，如 Pierce（2010：443）所言（着重号为原文所加）：

> 生物演化仅指一种具体类型的变化——发生在一个生物群中的基因变化。这一定义有两个方面值得强调。第一，演化只包括基因变化。生物中有许多非基因变化发生，比如从一个原本单一的受精卵发育成一个复杂的有智力的人。尽管这一变化非同凡响，但却不是演化，因为它不包括基因的变化。第二个值得强调的方面是演化发生在生物群之中。单个的生物不演化，演化的是一个生物群所共有的基因库。

生物语言学正是在这种专业意义上讨论语言演化的，如 Chomsky（2017：296）所言：

> 谈到演化，我们应该首先明确演化的是什么。它当然不是语言，

---

1 相关问题可参阅 Jenkins（2000）、Boeckx & Grohmann（2007b）、Di Sciullo et al.（2010）等。

2 Dobzhansky 的原话为 "Nothing in biology makes sense except in the light of evolution."。复旦大学李辉教授译为"进化不明，生学不昌"。本书的译法由此改造而成。

而是语言的能力，即语言官能，具体地说是普遍语法。语言会变化，但不演化。认为语言可以通过非生物（文化）演化而演化是无益的，是一种常见但却是误导性的看法。这不是专业意义上的演化。

生物语言学有关语言演化的理论主要旨在解答两个基本问题：第一，为什么存在语言？第二，为什么存在如此多的语言？它认为第一个问题涉及演化，指一次或数次基因突变导致人脑的神经网络发生了"改线"（rewiring），连接了若干关键的脑区，形成了一个完整的计算系统，其表达式可在概念－意向系统获得确定的诠释；第二个问题则涉及外化（externalization），指内化语言与感知－运动系统实现了连接，从而使语言被征用为交际等语言使用的工具。由于种种原因，它带来了语言之间的表观差异。

本章安排如下：6.2 节回顾语言演化研究的背景情况；6.3 节讨论语言演化中的核心问题；6.4 节叙述生物语言学有关语言起源问题的初步结论；6.5 节讨论语言的外化；6.6 节总结本章。

6.2　研究背景

语言能力是如何演化而来的？为何演化？为什么只有人类演化出了语言能力？这些问题是公认的科学难题。这是因为，首先，与视觉等官能不同，语言是生物界的"独征"（autapomorphy），不见于其他生物，所以演化分析中通常使用的跨物种比较和对比实验难以实施；其次，语言行为不留下化石，没有直接的证据。正如 Fitch（2010：15）所说："用科学途径研究语言的演化面临独一无二的困难。语言不留下化石，我们又没有时间机器，所以全部数据都是间接的，经常与我们想得到的直接的、决定性的证据相去甚远。"Christiansen & Kirby（2003：14–15）甚至间接地表示语言演化可以列入"科学中最艰难的问题"之一。

本节分总体情况和语言学中的情况两个部分，阐述语言演化研究的相关背景。

6.2.1　总体情况

在科学意义上的语言演化研究中，第一个有影响力的理论来自达尔文。达尔文的演化论有两个支柱：一是自然选择，即只有适应外部环境的有机体才能生存，否则就会遭到淘汰；二是演化本质上是渐进性的，"自然选择只能通过微小的、连续的变异发生，她不能出现跃迁，而只能以最短和最慢的步骤进行"（Darwin，1859：194）。这与瑞典生物学家林奈所说的"自然无跃迁"（natura non-facit saltum）一脉相承。然而，语言的起源与达尔文的演化论在一定程度上是抵触的。一方面，正如演化论的共同发现者华莱士（Alfred Wallace）所言，没有一项可观察的生物功能是无语言的物种不能完成的，所以很难看出自然选择在语言起源中的作用。另一方面，鉴于其他动物都不具有语言，即人类语言与动物交际系统之间存在一种"断裂"（discontinuity），所以人类语言看起来是一种生物跃迁。在这个层面上，语言起源对达尔文的演化论是一个严峻的挑战。

为了回应上述挑战，达尔文在《人类的由来及性选择》（Darwin，1871）一书中提出了语言演化的"卡鲁索"（Caruso）理论，又称"音乐性原语言理论"（musical protolanguage theory）。这个理论没有将语言演化的动因定位于对外部环境的适应，而是定位在性选择（sexual selection）上。达尔文提出，群体繁衍在演化中的作用至为关键，而交配权上的竞争往往会触发与环境适应无关的性状（trait）的发展[1]，孔雀的尾巴就是一个典型的例子。他假定语言演化与孔雀的尾巴一样是性选择的结果：善于吟唱的男性更容易得到女性的性选择，从而促使发声器官不断改进。发声能力的改进又促使脑容量的同步增加，最终导致了语言的产生，以及以语言为基础的连续的思维活动。卡鲁索理论不乏前瞻性和现代性，甚至在当代依然受到不少学者的高度推崇（参阅 Fitch，2010，2013），但这个观点以性选择作为语言演化的基础，疑点颇多。一方面，语法中基本上找不到有助于增加交配的特性。Lightfoot（1991：68）曾以移位中的领属条件（subjacency）为例，指出："领属条件有很多用处，但……它不可能增加有效交配的概率。"另一方面，基于性选择的性状一般具有所谓的"性别二态性"（dimorphism），即只为两性之一拥有。然而，语言却是人类两性共有的性状。正如 Deacon（2010：2）所言："性选择必然产生雄性和雌性之间的互补差异，……（人类的）两性在智力和语言能力上仅有非常细微的差别。因此，通过性选择来解

1　性状是有机体可遗传的特性，包括结构、功能、形态、行为等不同方面。

释语言的极度复杂性需要解释它为什么没有极端性别二态性这一普遍标志。"

在达尔文演化论出现后的百多年时间里，演化理论有了很大的发展，经历了两次重大变化，为生物语言学的出现提供了必要的理论架构和引导。首先，20 世纪上半叶出现了"现代综合论"（modern synthesis）理论 [Fisher（1918）等]，调和了达尔文的渐进演化和基因突变演化两种理论，被认为是第二代演化理论。它的核心主张是微小突变论，即演化的基础是个体中发生的基因突变，群体中的演化则是基因突变长期积累以及生物对环境不断适应的结果。演化一般只选择微小的基因突变，相比之下，大突变会使生物身体构造发生重大改变，降低生物的适应性，所以并不常见。

其次，20 世纪 70、80 年代之后兴起了第三代演化理论，简称"演化发育生物学"（evo-devo biology）。该理论把胚胎发育和远祖演化结合起来，前者是把卵子转换为胚胎进而成长为成熟个体的过程，后者则是发育过程中发生的形式变化。编码为 DNA 的基因在这两个过程中都居于中心地位。其中，约有 3% 的 DNA 是"调控性的"（regulatory），它们决定了什么时候、在何位置、以何种方式在胚胎中形成基因的产品，生物体无穷无尽的形式即由此产生。在演化发育理论中，某个生物个体中所有的基因被称为"基因型"（genotype），它们一般不直接产出机体的形式和行为；在调控基因作用下基因形成的性状则是其"表型"（phenotype）。由于对基因的翻译、强化和诠释发生在细胞（比如卵子）层次，所以基因型和表型之间不存在一对一的关系。在发育系统的作用下，相同的基因型可能演化出差异极大的表型。个体发育（ontogeny）就是在这一机制下形成的表型变化，连续的个体发育会引发系统发育（phylogeny），而对影响表型变化的突变进行选择就是演化（Smith et al.，1985：265）。演化发育生物学为生物语言学提供了主要的理论框架。其中，语言的基本特性被视作表型，是演化研究最重要的环节之一。此外，它提出的"扩展适应"（exaptation）和"同源性"（homology）等概念在生物语言学中也发挥了支撑性作用，详见 6.5 节。

具体到当代语言演化研究，Számadó & Szathmáry（2006）列举了 11 种假说，包括：（1）八卦（gossip）：女性因为生理周期等原因而分享共同感兴趣的信息；（2）亲抚（grooming）：随着早期人群的扩大，用言语交际替代一对一的身体亲抚；（3）群体凝聚 / 仪式（group bounding and/or ritual）：仪式可以增加话语的可信度与权威性，提高群体的凝聚力，从而为语言演化提供合适的环境；（4）狩猎假说（hunting theories）：对早期人群的狩猎行为进行协调；（5）母婴交流（motherese）：母亲用言语安抚婴儿；（6）交配契约与/或配偶纽带（mating contract and/or pair bounding）：早期人群的扩大使两性之间必须建立契约，以使男性承担供养职责；（7）性选择（sexual selection）：女性基于语言评价男性的健康状况；（8）吟唱假说（song hypothesis）：语言由音乐能力演化而成；（9）信息地位（status for information）：语言起源于提供信息以换取地位；（10）工具制造（tool making）：人类层级性组合语言成分和用手组合物体的能力具有相同的神经基底；（11）心智工具（mental tool）：语言主要为思维功能而演化，后被征用于交际功能[1]。在这份列表中，除了"心智工具"假说外，其他的理论都是非语言学领域的学者提出的。他们对语言基本特性理解得往往不够深入，其语言演化理论和语言学理论基本脱节。此外，他们的理论往往缺乏对语言演化机制的阐述，没有说明哪些基因或神经方面的变化导致了语言的起源。或许正是基于这些原因，目前真正有深度、经得起检验的语言演化理论并不多。

6.2.2 语言学中的情况

在达尔文理论的影响下，19世纪上半叶的语言学界也一度出现语言演化的研究热潮，著名学者洪堡特、施莱赫尔等都是热心的参与者（参阅汤姆逊，2009）。但由于基础薄弱、证据缺乏等原因，这些研究举步维艰，逐渐变成缺乏创意的空泛之言，引发了学界的反感和抵制，以致出现了一个著名的禁令，即当时世界上最权威的语言学研究机构——巴黎语言学学会——于1866年宣布不再接受任何与语言起源相关的论文。当代语言学者 Burling（2005：2）对该禁令做了如下评论："任何人，如果饱读了有关语言起源的文献，都难免暗中同情那些巴黎的语言学者。在这个主题上连篇累牍的都是废话。"该禁令的影响相当深远，在它发出后的很长一段时间里，有组织的、系统性的语言演化研究在语言

1　按 Berwick & Chomsky（2016），除思维工具之外，认为驱动语言出现的是计划、导航以及类似动因的理论都可归入心智工具的阵营之中。

学界近乎绝迹，如 Larson et al.（2010：1）描述的那样："当人类学系、生物学系或者解剖学系通常把演化视为一个值得投入专门师资的核心领域时，没有一个语言学系把语言演化当作其主业，至少不是其通常意义上的核心的专业化领域。"当然，语言学在语言演化研究中长时间的缺席涉及其他因素，不在此展开叙述（参阅 1.1 节）。简言之，用汤姆逊（2009：151）的话说："到 19 世纪末，语言学便干脆整个放弃了语言起源的研究。"

到了 20 世纪中叶情况又有所转变。那时出现了第二次认知革命，计算理论、计算机科学和信息论等相继出现，接踵而至的是对计算的一种新理解：计算本身不是神秘的、创造性的过程，而只是某种算法提供的程序推导产生的结果，推导中的每一步都是明晰的、确定的、常规的。这种新观点给了生物学和心理学领域的学者以极大启发，被逐渐应用到对人类心智过程的研究中，最终出现了计算心智 / 认知理论。在这个理论中，包括语言、视觉、计划、推理、道德、抽象思维等在内的人类心智 / 认知能力被构思成为与计算机一样，是可以存储、提取、操控抽象算符的不同算法 / 软件。Chomsky 是此次认知革命中最具代表性的人物之一。他（1957）提出了转换 – 生成语法，把语言结构的生成实现为明晰而固定的程序的推导过程，在语言学领域引发了一场革命。后来他（1959）发表了对 Skinner（1957）《言语行为》一书的著名评论，对行为主义的语言观做了全面批判，强调了心智内部机制的重要性和必要性，并在《句法理论的诸方面》（1965）一书中进一步阐发这一立场。此外，Lenneberg（1967）撰写了《语言的生物基础》这样富有前瞻性的著作，尤其该书的第 6 章 "演化论与遗传学视角下的语言"，被 Berwick & Chomsky（2016：5）誉为 "即使在当今也仍然是缜密的演化论思维的典范"。

尽管 20 世纪末对语言演化等问题进行跨学科协同研究的条件已经成熟，然而，在最简方案出现之前，这个领域进展不彰，成果寥寥。这个局面是多重原因造成的。一方面，对语言演化的研究需要对语言基本特性有准确的刻画，并对这些特性的生成机制有明确解释，只有这样才能准确把握语言的表型；另一方面，对语言基本特性的刻画不能臃肿繁杂，应反映语言涌现的快速性。正如前文所述，从早期理论直到原 – 参理论模型的生成语法过于庞大丰富，无法满足相互矛盾的要求。

最简方案出现后，生物语言学焕发了生机。尽管原则上生物语言学可以在任何理论框架下进行研究，但正如 Boeckx & Grohmann（2007b：3）所言："近期对生物语言学兴趣的复苏在很大程度上是因为语言学理论中最简方案的出现。"前文提到，最简方案的关键变化之一是改变了先行理论中普遍语法几乎无所不包的做法，转而把对语言事实的解释任务转移到了接口条件和第三因素原则，普遍语法因此大为简化；它取消了各自封闭的原则子系统，转而把语言现象锚定在具体的、可演化的规则上，如合并、一致、加标和移交等，对语言计算机制的刻画由此变得更加准确、具体；它还把语言官能分解成了若干独立的组分，采用了分而治之（divide-and-conquer）的研究策略，分门别类地为它们寻求解答，这结束了语言学理论的"孤立主义"倾向，提升了语言学与其他学科的互动。用 Berwick & Chomsky（2016：2）的话说，生物语言学的复兴有以下原因：

> 首先，语言学理论更加成熟了。复杂的语言规则系统已成为过去，取而代之的是大大简化了的、因此从演化角度更为可信的解释。此后，与语言相关的一些重要的生物组分，其生物学和遗传学的性质得以被查明，尤其是负责发声学习与产出的"输入 – 输出"系统——它构成我们称之为"外化"系统中的一部分，其性质我们已经基本清楚了。因此，我们可以有效地采取"分而治之"的策略：聚焦于语言更为核心的特性，而将外化的感知 – 运动系统先置之一旁。

6.2.3　语言演化中的核心问题

在 Hauser et al.（2002：1570）中，语言演化的核心问题被归纳如下（参阅 Larson et al.，2010：5）：

（1）a. 共有还是独有？
　　　b. 渐变还是跃迁？
　　　c. 连续还是扩展？

其中，（1a）涉及语言官能的基本特性，即人脑中哪个或哪些组分是语言专用和人类独有的？（1b）涉及的是语言演化的方式，即语言是通过缓慢的适应性变化形成的，还是通过某个基因事件快速涌现的呢？（1c）对应语言演化的机制，即语言是通过对已有交际系统的延伸形成的，还是从某个其他功能（比如空间或数字推理、工具制作或者社会智力等）扩展形成的呢？这三个问题中，（1a）是至关重要的，对它的解答也是最具最简方案特色的，本章将重点讨论。（1b）~（1c）两个问题，6.6 节将作扼要说明。

6.3　共有还是独有？

本节分别从感知 – 运动系统、概念 – 意向系统、计算系统三个部分来讨论其中哪个部分是人类独有和语言专用的。

6.3.1　感知 – 运动系统

自达尔文以来，一个相当普遍的看法是人类的感知 – 运动系统是为语言专门演化的，是人类独有的。6.2.1 节提到，达尔文曾提出语言演化的卡鲁索理论，他指出人类声道存在一种独特的"喉部下降"（larynx descent）现象，即人的喉部比其他多数哺乳动物的要低，这就使食物不得不经过气管，因而人在吞咽过程中存在被呛住甚至丧命的可能性。达尔文认为，喉部下降之所以发生，是为了发出大量元音而做出的适应性变化，因此语音的感知与发生是人类语言演化的关键组成部分。当代的很多学者接受了达尔文的这个观点 [参阅 Lieberman（1984）、Pinker（1994）、Carstairs-McCarthy（1999）等]。比如，Lieberman（2015：2）提出，因食管被呛而致死的人数在美国意外死亡的人数中名列第四位，如果不是为了学习并实施言谈活动中所需的复杂运动，形成人类声道的变异原本没有存活的可能。

然而，近几十年的研究发掘出多方面、丰富的证据，说明感知 – 运动系统不为人类独有，也不专为语言演化，而是与许多动物共有。下文分声音产出（production）和声音感知（perception）两个方面介绍相关研究。

先讨论声音产出，主要证据有以下三个方面。首先，人类与范围广泛的其他动物——从两栖和爬行动物、鸟到哺乳动物等——在发声器官上具有相同的解剖组分：一是肺部的呼吸气流提供了驱动发声的能量；二是可振动的软组织，即人类与多数哺乳动物的"声带"（vocal cord），它负责把肺部的气流转化为声音；三是声学过滤器（filter），由声道中的咽、口腔、鼻腔等部位组成，可对声音进行第二次改造，形成"共振峰频率"（formant frequency）。这些共振峰频率可通过唇、舌头和下巴等发音部位的移动得到独立的控制，形成不同声音，即元音、辅音等。上述解剖组分为多数哺乳动物所共有，因此可以肯定是从共同祖先演化来的。

其次，喉部下降现象远不像既有研究断言的那样，只为人类拥有并为语言演化而成。Fitch（2000）等研究者改变了前人仅通过解剖动物尸体来观察其声道解剖结构的做法，转而采用了一种 X 射线电影（cineradiography）技术来观察活着的动物在实际发声时声道的状况。结果发现，它们的声道往往也是高度柔性的、动态的。多种动物在沉默时用鼻子呼吸，且喉部处于较高位置。但当它们发声时，喉部从鼻腔降落，到达人类喉部通常所处位置，其舌根向下收缩到喉部，声音从口腔中发出。不仅如此，Fitch 还与法国的一位生物声学专家 David Reby 共同发现，鹿的喉部跟人的一样，即使在不发声的时候也处于脖子的中间位置（Fitch & Reby，2001）。研究者在考拉、蒙古羚羊和猫科动物等中发现了永久性的喉部下降，证实了这一生理现象不是人类独有的。

如果喉部下降不像达尔文等所说是为了更准、更多地发出元音，那么它的功能是什么？据 Fitch（2010），目前最合理的假说是它的功能是夸大发声动物的体积。按此假说，共振峰频率的总体模式由声道的长度决定，而声道长度最终取决于动物的体积。对各种动物的研究均证实，共振峰频率被普遍地作为生物体积的标志之一。不同动物为了获得更大的适应优势，采用各种策略来降低共振峰频率，如加长鼻子，拱出嘴唇，以及降低喉部等。这个假说本来是根据其他动物的情况提出的，但最有趣的例子来自人类：男性在青春期之后会经历第二次喉部下降，从而喉部低于女性。但是，男性的发音能力并没有因此提升，相反总体上依然略弱于女性。然而，随着第二次喉部下降，成年男性的声音频率更低，听上去更为低沉，传达了一种体型高大、体格健壮的听觉印象。如果这个假设正确的话，那么喉部下降不是为了语言所做的演化，而只是生物界常见的适应性变化的实例之一。

最后，在发声模仿和学习方面，尽管灵长动物几乎没有发声模仿能力，但另有一些哺乳动物和鸟类在这方面具有相当发达的能力。其中，鸣禽在发声学习方面的表现与人类高度相似，这显然是趋同演化的结果。值得一提的是，生物学家在 20 世纪末发现猕猴（macaque monkey）的前运动皮质 F5 区域的神经元不但在它做出动作时会被激活，而且在看到其他猴子或人做相似的动作时也会被激活。他们把这类神经元命名为"镜像神经元"（mirror neuron）[参阅 Rizzolatti et al.（1999）以及其中所引文献]，该神经元是模仿乃至共情能力的基础。此后，研究人员陆续在人类和鸣禽的大脑皮层中也发现了镜像神经元，并且证明它们具有同源性。据此，de Waal & Ferrari（2010：204）认为："……我们应该考虑这样的一个理论可能性，即所有的模仿有一个共享的神经感知 – 运动基础，从鸟的声音模仿到灵长动物对掠食技术的复制。这确实体现了深同源性。"

此外，从古生物学的发现可知，人类早在语言出现之前便可以发出言语所需的各种声音。据 Tattersall（1998），60 万年前左右生活在北非的海德堡人（Homo Heidelbergensis）——现代人与尼安德特人的共同祖先——其颅底（basicranium）已经足够灵活，具备了现代人的发音能力，但尼安德特人被普遍认为并没有语言能力（参阅 6.4 节）。

综上，声音产出能力不是人类语言独有的。至于语音感知能力，主要有三点结论。首先，与发音器官的情况相似，人类与其他陆生哺乳动物的听觉系统在解剖结构方面大体相同：他们都有一个由三根骨头组成的中耳连接，以及一种新型的毛细胞，用于把耳蜗调节到相关的声音频率上。负责传送声音信息的脑干神经核团也是高度保守的。哺乳动物的听觉系统最显著的差别存在于对频率敏感的范围上。其次，音位（phoneme）感知能力也是人类和不少其他动物共有的。所谓音位感知，指对相同音位内部差异的感知消失，而对不同音位之间差异的敏感度增加。这个能力一度被认为是人类独有的。然而，后来的研究表明，诸如毛丝鼠（chinchilla）和猕猴等哺乳动物，乃至部分鸟类，均有音位感知能力[参阅 Fitch（2010）以及其中所引文献]。简言之，大量实验证明，不仅人类有音位感知能力，其他一些动物也同样拥有这种能力（Rendall，2003），特别是与人类很早就分离的鸟类也能感知音位。这个事实基本否定了音位识别是专为语言而演化的一种能力。最后，不少非人类灵长动物在没有专门训练的情况下，可以根据韵律、节奏等特征，区别不同的人类语言（Ramus et al.，2000）。

综上，人类的感知运动系统，包括声音的产出和感知两个侧面，不是人类独有和语言专用的。如 Chomsky（2016：12–13）所言："感知运动系统的本质方面不是专门适应于语言的，那些外化和感知必需的部分似乎在语言出现很久之前就已存在。"

值得一提的是，Coen（2006）为动物声音感知能力的性质提供了进一步的证据。他开发的人工智能系统，可以使用自我监督学习的跨模态对应。基于此，他对感知 – 运动学习进行了分析，发现在他检测的所有哺乳和脊椎动物中，无论是否拥有语言，都有包含类似音位的区别性单位，这表明离散化的序列运动控制可能是动物共有的基质。Berwick & Chomsky（2016：77）对此做了如下评论：

> 这些不同物种，每一个发出的所有声音都是由一个有限集合的区别性"音位"构成的（说得更准确一些，鸣禽的鸣啭是由"鸣位"（songeme）构成的，狗吠是由"吠位"（barkemes）构成的，等等）。Coen 的假说是，每一个物种都具有有限数量的发声产出（比如音位），这是生理施加的遗传限制，基于如发声过程中的能量最小化、物理限制等原则。

如果 Coen 的假说合理，那么所有动物的感知 – 运动学习都是基于各自物种的区别性"音位"的，说明相关能力的确不是人类独有、语言专用的。

6.3.2　概念 – 意向系统

上节谈道，人类的感知 – 运动系统不是专为语言演化的。那么，概念 – 意向系统的情况如何呢？在这个方面，多年的研究成果足以表明，该系统不是为语言演化而来的，也不是人类独有的。下文从动物认知能力和专门化智力两个方面介绍部分代表性成果。

1. 动物的认知能力

神经科学对不同物种的神经机制进行了深入研究，揭示了不同物种间的相似性。根据 Fitch（2010）的总结，无论是水母、蠕虫、果蝇还是人，其神经细胞作用的方式大致相同，其离子通路和传递器也相同或相似。具体到哺乳动物，它们的大脑是高度保守的，功能性的神经结构和神经发育极少变化。物种间的主要区别取决于各自大脑的容量以及脑区之间的连接，新的神经回路和脑区并不常见。各物种的短期或长期记忆、基本联想能力以及各种限制条件等也大同小异。在上述相似性的作用下，多数动物共享一个所谓的"认知工具包"（cognitive toolkit），主要包括五个部分。第一，范畴化与学习。动物与人一样，可在已有经历中形成通用的范畴。比如，向鸽子展示大量树的照片之后，它可以概括出"树"的概念，辨认出新照片中的树、部分隐藏的树以及只有轮廓的树（Vauclair，1996）。第二，记忆。在一个物体或情境消失之后，动物仍然有印象。比如，实验证明，装有食物的杯子即便被隐藏一段时间，猿和猴依然可以记得它们（Fitch，2010）。第三，时间与计划。实验证明，动物不仅有以年或昼夜为单位的自然钟调节生活，还可以通过学习，掌握更短的时间单元。比如，根据 Henderson et al.（2006）的实验，如果在固定的时间间隔（如 10 分钟）向蜜源注入蜂蜜，那么，蜂鸟会在这个间隔来临之际抵达蜜源。许多鸟类还可以运用时间能力做出计划：它们在有结余的季节把食物存放起来，在短缺的季节再把食物取出来（Bednekoff & Balda，1996）。第四，推理与推断。动物能够把已知的认知表征结合起来，产生新的行为。比如，在"及物推断"（transitive inference）中，动物可以推导出如果 A 大于 B，B 大于 C，那么 A 大于 C。Paz-y-Miño et al.（2004）的实验显示，北美洲松鸦（Pinyon Jay）可以通过及物推导，观察同类的互动情况，判断他们的"社会地位"，以及自己与他者之间的关系。这种能力与人类的语用能力颇有相似之处。第五，数字。基本可以肯定地说，动物可以辨认小的确定数和大的约数，多数动物可以相当稳定地分辨出 1、2、3（Dehaene，1997；Pepperberg，1999）。总之，准确表征小数字的能力是人与动物所共有的，不需要语言中介。

实际上，以上五种能力不是动物能力的全部，更为详尽的介绍可参阅 Fitch（2010）的第 4 章。不仅如此，这些能力在动物中相当普遍，存在于从啮齿动物、鸟类到灵长类动物等不同的物种之中，可见语言能力的缺失不意味认知能力的缺失，后者是人类和其他物种共有的，他们在认知方面只有量的差别，没有质的不同。

2. 动物的专有化智力

除了认知能力之外，灵长类动物还有两种专有能力，一种是物理智力，主要表现为制造和使用工具的能力；另一种是社会能力，主要表现为群体中的交际能力。一些学者认为二者与语言的演化有一定关联，甚至是语言的前身和语言演化的起点。

在物理智力方面，最为突出的非黑猩猩莫属，它们能够以多种方式使用工具。比如，把树叶当作沾水的海绵，摄取饮用水；把树枝插入蚁穴，粘出蚂蚁食用；少数黑猩猩群体还掌握了更为复杂的技术——把石头做成不同形状的工具，用来砸碎坚果外壳，提取果仁。Fitch（2010：154）认为："鉴于所有的人类文化都有相似的行为，我们可以保险地假定，……工具的使用和制造在我们与黑猩猩共同的祖先中已经存在。"

除了以各种方式获取食物以确保生存之外，有些灵长动物还具备社会智力（Whiten & Byrne, 1997），包括长期记忆、感知概括、个体识别、观察、推理和决策等认知能力。通常来说，这些动物生活在由 10~50 个成员组成的复杂社会群体之中，需要在群体中做到行为恰当，从而在生存和繁衍的竞争中超越其他成员。为此，它们必须牢记群体中个体成员的身份，记住它们是否容易相处；必须牢记群体中的支配层级关系，避免因冒犯头领而招致不必要的风险。此外，很多灵长动物还有结盟行为，即多个成员结伙打败头领，篡夺位置。不仅如此，它们在冲突、斗殴后往往还能做出"和解"的举动（de Waal, 1989）。可见，灵长动物尽管没有语言能力，但具有与人类相似的社会智力。

总的来说，大量实证研究推翻了长期存在的一种偏见，即只有能说话的人才有心智活动。实际来看，有的动物具有较为发达的心智／认知能力，只是不能用语言表达而已。Fitch（2010：171）对此做如下总结：

> 大量的实验研究显示非人类动物具有相当高的认知能力。许多不同的脊椎动物具有丰富到令人惊叹的概念世界和广泛共享的认知"工具"。上述数据无可置疑地说明没有语言也能有高水平的认知。很多能力长期被认为是人类独有的，现在则被令人信服地证明动物也有。

6.3.3　计算系统

基于前两节的讨论可知，感知－运动系统和概念－意向系统是人类和其他动物共有的。本节从计算程序和计算原子两个层面讨论语言的主要的组分——语言计算系统。

1. 计算程序

计算程序即狭义句法，有别于其他认知系统和动物交际系统的基本特性可以归纳如下：

（2）人类语言计算程序的基本特性：
　　　　a. 语言操作和语义诠释依存于层级结构，而非线性顺序；
　　　　b. 语言结构具有离散无限性；
　　　　c. 语言存在易位现象，成分的语义诠释不必与发音位置一致。

（2）中的基本特性在前文做了充分说明，本节主要讨论其与动物交际的区别。

首先，与人类语言不同，动物的交际系统不包含层级结构，只使用线性顺序。以鸣禽的鸣啭为例，它显著地依赖线性顺序。Berwick et al. （2012）、Miyagawa et al.（2013）等指出，鸟类的鸣啭对居前和邻接的成分具有依存性，可用有限状态语法加以描述。有限状态语法，又称马尔科夫过程（Markovian process），由初始状态、若干中间状态、状态转移条件和最终状态等部分组成。图 6.1 显示了成年雄性孟加拉雀（Bengalese finch）鸣啭的"句法"（Berwick et al., 2012：10），可以看出，鸣啭像一根链条，由三种有限状态组成：开始（start）（状态 1）、颤音（warble）（状态 2）和嘎嘎音（rattle）（状态 3）。状态 2 可以出现回环（loop），即颤音可以重复。

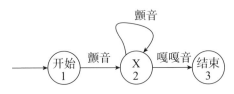

图 6.1　孟加拉雀的鸣啭

对比人类语言的结构，可以看出，鸣啭是音节之间的状态转换，是基于线性顺序的安排，完全没有人类语言中的层级结构。

与层级结构相关联的一个现象是，短语必然有一个标签，从而使其中成分具有不对称的句法关系（参阅第 4 章）。比如，短语"读书"以"读"为中心语，"书"为依存语。相比之下，动物交际系统中不存在标签。在鸟的鸣啭中，不同的音符，如颤音和啁啾（twitter）可能被组合成一个整体，但它们之间却没有中心语 – 依存语这样的不对称关系，如 Berwick & Chomsky（2016：142）所言："鸣禽无法在鸣啭中使主题音中包含主题音，也就是说，一个颤音 – 啁啾主题音本身不可能被标记为，比如说，一个颤音。"

其次，无限性不见于任何的动物交际系统。Pinker（1994：334）写道："非人类交际系统共有三种设计。一是数量有限的叫声，有的用于警告天敌的来临，有的宣告对领地的所有等。二是连续性信号，可表示某个状态的重要性或程度。例如，蜜蜂在向同伴报告蜜源的情况时，舞动得越欢快，就说明食物越丰富。三是包含随机变化的主题系列，如鸣禽求偶中的鸣啭。"由此可见，非人类交际系统是连续的、有限的，与人类语言有质的区别。

与离散无限性密切相关的现象是内嵌（embedding），它为人类语言所有，不见于动物交际系统。例如，人类语言中存在 "The rat the cat ate stole the cheese."（猫吃掉的老鼠偷了奶酪。）这样的中央内嵌句。该句中，一个关系从句（the cat ate）镶嵌在主语中，从而增加了结构解析的难度。尽管如此，母语为英语的人仍然能够掌握并理解这种结构。为了测试其他灵长动物能否掌握并理解内嵌结构，Fitch & Hauser（2004）对棉冠獠狨（cotton-top tamarin）进行了实验。鉴于棉冠獠狨最多可以记住由三个不同音节组成的序列，Fitch & Hauser 选用了两个音节，编成不同的序列，一种是有限状态语法的序列（AB）^{N}（ABAB），一种是可以生成中央内嵌的短语语法序列 $A^N B^N$（AABB）。实验发现，棉冠獠狨可以分辨前者，却不能分辨后者。

最后，易位也是仅见于人类语言中的现象，有三种效应。第一，空语类，即无语音实现的成分。按照最简方案，易位的成分会在原位留下自身的一个拷贝，在逻辑式中可见，但却在音系部门被删除。第二，诠释的两重性。以英语句子 "（Guess）what the boys eat?"（猜猜男孩们吃了什么？）为例。在该句中，what 发挥两种功能，在两个位置上被诠释。首先，它在句首位置担任疑问算子，其次，在动词 eat 的论元位置上担任算子的变项。第三，交叉序列依存（crossed-serial dependency），指两个成分存在元素的序列相互交叉的现象。一个很早就被提及的例子是 "小品词移位"（particle movement）。比如，bring in the man（把那个人带进来）这个短语也可变换为 bring the man in。在后者中，the man 位于动词 bring 与小品词 in 之间，形成了成分的交叉序列。

正如 Baker（1988）指出的那样，所有的人造算符系统，如数学、逻辑和计算机语言，都没有设置易位，但都很好地实现了形式与意义的匹配。在动物的交际系统中也没有易位，没有与之伴随的空语类、短语诠释两重性以及交叉序列依存的特性。这意味着，决定易位现象的不是必然性，而是人类认知的性质。

综上，人类语言和动物交际系统在计算程序方面有不同的特性。以鸣啭为例，两者的区别主要表现在以下方面（参阅 Berwick et al., 2012）：

（3）a. 基于线性的依存关系：鸣啭中有，语言中仅有语音系统以及与之相关的形态操作有，如重音的分派、连读变调、前缀和后缀等；

　　　b. 基于毗邻的依存关系：鸣啭和语言中都有。比如，语言中动词与其宾语之间往往就不允许其他成分的间隔；

　　　c. 非毗邻的依存关系：少见于鸣啭，语言中则比较多见。比如，"他读了前天刚买的书"一句中，"读"和"书"即体现了非毗邻的依存关系；

　　　d. 可用有限状态转移网络描写：鸣啭可以（见图 6.1），语言则不可；

　　　e. 短语被元素特征加标：不见于鸣啭，而语言中的短语具有标签（参阅第 4 章）；

　　　f. 层级性短语：仅见于语言；

　　　g. 非对称层级性短语：仅见于语言，见前文有关鸣啭中颤音 – 唧啾主题音的讨论；

　　　h. 内嵌：仅见于语言；

　　　i. 空音系组块：指有意义但无语音实现的短语。仅见于语言；

　　　j. 短语的易位：仅见于语言；

　　　k. 短语诠释的二重性：仅见于语言；

　　　l. 交叉序列依存：仅见于语言。

由（3）可见，人类语言与动物交际系统有系统性差别。在上述各条特性中，只有两条是人类语言和鸣啭共有的，即（3a）基于线性的依存关系和（3b）基于毗邻的依存关系。其余特性都是鸣啭不具备的。Berwick et al.（2011：118）对此做了如下总结：

　　至于超越声音结构的句法描述，我们发现鸣啭和人类语言的句法迥然不同。与鸣啭不同，人类语言句法可以层级性地组合单词和单词的部分……，这个词语构造过程被称为"形态"。人类的句法甚至可以更进一步，将单词组织成高阶的短语和整句。这些额外的层次似乎在鸣啭中没有被发现。

2. 计算原子

　　计算原子是计算系统可操控的最小单位。Chomsky（2016：41–44）认为，一方面，它与词相似但不是词，因为词是由外化过程构造而成的，不进入思维系统；计算原子也不等同于所谓的"词项"，因为词项有音系特征，而进入概念－意向系统的句法计算原子没有；更重要的是，它与动物交际系统的任何客体都不相同，不对应心智外世界的任何客体。在这个方面，计算原子很像音系表征的元素，是心智发出的指令，尽管产出的是心智之外的客体（参阅 5.3.3 节）。为了方便叙述，下文将按照常规做法把计算原子称为词项[1]，把其他动物发出的声音或手势称为"信号"（signal）。现有研究似乎证实了 Chomsky 的说法，即词项与动物交际系统中任何已知成分都大相径庭。

　　第一，人类语言的词项是可组合的，即可合并的。合并不仅发生在词与词之间，也可以发生在词的内部。一方面，词可能包含词根和词缀，这些下属的客体可按不同方式进行组合，从而产出更多词项，表达更多意义。比如，fruit 可与不同的词缀结合，形成 fruity（果味的）、fruitful（有成效的）、unfruitful（无成效的）、fruitfulness（成效）等新词项。与词项相比，动物交际系统的信号是不可合并且没有内部结构的。虽然鸣禽能把不同音符串联在一起，但其音符没有词根／词缀的区别，也没有复合／重叠等方式，不能形成信号内部的结构。至于非人类灵长动物，它们更是基本上没有组合信号的能力，自然也不会基于信号内部成分创造出新信号。例如，20 世纪 70 年代美国哥伦比亚大学的研究小组对一只名为 Nim Chimpsky（以下简称 Nim）的黑猩猩进行了多年的研究。Nim 在经过 4 年的学习训练之后，掌握了约 125 个美国手语（ASL）单词，但却没有基本的词语组合能力。当它把两个或三个手势连在一起使用的时候，就是纯粹地把它们串在一起，没有任何内部组织。对 Nim

---

1　实际上，Chomsky 在普通场合也用"词项"或"词"指称计算原子。

而言，eat banana（吃香蕉）和 banana eat（香蕉吃）以及 hug me（抱我）和 me hug（我抱）是同义的。按 Terrace et al.（1979：901）的说法："我们详尽的研究显示，猿的语言学习受到严重限制。猿（与狗、马以及其他非人类物种一样）可以学到许多孤立的信号，却没有任何证据表明它们掌握了语言中对会话、语义或句法的组织。"Nim 的另一位研究者 Petitto（2005：85）对此做了更为详细的说明：

> 尽管猿能够以似乎有规律的方式把一或两个"词"串在一起，但它们不能构造出三个、四个或更多词的有规律的序列（"词"对应于"手势"）。它们在造出两个词的"矩阵"之后，会从最常使用的五个左右的词中选出一个，随机性地构造出一个词的清单。这个清单毫无规律可言，只是一份词的"色拉"，没有内部组织。……它们生来不能识别词干/词缀的区别，在发育过程中也没有获得这个能力。这跟人类儿童全然不同，后者很快就发育出了能力，可以理解并使用包含词缀的词语。

Yang（2013）重新审视了 Nim 研究小组当年的数据档案，发现 Nim 和人类儿童组合词项的方式是完全不同的，这也证实了 Petitto 的结论。简言之，人类儿童对两个词项的组合是基于规则的，词项间有相互依存的关系；Nim 对两个信号的串联则是基于记忆的，所以只是一份清单，没有内部联系，也不能产。

第二，人类的词汇系统是开放的、能产的。每个人能掌握并使用成千上万的词。相比之下，动物能掌握的信号极度有限。在自然状态下，包括灵长动物在内的动物能用声音或手势发出的信号在 10~20 个（Di Sciullo et al.，2010）。这些信号只与实时的情形相关，不能为新的情形创造出新的声音。正如 Hauser et al.（2002）所说，动物的概念能力与其交际内容之间存在反差。比如，6.3.2 节提到，灵长类动物具有丰富的社会智力，可以识别群体中的不同个体，并了解它们之间的相互关系，知晓社会层级中谁高谁低。但是它们的交际系统中却没有任何表示社会关系的标签，连爸爸、妈妈、儿子、女儿这样的关系都表达不出来。Cheney & Seyfarth（1997：9）的下面这段话表达了这个事实：

> 例如，观察与实验的证据都显示猴可以辨认群组其他成员中的密切伙伴。然而，它们没有任何声音标签来表示亲属种类，如母亲、

子女甚至亲友。相似地，猴和猿可以通过面容和声音清楚地辨认出其他成员，但没有证据表明它们相互间用姓名作为对方的标签。

第三，人类语言的词项有一个相当关键的特性，即它们可以划分为不同的语类（即范畴）。一方面，词项有功能的和实义的区别，前者像某种黏合剂一样，负责把各种词项结合在一起；后者则负责提供具体的意义。另一方面，实义词又可划分为名词、动词、形容词等不同的语类。这些语类的区别，特别是名词和动词的区别，使语言可以对客体和事件做出不同的表达。Caramazza 与合作者多年的研究显示，名词和动词的区别有神经解剖方面的基础，由不同的脑区进行处理。不仅如此，有神经结构基础的还有语义范畴，包括抽象与具体、有生命与无生命、动物、果蔬、专名，等等 [参阅 Papeo et al.（2014）以及其中所引文献]。

与人类语言的词项完全不同，动物交际系统的信号没有语类 / 范畴的区别，既没有功能性的元素，也分不清客体和事件，更不用说提供详尽的信息了。以"苹果"为例，它在人类语言中是一个通用名词，指某种圆形的、多汁的、可食用的客体，是特定概念的标签。黑猩猩对"苹果"的使用则完全不同。它们可以学到"苹果"这个信号，但不会把它用作一个种类概念。实际上，因为黑猩猩不能区分名词或动词，所以"苹果"这个标签既是客体，也是事件，甚至是任何一个可以联想到"苹果"的东西。Petitto（2005：86-87）指出（着重号为原文所加）：

> 黑猩猩会使用"苹果"这个标签同时指吃苹果的行动，放苹果的地点，偶然与苹果同处存放的客体所相关的事件和位置，如用于切苹果的刀等，（它们）不能辨认相关的区别，也不能察觉区别它们的益处。人类儿童从使用词语伊始便受种类概念的限制，……但即便经过多年的训练和与人类的交流，黑猩猩的用法也显示不出对自然种类的敏感。因此，出人意料的是，黑猩猩不真正有"事物的名称"。它们有的只是松散联想的大杂烩，没有 Chomsky 说的那种内化的限制，也没有制约它们的范畴和规则。事实上，它们从未获得人类的苹果一词。

第四，词项有较为固定的音系规则，包括手语音系规则。这些规则为人类拼读词语提供了一组区别性特征和一套组合规则，使词能够在言语或手语中得到准确的表征。与人类相比，非发声学习动物对词的表征缺乏音系规则。再以黑猩猩为例。它们在表示某个词时，手势前后不一且变化无章可循，经常出现随机性错误。Petitto（2005：85）认为，"这些错误的出现不是因为黑猩猩对该词还没有充分掌握，或者因为它们的手与人的手有区别，而是因为它们没有手语音系，所以永远摆脱不了错误。"

第五，人类有别于其他动物的另一个质的差别在于获得词项的规模和方式上。人类儿童获得词项的速度令人惊叹，在语言发育的高峰期，儿童无须显性学习便每天可以掌握十多个单词。他们具有极强的模仿能力，能够很快地学到新词。不仅如此，他们还展现出极强的归纳能力，可以基于已掌握的词语创造出新词。相比之下，其他动物——比如Nim——即使经过数年精心的培训和高强度的学习也最多只能掌握有限的信号，而且极不稳定。除了鸣禽和海豚等极少数物种之外，大多数动物没有发声模仿能力，更没有归纳构词规则创造新词的能力。

综上，在很多关键的方面，语言的计算原子似乎为人类独有，不为其他动物共有。相关特性归纳如（4）所示：

（4）a. 与"概念"的能产性联系：仅见于人类语言。动物的信号
　　　　是不能产的；
　　　b. 词根与词缀的区别：仅见于人类语言；
　　　c. 不同语类／范畴的存在：仅见于人类语言；
　　　d. 计算原子的语义性：仅见于人类语言；
　　　e. 计算原子的规模：鸣啭较小，人类语言极大。

Chomsky（2017：295）就计算原子做出如下评论：

　　（计算的）原子性成分引发了深奥的谜团。它们是人类语言中承载意义的最小的成分——与词相似，但不是词——与动物交际系统中任何已知的成分都大相径庭。它们的起源是完全模糊不清的，这给人类认知能力的演化，尤其是语言的演化带来了一个非常严重的难题。

综上，在人类语言的组分中，概念－意向系统和感知－运动系统为人类和动物共有，而语言计算系统，包括计算程序以及计算原子，是人类独有的。其中，从计算程序的角度看，人类语言有动物交际系统所没有的层级性、离散无限性和易位等基本特性；从计算原子的角度看，人

类语言的词项也是独特的，表现在其可合并性、能产性、范畴化、有音系规则、规模庞大且可快速获得等主要特性。这在一定程度上意味着，语言演化的关键是语言计算系统的涌现。从生物学的视角，可以把语言的基本特性视为语言的表型，以此反推基因型的演化。

6.4　语言的演化

目前，演化的目标被聚焦到计算系统，尤其是计算程序。基于生物语言学观点，人类语言的涌现源自合并操作这个关键的演化性创新，它是语言的中央处理器，是语言基本特性的基座。Berwick & Chomsky（2016：132）在讨论语言的起因时说道：

> 我们在人类与所有其他动物之间划了一条非常清楚、明确的界限：我们有合并，但其他动物没有，其结果就是，只有我们人类能够构建无限的层级结构化表达式，它具有普遍存在的易位特性，并且最终以依存于心智的、类似词的原子成分为基础，并且在每个生成阶段都会在接口处获得确定的意义，而动物则不具备这一能力。

如果合并确实是造就人类语言的关键操作，那么它是以何种方式在神经循环中实现的呢？首先需要明确的是，尽管语言是人类认知能力中最重要的组成部分之一，但其起源涉及的生物变化却不可能很大。这是因为，哺乳动物的大脑是高度保守的，功能性的神经结构和神经发育极少变化，新的神经回路和脑区很少出现。此外，现代人的脑容量不仅没有增加，反而有所减少[1]，因此通过脑容量的增加来获得语言这样的生物创新是不可能的。有鉴于此，多数研究者主张语言的演化是非常微小的。目前广受认同的看法是，人类与其他灵长动物的差别不源自蛋白质编码基因的变化，而只在于基因的某个调控元件上，即调控 DNA 的某个 RNA（核糖核酸）上。RNA 有两种主要形式，一种是"信使 RNA"（mRNA），是指导合成蛋白质的模板，也是把遗传信息从 DNA 传递到蛋白质的信使；另一种是"非编码 RNA"（ncRNA），是不编码蛋白质的 RNA，起组织基因组转写的作用。Chomsky 等认为非编码 RNA

1　现代人的平均脑容量为 1 300~1 400 平方厘米，尼安德特人的是 1 500~1 600 平方厘米。

是语言演化的主要载体 [参阅 Graham & Fisher（2015）、Berwick & Chomsky（2016）以及其中所引文献]。

在对某个创新性状的演化研究中，常用的方法之一是与世袭最近的物种进行比较分析以查出最关键的基因差异。就语言能力而言，现代人最合适的比较对象是尼安德特人或丹尼索瓦人，特别是已有良好研究基础的尼安德特人。根据古 DNA 的研究，尼安德特人与现代人在距今 50 万至 70 万年前分离，现代人形成的时间约在 20 万年之前，两个事件之间有 20 多万年的演化时间。尼安德特人在出现之后不久就移居至欧洲和西南亚，而现代人则留在了非洲，两者在相互隔离的状态下分别演化。他们在身体方面与现代人高度相似，但缺乏算符思维能力和语言能力（Tattersall，1998）。全部基因组的测序表明，现代人类与尼安德特人之间存在 87 种有蛋白质编码的基因组差异，以及 3117 个调控区差异。遗憾的是，已有的研究成果还不足以确定这些差异中的哪个或哪些导致了现代人与尼安德特人在语言和认知方面的不同（参阅 Pääbo，2014；Somel et al.，2013）。

尽管语言演化涉及的具体基因调控机制有待进一步研究，但令人欣慰的是，随着神经成像技术的进步，包括扩散张量成像（diffusion tensor imaging，DTI）等技术的出现[1]，以及研究成果的不断积累，研究人员对语言的神经结构已经有了比较确切的了解。可以确定地说，"在神经层次，核心的计算可能与感知 – 运动系统和概念系统是可区分的。这些系统每个都有特定的脑区，它们由特定的纤维束连接，形成了一个神经网络"（Berwick et al.，2013：93）。

研究显示，最关键的语言相关脑区有三个。一是"额下回"（inferior frontal gyrus，IFG），其更为熟知的名字是布罗卡区（Broca's area），分三个神经解剖子区：BA 44、BA 45 以及额盖区（frontal operculum，FOP）。Friederici（2002）提出：BA 44 与层级结构的加工相关，BA 45 涉及语义加工，也可能用于句法 – 语义信息的整合。额盖区则服务于处理最局域的短语结构。二是"颞上回"（superior temporal gyrus，STG），即韦尼克区（Wernicke's area），位于左半球颞上沟和颞下沟之间。与布罗卡区一样，该区也包含几个神经解剖子区，如 BA 22 和 BA

1　扩散张量成像是一种描述大脑结构的新方法，是核磁共振成像（MRI）的特殊形式。它可以依据水分子移动的方向制图，无创地显示大脑中的白质通路。

42。其中，BA 22 的后部有一个区域，称"后部颞上回皮层"（pSTC），被认定与语义诠释相关。三是"颞中回"（middle temporal gyrus，MTG）。从很多研究的结果来看，它是存储计算原子的地方，即"词库"的所在地，它的受损会在具体的单词层面形成语义缺陷（参阅 Ralph & Patterson，2008）。除了这三个脑区外，跟语言活动相关的还有负责言语发生的前运动皮质（premotor cortex，PMC）等。

上述区域之间由四条通路连接，包括背侧（dorsal）通路和腹侧（ventral）通路各两条。各区域通过相互传递信息与相互合作，形成了完整的语言网络。其中，句法网络主要涉及两条通路。

第一条通路是连接额盖区（FOP）和前部颞上回皮层（anterior STC）的腹侧通路。根据 Friederici（2016：352），该网络的功能可能是处理毗邻的依存关系，比如 the man 这个短语中 the 和 man 之间的关系。换言之，由 V2 连接的区域形成了一个有限状态语法，负责基于毗邻关系的、最基础的句法计算。这个能力是人类和鸣禽等动物共有的。

第二条通路是连接 BA 44 和后部颞上回皮层（pSTC）的背侧通路。在生物语言学的主流理论中，由此通路形成的网络被认为是语言演化的关键环节。它把人类语言的计算复杂程度提升到轻度的语境敏感语法，引发了人类语言独有的基本特性及其各种表现，包括非毗邻的层级性关系、短语上的标签、各种程度的内嵌、易位、空音系组块、层级性短语、诠释的二重性、交叉序列依存，等等。这意味着该网络带来了合并（包括外合并和内合并两种形式）操作。多个方面的研究显示了这一连接在语言演化中的中心地位。第一，其他灵长动物（如猕猴）没有形成类似 D2 的连接，所以没有语言能力（Rilling et al.，2008；Frey et al.，2014）；第二，这个连接在人类儿童中大约迟至 5~6 岁才完成发育，与儿童的句法表现是正相关的（Skeide et al.，2016）；第三，在渐进性失语症中，该连接受损将导致句法表现的下降（Wilson et al., 2011）。因此，Friederici（2017：231）宣称："要想拥有完整的人类语言能力，这一纤维束就是演化中不可或缺的一环（missing link）。"

如果上述观点是合理的，那么一个相关的问题是：为什么 BA 44 和后部颞上回皮层（pSTC）的连接会引发如此剧烈的表型变化，且产生了语言计算系统前所未有的创新呢？目前学界没有达成共识。但不少研究者提出，一个可行的解释是这个连接以某种方式改变了皮层的结构，增加了语言组合操作可访问的记忆／内存，扩展了工作区，使之可对已存信息（即记忆堆栈）进行任意搜索，从而形成了无上限合并的效应（参阅 3.8.2 节）。Berwick & Chomsky（2016：135–139）提出，神经存储器使用的是一种所谓的"内容可寻址"（content-addressable）的结构，可以通过特征标签而不是顺序来查找、加工层级结构。这与合并生成的表征是契合的。

其他两条通路的情况如下：一条位于背侧，连接了后部颞上回（pSTG）和前运动皮质（PMC），功能是支持感知向运动的映射，形成一个听觉 – 发声回路。另一条位于腹侧，连接 BA 45 和颞叶皮层（包括颞上回和颞中回两个部分）。这条通路主要和语义处理相关，连接了计算原子，并行使了整合句法和语义信息的功能。

总之，背侧与腹侧的纤维束在正确的位置构成了一个完整的线路：合并操作得以涌现并可使用计算原子，语义加工也得以实施。Berwick & Chomsky（2016：164）对此做了如下论述：

> ……如果 [人类句法需要一个完整布线的"环"] 的话，那么关于"大脑进行小的重新布线"，导致了一个具有合并的完整的工作句法系统这个观点看起来就不会有太大偏差。生长因子中一个小的基因组改变，比如说，其中一个纤维质的改变，以及合适的纤维束的引介，可能就足够了，当然时间也是充足的。这与 Ramus & Fisher（2009）的观点一致，即这一类别的一个小的神经变化可能会导致大的表型后果——并不需要许多演化，也不需要那么多时间。

Berwick & Chomsky（2016：110–111）以侦探小说的写法，对语言演化涉及的主要问题做了如下提示：

- "什么"：人类语言的基本特性——能够构建数字上无限序列的层级结构化表达式，并在其他有机系统的接口处获得确定的诠释。
- "谁"：解剖学意义上的现代人类。既不是黑猩猩，也不是鸣禽。
- "何时"与"何处"：约 20 万年前现代人类在南非首次出现，约 6 万年前他们进行了最后一次出离非洲的大迁徙，语言起源于这两个事件之间的某个时间。
- "如何"：是语言基本特性的神经实现，或许与一些"微小的大脑重新布线"有关。

- "为何"：语言的使用是为了内部思维，它是将其他感知和信息加工认知系统结合在一起的认知黏合剂。相比之下，交际是语言的次要功能，是其基本特性的一种扩展适应。

以上阐述了 Chomsky 等在语言起源方面的基本观点。此外还有两个方面需要补充。一方面，与很多研究者不同，Chomsky 一向不认为存在过所谓的"祖始语言"（proto-language）或者说初期语言。相反，在他看来，语言涌现是基因突变的结果，是一次性成形的，不存在祖始或者中间阶段。这一立场体现在 Berwick & Chomsky（2016：72）的这段论述中：

> 值得一提的是，在这个全景中不存在任何语言的初期形式——比如一个与语言类似的但只有短句的系统。假设存在这样的系统是没有任何依据的：从七词的短句到人类语言的离散无限性所需的递归程序的出现，与从零到无限所需的递归程序是完全一样的，并且也不存在任何关于这种"原型语言"存在的直接证据。

此外，与上述立场相一致，Chomsky 认为语言自起源再没有发生演化。Berwick & Chomsky（2016：83）指出："强有力的证据表明自约六万年前的非洲大迁徙以来，语言官能没有过任何相关的演化，尽管毫无疑问发生过大量的变化，甚至包括外化模式的发明创造（比如手语）。"

6.5　语言的外化

据以上语言演化情景，计算系统在语言中具有中央处理器的地位，合并操作的出现是语言涌现的关键。这意味着语言是内部的心智系统，并不必然需要语音系统的伴随。这个被称为心智工具的演化理论不同于那些视交际为语言的首要功能的理论，不需要假定语音系统的演化是语言演化的关键环节之一（参阅 6.2.1 节）。既然如此，计算系统为什么与负责发声学习与产出的感知 - 运动系统实现了连接呢？后者在语言中的地位和作用是什么呢？

对于上述问题，Chomsky 等人的回答是：感知 - 运动系统是语言的"输入 - 输出"系统，其作用相当于与电脑连接的打印机，而不属于中央处理器本身。他把计算系统生成的表达式与感知 - 运动系统的连接称为"外化"。按 Berwick & Chomsky（2016：11）的说法，"外化不仅仅包括发声／运动学习和产出，还至少包含语言的一些其他方面，如构词（形态），它与语言的声音系统的关系（音系和语音），输出调整以减轻记忆负担，以及韵律。"不言而喻地，服务于音系需要的线性化，理解中的结构解析等，也属于外化的范畴。

　　本节讨论外化相关问题，分两个部分：首先比较鸣禽的鸣啭和人类言语（speech）；其次讨论外化相关的概念与问题。

6.5.1　鸣啭与人类言语的比较

　　在比较心理学中，根据发声的特点可将动物区分为发声学习者（vocal learner）和非发声学习者。前者可对发声部位和方式进行有效控制，改变发声的声学结构；后者则不具备这样的能力和行为。鸟类中的发声学习者有鸣禽、鹦鹉和蜂鸟三个关系疏远的种群。它们可以产出如歌曲般连续的声音组合，称鸣啭。其中，约有 4 000 个物种的鸣禽是科学家研究鸟类发声学习的主要对象，特别是斑马雀（学名"斑胸草雀"）和孟加拉雀等适合在实验室进行观察和研究的鸟类。鸟类中的非发声学习者有鸡、鸭、鸽子等，它们只能发出孤立的鸣叫（call），不能对之进行组合。至于陆生哺乳动物，"只有人类、大象和微型蝙蝠等极少数物种是发声学习者，其余均为非发声学习者"（Jarvis，2013：64）[1]。文献中常把人类产出的语言声音称"言语"，与鸣啭对应。有趣的是，每种发声学习者均有近亲是非发声学习者，如人之于黑猩猩，蜂鸟之于燕子等。这一现象为对比分析二者的异同、洞察发声学习的关键机制提供了便捷有效的途径。值得注意的是，发声涉及一个学习过程，这就是"发声学习"的由来。Doupe & Kuhl（1999：579）指出："发声学习的关键特征是对声音的感知，对声音的产生，以及联系两者的（关键性）的能力。"

　　人们很早就注意到鸟的鸣啭和人类言语之间的显著相似性。亚里士多德两千多年前就曾对二者做过相当全面深入的比较，他认为鸟的发声能力"仅次于人，鸟的部分物种能够发出清晰的音位"（转引自 Berwick

---

1　海生哺乳动物中，海豹和海豚是发声学习者，其余的都不是。

et al.，2012：1），并指出鸣啭与语言一样有方言变异。提出卡鲁索理论的达尔文对鸣啭的研究更为深入，他（Darwin，1871：55）指出："在不少方面，鸟发出的声音与语言最为近似。"随着神经科学和遗传学等新兴学科的加入，以及各种新技术的应用，对鸟类发声学习的了解在广度和深度上都实现了质的提升。可以确定地说，人类言语和鸟类鸣啭在行为、神经和基因等诸多方面确有高度的相似性 [参阅 Hauser et al.（2002）、Berwick et al.（2011）、Bolhuis et al.（2013）以及其中所引文献]，主要包括以下方面。

首先，在声学结构上，言语和鸣啭非常相似。鸣啭中有一些原始性单位，即时频轨迹，称"音符"（note）；音符又可组合成若干不间断的声音单位，称"音节"（syllable），比如颤音、唧啾音、嘎嘎音等；若干音节可以组合成一个完整的音段，称"主题音"（motif），多个主题连在一起鸣唱则构成一个"歌段"（bout）[参阅 Gobes et al.（2010）以及其中所引文献]。在这个意义上，鸣啭和言语一样，也具有离散的声学元素和无限的音序组合。

其次，在行为上，鸣禽对鸣啭能力的获得跟人类儿童的言语能力的获得一样，需要一个复杂的学习过程。雏鸟需要向成年雄鸟（一般是其生父）学习，并不断调整发声，最终获得优质的鸣啭能力。根据最早由 Konishi（1965）提出的模板理论，鸣禽先天性具有本物种鸣啭的初级表征，称"粗模板"（crude template）。雏鸟以之为基础分两个阶段进行学习。一是记忆阶段。在此阶段，雏鸟必须听到并记住"教练"发出的鸣啭，并据此对粗模板进行改造，从而使鸣啭的表征更为准确。二是感知运动学习阶段。在此阶段，雏鸟依据记住的鸣啭练习发声，对"教练"的鸣啭进行反复模仿和练习，直到发出的鸣啭与之基本相似为止。与鸣禽相似，人类儿童的语音获得也离不开学习与模仿。他们的感知运动学习阶段在出生后 6~7 个月时开始，最初只是牙牙语，和成人的语音极为不同。通过不断练习，3 岁左右时幼儿的发音基本达到成人水平。

第三，在发育方面，儿童的语音获得与鸟的鸣啭学习高度相似，两者均受某种生理机制的调控，具有特定的发育程序。一方面，多个研究显示，雏鸟的大脑在发声学习方面并非白板一块。首先，出生后没有接触过声音，或者没有接受训练的雏鸟，尽管发出的鸣啭比正常的单调呆板，但依然具有本物种独特的结构；其次，从未接触过声音的雌鸟，当听到本物种的鸣啭时，其心率等方面的变化要高于听到其他鸟类的鸣啭（Brainard & Doupe，2002）。另一方面，大量的研究表明，人类儿童也先天性地具有感知和学习语音的能力，可以把语音和非语言噪音分辨开来。他们对语音的记忆阶段早在胎中已经开始，至少在出生前 6 周就已经可以辨认母亲的语音，并对之产生偏好，且能把它与韵律不同的语言区别开来。因此，新生儿的啼哭已经体现了母语的旋律（Mampe et al.，2009）。据 Doupe & Kuhl（1999），儿童在出生后的前 3 个月只能发出非言语声音，之后开始发出与元音相似的声音，4 个月之前可以分辨出所有语言中的音位对立，6 个月时可以感知本母语中的元音，7 个月时正式发出牙牙语，10 个月时发出本母语的语音，12 个月时发出第一批词的声音。

另一个引人注目的现象是，鸣禽雏鸟和人类儿童的声音学习都存在敏感期（又称关键期）。在此期间鸣啭学习的效果最好，此后的学习效果急剧下降。人类儿童的语言学习能力在 3 岁后也逐渐减弱，青春期之后语言获得难度剧增，而且通常不能完全成功。如果语言输入和经历在敏感期内被完全剥夺，儿童会出现严重的语言障碍。例如，1970 年在美国发现的一位名叫 Genie 的女孩，她在 13 岁前被剥夺了所有形式的语言和社会行为，因此没有形成任何语言表达能力。即使经过 5 年的强化教育和治疗，Genie 仍然没有完好地掌握句法，语言水平仅相当于 21 个月的婴儿（Curtiss，1977）。

第四，人类和鸣禽在声音发育和维持的过程中需要听觉反馈，即监听自己的声音。无论是先天性失聪的儿童，还是出生即没有听觉的鸣禽，均无法发出正常的声音。已经获得正常发声能力的人，如果失去听觉，发声能力会逐渐恶化；鸣禽的情况也相似，但程度上不像失聪的人那么严重（Doupe & Kuhl，1999）。

第五，在神经系统方面，研究表明只有发声学习者对发声行为的控制区域位于端脑，而非发声学习者控制发声的区域存在于中脑或者延脑。Jarvis（2013）指出，与非发声学习者不同，鸣禽有 7 个功能性的鸣啭核团，其中 4 个位于后前脑，3 个位于前脑，它们由神经通路连接。他还指出，人类的脑中存在跟鸣禽一样的专用的发声运动通路和发声前运动通路，受损后也会产生相应的失语病变。Pfenning et al.（2014）也证实鸟类发声学习者和人类具有相同的发声学习的脑区和神经回路。

第六，在基因层面，包括人和鸣禽在内的发声学习者，其负责发声的脑区均存在专有的基因表达。FOXP2 基因 [1] 的发现是促使生物语言学复兴的重要事件之一。在 20 世纪 90 年代初，即最简方案正在孕育的时候，英国生物学者发现了一例特殊的语言疾病，称"发育性言语失语症"（developmental verbal dyslexia）。该病患者无法控制发音器官的动作，无法模仿言语，也不能理解别人的话语。该疾病明显具有遗传症状，表现在它在所有患病成员中遗传，而在非患病成员间不遗传。经研究，这种疾病源于 FOXP2 基因，由于染色体易位，该基因发生了突变，导致了副本缺失，从而严重影响了正常脑回路中言语能力的发展。FOXP2 基因最初被很多人认定为"语言基因"，它的发现轰动一时，媒体也有大量的报道，不少研究者断定它是语言起源的根源（Fisher et al.，1998；Enard et al.，2002）。经过一段时间的密集研究，学界逐渐改变了看法，形成了新的共识。首先，它不仅在现代人中存在，在尼安德特人和丹尼索瓦人中也存在，且版本没有区别。然而，迄今为止没有任何证据显示这些近亲的旁系跟我们有相同的语言（Krause et al.，2007；Reich et al.，2010）。其次，研究发现，FOXP2 的功能主要是调控运动序列学习（motor serialization-learning）的发育，如口面部或其他部位的运动，与语法似乎没有直接关联。例如，Lai et al.（2003）的研究显示，FOXP2 在可比胚胎期（comparable embryonic stage）的转录主要出现于运动控制的一系列神经回路中，包括基底神经节、丘脑和小脑等。这些结构被精巧地相互连接，行使运动相关的功能。Schreiweis et al.（2014）主持的一项研究也显示，被注入了人类版 FOXP2 的转基因白鼠在纹状体的神经可塑性方面发生了深刻变化。纹状体主要的机能是调节肌肉张力、协调各种精细复杂的运动，其学习模式分为两种：陈述性（declarative）学习和程序性（procedural）学习。前者是有意识的学习形式，可以得到"陈述"；后者则是无意识的，需要重复学习才能获得。Schreiweis 等的研究发现，人类版 FOXP2 提升了将陈述性获得的运动技能转换至程序性记忆的能力。据此，他们推测，该基因对陈述性和程序性学习涉及的皮质神经系统可能做出不同的微调。Berwick & Chomsky（2016：41）认为，这种由陈述性向（无意识的）运动技能的转化，看起来正是婴儿学习如何用嘴、舌头、唇、声道或手指做出精巧动作的方式，即言语或手语，而非语言本身。

---

1 为了叙述方便，不少研究者把该基因的人类版写成 FOXP2，老鼠版写成 Foxp2，其他有椎动物的版本写成 FoxP2（参阅 Lai et al.，2001）。

总的来说，人类言语和鸟类鸣啭在诸多关键方面具有显著的相似性。首先，人类和鸣禽具有相似的感知 – 运动神经系统；其次，儿童对语音的获得和雏鸟对鸣啭的获得都是先天遗传和后天学习两方面因素结合的结果；第三，鸣禽和人类的声音发育都存在敏感期，即听觉 – 声音学习的最佳阶段；此外，鸣啭和言语均受基因的调控。如 Moorman & Bolhuis（2013：111）所言："在行为、神经、基因和认知层次，人类儿童对口语的获得和（鸣禽的）鸣啭学习有颇多平行之处。"

6.5.2　外化的原因与效应

基于鸣啭与言语之间的相似性，本节分若干主题，主要阐述外化概念及相关问题。

1. 言语和鸣啭的深同源性

如前所述，演化发育生物学中的同源性概念指从相同的祖先继承而来的性状，比如人的前肢和海豚的前蹼就是由相同的 DNA 序列调控的。"深同源性"（deep homology）指的则是同源的基因作用于发育过程可以生成趋同演化，即在两个不同的物种中引发一致或相似的性状，即使该性状本身在表型层次上是独立演化出来的。通俗地说，它类似于历史的重演（history repeats itself）。一些研究者提出，与 Pax6 在眼睛发育中的作用相似，FOXP2 基因在鸣禽和人类的发声控制和协调中，特别是在发声学习方面，发挥了直接的因果作用。鉴于发声学习是在鸟类和人类这两个世系趋同演化而成的，因此二者是深同源性的一个实例。Fitch（2010，2013）是这个观点最积极的倡导者之一。他指出，FOXP2 是一个极为守成的转录因子，存在于所有的四足动物之中，在上亿年的时间里只发生过两次变异。该基因在运动控制与协调以及听觉 – 运动协调方面稳定地发挥着中心作用。鸟类也拥有 FOXP2 的一个直系同源（ortholog），其表达模式与哺乳动物的模式具有一致性，在基底神经节的纹状体部分更是如此。他认为，人类和鸣禽的发声学习能力极不可能遗传自共同的祖先，更有可能是 FOXP2 引发的趋同行为性状。不仅如此，研究者（如 Li et al.，2007）还在回声定位的蝙蝠脑中发现了该基因对发声的作用。基于此，Fitch & Mietchen（2013：52）得出了如下结论：

> 总之，FOXP2 在作用于发声学习的神经系统中有着重要作用，这已在鸟类和人类的研究中得到了证实，而且蝙蝠的数据也表明它在产出复杂的、协调有序的发声中具有某种更普遍的作用。因为发声学习在这三个世系中全都发生了趋同演化，而且 FOXP2 明显是一个高度守成的直系同源，这就为趋同性状的深同源性提供了绝佳的神经／行为实例。

Fitch 等有关言语和鸣啭深同源的设想解释了两者的相似性。Berwick et al.（2013：96）与 Fitch 的观点相似，认为鸣禽和人类在发声学习方面"存在神经乃至基因的同源"。如果这个观点成立的话，恰恰说明语音系统不在狭义的语言官能之内，不是为语言而演化的，也不是人类独有的（参阅 6.3.1 节）。因此，把语音系统排除在语言演化的图景之外是一个合理的选择。可见，感知－运动系统只决定声音的感知和发生相关的部分（参阅 6.5.1 节），但不影响语言的基本特性——包含层级结构的离散无限性和易位等。在（3）~（4）显示的人类语言特性中，只有依托线性顺序实现的两条特性是语言和鸣啭共有的，没有一条与基本特性相关。这反映了言语和语言的区别，以及言语和鸣啭的相似。

2. 语音系统与扩展适应

扩展适应是某个性状在演化后可以改变其功能，从其原有的功能改用于新功能（Gould & Vrba，1982）。例如，最早拥有羽毛的动物是恐龙，但鉴于恐龙不会飞翔，所以它们的羽毛肯定具有其他功能（比如吸引配偶或保暖）。羽毛被现代鸟类征用于飞翔目的就是一种扩展适应。Chomsky 等认为人类的语音系统也是扩展适应的实例之一。前文提到，语言原本是作为思维工具演化而成的，它在涌现后征用了感知－运动系统作为其外化的模式，从而使语言的功能扩展到外部交际。Chomsky（2010：59）的这段引言表达了这一观点：

> 在我们共同祖先的小群体中，有个人，权且叫他"普罗米修斯"，其大脑发生了一次改线，出现了无上限合并的操作，可应用于概念，这些概念具有复杂的（且我们知之甚少的）特性。很可能

在第三因素原则的指导下，普罗米修斯的语言向他提供了包含层级结构的一个无限数组及其……诠释：语义的二重性、算子－变项构式、对诠释和思维具有重要影响的不发音元素，等等。普罗米修斯拥有许多优势：复杂思维、计划、诠释等。这些能力被传递给后代，让他们占据主导地位（这好像绝非易事，但让我们将其搁置一旁）。在那个阶段，外化将成为一种优势，如此该能力可能被连接上了感知－运动系统，这是一个次要的过程，用于外化和相互沟通，包括其特殊的情形——交际……

外化源自扩展适应的观点，有一个支持证据，即外化不依赖于模态，"在语言中，显然任何感官模态都可以在输入或输出中使用"（Berwick & Chomsky，2016：11）。比如模态可以是听觉上的，即言语；也可以是视觉上的，如手语；甚至可以是触觉上的，如由凸点组合而成的盲文。然而，这些不同感官模态中的外化，其结构特征、获得过程乃至神经定位都是极其相似的。

从扩展适应的角度，外化不涉及演化性改变，即基因组改变。当然，外化的模式，包括手语和盲文，可能确实是在言语之后被创造出来，但这些只是变化，不是真正的演化。

外化源自扩展适应的假说还意味着，在计算系统接口的两个系统中，概念－意向系统是内在的、首位的，而感知－运动系统则是外在的、附加的，也是次要的。Chomsky（2004：405）表达了这个观点："……大范围的缺陷可能与'外化'语言的需要相关。假如我们能用心灵感应（telepathy）来交流，它们就不会发生。音系组分在某种意义上是'外在于'语言的，人们因此可以猜测，它是语言缺陷的主要发生地。"他（2016：14）做了进一步的说明：

> ……对语言设计的考察提供了可信的原因来认真看待传统的观念，即语言本质上是思维的工具。外化因此是一个附加的过程，其特性反映的是基本上乃至完全独立的感知－运动系统。进一步的研究支持这一结论。由此可见，（结构）处理是语言的外围机制，依存于外化语言的具体使用是更加外围的，包括其中的交际。

正因为外化是附加的，所以计算系统与它的接口必然比其与概念－意向系统的接口更加复杂。这是因为，首先它需要把层级性的客体转化为性质全然不同的线性序列，如此才能通过言语或手语表达出来；其次音系系统有自身的限制，为了满足发声的需要，经常需要对计算系统的输出做出调整，有时甚至是大幅度的调整，比如引入边界音、韵律轮廓以及重音指派等。这些调整违反了几乎所有的计算原则，如禁止在句法推导中添加新客体的包含性条件（参阅第 1 章和第 2 章）。因此，将内部的句法客体转化为可以进入感知 - 运动系统的客体，这个过程是复杂多样的，且受到偶然历史事件的影响。这也是为什么 Chomsky 认为语言设计的优化性只是相对于思维系统而不是外化模式而言的原因。

3. 语言变异局限于外化

Berwick & Chomsky（2016：82）指出，外化的任务很不简单，它需要连接两个极为不同的系统：一是成千上万年以来基本原封不动的感知 - 运动系统，二是新出现的计算系统。鉴于外化的复杂性和多样性，"参数化与多样性则大都——甚至可能全部——局限于外化。这基本正是我们所发现的：一个计算系统高效地生成在语义／语用接口可读的表达式，其多样性来自于复杂、高度不同且极易受历史变化影响的外化模式"。他们（2016：87）强调："人类只有一种语言，它具有一些微小的方言变体，这种差异主要 —— 也许是全部在于外化模式的差异。"Berwick & Chomsky（2016：82）还认为，之所以存在多种语言，"原因也许是，在原始种群分布于各地之前或之后，外化的问题都能够通过许多种不同且独立的方式得以解决"。

那么，外化是如何关联跨语言差异的呢？首先，与计算系统接口的外部系统提供的特征远远超出任何具体语言的需要，以致它们只需选取其中一个很小的集合便可满足日常所需，在此过程中所做的选择成为语言多样性的原因之一。比如，每个语言只需使用区别性音位（元音、辅音和声调等）中一个极小的子集，概念 - 意向系统提供的概念也丰富到任何具体语言都不可能完全利用的程度，因此每个语言的词语也只利用了可用概念中的极小部分。其次，不同语言可以对外化的方式做出不同的选择。这个方面有三种现象需要特别提及：第一，词项中声音与意义在结合方式上具有任意性（即所谓的"索绪尔式任意性"），体现了不同语言的独立选择。第二，不同语言在构词中对词根和功能语素的使用有不同的偏好。比如，希伯来语中词根少而显性功能语素多（参阅 5.3.3 节），英语则相反，词根多而显性功能语素较少（Alexiadou & Lohndal，

2017）。第三，语义编码的方式存在跨语言差异，例如运动路径的编码模式可分为动词框架语（V– 语言）和卫星框架语（S– 语言）两大类型，前者的运动路径由主动词编码，如英语句子 "The bottle floated into the cave."（瓶子飘进了山洞。）；后者的路径由附加语编码，如西班牙语句子 "La botella entró a la cueva flotando."（Talmy，2000）。第四，跨语言差异中最显著的表现之一——线性顺序（即语序）——显然是各种语言独立选择的结果。上述各种现象表明，外化的结果，从音系和概念元素的选用到实现方式，很大程度上是由具体语言决定的，往往取决于各语言所处的地理、历史、文化等方面的因素，也容易受到偶然事件（如语言接触）的影响。总之，外化方式的多样性以及具体语言独特的选择，是造就多种语言的主要的也或许是全部的原因。

6.6　总结

　　以上阐述了生物语言学中有关语言演化问题的研究。本节分两个部分进行总结：6.6.1 节回顾基本要点，对重点问题做补充说明；6.6.2 节对演化理论进行评估，厘清语言学和生物学的互动关系。

6.6.1　本章回顾

　　本章介绍了生物语言学视角下 Chomsky 等在语言演化方面的主要观点，包括以下几个方面。

　　演化理论旨在解答两个基本问题：第一，为什么存在语言？第二，为什么有多种语言？这两个问题抓住了演化研究的核心——性状的起源与变异的基本问题；也抓住了语言学的核心——语言中的共性与个性的关系问题。本章以演化和外化为题，分别介绍了 Chomsky 等给出的解释方案。

　　首先，对于第一个问题——为什么存在语言，Chomsky 等的看法是：在距今 20 万 ~ 8 万年左右的区间里，现代人已经有了 "语言就绪"（language-ready）的大脑，脑容量达到了现代水平，并已演化出概念 – 意向系统和感知 – 运动系统。此时，人群中的某个个体经历了一次小的基因突变，导致了脑神经网络的一次 "改线"（rewiring），连接了若干关键的脑区，形成了完整的计算系统。特别重要的是，这次改线发生在了"正确的位置"上：一方面它连接了 BA 44 和后部颞上回皮层（pSTC），导致了合并操作的出现，另一方面连接了 BA 45 和颞叶皮层，连接了计算原子，并使句法结构和语义的信息得以整合。这大致就是语言涌现的原因。这个演化形成的表型即人类语言的基本特性：能够构建数字上无限序列的层级结构化表达式，并获得确定的语义诠释。

其次，对于第二个问题——为什么有多种语言，Chomsky 等将其归因于语言的外化：语言在出现后的某个阶段，因为明显的益处而与感知 – 运动系统实现了连接，从而使语言被征用为交际工具，语言的多样性也随之产生。

6.5.2 节提到，Chomsky 等认为外化不涉及演化性改变，这意味着感知 – 运动系统没有发生演化。一个相关的问题是，另一个接口的外部系统——概念 – 意向系统——发生演变了吗？Chomsky 对这个问题的答案基本上也是否定的。持这一立场的学者认为，句法 – 语义接口的特性主要是句法赋予的，命题、量化、辖域、约束等语义现象均取决于句法的计算规则。比如，Hinzen（2006：274）明确指出："意义的结构方面可以被视为是伴随着（句法）结构生成的方式而涌现出来的副产品，该方式是派生性的、动态的、而且是高度受限的。"也就是说，"语言的生成引擎——句法——可用于解释形式 – 意义的映现，甚至到不需要区分'句法'和'语义'的程度。既然语义诠释和语言形式是一致的，那么语义来源于句法客体以若干层级而被构建的方式。"如果 Hinzen 的上述观点是正确的话，那么人类概念的丰富性和思维的创造性是句法带来的，概念 – 意向系统是不必为语言演化的。

6.2.3 节提到的语言演化中的三个核心问题，见（1），复制如下：

（1）a. 共有还是独有？

  b. 渐变还是跃迁？

  c. 连续还是扩展？

首先，关于（1a），即语言官能中的哪个组分是语言专用和人类独有的问题，生物语言学的观点见 6.3 节的讨论，大致如下：语言计算系统是人类独有的，是语言与动物交际系统"断裂"的原因。与之不同，广义语言官能中的感知 – 运动系统和概念 – 意向系统是人与其他物种共有的，因此与动物交际系统有一定的连续。

关于（1b）——语言演化是渐进的还是跃迁的？Chomsky 等认为是后者。他相信语言系统不是通过对已有官能缓慢、逐渐的改造而形成的，相反起源于某个单一的、迅速的、突发的事件，可能是一次基因突变引发的脑神经改线的结果。部分研究者对这一假设有一定的误解，认为 Chomsky 主张语言演化是瞬间发生的。实际上，基因突变属于个体发育现象，而演化则作用于系统发育的过程，二者不可混为一谈（参阅6.2.2 节）。在这个意义上，语言从某个个体（即 Chomsky 所谓的普罗米修斯）的基因突变到进入早期人类共有的基因库，这个历程不是一蹴而就的。相反，它并没有超出演化的常规。前文谈到，语言出现于现代人 20 万年前首次在南非出现到 6 万年前出离非洲的最后一次大迁徙之间，很有可能形成于 8 万年前左右。这个跨度大概是 13 万年，可供大约 1 200~1 500 代人的繁衍。如 Berwick & Chomsky（2016）所言，这个时间足够一个单细胞完全演化成为脊椎动物的眼睛，对于语言的演化自然也是足够的。换言之，尽管语言演化不需要以地质时间为刻度，但也不是突然发生于"一代之间"。

语言演化是跃迁性的而非渐变性的，这似乎是 Chomsky 一贯坚持的观点。在 20 世纪 80 年代时，Chomsky 多次强调语言是跃迁性演化的结果，因为它是完美的、无冗余的，完全观察不到适应性演化形成的"修补"（tinkering）痕迹，以及这种修补带来的缺陷。最简方案为语言的跃迁性演变观点提供了更为充足的依据。按照最简方案，语言涌现的关键是递归性合并操作的涌现，而合并是一种最简的、不可分解的组合操作，每次只能操作两个句法客体。这样的操作是不可能逐步形成的，只可能是一次性形成的。换言之，合并要么出现，要么不出现，不可能出现"一半"，或者逐步出现（参阅 Berwick & Chomsky，2019）。这意味着，从最简方案的角度来看，语言起源于生物跃迁是唯一合理的假说。

最后，关于（1c）——连续还是扩展，即语言是通过对已有交际系统的延伸形成的呢？还是从某个其他功能扩展形成的呢？对此，Chomsky 等的观点一向是明确的。6.2.1 节提到，他的观点属于心智工具理论，即认为语言首先是为了思维而出现的，交际只是附属而且边缘的功能。这个理论把语言视为全新的官能，跟自然世界其他所有的有机体都不相同，因此它不可能是通过对已有交际系统的改造而形成的。Hauser et al.（2002：1571）明确提出："尽管广义语言官能的很多方面都为其他脊椎动物共有，窄义语言官能的核心的递归方面目前似乎在动物交际以及其他领域还没有找到任何相似物。"从前文的讨论可以看出 Chomsky 在相关问题上的两个观点。第一，交际不仅不是语言的核心，而且在外化中只是"特殊的情形"，不足以驱动语言的演化，对语言的基本特性也基本没有影响；第二，语言与其他性状一样，不是为了某个目的而演化。它起源于一次偶然的基因变异，只是扩展适应的一个实例。换言之，语言的出现与最终所被选择的功能是相互独立的。

6.6.2 理论评价

本节从优势、特色、发展方向三个方面对主流的生物语言学理论进行评价。

1. 理论优势

首先，我们认为，生物语言学视角下的语言演化理论最突出的优势在于它有一套完整、成熟的语言学理论作为支撑。6.2 节提到，既有文献中的语言演化理论和语言学理论基本是脱节的。一方面，非语言学领域的学者提出的假说一般缺乏自己的语言学理论，只能借用语言学者的理论；另一方面，语言学领域的多数学者不以演化为评价标准，尚未提出合格的演化理论，只能根据偏好在他人的演化理论中"选边站队"。这个局面的弊端之一在于，前者基本无助于语言学研究，后者不能促进演化理论的进步。与此不同，生物语言学理论既有自身的语言学理论——最简方案，又通过跨学科合作形成了与之匹配的演化理论，两者近乎浑然一体。这样的理论至少具备两个优势：第一，对语言观察得更为全面，阐述得更为缜密，对特性的把握更为精准，为演化研究提供的基础也更为牢靠；第二，既有助于语言学研究水平的提升，又可深化生物学对语言演化的研究，从而形成多学科协同发展的积极效应。

应该看到，语言学理论在语言演化研究中具有决定性的作用。正如 Jackendoff（2010：63）所言："语言演化理论取决于语言理论。"生成语法从发轫之初就把研究目标定位在语言内在的结构复杂性而不是外在的交际功能上，从提出"能力"（competence）与"使用"（performance）的区别，到"内化语言"与"外化语言"的区别，它始终把语言与相关的心理／生理特性关联在一起。它在长期、密集研究的基础上，逐渐简化了理论体系，从最初的短语结构与转换叠加的复杂理论，到区分了普遍语法和具体语法的原－参理论，直到目前的最简方案，最终提取出了语言独有的特征——没有上限的合并操作——从而使其理论具有了可演化性。可以说，正因为语言学理论的这些发展与进步，语言演化理论的实质性进展才有了可能。

2. 理论特色

生物语言学中的语言演化理论特色鲜明。从内容上看，它以内化语言，即语言能力为研究对象。在这个理论中，句法的复杂性占据了某种中心地位，是区分人类语言和动物交际系统的关键因素（参阅 6.4 节）。与此相比，既有的其他理论大多以外化语言为对象，其中心是外部交际。在这样的理论中，人类语言与动物交际系统在功能上基本没有区别。如此，它们比前者多了一个挑战，即需要说明是何种选择性压力导致了二者的区别。

在方法上，生物语言学中的语言演化理论有两个显著的区别性特征。第一，它采用了"分而治之"的策略。如前所述，最简方案把语言相关的生物组分划分为计算系统、概念－意向系统和感知－运动系统三个部分，并把演化研究的中心放在计算系统，把其余两个系统放置在边缘。事实证明，这个方法是合理有效的。特别是把外化涉及的感知－运动系统排除在演化之外，更是前所未有的做法。

第二，生物语言学中的语言演化理论采用了用表型来反推基因型的做法，即依据可以观察到的语言基本特性来推测证据贫瘠的起源情形。一方面，如前文所提，语言演化研究有着独特的难度：它是生物界的一个独征，不留下任何化石证据，而且只涉及微小的基因变化，目前还没有得出确定性结果；另一方面，生成语法对语言特性的研究有长期的积淀，经验上掌握得相当透彻，理论体系上也颇为精密。在此情况下，用表型来反推基因型是最为可行的方法。

3. 发展方向

语言演化可以列入"科学中最艰难的问题"之一。生物语言学的研究尽管取得了不小进展，但相对于这个问题的艰难性，很多理解依然不够深刻，大量的工作亟待完成。比如以下两个有代表性的课题。

第一，正如 Chomsky 多次指出的那样，计算原子是语言演化中的一个深奥谜团。6.5 节的大量事实说明它们完全不同于动物交际中的信号。那么，计算原子是如何出现，又是如何获得可合并性、能产性和语类等特性的呢？有研究者在非词库论的框架下提出了一个方案，即语言中的词根与动物交际中的信号性质相似，不属于语言内部成分。句法计算系统自带一套功能性元素（包括定类语素），负责将词根引入句法中。在计算系统开始运行之后，合并操作把整体性的信号分解成离散的算符，并且导致了词项数量的急剧扩张（参阅 Fujita，2016）。这个设想有一定道理，但缺乏关键性证据的支持。无论如何，计算原子相关问题未来肯定是需要重点突破的环节。

第二，在分子生物学方面，语言演化的基因基础研究进展得不够顺利。如 6.4 节提到的，总体的思路早已存在，即应该在调控基因以及非编码 RNA 中寻找语言起源的基因事件，成果也在不断积累。尽管如此，关键的基因变化尚未找到，语言中基因型 – 表型映现的方式尚处于未知状态。如 Hauser et al.（2014：7）所言："我们缺乏一个把任何基因与语言表型加以连接的解释方案"，不仅如此，"鉴于我们目前对更简单的机体更不复杂的表型中的（基因型 – 表型）映现都只有相当贫乏的认识，分子生物学要想洞察语言的演化还有很长的一段路要走。"

上述问题说明，从演化的视角，对语言的理解还不够完善，在某些关键的环节还没有获得坚实的数据。但也应该看到，生物语言学中的演化理论取得的成绩是突出的，在经验的覆盖面和概念的可行性方面都达到了前所未有的高度，极大地深化了相关问题的认识。重要的是，它结束了自 1866 年巴黎语言学学会的禁令之后语言学界在语言演化研究中百年的萧条局面，使之重新赢得了广泛的尊重，至少不再有人公开宣称"在这个主题上连篇累牍的都是废话"（参阅 6.2.2 节）。我们认为，这既反映了生物语言学的必要性，也验证了最简方案的理论价值。

下篇
语义篇

第 7 章
总　　论

7.1　引言

　　形式语义学近年来最重要的发展，直观地来看是研究范围的扩大。很多原来属于语用研究的话题被纳入形式语义学研究的范围。语用学公认的核心话题包括含义、预设、言语行为、直指词、语境等（Huang，2007，2017；Levinson，1983），几乎无一例外成为形式语义学的重要课题（Maienborn et al，2012；Riemer，2016）。形式语义学研究范围因何会扩大？研究范围扩大之后的形式语义学和语用学是否还有分别？要了解形式语义学研究的新发展，首先有必要澄清这两个方面的问题。

7.2　语义和语用的分界标准

　　探究形式语义学研究范围扩大的原因，首先要追溯历史上语义和语用的分界标准。语义学和语用学都研究意义，但是"意义这块蛋糕如何切分"（Gazdar，1979），有很多不同的观点。一种非常经典的说法是，语义学和语用学的分界在于是否研究语境中的意义：语义学研究语境独立义，语用学研究语境依赖义（Allwood，1981；Lyons，1987；Frawley，1992）。除了以语境依赖作为标准，两者的分界也有以规约性作为标准：语义学研究规约义，即与词和结构有约定俗成的联系的那部分意义，语用学研究非规约义（Cole，1981；Lyons，1987；Yule，2005）。另外一种切分标准和形式语义学的研究视角直接相关。形式语义学的一个基本假设是将（句子的）意义等同于真值条件：知道一个句子的意义就是知道句子能描述什么样的情形不能描述什么样的情形，即知道在什么条件下句子表达的命题为真什么条件下为假；反之，当知道句子能描述什么样的情形不能描述什么样的情形，即知道句子的真值条件时，也就意味着知道句子的意义。从这一研究视角来看，语义学和语用学的差异在于是否研究真值语义，集中体现在"语用等于意义减去真值条件"上（Gazdar，1979：2）。

当语境独立性、规约性、真值条件三个标准同时满足，视为语义学研究的对象是毋庸置疑的。问题是根据这三个标准划分得到的语义学和语用学的分界并不相同，从而造成对语义学研究范围认定方面的复杂情况。从形式语义学的角度，尤其有必要澄清真值条件义和规约义的关系以及真值和语境依赖性的关系。

有不少学者如 Wilson（1975）认同 Frege（1879）的观点，认为存在和真值条件无关的规约意义。Frege（1879）注意到，像 dog（"狗"）和 cur（"恶狗"）这样的词对真值语义的贡献是一样的，"The dog howled the whole night." 和 "The cur howled the whole night." 具有相同的真值条件，不同之处在于 cur 这个词与负面的心理状态联系。虽然 cur 比 dog 多了所谓的"色彩"（Färbung），但是相关心理状态在决定真值方面不起作用，用 cur 替换 dog，句子的真值条件并不会发生改变。汉语的"你"和"您"、法语的 tu 和 vous、德语的 du 和 Sie 则从另一个角度体现了和真值条件无关的规约意义。"您"、vous 和 Sie 表示的听话人和说话人之间相对正式的关系，以及"你"、tu 和 du 表示的听话人和说话人相对非正式的关系是这些词规约意义的一部分，但这并不影响句子的真值条件。用"您没来"替换"你没来"，句子的真值条件是相同的。上述讨论中 cur 的例子涉及主观态度和评价，您、vous 和 Sie 的例子涉及社会关系，分别表达了 Löbner（2002）提出的情感义和社会义。两者表达的非描述义，和涉及指称和真值的描述义形成对比。如果以真值条件义为标准，情感义和社会义都不是语义研究的对象，但如果以规约义为标准来看，情况就不同了。

除了真值义和规约义之间有差异，以真值条件和语境独立性为标准得出的语义学和语用学的分界也并不总是一致。语言中有一类直指词（deixis），其指称对象随语境发生变化。在评估包含直指词的句子表达的命题为真还是为假时，必须要参考句子使用的语境。例如，"我昨天去了那里"一句中包含了"我""昨天"和"那里"三个直指词，要知道

"我昨天去了那里"是否为真，就要确定"我""昨天"和"那里"的指称对象，而要确定指称对象就必须依赖语境。语境不同，直指词的具体指称对象也会发生变化。"我昨天去了那里"可以是小王 2021 年 9 月 1日去了上海博物馆，也可能是小李 2021 年 1 月 1 日去了北京地坛公园。上述句子体现出真值对语境的依赖。如果说语义学研究的是真值条件，就应同时承认语义研究需要包含语境依赖义，而如果要坚持语义学研究的是语境独立义，那么语义学研究真值条件这一立场可能就无法得到维护。

7.3　从真值条件到规约义

如前所述，研究规约义在语义学界并不罕见。需要强调的是，就形式语义学的研究传统而言，规约义并非研究对象。

将规约义纳入形式语义学研究很大程度上始于 Kaplan（1999）。这篇题为 "The Meaning of Ouch and Oops" 的演讲稿虽未正式发表，但影响广泛，讨论内容包括规约义研究涉及哪些表达，规约义在形式语义学框架下如何刻画，以及规约义语义如何组合等问题。

Kaplan 讨论了感叹词 ouch、oops 以及小称、绰号、问候语、侮慢语等，一个重要主张是，形式语义学也应该处理那些通过语言规约与表达式关联的非描述性的语言特征，并提出在形式主义框架下分析规约义的可能性。他认为，对于这部分表达来说，意义就是使用，真值条件语义学研究命题的真值条件，当意义就是使用时，应研究使用的规则，研究表达在何种条件下被正确使用，使用条件的研究和真值条件研究一样，应该在形式语义学研究中占有一席之地。以"意义即使用"为口号的意义理论常常被视为与传统的真值条件语义学根本对立，但 Kaplan 显然不这样认为。Kaplan 相信，形式语义学甚至逻辑分析可以扩展至解释这类语义现象并取得具有启发性的成果。

如果说描述性表达适合进行真值条件语义分析的话，那么 ouch、oops、damn、bastard 等情感性表达（expressive）适合的就是关于使用条件的语义分析。针对描述性表达的评价可以推广至情感性表达。针对描述性内容，评价的是描述正确与否；针对情感性内容，评价的是情感表达正确与否。当说话人用 ouch 来表达很痛的感受时，这个情感性表达的使用就是正确的，但如果说话人不是真的很痛而是为了引起注意，那么这个情感性表达的使用就是不正确的。oops 正确使用的条件是，说话人意在表达观察到的事件是小事故。在说话人观察到的事件是大灾难时使用 oops 是不正确的（除非把灾难说成是一个小事故）。可以看出，虽然情感性表达的方式是主观的，但是相关的语义信息有主观和客观之分：ouch 使用的正确性完全取决于人的心理状态，而 oops 使用的正确性和外部世界相关，属于客观因素。

在形式语义学中，真值是相对于世界的抽象表征即模型（model）而言的，因此真值条件语义学又常常称为模型论语义学（model-theoretic semantics）。从模型论的角度来看，描述性内容的评估是看句子具有描述正确性的所有语境，情感性内容的评估是看句子被正确使用的所有语境，即具有情感表达正确性的所有语境。

一般认为，描述性内容会影响逻辑推论的有效性，Kaplan 指出情感性内容也是同样。从"那该死的卡普兰被提拔了"可以推出"卡普兰被提拔了"，而从"卡普兰被提拔了"推不出"该死的卡普兰被提拔了"。前者是逻辑上有效的推论，后者不是。"该死的卡普兰被提拔了"和"卡普兰被提拔了"两句所表达的真值条件相同，由此可知，逻辑推论的有效性并不是真值保存（truth-preservation）的问题，而是信息界定（information delimitation）的问题，即有效推论的结论中的信息都必须包含在前提中。

将规约义纳入形式语义学研究框架带来的另一个重要问题是语义组合。虽然情感性表达中有一些（如 ouch、oops）本身成句，但像 damn、bastard 这些词就会涉及语义组合以及组合方式问题。语义组合原则是形式语义学的核心原则，基本内容是：表达式的意义是各个组成部分的意义及其在语法上的组合方式的函数。在真值语义学的框架内，从句子的意义是真值条件的想法出发，表达式的意义分析为组成部分和组合方式对句子的真值条件的贡献。在引入规约义研究之后，不仅涉及描述性内容和情感性内容各自的语义贡献的问题，更有两者如何组合的新问题。

Kaplan 讨论了 Frege 对于非限制性关系从句和 Russell 对于有定摹状词的语义分析。Frege 认为，"Napoleon, who recognized the danger to his right flank, personally led his troops against the enemy's position." 表达了两个命题，一个是 "Napoleon recognized the danger to his right flank."，另一个是 "Napoleon personally led his troops against the enemy's position."。

这个带非限制性关系从句的复合句的真值可以看作是两个命题的合取，当且仅当两个命题都为真的情况下句子所表达的命题才为真。Russell 在讨论包含有定摹状词的句子时也做出类似分析。包含有定摹状词 the author of *Waverley* 的句子 "The author of *Waverley* is Scottish." 表达了两个命题，分别是 "There's one and only one author of *Waverley*." 和 "A certain person is Scottish."，句子的真值是基于两个命题合取得到的真值。然而无论是 Frege 还是 Russell 的例子，如果否定整个句子，结果并不是对两个合取命题的否定，而只是否定其中一个命题（以 "It is not the case that Napoleon, who recognized the danger to his right flank, personally led his troops against the enemy's position." 为例，否定的只是 "Napoleon personally led his troops against the enemy's position."）。Kaplan 认为造成这种情况的原因是，也许正如 Strawson（1950）指出的，一个句子并非所有命题都是句子言说/断言的一部分。像 "The author of *Waverley* is Scottish." 虽然涉及两个命题，但层面不同，一个是预设，一个是断言；如果预设为假，那么句子就没有真值，只有在预设为真的情况下，句子才可能为真或为假。描述性内容和情感性内容的语义组合在某种程度上就类似 Strawson 提出的预设和断言的关系。

Kaplan 启动了形式语义学框架下从真值义到规约义的研究拓展，由此衍生出一系列围绕规约义的研究问题：哪些表达应该纳入到规约义研究中？这些表达在句法语义表现上有哪些相似和不同之处？从真值语义到使用条件义带来了哪些语义组合的新问题？如何从不同层面的组成部分的内容中计算出句子的语义内容？有怎样的语义组合规则在起作用？

随着真值义到规约义的拓展进入形式语义学研究视野的还有言语行为研究。言语行为理论是在 20 世纪 30 年代逻辑实证主义的哲学背景下发展起来的，哲学家 John Austin 首先提出言语行为理论，后由 John Searle 等进一步发展。逻辑实证主义认为，语言的唯一功能是做出陈述，不可验证（检验真假）的命题都是无意义的。但奥斯汀指出，句子并不都用作陈述，也用来询问、邀请、威胁、谴责、命令、祈愿、劝告等。言语行为理论关注这些无真值可言的句子。按照 Gazdar（1979）"语用等于意义减去真值条件"的说法，言语行为理论应属于语用学研究。事实的确如此，自 Austin 的开创性研究以来，言语行为一直是语用学研究的重要课题。

Austin 将话语分三个层面。当说话者说出一个句子时，他／她可能实施了三种类型的行为：言内行为（locutionary act）、言外行为（illocutionary act）和言后行为（perlocutionary act）。言内行为是通过句法、词汇和音系来表达字面意义的行为。言外行为是在说话时实施的行为，是表达说话者的意图的行为，例如做出陈述或承诺，发出命令或请求等。言后行为是话语导致的行为。言语行为理论强调语言的主要功能是以言行事，言外行为因此被视为言语行为最重要的部分。

和言外行为密切相关的一个问题是小句类型（clause type）和言外之力的关系。小句类型指句子的语法结构，有三种主要的小句类型：陈述句、疑问句、祈使句[1]。每种小句类型都有典型的言外之力。例如陈述句表达断言、疑问句表达疑问、祈使句表达命令等。但小句类型和言外之力的关系有相当大的不确定性，主要表现为每种句子类型都可以表达多种言外之力。例如，陈述句除了断言外，可以表达询问、邀请、建议、威胁等言语行为；疑问句除了疑问外，可以表达邀请、要求、谴责等言语行为；祈使句除了命令外，可以表达祈愿、劝告、邀请等言语行为。以"I am going to do it."为例，这个陈述句小句类型可以表达许诺、预言、威胁、警告等多种言外之力。Schwager（2006：14）将这种现象归纳为小句类型的"功能非同质性问题"（functional inhomogeneity problem）。当然，还有另一面我们需要看到，虽然小句类型在表达言外之力方面表现出很大的灵活性，但也并未达到一种小句类型可以用来表达任何一种言外之力的程度。

既要允许小句类型和言外之力之间一对多的关系，又要体现这是一种受限制的多样性。一些学者提出小句类型和言外之力的关系要从使用规约的角度来解释，并将这种规约解读为说话人使用某一小句类型所做的承诺（Condoravdi & Lauer，2012），相关的承诺根据小句类型而不同。当说话人说出内容为 p 的陈述句，即做出相信 p 的承诺；当说话人说出内容为 Q 的疑问句，即做出偏向听话人相信 Q 有答案的承诺；当说话人说出内容为 p 的祈使句，即承诺对 p 的有效偏好（effective preferences）[2]。虽然小句类型具体表达哪些言语行为要依赖语境的推论才能得到，但使用规约限制了相关小句类型可能表达的言外之力的范围。

---

1 传统语法中仅有三种类型的区分，后来的语法有的区分了四种类型：陈述句、疑问句、祈使句和感叹句。

2 所谓"有效"指的是说话人预设目标的可及性。

7.4 语境依赖性和真值

根植于逻辑学的形式语义学研究最初并不关心语境，但是将意义看作真值条件必然导致将语境依赖性纳入语义学的框架。自然语言中常见的直指词如 I、here、now 如果不在具体言说语境中被赋值，句子就无法表达完整的命题，也就没有真值可言（Burge，1974）。以 "I am hungry." 为例，因为 I 表示的是说话人，语义值随语境而变化，需要确定语义值，句子才有真值。当说话人是 John 时，句子中的 I 被赋值为 John。随着说话人的改变，"I am hungry." 中的 I 会有不同赋值，句子会表达不同的命题。对于 I 表示说话人这样由语言规约决定的语义因素，Kaplan（1989）称为特征（character），特征被看作从语境到对象的函数。函数应用于语境时模型提供的对象 Kaplan 称为内容（content），内容是在模型中所指的对象。从特征和内容来看，I 和 John 具有不同的特征，但如果使用 I 的语境下说话人是 John，那么 "I am hungry." 和 "John is hungry." 就具有相同的内容，表达同一个命题。

真值条件语义学认为，句子表达的命题是为句子的组成部分赋语义值并基于句法结构将它们组合起来的结果。有些表达像 John 在不同语境中语义值 / 内容相同，而像 I 这样的直指词对语境敏感，会在不同语境中得到不同的语义值 / 内容。

有些学者如 Cappelen、Lepore 认为，对真值产生影响的语境敏感表达主要限制于包括直指词在内的 "基本语境敏感元素集合"，覆盖人称代词 I、you、he、she、it，指示代词 this、that、these、those，副词 here、there、now、then、yesterday、today、tomorrow、ago、henceforth，形容词 actual、present，表时态的语言成分 -s、-ed，以及语境普通名词如 enemy、outsider、foreigner、alien、immigrant、friend、native 和语境形容词如 foreign、local、domestic、national、imported、exported 等（Cappelen & Lepore，2005：1–2）。

近年来的研究涉及越来越多的语境敏感表达，语境的介入扩展到基本集合之外，包括但不限于以下各种类型的表达。（1）～（8）中的句子要得到真值，必须考虑和括号中类似的语境信息，包括比较项、地点、限定的量化域、参照标准等。

（1）Paracetamol is better (than ibuprofen).
　　[扑热息痛（比布洛芬）要好些。]

（2）John has finished (washing the dishes).

　　[约翰（洗）好（碗）了。]

（3）This table is strong enough (to support this pile of books).

　　[这张桌子足够结实（能支撑这堆书）。]

（4）John is tall (for a basketball player).

　　[约翰（对于一个篮球运动员来说）很高。]

（5）Mary is ready (to jump).

　　[玛丽准备好（跳）了。]

（6）It is raining (in Los Angeles).

　　[（洛杉矶）正在下雨。]

（7）Everybody (in the class) got an A.

　　[（班上）每个人都得了 A。]

（8）You are not going to die (from this cut).

　　[你不会死（于这刀伤）。]

　　上述句子语境介入的方式主要有两种分析，一是指代论（indexicalism）分析，二是语境论（contextualism）分析。两者最主要的区别在于看起来没有被表述的成分以何种方式进入表达内容。指代论认为，命题内容强制性地受语境因素的支配，上述句子的逻辑形式实际上包含了隐性的变量或参数，虽然表面语法形式不可见（King & Stanley，2005）。而在语境论看来，没有被表述的成分是真正意义上的未言成分（unarticulated constituent），在语言表征的任何层面都不能追溯到隐性变量或参数，未言成分的存在表明语义具有未决性（underdetermination），只有在语用调节过程的帮助下句子才能获得完整的命题内容（Recanati，2004）。Recanati 区分了饱和（saturation）和自由充实（free enrichment）两个过程。饱和以语词的表达为出发点，是被语言编码的调节过程，涉及为自由变量赋值，完成这个过程才有完整的命题。而自由充实中的"自由"二字凸显的是调节过程享有不受语法约束的自由。指代论的语境介入是饱和过程，由词语的常规意义和逻辑形式驱动，本质上是语义机制在起作用。语境论的语境介入通过自由充实进入表达内容，是通过语用机制来影响句子内容。从指代论和语境论的对立可以看出，研究语境敏感表达本身并不足以区分语义和语用，语义和语用的区别在于语境依赖性的机制。

7.5 从静态到动态语义：语义和语用的分界

虽然和形式语义学创立之初相比，今天的语义学研究已经超越真值语义研究，语境研究也远比之前活跃，但区分语义和语用一直是必不可少的工作。

20 世纪 70 年代形式语义学创立，学界认识到自然语言的句法和语义可以用逻辑学形式语言的工具来处理，但是形式语言和自然语言的关系并不明了。有学者认为，形式语言优于自然语言，因为前者不允许歧义和模糊性，还有的学者认为，自然语言优于形式语言，因为前者更具丰富性。自然语言和形式语言究竟是何关系？逻辑连接词和运算符如 &、∨、→、~ 作为逻辑语言的基本组成部分，和它们在英语中的对应词 and、or、if、not 是如何联系的？形式语义学从发端之初就面临语义还是语用本质的问题。

以 and 和 & 为例。作为逻辑连接词，& 的语义（体现为 & 的真值表）和合取项的顺序无关：p & q 和 q & p 在逻辑上等值，只要合取项都为真，复合命题即为真。自然语言中有一些 and 用法的确和 & 相似，如（9）所示：

（9）Ann is rich and Mason is poor.

但还有一些 and，当合取项表示事件时，必须解读为表示时间先后顺序。这种情况下，顺序改变会带来真值条件的改变，如（10）所示：

（10）a. Annie got married and had a baby.
　　　b. Annie had a baby and got married.

不同于很多学者，Grice 提出，自然语言和逻辑语言比人们想象的要接近很多：自然语言 and 和逻辑合取符号 & 的语义是一样的。这就意味着 Grice 需要解释（10）那样的问题。根据 Grice（1975），时间先后并非 and 语义的一部分，而是语用层面上的。首先是因为这种意义可以被 although not in that order（虽然不是以这个顺序）取消，如（11）所示：

（11）Annie got married and had a baby, although not in that order.

在这点上，and 和 and then（时间关系是 then 词汇语义的一部分）有根本区别，后者不能取消，取消只能导致矛盾的结果。比较（11）和（12），会发现（11）可以接受而（12）不可接受。

（12）*Annie got married and then had a baby, although not in that order.

时间先后顺序并非 and 语义的一部分还可以通过（13）体现。即便不使用 and，也会得到和时间顺序有关的解读。

（13）Annie got married. She had a baby.

Grice 认为，时间先后顺序是会话含义，是通过语用推理得出的，具体地说，and 表示时间先后是根据会话合作原则中的方式准则（"必须有序"）推导出来的，即一般人们会认为，命题表达的事件是按命题出现顺序的先后发生的。

or 和逻辑连接词 ∨ 的关系也是同样。从逻辑的角度来看，∨ 表示的是可兼析取（inclusive disjunction），但自然语言的 or 表现出既有可兼析取的解读又有互斥析取（exclusive disjunction）的解读。因为篇幅所限这里仅列出一项证据来支持 or 的语义是可兼析取。（14）可以看作是一个否定算子作用于析取式的命题。（14）只有一个解读，即"玛丽既没有猫也没有狗"。

（14）Mary doesn't have a dog or a cat.

由于互斥析取只在两个析取项之一为真的情况下为真，因此互斥析取的否定形式 ~（p∨q）就会有两种情况为真，即 p 和 q 同时为真的情况和 p 和 q 同时为假的情况；可兼析取在两个析取项至少有一个为真（包含两者同时为真）的情况下为真，因此可兼析取的否定形式 ~（p∨q）只在 p 和 q 两者同时为假的情况下才为真。如果将（14）中的 or 理解为互斥析取，（14）除了在玛丽既没有猫也没有狗的情况下为真外，还会在玛丽有猫也有狗的情况下为真，这显然不符合（14）的解读（"玛丽既没有猫也没有狗"），只有将 or 作为可兼析取理解（14）才能得到应有的解读。

Grice 认为，自然语言中的 or 有时表现出排他性并非由语义决定，需要语用原则来解释，具体来说是量准则——说话人在会话时会做出与

其知道 / 认为的情况相一致的信息最强的陈述。根据量准则，当说话人使用信息强度较弱的表达形式，就意味着对占据信息强度梯级更高位置的表达形式的否定。在说话人被假定掌握充分信息的情况下，使用较弱的形式意味着说话人没有充分的证据认为较强的形式成立或者说话人认为较强的形式不成立。表示可兼析取的 or 和 and 相比显然是信息较弱的形式（因为在其他条件相同的情况下，用 and 的句子蕴涵用可兼析取的 or 的句子），根据 Grice 的量准则，用 or 的情况表示析取项很可能不会同时为真。

　　用会话含义来解释是一种语用解释。会话含义从一开始就不在形式语义学的研究范围。虽然形式语义学研究经历了从研究静态意义到动态意义的转变，但这一点没有变过。

　　20 世纪 80 年代，由于解释驴子句等现象的需要，出现了 Kamp（1981）的语篇表征理论、Heim（1982）的档案更新语义学等动态语义理论。句子的意义开始被称为"语境变化潜能"（context change potential，CCP）的动态意义概念取而代之。句子的意义不再是可能世界的集合，而是从语境到语境的函数、从可能世界集合到可能世界集合的函数。Heim 将这种函数称为语境变化潜能。在动态语义学的背景下，每个句子都是对输入信息状态的行动。同时，语境本身在解释的过程中也发生变化。

　　动态语义理论在照应语、有定和无定名词短语解释以及预设及预设投射的分析中起到了重要作用。在这一过程中，语义和语用的对话无处不在。这里以预设研究为例，来区分动态语义研究和语用研究。

　　Stalnaker（1974）提出，预设是对话参与者共享的背景知识或共同信念，编码了言语行为参与者认为理所当然的信息。（15）的预设是 John is incompetent，（15）的言说要求 John is incompetent 是背景信息。

（15）John knows that he is incompetent.

　　但是在一些语境下，例如当 John is incompetent 作为断言在语境中出现，如（16）所示，以上要求就不复存在，或者说预设可能会被过滤，John is incompetent 不再是预设。

（16）John is incompetent and he knows that he is.

　　句子的预设如何计算需要借助语境变化的动态观点，为此 Stalnaker

（1974，1978）提出了增量解释的分析方法。和 Kartunnen（1974）一样，Stalnaker 做了局部语境和全局语境的区分。一个句子的评价语境是全局语境，但句子的组成部分的评价语境不一定与整个句子的评价语境相同。局部语境可能比全局语境包含更多信息。例如（16）是两个命题的合取形式，其中 he knows that he is 的评价语境不仅包含全局语境的信息，还包含该句第一个合取项 John is incompetent 提供的信息。Stalnaker 指出，对于形式为 [S1 and S2] 的句子来说，假设其全局语境为 C，S2 的解释是发生在已经被 S1 更新的全局语境即局部语境 C[S1] 中的，如（17）所示。合取形式的表达式对语境 C 的更新等同于合取项逐个对 C 连续更新的过程。

（17）C[S1 and S2] = (C[S1])(S2)

Stalnaker 的增量解释是纯粹的语用分析。其不足之处是不能胜任合取连接词以外的一些基本连接词的分析，也无法处理连接词或算子内嵌的复杂情况。（18a）和（18b）中都出现了预设触发表达式 be aware，但是相关预设的投射分析在 Stalnaker 的语用框架下很难开展。

（18）a. None of my students is both incompetent and aware of it.

b. John is not incompetent, or he is aware that he is.

（18a）是析取，析取项无法像合取项那样作为断言更新语境；（18b）虽然有合取项，但是处于量词辖域内，Stalnaker 的框架没有提示关于这类量化句的语境更新应该如何操作。可以说，Stalnaker 增量解释的语境更新规则具有解释力但不具有普遍性。

Heim（1983）和 Stalnaker 一样，认为预设的分析必须借助语境变化的动态观点。但 Heim 认为，（16）的语境更新规则是 and 词汇语义作用的特殊结果。换作 if、or 或其他连接词，因为词汇语义不同，就有自己的语境更新规则。因此语境更新规则不是普遍的语用规则，而是词汇语义驱动的语义规则。

以 if 为例，根据 Heim（1983）的动态语义理论，语境更新潜力来自真值条件，如果说 and 的语境更新潜力具体来自合取的真值条件，if 的语境更新潜力则具体来自实质蕴涵（material implication）的真值条件，即只有在前件为真后件为假的情况下才为假。我们看到（19）中 if 的语境更新潜力就是从语境集中减去 A 为真 B 为假的世界。

（19）c + If A, B = c/(c + A/c + A + B)

从具体步骤来看，首先是从 A 为真的语境集中减去 A 为真 B 也为真的世界，剩下 A 为真 B 为假的世界，然后再从语境集中减去 A 为真 B 为假的世界，最终得到"If A, B"为真的语境集。

预设必须由语境蕴涵，一个句子要纳入语境，语境必须蕴涵该句子的预设。为将 c + A 纳入 c，c 必须蕴涵 A 的所有预设；为将 c + A + B 纳入 c +A，c + A 必须蕴涵 B 的所有预设。不同的投射属性是具体词汇的语境更新潜力决定的。

但词汇语义驱动的语境更新规则有解释力的问题。如果词汇语义是决定因素的话，Schlenker（2007，2008）认为 Heim 无法解释 and 的语境更新潜力为何是 c +（A ∧ B）=（c + A）+ B，而不是（c + B）+ A 这样：C 先被第二个合取项更新，然后才被第一个合取项更新的可能情况。这样的更新是可能的，也适用于分析不涉及预设的情况。但有预设的情况就存在语义编码左右不对称的问题，如（16）是可接受的句子，而颠倒（16）中合取项的位置就不可接受。对于 Stalnaker 的增量语用解释来说，语境更新应按照线性顺序，先根据之前的信息进行更新，而不是之后的信息。Heim 的动态语义学解释没有能够像 Stalnaker 的语用学解释那样较好地处理不对称性问题。有关不对称性和对称性的语言事实和本质的研究以及对于局部语境的重新审视已经成为预设研究的另一重点。

围绕上述问题，近年来提出了很多新的解释方案，例如 Schlenker（2008）的语用解释区别于 Stalnaker 的解释，用到了 Grice 会话合作原则的两条方式准则等。但除具体方法的探讨以外，现象背后到底是语义机制还是语用机制在起作用，则是分歧最主要的方面。语义解释始终关注是否由词汇语义和语法驱动，语用解释则常常基于会话是理性主体之间的合作这一事实，从会话参与者的理性、对话的目的等来解释。

7.6　总结

本章首先将形式语义学近年来最主要的发展直观地描述为研究范围的扩大，在此基础上提出两个主要问题并尝试作答：一是形式语义学研究范围因何会扩大；二是研究范围扩大之后的形式语义学和语用学的区别所在。

  第一个问题涉及"意义这块蛋糕如何切分"这一由来已久的问题。通过追溯历史上语义和语用的三个主要分界标准，本章讨论标准之间的冲突，重点聚焦真值语义标准和另外两个标准即规约义和语境依赖义的联系和区分。形式语义学研究范围扩大主要应归因于形式语义学意义标准从传统的真值语义到规约义的切换，这就意味着非真值规约义和语境依赖义成为形式语义学研究新发展的前沿。

  随着这一转变的发生，语义学的重要课题越来越多地和原来属于语用研究的核心话题联系在一起，包括含义、预设、言语行为、直指词、语境等。这一趋势很可能引起困惑或错觉，即语义和语用的分界是否依然存在。我们希望强调，这些和传统语用学话题看似接近的语义学研究，无论是和言语行为理论关系密切的小句类型和言外之力关系的研究，还是对语境依赖研究中未言成分是否真正未言的讨论等，都表明语义研究和语用研究存在根本区别。是否研究非真值义，是否研究语境都不是区分语义和语用的标准。由词汇语义和语法驱动或提供限制才是语义区别于语用的关键。语义和语用的区分一直存在，这一点还可以通过回顾形式语义学开创初期对语义和语用的划界、动态语义学框架下语义和语用的对话来证明。无论是在静态语义学还是动态语义学框架下，语义分析还是语用分析更具解释力始终是主要分歧所在。

  向非真值规约义和语境依赖性研究的拓展使更多维度的意义进入语义学研究的范围，它们的差异细致微妙，以至于语义的区分变得比以往任何时候都更具挑战性。这些意义之间有何共性？有何差异？是否有什么可操作的方法可以将它们明确地区分开来？如何看待这些变化之下的语义组合性？这些都是形式语义学研究范围拓展之后必须思考的问题。

第 8 章
语义的多维性

8.1 引言

　　语义不仅有类型上的不同，也有维度上的区别。一个句子可以同时具有不止一个层次的语义内容或语义维度。根据 Potts（2005，2007），很多不同类型的句子，如包含非限制性关系从句、插入语、敬语等的句子，都涉及在言义（at-issue meaning）和非在言义（not-at-issue meaning）两个语义维度：前者提供句子的主要内容，常常被理解为前景信息；后者属于次要内容、背景信息，或相对边缘的信息，通常不在讨论的范围内（Chierchia & McConnell-Ginet，1990；Potts，2005；Simons et al.，2010）。以（1）为例：

（1）Jill, who lost something on the flight from Ithaca to New York, likes to travel by train.

（1）中主句 Jill likes to travel by train 表达的信息属于在言内容，同位语关系从句 [Jill] who lost something on the flight from Ithaca to New York 表达的信息属于非在言内容。区分在言和非在言内容的一个主要方法是看是否可以直接否认（Tonhauser，2012）。（2a）可以作为（1）的回应，直接否认（1）中主句部分的信息，而（2b）不能对（1）中的同位语关系从句的内容进行否认。这说明（1）中主句部分的信息属于在言义，同位语关系从句的部分属于非在言义。

（2）a. That's not true. She hates to travel by train.

　　　b. #That's not true. She didn't lose anything on the flight.

在言义和非在言义的名称是 Potts（2005）在研究规约含义时提出的，虽然是新术语，但相关研究由来已久。Potts 指出，Grice 提出的言说内容（what is said）和在言义相当，而 Grice 提出的规约含义是非在言义的一种。吸引 Frege、Russell、Strawson 等研究者关注的预设现象也是一种典型的非在言义。

Potts（2005）之后，在言义和非在言义得到广泛研究，学界发掘出一批可以归为在言义和非在言义（尤其是后者）的语义现象。在言义和非在言义涵盖了从蕴涵、预设到含义的几乎所有推理形式。具体涉及哪些现象，可以按照哪些标准分类，如何通过诊断测试加以辨析成为研究的主要任务。在言义和非在言义的对立也使不同维度语义组合的问题逐渐受到关注。

8.2　在言义和非在言义的分类

8.2.1　预设和投射性

在言义和非在言义的研究可以说是从反思预设的投射性（projectivity）问题开始的。"投射性"这一术语由 Langendoen & Savin（1971）提出，可以视为预设性成分的标志性特点。这一特点，包括预设的判定都和句群测试（S-family test）方法密切联系（Chierchia & McConnell-Ginet，1990）。

句群测试是判断预设的常用方法，借助蕴涵取消算子如否定、疑问、情态算子等运算符，来判断句子中是否有语义内容不受运算符的影响。（3）是句群测试的模板。作为句子的预设，从以下每个句子中都能推出其为真。

（3）a. S（简单句）
　　　b. not-S（否定句）
　　　c. S?（一般疑问句）
　　　d. if-S（条件句的前件）
　　　e. perhaps-S（可能性）

以（4）为例：

（4）a. John stopped smoking.

　　b. John did not stop smoking.

　　c. Did John stop smoking?

　　d. If John stopped smoking, he has cancer.

　　e. Perhaps John stopped smoking.

从（4a）可以推出"约翰过去抽烟"和"约翰现在不抽烟了"，这两个推论也是句子的蕴涵。而（4b）～（4e）在蕴涵取消算子的作用下，只有"约翰过去抽烟"仍能从这些句子中推出。根据预设的判断标准，"约翰过去抽烟"是（4a）的预设。当然，"约翰过去抽烟"也是句群中其他句子的预设。当语义内容通过句群测试的检验时，便具有投射性意义。预设显然具有这一属性。

投射性常与特定的词汇形式或结构联系在一起，这些词汇形式和结构被称为预设的触发表达（trigger）。（5）～（10）是预设触发表达的不完整的列表和示例：

（5）有定名词短语：The French King is bald.

（6）事实谓语：I regret that I didn't respond sooner.

（7）体动词：John stopped smoking.

（8）分裂结构：It was Mary who won.

（9）增量算子：I am hungry, too.

（10）Wh 问句：Who won?

（5）中有定名词短语 the French King 预设存在法国国王；（6）中的事实谓语 regret 预设 I didn't respond sooner；（8）中的分裂结构和（10）中的 Wh 问句预设存在性，即 someone won；（9）中的增量算子 too 可以预设"Someone else is hungry."。

最初，投射性被认为是预设的特有属性。然而近年来不少研究发现，投射性并非预设的专利。例如 Chierchia & McConnell-Ginet（1990：351）指出，英语非限制性关系从句的内容表现出和预设一样的投射性，如（11）中的 Monty is from Kentucky：

（11）a. Monty, who's from Kentucky, doesn't like corn grits.

　　b. Does Monty, who's from Kentucky, like corn grits?

　　c. If Monty, who's from Kentucky, likes corn grits, it isn't surprising.

在蕴涵取消算子的辖域内，非限制性关系从句的内容和预设一样不会被取消，但是学者们认为这部分内容更像是背景而不是预设。研究发现，规约含义、具有断言惰性的蕴涵等也有类似的投射表现（Horn，2002；Potts，2005）。

如果投射不是预设的特有表现，还有哪些意义类别会表现出投射性，它们拥有哪些共同的特征？有哪些方面的区别？怎样区分？如何判断？哪些语言表现和哪些特征是联系在一起的？在言义和非在言义的引入为研究者们呈现了复杂的语义空间以及丰富的理论和方法探索的可能性。

8.2.2 规约含义

除预设外，另一类具有投射性表现的意义类别是规约含义（conventional implicature，CI）。规约含义最早出现在 Grice 的《逻辑与对话》（1975：44–45）中。Grice 举的规约含义的典型例子有连词 but 和 therefore。以 but 为例，but 的真值条件义和 and 相同：合取的复合命题为真当且仅当所有合取项为真。而 but 和 and 的不同在于 but 表达了对比性。例如 "She is poor but honest." 中的 but，表达两个属性"贫穷"和"诚实"之间含有对比的关系。但这种对比性并不是命题真值条件的一部分。therefore 和 but 一样，也具有和词汇语义相关但和命题真值条件无关的意义。

Grice 讨论规约含义的篇幅非常有限，真正对规约含义涉及的表达和特点展开全面分析的是 Potts。根据 Potts（2005，2007），规约含义是词或结构常规意义的一部分。规约含义的产生可以源于像 but 这样特定的词汇选择，也可以源于特定的句法结构，如 "Lance Armstrong, an Arkansan, has won the 2003 Tour de France." 中 Lance Armstrong 的同位语 an Arkansan。触发规约含义的词汇和句法结构主要有两种类型：一是增补表达（supplement），包括属于同位语（appositive）的非限制性关系从句（non-restrictive relative clause）（如 "Ames, who stole from the FBI, is now behind bars."）和名词性同位语（nominal appositive）（如 "Ames, the former spy, is now behind bars."）；插入语（parenthetical）（如 "Ames was, as the press reported, a successful spy."）；属于增补副词

（supplementary adverb）的言者倾向副词（speaker-oriented adverb）
（如"Unfortunately/Luckily, Beck survived the descent."）、言说修饰词
（utterance modifier）（如"Frankly speaking，Ed fled."）等。二是情感
性表达（expressive），包括情感性定语形容词（expressive attributive
adjective）（如 the damn thing）; 修饰语（epithet）（Every Democrat advocating
[a proposal for reform]₁ says [the stupid thing]₁ is worthwhile.）和敬语
（honorific）。

　　规约含义和会话含义、预设、在言蕴涵等语义概念之间既有相似
之处也有区别。会话含义分广义会话含义（generalized conversational
implicature，GCI）和 特 殊 会 话 含 义（particularized conversational
implicature，PCI）。前者的产生和特定表达的使用有关，后者的产生依
赖于具体语境。规约含义的产生常和具体词汇联系在一起，因此特别需
要区分规约含义和广义会话含义。广义会话含义最具代表性的例子是梯
级含义（scalar implicature）。例如"一些同学通过了考试"的广义会话
含义/梯级含义是"不是所有同学都通过了考试"。从语义层面来看，"一
些同学通过了考试"包含"所有同学都通过了考试"的情况，之所以会
产生"不是所有"的梯级含义，是因为根据会话合作原则中的量准则，
选择信息强度低的表达（如"一些"）而非信息强度高的表达（如"所
有"）会产生后者很可能不成立的推论。广义会话含义是通过词库确定
可能的替换选项，基于比较当前表达和可能的替换选项做出的推论，但
广义会话含义作为会话含义和特殊会话含义一样最终都是通过语用原则
计算出推论，这和规约含义单纯来源于词义的规约性是完全不同的，规
约含义不涉及针对言说内容利用合作原则及其附带准则推演计算这一类
语用过程，在是否可计算（calculable）这点上规约含义和会话含义有根
本区别。

　　规约含义和会话含义在意义是否可取消（defeasible/cancellable）、
是否可分离（detachable）方面也存在差异。规约含义名为"含义"，实
为蕴涵。会话含义可以被取消，而规约含义因为产生于特定的词汇语义
或句法结构，不可被取消。可分离指的是和言说的真值语义内容的关系。
由于规约含义依附于特定的词语或句法结构，选择具有相同真值语义内
容但表达形式不同的词汇或不同的句法结构来替代，可能会导致规约含
义的变化，因此规约含义是可分离的。会话含义则依附于语义内容而不
是语言形式，用同义表达替换通常不会影响会话含义。

此外，规约含义和预设也是既相似也有不同。相似之处是当被嵌入蕴涵取消算子的辖域内，规约含义和预设一样会表现出投射性。以（12）为例：

（12）Ames, who stole from the FBI, is now behind bars.

基于句群测试会发现，非限制性定语从句"（Ames,）who stole from the FBI"和预设意义一样不受否定算子、模态算子等蕴涵取消算子的影响，如（13）所示：

（13）a. It is not true that Ames, who stole from the FBI, is now behind bars.
b. Is Ames, who stole from the FBI, now behind bars?
c. Perhaps Ames, who stole from the FBI, is now behind bars.
d. If Ames, who stole from the FBI, is now behind bars, then there is justice in this world.

由于表现相似，规约含义和预设在很多学者看来是同义词（如 Gamut，1991；Krahmer，1998）。

但研究发现，这两种意义存在本质区别（Potts，2005，2007）。虽然预设和规约含义都是与在言的语义信息共现，但预设和规约含义与在言语义信息的关系不同。预设和断言之间具有真值依存关系，换言之，判断一个命题是否为真，预设必须先为真，否则命题无所谓真假。相比之下，规约含义和在言内容在真值上通常是独立的。（14）表达的两个命题"Lance Armstrong is an Arkansan."和"Lance Armstrong has won the 2003 Tour de France."在真值方面互相并无依存性。

（14）Lance Armstrong, an Arkansan, has won the 2003 Tour de France.

规约含义和预设的区别还在于前者的"反背景要求"（anti-backgrounding requirement）。预设的信息通常是旧信息，而规约含义通常提供新信息。规约含义相关内容如果在语境中是已知信息，会导致信息冗余。例如，（15c）中"Lance Armstrong is a cancer survivor."作为事实动词 know 的补语，是句子的预设；（15b）中同位语"（Lance Armstrong is）a cancer survivor."表达规约含义。当（15a）作为断言出现在（15c）之前的语境，（15c）的"Lance Armstrong is a cancer survivor."不再是预设，但整个语篇可以接受。然而，同样的（15a）如果出现在（15b）之前，就会导致语篇不可接受。

（15）a. Lance Armstrong survived cancer.

b. When reporters interview Lance, a cancer survivor, he often talks about the disease.

c. And most riders know that Lance Armstrong is a cancer survivor.

如之前所言，规约含义实为蕴涵，但是相比作为句子主要信息内容的在言蕴涵（at-issue entailment），规约含义是句子的次要信息内容。这也是规约含义具有投射性的原因。

8.2.3　具有断言惰性的蕴涵

同样表达非在言义的还有 Horn（2002，2017）的"具有断言惰性的蕴涵"（assertorically inert entailment），这类意义典型地出现在 almost、barely、only 等词汇的使用环境中，以及 every X but NP、no X but NP 等结构中。这些句子从语义上都可以分析为两个命题合取的形式。包含 only NP 的句子可以看作前景命题（prejacent）和排他命题的合取。以（16）为例，合取项分别是"Lucy came to the party."（即句子减去 only 所表达的内容，称前景命题）和"No one other than Lucy came to the party."（排他命题，"除了 Lucy 之外的其他人都没有来派对"）。

（16）Only Lucy came to the party.

every X but NP、no X but NP结构同样也可以看作两个命题的合取：一个是概括性的命题，一个是概括的例外。（17a）合取的两个命题分别是"所有人都准时到了"和"Gali 没有准时到"；（17b）的两个命题是"没有人准时到"和"Gali 准时到了"。

（17）a. Everyone but Gali arrived on time.

b. No one but Gali arrived on time.

这里重点讨论包含表示近似义的副词如 almost 和 barely 的句子，这类句子在语义上可以视为极性部分（polar component）和近似部分（proximal component）的合取（Sevi, 1998; Rapp & von Stechow, 1999）。例如（18）：

（18）a. Gore almost won the election.
　　　（戈尔几乎赢了选举。）
　　　b. Bush barely won the election.
　　　（布什勉强赢了选举。）

（18a）表示戈尔没有赢得选举并且所描述的情境和戈尔赢得选举非常接近，（18b）表示布什赢得了选举并且所描述的情境和布什没有赢得选举非常接近。合取的其中一项（这里为第一项）称为极性部分，另一项称为近似部分。（18a）和（18b）对应的语义表达式分别为（19a）和（19b），前者极性部分为否定命题，后者相反，极性部分为肯定命题。

（19）a. ¬[Gore won]（极性部分）∧ CLOSE-TO [Gore won]（近似部分）
　　　b. [Bush won]（极性部分）∧ CLOSE-TO ¬[Bush won]（近似部分）

Horn 提出的与上述词汇和结构相关的句子都表达语义上的合取，但是面临至少两个共同的问题，一是合取项的意义类型，二是合取项之间的关系。

关于合取项的意义类型，以 almost 为例。Sadock（1981）认为，almost p 的近似部分是真值条件的一部分，而极性部分 ~p 是广义会话含义 / 级差含义。{almost p, p} 构成级差，根据会话合作原则中的量准则，使用信息弱的命题会让听话人得出信息强的命题为假的推论，因此言说 almost p（如 "Gore almost won the election."）意味着 p（Gore won the election.）很可能为假，也就是 ~p（Gore didn't win the election.）为真。Horn 基于蕴涵和会话含义的重要判断标准 "（不）可取消性" 提出不同意见，指出 almost p 的极性部分应该属于蕴涵而不是会话含义。原因是，给 almost p 加上后续句试图取消其极性部分，如（20）

所示，结果要么是自相矛盾，要么后续句必须解读为是对前一个小句所述事实的修正（和级差含义情况下表示进一步说明有根本性的差异）。

（20）#Gore almost won the election; in fact he did win.
（戈尔几乎赢了选举；事实上他确实赢了。）

和典型的级差含义的例子对比：（21）虽然加了类似的后续句，但结果是可接受的。

（21）Some students passed the exam, in fact all the students passed.
（一些同学通过了考试，事实上所有同学都通过了考试。）

（20）和（21）在可接受度上的差异表明，almost p 的极性部分不是句子的级差含义而是蕴涵。测试结果表明，使用 almost、barely、only 以及 every X but NP、no X but NP 等结构的句子表达的合取命题都是蕴涵。

但另外一些语言事实表明，虽然是合取项，并且都是蕴涵，但合取项的地位并不对称。这一点在否定极性词允准（NPI-licensing）问题上表现突出。分别以包含 almost 和 barely 的句子为例，可以看出，almost 不允准否定极性词（NPI），而 barely 允准。如（22a）和（22b）所示：

（22）a. #She almost moved a muscle / slept a wink / touched a drop / spoke to anyone.

b. She barely moved a muscle / slept a wink / touched a drop / spoke to anyone.

例（18）关于 almost 和 barely 的讨论已经指出，almost 的极性部分为否定命题，barely 的极性部分为肯定命题。基于此，almost 应该允准 NPI，而 barely 不能，但事实并非如此。Horn 认为，这和 almost 的极性部分的否定命题以及 barely 的极性部分的肯定命题虽为蕴涵但非断言有关。

虽都为蕴涵但是断言地位不同，这一点通过对比 almost 和 not quite 可以非常明确。almost 和 barely 意思非常接近，包含 almost 和 not quite 的（23a）和（23b）是相互蕴涵的关系。

（23）a. I almost finished my homework.

b. I didn't quite finish my homework.

即便语义接近，almost 和 not quite 在否定极性词允准方面的表现也不同。如（24）所示，在 almost 和 not quite 中只有后者允准 any。

（24）a. *I almost finished any of my homework.

b. I didn't quite finish any of my homework.

借助要求事实性补语的形容词表达如 "It's too bad."，可以体现两者差异。

（25）a. It's too bad John almost died.

b. It's too bad John didn't quite die.

（25a）是对约翰接近死亡的事实（近似部分内容）表示遗憾，而（25b）是对约翰没有死（极性部分内容）表示遗憾。这两部分内容都在 it's too bad 的辖域内，属于断言。（25a）中极性部分命题 "约翰没有死" 和（25b）的近似部分命题（"约翰接近死亡"）则处于 it's too bad 的辖域之外。虽然（25a）中的极性部分和（25b）中的近似部分都被蕴涵，但都不是断言，用 Horn（2002：62）的话来说，就是 "具有断言惰性"（assertorically inert）。

比较（26）中 almost 和 barely 的极性部分命题、近似部分命题和 "It's too bad." 的互动情况，会发现两个句子表达的说话人的遗憾都是近似部分命题（救助计划接近通过或接近不通过），说话人的遗憾并不针对极性部分命题（计划不通过或通过）。可以说，虽然同样是蕴涵，但近似部分是断言，极性部分隐退于背景中，在某种程度上这些极性部分的命题对否定极性词来说并不可见。Horn 认为，从这点来看，否定极性词的允准环境严格说来应该是 "断言环境" 而不是 "蕴涵环境"。

（26）a. It's too bad that the bailout almost passed.

b. It's too bad that the bailout barely passed.

8.2.4　言外义

虽然非在言义有多种类型，如预设、规约含义等，但 Rhett（2021）

认为这些非在言义都应归为描述性非在言义，与之对立的是属于言外义的非在言义。这类非在言义涉及情感标记（emotive marker），不仅包括像（27a）中的感叹词 alas、（27b）中的评价性副词（evaluative adverb）[1] fortunately，也包括（27c）中感叹句的语调等韵律标记。之所以称为情感标记，是因为它们表达了说话人对言说内容"John lost the race."的情感态度。

（27）a. Alas, John lost the race.

　　　b. Fortunately, John lost the race.

　　　c. John lost the race!

需要注意的是，虽然（27b）和"It's fortunate that John lost the race."意义相近，但是在表达情感态度方面，fortunately 和 it's fortunate 具有不同维度的意义。前者属于非在言义，后者属于在言义。fortunately 符合非在言义的判断标准：不能被真值条件算子否定，也不能在语篇中否认/反驳。"It is not the case that fortunately John lost the race."中的 not 不能作用于 fortunately；针对"Fortunately, John lost the race."进行反驳，说"That's not true.",只能反驳 John lost the race 的命题内容，不能反驳说话人为 John lost the race 感到庆幸的态度。

Rhett 讨论的情感标记必须同时满足两个条件：一是反映说话人的情感态度，二是情感态度必须针对命题。有很多表达虽然针对命题但并不表达情感态度如言语修饰词 frankly、言据副词 apparently 等，则这些表达不是情感标记；表达情感态度但是不针对命题的表达也不在考虑之列，如 damn 虽然是情感性表达，但只有"Damn, John lost the race!"中的 damn 属于情感标记，that damn John 中修饰名词的 damn 就不是情感标记。

Rhett（2021）将情感标记从描述性非在言义中区分出来，主要是因为两者在使用和解读中表现不同。作为情感标记中非常重要的一类，评价性副词（包括 fortunately、oddly、sadly、surprisingly 等）常常和言语行为副词（包括 frankly、sincerely、honestly、truthfully 等）归为

1　这里"评价性副词"的标签来自 Ernst（2009）。Potts（2005）采用的术语是"言者倾向副词"（speaker-oriented adverb）（参阅 8.2.2 节）。这一节稍后我们还会提及，Ernst 也使用"言者倾向副词"这一术语，但其同时包括评价性副词、言语行为副词和情态副词。这方面的术语使用比较混乱，请读者留意。

一类，称为"言者倾向副词"（Ernst，2009）。需要强调的是，Rhett 认为言语行为副词表达的也是描述性非在言义，主张将情感标记和包括言语行为副词在内的描述性非在言义区分开来。

情感标记和描述性非在言义的区别，首先在于情感标记可能导致摩尔悖论（Moore's Paradox）。摩尔悖论指由"P，但是我不相信 P"这类所谓的摩尔句造成的悖论，如"It's raining, but I don't believe it's raining."，虽看似荒谬，但可以为真，区别于真正的矛盾句。同样的句式，情感标记句会表现出摩尔悖论的特点，如（28a）所示，而言说修饰词或言据副词会导致矛盾句，如（28b）所示。

（28）a. Suppose that, alas, John lost the race, but that I'm not disappointed he did.

b. #Suppose that, allegedly, John lost the race, but that no one alleged that he did.

此外，两者在辖域方面的表现也不同。情感标记在条件句的前件中必须强制性取窄域，而言说修饰词、言据副词等无论是出现在整个条件句之前，还是出现在条件句的前件中，都必须取宽域（以整个条件句为辖域）。从（29）可以看出，frankly 出现在整个条件句之前或是出现在条件句的前件内，句子都表示"如果市长被定罪，必须辞职"这一言说本身是坦率的。而（30）的情感标记 alas 只能解读为是针对"市长被定罪"的情感态度，即必须以条件句的前件为辖域。

（29）a. Frankly, if the mayor is convicted, he must resign from office.

b. If, frankly, the mayor is convicted, he must resign from office.

（30）a. Alas, if the mayor is convicted, he must resign from office.

b. If, alas, the mayor is convicted, he must resign from office.

最后，情感标记与非陈述语气不相容。无论是一般疑问句还是特殊疑问句，一般都不能使用情感标记，如（31）：

（31）a. #Fortunately/Unfortunately, who lost the race?

b. #(Un)fortunately, did John lose the race?

而描述性非在言义（包括言说修饰词）则没有问题，如（32）：

（32）a. Seriously, what can I buy you for your birthday?

b. Seriously, can Andy play rugby?

当然，情感标记不能用于非陈述语气也不能一概而论，例如像（33）这样有显著性前景命题（说话人有明显偏向）的情况就可以。这种情况区别于疑问句通常情况下引出多个选项的情况。因牵涉现象和理论较多，这里暂不赘述。

（33）Alas/Unfortunately, there is no vegetarian restaurant around here, is there?

综合上面的对比结果，情感标记的主要表现可以总结为：摩尔悖论在辖域方面具有局部性特点，只能作用于单个命题。

8.3　多维语义与多维语义分析

多维语义分析是关于语义组合方式的分析，是 Potts（2005）在分析规约含义语义的基础上提出的。Potts 认为，规约含义和句子的其他内容需要在两个平行的语义维度即规约含义维度和在言维度上进行分析。

需要指出的是，对语义的细颗粒度分析（区分在言义和规约含义本身）并不直接导致多维语义分析。多维语义分析的本质在于和信息流动有关的假设。Potts 认为，信息只能从在言维度流向规约含义维度，不能从规约含义维度流向在言维度。换言之，规约含义可以评论在言内容，而在言内容对规约含义不敏感。

Potts（2005，2007）为多维理论提供了类型驱动的逻辑系统，称 LCI（Logic of Conventional Implicature）。首先是不同维度的内容种类提供不同的语义类型。实体、真值和世界的语义类型被一分为二，分别有表示在言内容的类型 ea、ta 和 sa，以及非在言内容的 ec、tc 和 sc [Potts（2007）引入情感性的类型 ε 来代替 c]。Potts（2007: 183）关于这些语义类型的具体描述如（34）所示：

（34）e 和 t 是描述性类型。

ε 是情感性类型。

如果 σ 和 τ 是描述性类型，那么 <σ，τ> 是描述性类型。

如果 σ 是描述性类型，那么 <σ，ε> 是情感性类型。

描述性类型和情感性类型的并集构成类型集。

可以通过在情感性维度前加圆点"•"的方式，将其与描述性维度分开来标记多维性。

（35）| 那该死的卡普兰得到了晋升 | = got-promoted (Kaplan) : t • damn (Kaplan) : u

在此基础上，Potts 提出专门的规则来描述意义维度之间的信息流限制：不存在情感性类型作为输入描述性类型作为输出的类型，也不存在输入和输出都为情感性类型的类型，即情感性类型只能是输出类型。

对于将不同维度的语义区分开来，采取多维语义分析方法的动因，Potts 认为那是因为规约含义表达取最宽域或者说无辖域（和句子命题层面的算子没有互动）。对此，Amaral et al.（2007）首先提出质疑，之后 Nouwen（2014）、Schlenker（2022）等也提出异议。这些学者主张单维的语义分析。较多维模型而言，单维模型主要有两个方面的优势。一是根据奥卡姆剃刀原则——"若无必要，勿增实体"，在其他一切同等的情况下，简单的解释普遍比复杂的好，单一维度的语义理论显然更符合这一原则。另外一个重要原因是语言事实似乎不支持无辖域的观点。照应、省略、预设等现象都可以看到两个维度的相互作用，既有在言维度向规约含义维度提供语义输入，也有规约含义维度向在言维度提供语义输入。如果这两个维度建立语义表征是如 Potts 描述的那种方式，很难想象会有跨维度的表现。

以增补内容为例，这类内容和周围内容在照应关系和辖域关系上的表现说明，增补内容既能与其他维度的内容有辖域互动，取宽域或窄域，也能作为先行词或照应语与其他维度内的表达联系。

首先，增补内容在和否定词、量词、条件句互动时可以取窄域（Amaral et al.，2007）。（36）和（37）中，增补内容与量词 several、条件句互动得到的解读可以说明这一点：

（36）In each class, several students$_i$ failed the midterm exam, which they$_i$ had to retake later.

（每个班都有几个学生期中考没通过，他们后来只能重考一次。）

增补内容和条件句互动也可能取窄域（Martin，2015）：

（37）If tomorrow I call the chair, who in turn calls the dean, then we will be in deep trouble.

（如果明天我给主席打电话，而主席又给院长打电话，那么我们就会有大麻烦了。）

此外，形成回指链接的回指词和先行词可以分属不同信息维度，既允许作为在言信息的回指词以增补信息中的表达为先行词，如（38）中 them 和 reflectors 的回指关系，也允许作为增补信息的回指词和作为在言信息的先行词联系，如（38）中 it 和 bike 的回指关系。

（38）Kim's bike$_j$, which used to have reflectors$_k$ on it$_j$, was pretty safe to ride at night until she decided to take them$_k$ off.

（金的自行车，以前带反光片的，晚上骑起来很安全，直到她决定把反光片拿掉。）

多维和单维语义分析的具体方法以及牵涉的技术细节纷繁复杂，非本书所能容纳，有兴趣的读者可参考 Potts（2005，2007）、Schlenker（2010，2013）等研究成果。同时需要注意非在言义内部的多样性。

8.4　在言和非在言的解释模型

针对在言性提出的最早的解释模型是基于 Büring（2003）、Simons et al.（2011）和 Roberts（1996，2012）的"当前讨论问题"（question under discussion，QUD）的思想。根据这一模型，主题性（topicality）是话语组织的核心原则，而 QUD 是与当前话语主题相对应的问题，如果一个命题有助于解决 QUD，那么它相对于 QUD 就是在言的（Simons et al.，2011；Roberts，2012）。一般使用问题 / 回答序列作为在言性的诊断方法。当且仅当一个句子包含对该问题的部分或完整答案时，句子与 QUD 相关（Büring，2003；Farkas & Bruce，2010；Ginzburg，1996；Roberts，1996）。虽然（39b）包含了问题需要的信息 Ryan does semantics，但（39b）不能作为（39a）的答句，由此可见信息地位的作用和影响：

（39）a: What kind of linguist married Susan?

　　　b: ?Ryan, who does semantics, married her.

在言和非在言的另一种模型是建立在对话基础上的动态模型，从语境更新理论的角度来解释。动态模型最初是 Stalnaker（1978）提出的。和 Montague（1974）相对于世界、时间等索引评估句子真值的静态的模型理论不同，在这个对话的动态模型中，句子的意义不在于信息内容与真值条件，而在于以一种或多种方式对对话的共同域（common ground，CG）进行更新。对话是在共同认可的背景即会话双方共同预设的命题基础上展开的。Stalnaker 将对话的语境集定义为是共同域中的命题的交集，命题是可能世界的集合，语境集（context set，CS）因此可以看作是和参与者的预设兼容的世界的集合。断言就是将陈述的语义值添加到共同域的行为，通过一系列断言将更多的信息添加到共同域，命题内容与语境集相交，从而缩减语境集。但断言并不一定能改变语境集，断言只是改变语境集的"提议"（proposal）（Ginzburg，1996，2012）。

Farkas & Bruce（2010）在此基础上进一步提出了新的共同域的模型。考虑到话语是一种协作行为，断言并非直接添加到共同域，谈话对象有接受或拒绝相关断言的可能，Farkas & Bruce（2010）为共同域添加了一个协商区域，在模型中对应的是"表单"（table）这一组件。表单记录讨论中的问题，表上的所有未决问题形成一个堆栈（stack）。表单内容只有在其他参与者接受后才能添加到共同域，进而增加共享知识。

对模型进行细化的另一项重要工作是为每位话语参与者所设的话语承诺（discourse commitment，DC）集合（Gunlogson，2004）。话语承诺集合是相关话语参与者公开承诺为真的命题集合。

在言和非在言内容的区别主要在于它们是如何进入共同域／语境集的。在言内容和非在言内容对语境的更新不同，在言内容被提议加入共同域，非在言内容无须协商，一般直接更新共同域（AnderBois et al.，2015；Murray，2010，294）。

最新研究（Rhett，2021）发现，不同非在言信息对语境的更新方式也不同，非在言信息更新的并非都为共同域。情感标记不像其他非在言内容那样更新共同域，而是添加内容到说话人的话语承诺集合。另外，情感标记话语承诺涉及命题态度而非信念。这两点是情感标记区别于描述性非在言义的重要方面。

　　在言性和非在言性研究面临的一个新问题是同位语关系从句线性位置对在言性的影响。AnderBois et al.（2010）和 Syrett & Koev（2014）观察到，如果同位语关系从句出现在句末，则可以传达在言信息。以往研究之所以认为同位语关系从句只能传达非在言信息，与研究语料中这类从句都出现在句子中间位置有关，如（40）所示：

（40）A: Edna, who is a fearless leader, started the descent.

　　　B: #No, she isn't. (She is a coward.)

　　　B':No, she didn't. (Someone else did.) (cf. Amaral et al., 2007:731)

　　（40）中同位语关系从句出现在句子中间位置，直接否认只能针对主句不能针对同位语关系从句。（41）中同位语关系从句出现在句末，直接否认既可以针对主句也可以针对同位语关系从句。

（41）A: Jack invited Edna, who is a fearless leader.

　　　B: No, he didn't. (Jack invited someone else.)

　　　B': No, she isn't. (She is a coward.)

　　分段式语篇表征理论（segmented discourse representation theory, SDRT）是在言性和非在言性的另一种模型（Koev，2018），可以从连贯性（coherence）要求来解释在言性对句法位置的敏感性。分段式语篇表征理论（Asher，1993；Asher & Lascarides，2003）在第 9 章会有较为详细的介绍，这里仅简述其如何看待在言性和句法位置关系问题。SDRT 认为语篇是由基本话语单位（elementary discourse unit，EDU）构成的，EDU 之间存在叙说、结果、对比、解释等语篇关系，有从属与并列两大类别。语篇关系构成语篇的层级。从属关系（如解释、详述）表征为支配关系，用垂直箭头表示；并列关系（如叙说、结果）表征为前后关系，用水平箭头表示。同位语虽然从语篇关系来说从属于主句，但当它出现在句末位置时，则处于话语树右边界位置。语篇连贯性遵从右边界约束（right frontier constraint），即新言说的语段只能附在当前话语树的右边界的节点上。如果表达的命题在话语的右边界上，就是在言义。右边界约束适用于任何类型的话语延续，从这个角度来看，

（41）中对句子内容的直接否认只是后续话语可以附加到话语树右边界规则的反映。

关于句法位置与在言和非在言的关系尚无定论，但 Snider（2017）的研究颇具启发性。Snider 反对 Syrett & Koev（2014）借助回指词（用直接反对方法）测试在言性和非在言性，理由是句法位置靠后意味着回指词的先行语具有较高的新近性（recency）或可及性（accessibility）。所以有可能并非句法位置导致在言和非在言的信息地位发生变化，而是这一测试敏感的实际上是命题的回指可能性。回指可能性和在言性也许并不是一回事。

8.5　总结

本章讨论在言义和非在言义这两个重要的语义维度，介绍二者的区分方法以及多种从属于在言义和非在言义的语义子类型。从预设和投射性的关系出发，逐步扩展到规约含义、具有断言惰性的蕴涵、言外义等其他非在言义的刻画，并结合诊断测试方法呈现子类型的相似之处和差异。多维语义的另一个重要研究问题是语义组合。我们不仅应该考虑各维度不同的语义贡献，更应关注不同维度语义如何组合的新问题。目前的研究表明，语义的多维性和多维语义分析不能简单等同起来。同时，本章基于当前讨论问题、语境更新理论和分段式语篇表征理论介绍了在言性和非在言性当下几种主要的解释模型以及存在的争议问题。

第 9 章
意义与语境

9.1　引言

意义与语境关系的研究传统上属于语用学范畴。在意义与语境关系的研究中，语用学领域的研究占据了绝对主导的地位。

形式语义学从建立之初就注意到，I 和 you 这样的直指词的所指对象及相关句子的真值确定必须依赖语境，但 Montague（1974）特别用"语用学"这个标签来指对直指词语义的研究，表明当时的语义学并没有将语境因素纳入研究主流。

形式语义学领域在语境问题尤其是语境依赖性问题研究上的全面拓展还是近十几年的事。这一拓展的主要表现有：传统以命题为主要研究对象的形式语义学不仅关注命题（主要是真值确定）和语境的关系，还将词汇语义的语境依赖性问题纳入主要研究议程；对语篇的研究包括语篇层级结构以及词汇和语篇互动关系的探索也开拓出全新的空间。语境依赖性研究渗透至形式语义学研究的各个方面，覆盖多个研究专题。Kamp & Partee（2004：1）对语境研究发展所做的简要概括，或许可以提醒学界关注这项议题在形式语义学领域中日渐重要的地位："语境和语境依赖性属于（形式）语义学研究议程的一部分吗？可能不久之前很多语言学家和哲学家给出的回答还是否定的。但形式语义学最新发展表明，不将语境依赖性充分纳入研究，自然语言语义分析几乎就是不可能的。"

形式语义学领域在语境依赖性研究方面的全面拓展主要得益于语境主义占主导地位的哲学背景。语境主义认为语境入侵到语义层面，这对形式语义学的基本原则和方法都意味着挑战。而形式语义学领域的语境研究之所以特别值得关注，原因正在于形式语义学具备不同于其他领域的独特视角。从真值和组合论角度出发看待语境和意义的关系是独特性的一个方面。另一个重要方面是，形式语义学信奉模块论，使其更注重对语境依赖过程的刻画以及对语境依赖性本质的甄别。这使语境是否影响语义这样一个笼统的问题得以细化：有哪些语境因素？这些语境因素以何种方式影响语义？语境因素导入的限制条件（词汇语义、句法乃至语篇限制）和本质是什么？虽然形式语义学的基本假设和方法并非为学界普遍接受，但是形式语义学框架下开展的对语境的精细化研究无疑是十分有益的尝试，为解决语境依赖性问题提供了独特的思路和方法，为语义学和语用学领域的更多互动奠定了基础。

9.2　真值和语境

　　研究命题真值和语境的关系，一个重要问题是语境影响真值的途径。语境主义认为语境通过影响语义内容来影响真值，与之对立的相对主义观点则认为语境通过提供评价环境影响真值。评价环境（circumstance of evaluation）和言说语境（context of utterance）的概念形成对照，两者都出自 Kaplan（1989）。言说语境是决定特征到内容的因素，例如第7章谈及的直指词就是在言说语境中被赋值，使句子在不同言说语境中表达不同的命题。评价环境是决定内容到真值的因素。相关评价参数被称为"指标"（index）。命题是从这些参数和指标到真值的函数。

　　传统的真值理论已经涉及相对性，主要针对的是世界和时间参数。近年来围绕主观判断（道德判断、审美判断、个人口味判断等）开展的研究提出了更多真值评估可能依赖的参数类型。其中引起最多关注的是 Lasersohn（2005）对个人口味谓语句的讨论。个人口味谓语句指如"榴莲很好吃""云霄飞车很刺激"等表达"个人口味"的句子。语境主义认为，甲说"榴莲很好吃"，是甲认为榴莲很好吃，可以认为这些命题包含了"对 x 来说"这样涉及"判断 / 评价者"（通常为说话人）的隐形指示词。对语境主义者来说，"榴莲很好吃"表达的命题内容是"x觉得榴莲很好吃"，"判断 / 评价者"直接进入命题，成为命题内容的一部分。相对主义观点则认为，"榴莲很好吃"表达的命题内容就是"榴莲很好吃"，判断 / 评价者对命题真值的影响通过作为评价环境的一部分来体现。这两种观点，前者"语境依赖性"指的是"言说语境"，后者则是指的"评价语境"。前一种观点的语境依赖性类似直指词的解释，即外延会跟随使用语境变化。而根据后一种观点，"判断／评价者"并不是命题内容的一部分。

评判语境主义和相对主义孰是孰非，证据的挖掘是关键。支持相对主义的一项重要证据是"双方均无错的争议"（faultless disagreement）（Kölbel，2002，2003）。如果甲说"榴莲很好吃"，乙说"榴莲不好吃"，显然甲乙双方有争议，但这并不妨碍两个命题同时为真。Lasersohn（2005，2009）提出，如果像语境主义者认为的那样，判断／评价者也是命题内容的一部分，即假设"榴莲很好吃／不好吃"与添加了判断／评价者的"（某某）觉得榴莲很好吃／不好吃"同义的话，应该怎样解释乙用的"不"字？"不"字显示双方有争议，但若甲说的是"对甲来说榴莲很好吃"，乙说的是"对乙来说榴莲不好吃"，何来争议？

另一项支持相对主义观点的研究是"内容共享"（Moltmann，2010）。如果甲认为榴莲好吃，乙也认为榴莲好吃，即便甲和乙对榴莲好吃与否的评价标准不同，还是可以推出"甲和乙有相同的看法"。跟同样对语境敏感的直指词"那儿"作比较会发现，从"张三认为王五在那儿（北京）"和"李四认为王五在那儿（上海）"这两个命题，推不出"张三和李四有相同的看法"。

将不同的语境敏感表达加以比较并归类，是语义学领域研究语境依赖性的常用方法。语境主义和相对主义的分野在于语境是否直接影响语义内容，涉及的证据也可以作为测试语境依赖类型的手段，这使语境敏感表达的分类更有据可依。Stephenson（2007）针对认识情态的研究发现，认识情态在"双方均无错的争议"和"内容共享"两点上和个人口味谓语句有相同表现。Moltmann（2010）除个人口味谓语、认识情态词外，还比较了表示关系的形容词（如"左""右""当地的"等）。Moltmann 发现，表示关系的形容词比较特别，并不表现"双方均无错的争议"，在"内容共享"上则表现出两可性，即可以认为共享也可以认为不共享。Moltmann 据此将语境敏感表达分为两类：一是包括个人口味谓语、认识情态、审美评价谓语等；二是包括关系形容词等。

虽然利用相关证据给语境敏感表达分类，但语义学领域对证据的解释力有不同看法。例如在如何看待"双方均无错的争议"这一点上，Moltmann（2012）认为相对主义观点无法解释"争议"存在的原因——如果只是评估环境不同，内容上本来不应该存在争议，相对主义分析并不能很好地解释这一点。他提出，个人口味谓语句在语境依赖性方面表现出的"第一人称倾向"（即以说话人为参照）实际是"伪第一人称倾向"：其使用和类指的 one 相同，即虽然基于主体个人经验，但应视为主体个人经验的投射或泛化（"类模拟"），是"基于第一人称的类指"。主体是在认知层面而非作为评价语境的一部分介入的。因此个人口味谓语句实际上是泛指句，其真值是绝对的，而不是相对于评价语境来说的。将句子表达命题的真值视为是绝对的，就不难解释"双方均无错的争议"中的"争议"部分。

　　语境主义、相对主义之争关注的是语境直接改变命题内容还是作为评价环境出现，而 Moltmann 对"人称倾向"的研究则试图证明，命题内容既没有因为语境因素介入而改变，真值也不是相对于语境提供的参数来确定。语境主义、相对主义之争关注语境影响真值的途径，而 Moltmann 让我们思考另一种可能性，即除真值以外语境因素可能介入的层面。

9.3　语义组合和语境依赖性

9.3.1　"组合性原则"和"语境原则"

　　讨论语义组合和语境依赖性的关系，可以从弗雷格原则谈起。弗雷格原则通常指"组合性原则"，是形式语义学的最重要原则，基本内容是：复杂表达的语义由其组成部分的语义与组合方式决定。这条原则之所以必要，最重要的原因是它能解释语言的能产性，即可以凭借对有限的词汇语义的掌握，理解无限（包括从来未曾听到过）句子的语义的能力。从有限的词汇语义到无限的句子语义的理解，必须依靠语义的组合。需要指出的是，弗雷格原则也被用来指"语境原则"，原因是 Frege 在《算术基础》一书中提出词义具有语境依赖性："词只有在语境中才有意义，不存在独立于语境的意义"（Frege，1953：x）。无论是"组合性原则"还是"语境原则"，Frege 的著作都没有明确提及，只有相关意思的表达。究竟应该如何看待"组合性"和"语境依赖性"的关系是语言学家、哲学家非常感兴趣的。其中重要的原因之一是，这两条原则看似是矛盾的：

组合性原则强调组成句子的语词意义的相对独立性，而语境原则强调语词意义的确定需要依赖语境。

9.3.2 语义组合：形容词语义和语境的关系

可以说，对语义组合和语境依赖性关系的研究是从形容词开始的。从形容词及其修饰的名词中心语的语义关系来看，形容词可以分为三类：一是"交集"形容词（例如"金色的""长方形的"），这类形容词和名词语义构成交集关系；二是"子集"形容词（如"熟练的""典型的"），形容词和名词语义构成"子集"关系；三是"非子集"形容词，形容词和名词语义之间不存在子集关系。其中，"非子集"形容词可细分为普通"非子集"形容词（如"可能的""所谓的"）和否定性"非子集"形容词（如"虚构的""假/伪的"），前者和名词之间不构成确定的子集关系，后者明确不构成子集关系（Kamp & Partee，1995；Partee，1995）。

围绕形容词的分类有很多争议，其中一个争议点是否定性"非子集"形容词的归类以及这类形容词与中心语的关系。Partee（2007）提出，如果假枪不是枪，为何可以问"那支枪是真的还是假的"？按照否定性"非子集"形容词来分析，"枪"等同"真枪"，"假枪"和"枪"的交集为空集，得出"假枪不是枪"的结论。但是，如果"枪"必定是"真枪"，"假枪不是枪"成立的话，就不能说"那支枪是假的"或者问"那支枪是真的还是假的"。另一个问题是，如果"枪"等同"真枪"，那么"真"在"真枪"这个短语中就是冗余的。Partee 的回答是，并不存在否定性"非子集"形容词，所谓"否定性'非子集'形容词"其实是"子集"形容词。他提出，可以把形容词语义方面的限制看作预设，把名词中心语指涉的强制扩大看作预设包容，以此满足形容词的预设。在没有修饰词的情况下，"枪"表示的是"真枪"。但在有修饰词"假"的情况下，"假"的语义强制作用使"枪"的语义指涉扩大，同时包括"真枪"和"假枪"。由此，"假"应该被分析为子集形容词。修饰词是"真"的情况也是这样，"枪"的语义指涉也会发生变化，从"真枪"扩大到包括"真枪"和"假枪"，这样"真"提供的语义信息也就不再冗余。

Kamp & Partee（1995）提出形容词的解释在语境中会有一个"重

新调校"的过程，这个过程会受到两个原则的制约：一是"中心语至上原则"（head primacy principle）；二是"非空原则"（non-vacuity principle）。中心语至上原则指形容词要在中心语提供的语境里调校语义。我们可以说 giant midget（巨型的侏儒），也可以说 midget giant（矮小的巨人），原因在于修饰语会根据名词中心语调校语义。但所谓的中心语至上原则并非总是"至上"的，因为这一原则无法解释否定性非子集形容词和名词中心语的互动。否定性非子集形容词非但不根据名词中心语调校语义，还对名词中心语进行语义强制，迫使名词中心语的语义做出调整。表示"组成物质"的形容词 / 修饰词如"铁皮（的）、橡皮（的）"和中心语组合时也存在类似问题，在"铁皮武士、橡皮鸭子"的组合中，中心语根据形容词 / 修饰词的语义做出调校，分别表示"武士的模型"和"鸭子的模型"。这些例子都是中心语根据形容词调校语义，而不是相反的情况，因此中心语至上原则无法解释语义组合方式。解释这些例子需要引入非空原则，也就是形容词和名词的交集不能是空集，这和中心语至上原则相比更为基本，必须首先得到满足。

对形容词语义的语境依赖性研究使组合性原则在语境主义背景下被重新认识，词汇语义表现出的语境依赖性看似更符合语境原则的精神，但其背后正是组合性在起作用。形式语义学家认为，组合性和语境依赖性并不矛盾，词汇语义在语境中的变化恰恰是组合原则驱动的结果。

9.3.3 类型组合逻辑

对词汇语义语境依赖性的进一步探索主要来自对逻辑多义现象和语义强制等现象的研究。多义词和同音 / 同形异义词相似，在语境不明的情况下会有歧义，在具体语境中歧义会得到消除。但和同音 / 同形异义词不同的是，多义词的语义常跟随语境呈现规律性的变化，这种现象称为逻辑多义现象。例如，"书"既指涉"物体"又指涉"信息体"，在不同语境中词汇语义的不同方面会得到相应的凸显。另一类语境敏感现象是语义强制，指在选择项和被选项语义属性不匹配情况下重新解释的过程，例如补语强制的情况。有些动词如 enjoy、begin 要求事件论元作补语，当宾语是表示"事物"的名词短语时（如 the book），动词会"强制"补语作"事件"解读，这个过程需要补充"（针对事物的）活动"信息，如 reading (the book)。

　　对语义组合机制的把握建立在对词汇语义和语义组合关系的认识基础上。要厘清哪些因素归于词汇语义，哪些属于语义组合，诚非易事。这一点也是回顾诸多词汇语义理论时很多问题的症结所在。形式语义学的词汇语义理论不仅是关于词汇语义本身的理论，也是关于词汇语义组合的理论。传统的语义列举模型把可能随语境发生变化的语义都尽可能地纳入词项中，但在过分加重词项负担的同时未能承担起对语义组合灵活性的解释。在 Pustejovsky（1995）的生成词汇理论中，词汇语义信息以属性结构（包含形式角色、构成角色、功能角色和施成角色）等更具结构性的形式出现，但是生成词汇理论在语义组合呈现的丰富性面前仍显得过于僵化，在解释某些现象（如语义强制）时也存在泛化的问题。

　　在词汇语义内容和语义组合的分工上，以 Nicholas Asher 为代表的语义学家认为词义本身在组合过程中并没有发生变化，主张将变化更多地归因于组合机制。Asher（2011）将语义组合看作词汇语义匹配 / 冲突的问题，为此提出了类型组合逻辑，认为"类型"和有关"类型"的预设在词汇语义和语境的互动中具有举足轻重的地位。可以说，将类型论用于词汇语义研究，无论对于形式语义学领域还是词汇语义研究本身都是一项创新。形式语义学是建立在丘奇的类型论（Church，1940）基础上的，但蒙塔古语义学中只有两个基本类型：个体类型 e 和命题类型 t。现代类型论认为个体类型 e 包含丰富的次类型，如"类 vs 个体、抽象 vs 具体（信息体 vs 物体）、事件 vs 物体、处所 vs 物体"等。类型论的发展和运用体现在更为丰富的组合机制上。Asher 认为，词项的语义包括两部分信息：一方面是语义内容，另一方面是语义组合信息。泛函贴合运算中谓词对论元有选择限制，这种限制在 Asher 看来主要是语义类型的限制。谓词对论元有类型要求（称"类型预设"），类型预设和预设有不少相像之处。组合过程中谓词的类型预设可能得到满足，也可能出现和论元类型不匹配的情况。类型组合逻辑保证在演算时赋予正确的类型，同时也能解决类型冲突时的组合问题。

　　在语义类型选择上有不同的机制。比如 read 要求论元必须是"物体—信息体"这样的复合类型。假如论元是 the book，论元类型和谓词类型要求匹配，这种选择被称为"纯粹选择"。但当论元不能直接满足谓词的类型预设要求时，比如 read a rumor about John 中的 a rumor about John（关于约翰的谣言）是信息体，read the walls of the subway

中的 the walls of the subway（地铁的墙）是物体，这时谓词就会将相关类型要求加到论元上，使论元的类型被相关类型的函数包围，使类型为"信息体"的 a rumor about John 同时表现为物体，类型为"物体"的 the walls of the subway 成为信息的载体。

检测逻辑多义现象的一个重要测试手段是"共谓"（co-predication），即不同谓词享有同一论元，同一论元和不同谓词联系得到不同解读。表面上看，不同类型的谓词被运用于同一类型的实体，而在组合中实际是具体的语境选择了复合类型的不同方面。"这本书他借到了，也读懂了"这个例子中，借到的"这本书"指的是作为物体的书，而读懂的"这本书"指的是这本书包含的信息。"书"作为"双面名词"包含了不同方面（"物体"和"信息体"），谓词"借到"和"读懂"在语义组合过程中分别选择了"物体—信息体"这一复合类型中的"物体"和"信息体"方面。

"共谓"现象从语义组合角度来看，论元本身就包含了谓词要求的类型，在语义组合时谓词取用了它所要求的类型。和"共谓"现象不同，在补语强制现象中，补语并不具备动词所要求的类型，在组合之后补语本身的类型也没有发生改变。这是"共谓"现象和补语强制现象在语境依赖性上的一个区别。

从表面来看，"补语强制"似乎是在动词语义要求下把补语的类型做一个转化，把相应的活动添加给"事物"使之转化为"事件"。这也是不少研究成果对补语强制现象的分析。

有些名词本身的语义类型就是"事件"或包含"事件"。像"午饭"就是"食物—事件"复合类型。"午饭很好吃但拖的时间太长"中，"午饭"和"很好吃"构成述谓关系时得到"食物"解读，和"拖的时间太长"构成述谓关系时得到"事件"解读。但在补语强制现象中，多项证据表明，补语类型既不是"事件"也没有转化为"事件"。形式语义学在这方面提出了一些测试方法来确认具体语义类型是否发生转变（Asher，2011；Asher & Luo，2012），对识别在语义组合中哪些是发生变化的语义因素非常有用，是之前其他领域的分析未能做到的。第一，回指词测试表明，回指词只能回指补语强制现象中作为补语的"事物"，而不能指向和补语联系的"事件"，如"Julie enjoyed book. It was a mystery."中代词 it 只能指"书"而不能指补语强制后得到的相关事件（如"看书"）。第二个测试方法是作格转换。像 begin、start、finish 这样的"作格动词"都可以作 NP1 V NP2（及物动词用法）和 NP2 V（不及物动词用法）之间的转换，其中及物用法中的宾语对应不及物用法中的主语。如果说在动词语义强制作用下动词论元转换为"事件"的话，便很难解释为何"John started reading the book at 10."/"The reading of the book started at 10/John started the book at 10."都可以说，却不能说"The book started at 10."。同样的事实可以用来反驳语用解释。假设"强制"是语用因素作用的结果，主宾语位置应该没有差别。强制现象中的跨语言差异也不应该存在。因为基于语用原则，不同语言使用者在语用推理方面应该是一致的。假如"强制"纯粹是语用机制作用的结果，很难解释为何"John began the book."可以说，而对应的汉语句子"约翰开始了这本书"却不能通过类似的"强制"得到"约翰开始读这本书"的解读。此外，动词语义发生变化（事件涉及的"活动"添加在动词上）的可能性也被证明并不存在。假定 enjoy 表示"enjoy doing (sth.) with..."[享受对……做（某事）]，用（动词）省略（gapping）的方法测试后就可以明确并非如此。"Julie enjoyed her book and Isabel her parade."一句补充完整后应该是"Julie enjoyed her book and Isabel enjoyed her parade."，如果说 enjoy 在"强制"过程中意义转变成了"enjoy doing（sth.）with..."，那么两个 enjoy 应该得到同样的解读，第一个 enjoy 涉及的活动也应该传递给第二个 enjoy，但实际上这个句子的解读不可能是"Julie enjoyed reading her book and Isabel enjoyed reading her parade."因此，动词语义在"强制"过程中发生转变这一观点不成立。基于以上测试结果，Asher 等人认为，在补语强制现象中发生转变的既不是补语也不是动词，而是动词和补语的组合方式。

9.3.4　语篇关系推理和语境依赖性

除了对语义组合机制有更细致的把握外，对逻辑多义和语义强制等现象的研究使形式语义学对可能和词汇语义发生互动的各类语境因素有了更全面的了解。

语义学家很早就关注到语境因素的引入（如隐性论元的解读）会受句法限制，并把讨论句法限制作为语义学领域研究语境依赖性的一个重点（如 Partee，1989）。Asher 和 Lascarides 等学者的研究则将对隐形成分的研究从句子层面扩大到语篇层面，不仅关注句法限制，也关注语篇限制，同时注意到词汇语义、述谓关系和语篇结构的关系，并将三者结合起来。

语篇概念的重要性是在 DRT 框架便已经提出。但对 DRT 来说，新旧语句的衔接是线性关系，而分段式语篇表征理论（segmented discourse representation theory，SDRT）（Asher & Lascarides，2003）引入了"语段"和"修辞/语篇关系"的概念，使语篇具有层级性。这方面的启发主要来自人工智能领域的研究 [Hobbs（1985）、Mann & Thompson（1987）等] 语篇关系又称"连贯关系"或"修辞关系"，主要有并列和从属两大类。常见的语篇关系有详述、叙说、解释、背景、平行、对比、因果等。语篇关系常常需要用推理来明确，这种针对语篇关系所做的推理称为"语篇含义"（D-implicature）。"小王摔倒了，小张撞了他一下"这一语篇中虽然没有用表示原因的"因为"，但是和"小王摔倒了，因为小张撞了他一下"一样，后一个小句是对前一个小句的解释。"语篇含义"和会话含义一样，也是可以取消的（Asher & Lascarides，2003）。如果之后有更多信息加入，就可能取消之前推理出的语篇关系。在"小王摔倒了，小张撞了他一下"之后添加"小王从悬崖边掉下去了"的信息，第二个小句和第一个小句的关系就从原来的"解释"（表示结果和原因）变成了"叙说"（narration）关系（表示事件发生的先后）。

语篇关系的推导依赖语境。为语篇新信息计算最优语篇连接点，确定新信息的语篇角色，是分段式语篇表征理论提供的胶合逻辑的主要任务之一。

9.3.5 词汇语义和语篇结构

分段式语篇表征理论提供的胶合逻辑的另一项重要任务是填补逻辑式中的缺口，即填补逻辑式中诠释未决（underspecified）的信息。Asher 等人的研究发现，这类信息的填补和语篇因素密切相关。Fodor & Lepore（1998）认为"强制"涉及的具体事件是通过推理得到的，而这种推理是百科或世界知识的一部分。Asher（2011：19）则认为"具体事件解读不是根据世界知识，而是根据语篇因素推衍出来的（语篇因素属于语言知识的范畴)"。因为虽然世界知识可以用来解释为什么"The goat enjoyed the book."中的 the book 得不到 reading the book 的解读(因为根据百科或世界知识,羊不会看书),但世界知识无法解释为什么"The goat enjoyed the book."中的 the book 的具体解读可以跟随语篇变化。"The goat enjoyed the book."中 the book 如何解读,取决于语篇是一般世界的描述(羊不能看书)还是一个童话(羊能看书)。前者得到类似 eating the book 的解读,而后者应得到 reading the book 的解读。

语篇的层级结构在语义强制现象中扮演了重要角色。补语强制中的事件解读对语境敏感,这个语境除了句子层面的因素外,还必须考虑语篇结构。"Yesterday, Sabrina began with the kitchen. She then proceeded to the living room."中 Sabrina began with the kitchen 涉及的事件无法确定,其结果如同回指词不能回溯到先行词一样,令句子无法得到解读。而如果在表示"叙说"的语篇之前加上一个句子,使"叙说"和之前这个句子构成"详述"(elaboration)和"主题"的关系,这一语篇结构就能使原来诠释未决的事件的逻辑式得到填充和解读。例如"Yesterday, Sabrina cleaned her house. She began with the kitchen. She then proceeded to the living room."就是这样的例子。语篇除了帮助解读外,对补语强制现象中事件解读的影响还体现在限制解读义方面。将"Yesterday, Sabrina cleaned her house. She began with the kitchen. She then proceeded to the living room."中的 cleaned 换作 painted,事件解读会跟随语篇主题从"She began cleaning the kitchen."变为 She began painting the kitchen(Asher,2011:19–20)。

9.4　模糊性与语境依赖性

9.4.1　模糊性和语境依赖性的相关性

研究语境影响真值的途径、语义组合和语境依赖性的关系,更多的是形式语义学在语境主义压力下对本领域原则和方法做出的反思,而对模糊性问题的讨论则可以看作形式语义学对哲学、心理学、语言学领域共同关注的语境依赖性课题的积极参与。对模糊性是否和语境依赖性相关，学界看法不一。通过捕捉和模糊表达相关的语境参数类型并且澄清模糊表达语境依赖的本质，形式语义学对模糊性这个经典课题做出了独特阐释。

一般认为模糊性有三个表现。首先模糊表达接受临界个案，即那些无法判定真值的个案，比如一个人的个头既不能算"高"也不能算"矮"的情形。其次是边界不清，即模糊表达的外延不清晰。比如"儿童""年轻"。最后是"堆垛悖论"，更笼统地说是"包涵度"的问题。Wright（1975）指出，模糊表达对细微变化具有包涵度。这种包涵度在堆垛悖论中得到了体现。堆垛悖论的大意是：假如一百万粒谷子构成一个谷堆，从谷堆上拿掉一粒谷子仍然是个谷堆，依次类推，一粒谷子也构成一个谷堆。但事实是一粒谷子并不能算是谷堆，这就构成了一个悖论。

模糊性是否可以用语境依赖性来解释，对这个问题学界的看法并没有完全统一。Williamson（1994）和Keefe（2000）持否定观点，原因是语境依赖性既不是模糊性的充分条件也不是必要条件。一方面，具有语境依赖性的直指词，如"我、现在"，并不存在模糊性，因此语境依赖性不构成模糊性的充分条件。另一方面，即便在语境确定的情况下模糊性仍然会存在。关于这一点，下一节我们还会解释。虽然有Williamson、Keefe等人的反对声音，但是Fara（2000）、Shapiro（2006）等诸多研究表明，从语境依赖性角度来解读模糊性仍是语言学和语言哲学界的主流。这些研究表现出的总体思路是：模糊表达的语义随语境参数发生变化。看不到语境依赖性和模糊性之间的关联，也许恰恰说明原有对语境的认识太过狭窄，需要加深对语境因素类型和来源的研究。

9.4.2 和模糊表达关联的语境参数

在和模糊表达相关的语境参数中，最先受到关注的是"参照项"。讨论的话题主要是"小、高、大、贵"等模糊形容词联系的参照项的来源问题。首先要区分模糊形容词作定语和表语的情况。比如"小象"中的"小"是模糊表达，"小"的参照项是"象"，即"小"的解读依赖于局部语境（"小"修饰的名词中心语）。在参照项没有明确表达的情况下，比如"小"作表语时，"小"的解读就要依赖更大的语境。

从模糊形容词"小"作定语的情况来看，"小象"中"小"的解读以"象"为参照项。从名词中心语提供参照项这点来看，模糊形容词类似"子集"形容词（例如"熟练的"）。但模糊形容词和名词中心语的组合是否真的和"子集"形容词相似，学界看法不一。Heim & Kratzer（1998）认为，模糊形容词的解释不同于"子集形容词"，后者的解释只能以名词中心语为参照，"熟练的打字员"只能解释为"作为打字员很熟练"，而模糊形容词联系的语境参照项可以由名词中心语提供，也可以在修饰名词中心语的情况下和中心语之外的语境参照项联系。和子集形容词相比，模糊形容词的解释更为灵活。虽然一般都把"金宝只是一头小象"中的"小"解释为"相对一般象的标准偏小"，但参照项也可以不由名词中心语提供。"金宝"作为大型非洲象，与普通象相比体型庞大，但是和大怪兽哥斯拉比较，仍可以说"金宝只是小象"，这里的"小"显然是和哥斯拉的体型相比。据此 Heim & Kratzer 认为，模糊形容词的解释依赖名词中心语并非必然，从集合论的角度来看，模糊性定语形容词还是应该归于"交集"形容词。Portner（2005）则认为模糊性定语形容词参照项只能由所修饰的名词中心语提供。按照 Heim & Kratzer 的观点，"一匹高大的马"应该被分析为"比照语境提供的参照标准高大并且是一匹马"，这里的参照项可以是"马"，也可以是语境提供的其他集合，但对 Portner 来说后一种可能性实际上并不存在。假如有一匹矮脚马，个头比一般的马要矮小，但是比一般的马驹要高大，能否以马驹为参照标准说这匹矮脚马"是一匹高大的马"呢？Portner 认为不可以，"一匹高大的马"只能表示"是一匹马，并且比一般的马高大"。同样的情况，以马驹为参照标准，可以说"这匹矮脚马很高大"，但不能说"这是一匹高大的马"。这说明，模糊性表语形容词的参照项可以随语境而定，更具灵活性，而模糊性定语形容词的参照项只能由其修饰的名词中心语提供。

在讨论语境参照项来源之外，语义学家还对其他语境参数进行了探索。总结起来，和模糊表达相关的语境参数一共有三个，分别是参照项、比较标准和显著大于。在参照项没有明确表达的情况下，需要知道参照项是什么，不同的语境可能会联系不同的参照项。即便参照项确定，比较标准也会有很多。比如"房子贵"，参照项是房子的话，仍会有比较标准到底是指房子的平均定价、过去的定价还是当事人能够负担的价格等不确定因素。即便参照项和比较标准都是确定的，"显著大于"到底是基于说话人、听话人、当事人还是其他个体的判断仍然有可变性，而且判断是否"显著"本身也有很大的主观性。因此，影响模糊性的语境参数并不多，但是可变性大。

9.4.3 梯级结构和语境依赖性

模糊性的重要研究对象是程度形容词。程度形容词都涉及比较标准，但是 Kennedy & McNally（2005）发现，对于不同的程度形容词来说，语境在比较标准设定过程中扮演的角色不同。Kennedy & McNally（2005）对程度形容词的语义进行了形式刻画，他们最大的贡献在于提出了"梯级结构"。根据梯级结构类型的不同，程度形容词可分为上端封闭、下端封闭、两端开放、两端封闭四种类型。绝对形容词联系的梯级至少有一头是封闭的。视封闭端是上端还是下端，绝对形容词分为"最大标准绝对形容词"（如"干""直"）和"最小标准绝对形容词"（如"湿""弯"）。和绝对形容词不同，相对形容词（如"高""长"）联系的梯级是"两端开放"的。

绝对形容词和相对形容词有几个方面的差异，包括堆垛悖论、比较标准的语境可变性等。就比较标准的语境可变性来说，如果两根绳子在受试看来都很短，要求受试挑出那根长的，结果会挑出两根绳子中相对较长的那一根。但如果面对的是两个同样不满的杯子，虽然一个杯子的水比另一个杯子的多，要求受试挑出满的那杯时，受试会不知所措。什么情况下受试能挑出满的那杯？只有在其中一杯装满的情况下。这个实验表明，相对形容词"长"的标准具有语境依赖性，会根据语境做出调整，而"满"只能根据词汇语义来选择比较标准（即选择梯级结构的最大值），这个标准是绝对的。

基于对绝对形容词和相对形容词的比较，Kennedy（2007）提出，虽然程度形容词都涉及比较标准，但语境在设定比较标准过程中所起的作用不同：绝对形容词的比较标准来自词汇语义，相对形容词的比较标准来自语境。绝对形容词联系的语义梯级结构是封闭的（有最大值或最小值），比较标准对应的是梯级结构封闭端的值（最大值或最小值），是绝对的。相对形容词联系的梯级结构的两端是开放的，没有限制；比较标准依赖语境，跟随语境浮动，是相对的。

9.5　总结

形式语义学领域的语境依赖性研究是对现有语境研究的丰富、拓展和深化，尤其是在语境影响语义的层面和途径、语义组合和语境依赖性关系、语境参数类型、语境因素导入的限制条件和本质方面取得了开创性成果。

语义是否在语境影响下发生转变，语境依赖性是否属于同一类型，语境依赖性的性质是什么，在这些方面形式语义学领域都展示出精细的测试手段和比较方法，更多的语境依赖性证据有待进一步挖掘。

同时，更多的语境敏感表达还有待纳入研究。目前语义学领域对模糊表达语境依赖性的分析还只局限于程度形容词；模糊表达涉及很多不同的范畴，除程度形容词外还有名词、动词、介词、副词等。程度形容词可用于比较级，语义和维度变化有关，而像名词这样的类别，其语义和维度变化并无关系。如何将基于程度的语境依赖性分析推广到这些类别还是个问题。

跨语言研究包括针对汉语的研究，仍有待开展。虽然在补语强制等方面已经有一些基于汉语的讨论，但是从汉语出发尤其是以类型论为框架的语境依赖性研究仍付阙如。

第 10 章
语义诊断测试：方法和误区

10.1　引言

　　语言学的各个分支都用到诊断测试方法，比如句法学需要测试句法成分，音系学需要测试音位等。语言使用者对句法成分和音位都有一些直觉，某一组词好像构成一个单位，两个音事实上像是同一个音。但是作为科学研究，需要借助客观的测试方法，比如确定句法成分的易位、代词化、并联、删略、简答等方法，确定是否是不同音位的最小对立对方法等。语言学家需要开发测试方法，建立相关"指征"和特定语言属性的关系，将这些测试用于母语咨询对象，根据测试结果来判断语料中是否存在相关"指征"。

　　语义学领域也是一样。例如，英语的 brother 是有"哥哥"和"弟弟"两个意义还是只有一个笼统的意义，仅凭直觉不好判定。而且因为表达和意义之间的联系具有很大的跨语言差异，以其他语言对应表达的情况为标准来判定，不可行也不具有科学性，只能依靠诊断测试。

　　自然语言语义分析最基本的需要确定一个表达涉及意义的数量，即便只有一种意义，也还有语义模糊（vagueness）抑或是语义笼统（semantic generality）的问题。语义又分不同类型，因此还需要对语词的语义类型加以判定，例如是描述义还是非描述义。除识别语义类型外，还需要确定语义表达的维度，是在言义还是非在言义等。无论是语义数量的确定，还是语义类型、维度的判断，都需要证据，而证据通常由诊断测试结果提供，因此诊断测试在自然语言语义研究中具有重要地位和作用。

　　语义的微妙性、语境依赖性和各种可能的语义"重叠"，使语义属性的诊断测试有着自己的特点。以非现实语气和将来时为例,一个标记究竟是非现实还是将来时标记,仅仅依靠直觉很难判断,因为非现实语气标记常常被用来表达将来时(Comrie,1985;Dixon,1972。要将两者区分开来,就必须分析两者语义上的重叠和差异,据此设计语义测试方法。非现实和将来的相似之处是都表达非现实。主要区别在于:非现实不一定是将来的状况,也可以是过去或现在的非现实状态,如反事实的情况。基于此,如果一个标记可以用于与现在或过去事实相反的反事实条件句中,那么它就是一个非现实标记而不是将来时标记(Matthewson et al.,2005)。

在过去的几十年里,语义学领域的学者在多个语义专题的研究中开发出了诊断测试方法。除了了解具体的测试方法,近年来语义测试方法主要在哪些方面有了显著提高?在语义测试方法的设计和使用上有哪些需要注意的方面?如何看待在使用测试方法时碰到的例外和反例?有哪些可能的陷阱?对这些问题的思考,可以促进语义研究领域对诊断测试方法的理解与运用,也为语义测试方法的开发和完善提供借鉴。

10.2　语义诊断测试的常用方法:最小对立对

针对具体语义属性设计的测试虽然各式各样,但有一些相对普遍适用的测试方法,例如最小对立对。语义研究的最小对立对方法,是针对表达形式在语境中的使用,最小地改变这个表达形式或相关语境,看母语咨询对象的反应是否改变。

Tonhauser & Matthewson(2015)提出,语义研究中可以有不同类型的最小对立对:可以是语言表达式有最小不同,语境相同,以此判断两个表达式在语义方面是否有差别;可以是表达式相同,语境有最小不同,以此判断表达式对两个语境的差异是否敏感。表达式不同、语境也不同的情形不予考虑,因为这种情形下对立不是最小的(表达式和语境都不同),无论咨询对象反应相同或不同,研究者都不能确定是表达式还是语境应该对判断结果负责,因此达不到运用最小对立对的目的。

最小对立对的最大好处在于可以控制差异,有助于确定引起测试结果差异的因素。

C. Voegelin & F. Voegelin(1969)可以说是最早引入最小对立对测试方法的语义研究。"pam iciviʔiwta"和"pam ʔas iciviʔiwta"是霍

皮语的例子。两个句子都用了非将来动词形式，唯一的区别是前者没有 ?as 而后者有。测试结果是，前者表示 pam（"他"）在某个非未来的时间生气了，可以是过去生气，也可以是现在生气，加了 ?as 之后则只能表示"在过去某个时间生气了"（C. Voegelin & F. Voegelin，1969：195）。两个句子对应不同的语境，表明 ?as 的添加与否对句子的解读有影响，测试结果的不同因而必须归因于表达式的差异。

除了改变表达式，也可以改变语境。Tonhauser et al.（2013）利用最小对立对，检验 Paraguayan Guaraní 语中 avei 的使用是否受到"强语境适恰性"（strong contextual felicity）的制约。语境是：玛莲娜坐在去城里的公交车上，正在吃一个汉堡包。一个她不认识的女人坐到旁边说"Ñande-chofeur o-karu empañada avei."（我们的司机也在吃肉馅卷饼。），这种情况下句子不可以接受。改变语境中"玛莲娜正在吃汉堡包"这一信息（改为"玛莲娜正在吃肉馅卷饼"），其他保持不变，这时"Ñande-chofeur o-karu empañada avei."就变得可以接受。判断结果的差异由语境差异引起，这表明 avei 的使用适恰性对语境敏感。

10.3　语义诊断测试的趋势：细颗粒度测试

对意义的不同类型和维度开展细颗粒度的甄别是近年语义测试的一个重要方向。这一发展和形式语义学研究范围的拓展有密切联系。从传统的真值条件到语义规约研究，语义研究对象也从蕴涵关系扩展到规约含义、言外之义、主观义等多个层面的语义，随之出现了区分这些意义的相应的测试方法。

非在言内容，正像在第 8 章中介绍的那样，有不同的子类型。例如，规约含义和预设都属于非在言内容，但规约含义和预设的差异之一在于前者提供新信息，说话人不能假定它是共同背景的一部分。基于这一特点，要将两者区分开来，可以将这部分信息设置成背景信息（在上文中用作断言）看是否会造成冗余。不会导致冗余的是预设。这些测试方法带来的启示是：捕捉语义类型的主要特点，根据区别性特点设计相关诊断测试方法非常重要。

诊断测试的精细化不仅体现在语义的细分上，也体现在对测试方法和被测语义对象之间关系的精确把握上，针对预设，句群测试可以说是一种经典的诊断测试方法。但近年来的研究表明（参阅第 8 章），能够通过句群测试是确定为预设的必要条件而非充分条件：句群测试区分的实际上是投射内容和非投射内容，预设只是投射内容的一个子类。在纠正之前认识偏差的基础上，可以更恰当地运用诊断测试方法来进行有针对性的细颗粒度测试。

除非在言义外，在语义测试精细化方面表现突出的还有主观义等。主观义的其中一种判断方法是"无错分歧"效应。例如 A 说"Skating is the most fun!"（滑冰最好玩！），B 说"Skating is not fun!"（滑冰不好玩！），两位说话人虽然有分歧，但是可能谁说的都没错（Kölbel, 2002）。另一种判断主观义的方法是能否用于主观态度动词 find 的非限定补语位置（Sæbø, 2009）。例如，"Beatrice finds skating the most fun."（比阿特丽斯发现滑冰最有趣。）中的 the most fun。如果可以用于所测试的这个位置，就可以判断是表达主观义。Kennedy（2013）在此基础上又前进了一步：模糊谓词会产生无错分歧效应，但不一定能出现在 find 的非限定补语位置（例如表示维度的模糊谓词 large、small、old、tall 等，不能通过 find 测试："?? Anna finds her bowl of pasta large/small.""?? Anna finds Carla old/tall."；同时拥有维度和评价两种意义的谓词如 heavy、light、dense 等，能通过 find 测试的一定只有评价义的情况："I find this piece of cake heavy." 中的 heavy 只能表示"难消化"不能表示"重"。）；评价谓词（tastsy、disgusting、stimulating、boring、annoying 等）则两种情况都可以。Kennedy 得出的结论是，两种方法检测的是两种不同的主观义。前者的主观义是比较标准的不确定性导致的，是语用主观义；后者则是由定性评估的词汇语义决定的，是语义主观义。

作为语义研究中需要区分的重要概念，蕴涵义和会话含义的区分是语义分析中不断重复出现的议题，在针对不同语言、不同语义现象的测试中都会涉及，具有广泛的适用性。相关的诊断测试方法也存在已久。判断是蕴涵义还是会话含义可以根据命题与被推出命题否定式的合取式的真值情况来判定，称为"矛盾测试"（contradiction test）。如果测试结果是矛盾的，也就是任何情况下都不可能为真，那么被推出命题就是蕴涵义。和表示逻辑必然性的蕴涵义不同，会话含义表示的是可能的推论，即便在特定语境下得到某种推论的可能性很大，仍然是可取消的。

在语言分析中有很多容易将两者混淆的情况。例如终结性（telicity），在有的语言中是蕴涵义，有的语言中是含义。如果不用矛盾测试这种明确区分蕴涵义和语用含义的测试方法，只是询问母语咨询对象得到终结性解读的可能性的话，咨询对象可能会从语境因素出发，对存在终结性做出肯定的回答（尽管这种终结性推论也许只是在语境中很可能）。这样一来，原来两种推论的本质区别就会模糊不清，两种本质不同的终结性就会被混为一谈。又如在对意外性（mirativity）范畴的研究中，Peterson（2015，2016）提出有寄生性和非寄生性两类意外义，区别在于意外义的编码层级不同，只有对后者来说意外义才是蕴涵义。区分这两种意外义坚持矛盾测试方法显得尤其重要。

10.4　语义诊断测试需要注意的问题

10.4.1　标准的清晰性和测试的针对性

从测试标准来看，要求对语义属性先有一个清晰的刻画。语义属性缺乏定义或定义模糊，不可能形成清晰的预测，也不可能具有可测试性。比如语义研究中广泛讨论的有定性（definiteness），在文献中就涉及不同的标准，如熟悉性（说话人熟悉的语篇中的先行词指称对象）、唯一性／最大化（语境中唯一／全部具有名词所刻画的语义属性的先行词指称对象）（Armoskaite & Gillon，2014）以及回指性和同质性（Dayal，2018）等。测试有定性需要先明确采用的是哪个标准。

清晰的定义是测试相关语义属性的前提，但测试是否实际针对该语义属性是另一个问题。例如，在词汇体的测试中，一般认为判断动态性（状态和非状态区别）的方法主要有以下五种：进行体、祈使句、force/persuade 的补语位置、和 deliberately/carefully 共现、假分裂结构，能通过这些测试的都是非状态（non-stative）谓语（Lakoff，1965/1970）。但事实是，祈使句、force/persuade 的补语位置、和 carefully/deliberately 共现都是"施事性"（agency）测试（Dowty，1979：112）。施事性是对事件的控制（Dowty，1991）。之所以存在混淆，原因是语义属性之间的重叠，动态谓语的主语常常是施事性的，而状态谓语的主语通常是非施事性的（Smith，1997）。尽管动态性和施事性关系密切，但这两种语义属性毕竟不同，状态性可以具有施事性，动态性（非状态）也可能不具有施事性。如果说状态动词一般不能通过祈使句测试 [如 "#Know the answer!"（知道答案！）］，而施事性的状态动词可以 [如 "Don't fear snakes and insects!"（不要害怕蛇和昆虫！）］，就需要考虑相关测试真正敏感的是否有可能是施事性。再看非状态动词，这类动词一般能通过祈使句测试 [如 "Go away!"（走开！）］，但如果这类动词中的非施事性动词不能通过测试 [如 "#Roll down the hill, rock!"（岩石，滚下山去！）］，则说明祈使句测试很可能针对的就是施事性。

对进行体作为动态性测试也有不少反思。Carlson（1977）认为这一测试方法针对的是阶段谓语（stage-level predicate）和个体谓语（individual-level predicate）的区分，而不是状态和非状态。阶段谓语刻画"阶段"属性，是临时的、短暂的属性或事件，个体谓语刻画相对永久的属性或特征。个体谓语一般表示状态，但阶段谓语除表示非状态也有表示状态的 [如 Dowty（1979）提出的 interval statives，也称为"动态状态"，和静态状态相对]。同样是表示状态的 lie，表示相对永久状态的个体谓语用于进行体不可接受 [如 "#New Orleans is lying at the mouth of the Mississippi."（新奥尔良位于密西西比河口。）］，表示相对短暂状态的阶段谓语则可以 [如 "My socks are lying under the bed."（我的袜子在床底下。）]（Kearns，1991）。因此，对进行体测试敏感的语义属性应该是阶段 / 个体谓语而不是状态 / 非状态的区分。

语义的重叠对测试方法的设计和使用来说意味着陷阱。要分清语义测试针对的到底是怎样的语义属性，可以从反例出发，比较通过测试的语料和反例（例外）在语义上的异同，以确认对测试真正敏感的语义属性。

10.4.2 怎样看待例外和反例

如前所述，针对反例的其中一种处理方法是在比较反例和正常预测结果的基础上甄别相关测试真正敏感的语义属性。语义测试的重要目的之一就是分辨接近的语义，因此重新审视非常必要。反例为此提供了契机。

还有一类反例不太一样，不能算是真正意义上的反例，甚至某种意义上为测试方法的有效性提供了支持。这就是我们通常说的"修复"或"强制解读"的情况。例如，in 引出的时间状语是用来测试终结性的，只有具有终结性的完成和成就动词短语可以通过测试，动词短语如果表示状态或活动应该就不能和 in 引出的时间状语合用。但 Smith（1997）、

Kearns（2011）提出了不少体强制解读的例子。"They walked in the park in an hour."（他们一个小时内在公园里散了步。）这样带活动动词短语的句子某些情况下也允许 in 引出的时间状语。看上去似乎是个反例，但仔细考察这类句子可以接受的语境，会发现类似句子只能用在活动有一个固定终点（语境赋予的终点）的情况下。这一强制解读恰恰证明了 in 引出的时间状语和终结性的联系，证明了测试方法原来的针对性是站得住脚的。

　　还有一些特别的反例，牵涉的例外情况很可能会触发新的理论思考。例如，同位语关系从句一般被看作表达非在言成分。然而近年来的一些研究（AnderBois et al., 2010; Koev, 2013）表明，句法位置（同位语关系从句出现在句中还是句末）会影响在言和非在言的情况。测试结果表明，句末位置的同位语关系从句 "She took care of her husband, who had prostate cancer."（她照顾她的丈夫，他得了前列腺癌。）不同于句中位置的同位语关系从句，前者可以直接反驳。针对在言和非在言的其他测试结果也证明了这一点，例如句末同位语关系从句可以作为后续省略句的先行语（Frazier & Clifton, 2005）。句法位置不同导致测试结果的差异，这相对原来的测试框架是个意外，但也正是这个意外促使语言学家思考在言和非在言的本质问题。

　　反例和例外远不止上述情况。区分情况认真对待，无论是对测试方法的有效运用，还是理论思考的推进都可能会有助益。

10.4.3　跨语言适用性

　　语素、句法、词汇都会因语言而异。测试方法建立在某一种具体语言特殊的语素、句法、词汇特点上，在跨语言运用时就可能会造成问题。

　　现有测试方法有的是基于英语具体的词汇、语素或结构特点设计的。例如前一节提到的进行体测试，对于不存在这些体标记的语言来说相应的测试方法就不适用。还有的测试方法基于两种语素、词汇或结构的区分，但未必所有被测试语言都作相应区分。例如，区分英语终结性 / 非终结性有两个重要的测试方法。一是用 for、in 引导的时间状语：for 引导的时间状语只和非终结性动词短语兼容，和终结性动词短语不兼容，而 in 引导的时间状语恰恰相反，只和终结性动词短语兼容（Vendler,

1957）。这种测试方法被 Filip（2012：722）称为针对英语语料测试终结性 / 非终结性"最可靠最常用"的测试方法之一。另一个测试方法是用 finish 和 stop。finish、stop 都和表完成的终结性动词短语兼容，而只有 stop 和非终结性动词短语兼容。针对英语的这两种测试方法对阿萨巴斯卡语（Athapaskan）来说却不适用。阿萨巴斯卡语对应 in x time 和 for x time 只有一种表达，和终结性、非终结性动词短语都兼容；就 finish、stop 测试来说，阿萨巴斯卡语中和 finish、stop 对应的词只有一个（ʔanast'e），和终结性、非终结性动词短语也都兼容（Wilhelm，2003）。

　　还有的测试方法无法跨语言运用并非因为缺乏相关特征 / 结构，而是因为不同语言的句型只是表面相似，对相关语义属性的敏感性实则不同。当用来作为测试手段时，这种跨语言差异就需要特别注意。以个体谓语和阶段谓语的区分为例，Chierchia（1995）提出以下五种测试方法。第一，个体谓语不能和时间状语、处所状语共现（Kratzer，1995）；第二，个体谓语和 always 这样的量化副词不兼容；第三，个体谓语的光杆复数名词短语主语作类指解读，阶段谓语的光杆复数名词短语主语一般作存在解读；第四，there be 句型句末位置允许阶段谓语，不允许个体谓语；第五，个体谓语不能作为知觉动词的小句补语，阶段谓语可以。前三种测试英语和汉语都适用，但最后两种有些特殊。和英语不同，汉语的 there be 句型句末位置既允许阶段谓语（有三个女孩生病），也允许个体谓语（有三个女孩很聪明），无法像英语一样用此方法来区分这两类谓语（"There are three girls sick."；"#There are three girls smart."）。如果说英语 there be 句型应分析为 be 动词之后接一个小句（Lasnik，1992；Milsark，1974），汉语相似的句型也许应该做不同的分析（例如 NP-XP 分析）（Huang，1987）。另外，针对第五种测试方法，汉语阶段谓语和个体谓语都可以出现在知觉动词的小句补语位置（例如：我可以看到约翰在屋顶上；我可以看到约翰很高），也和英语的测试结果不同（"I could see John on the roof."；"#I could see John tall."）。Higginbotham（1983）和 Parsons（1990）指出，知觉动词可以表示个体和事件之间的关系，也可以表示个体和命题的关系。后一种情况下，英语知觉动词的使用并不排斥个体谓语（例如："I could see that John was on the roof."；"I could see that John was tall."）（Chierchia，1995）。汉语的测试结果和后一种情况相似。

跨语言测试方法的适用性需要联系具体个案来考察。至少在开发和运用测试方法时，不能想当然地认为针对一种语言开发的测试方法都可以自动运用于其他语言。

10.5　总结

本章强调诊断测试对语言学研究特别是语义研究的重要性，讨论语义诊断测试的基本方法、发展趋势，以及如何在开发和运用诊断测试方法时避免误区和陷阱。在语义学研究对象从真值条件向规约性标准的转变趋势下，语义学研究扩展到多个层面的语义，促使语义诊断测试也呈现日趋细颗粒度的发展态势。从语义诊断测试方法的开发来看，需要注意的基本问题主要是定义的清晰性和测试的针对性，其中对于语义重叠造成的测试误区需要特别留意。在语义诊断测试的运用方面，需要注意有哪些类型的例外和反例、如何区别对待，以及如何看待跨语言适用性问题。由于跨语言语素、词汇、结构的差异，语义诊断测试方法并不一定具有跨语言普遍适用性。

第 11 章
形式语义学和实验方法

11.1　引言

　　实验和田野调查、语料库研究一样，是多种语言学研究方法中的一种。实验可以为理论的验证提供支持，例如得到更能反映真实情况的直觉判断材料、确定某种语言现象的本质、辨析某些语言现象的影响因素等。在上述这些方面，实验语义学和实验句法学、实验音系学没有大的分别。开展实验语义学研究，既需要熟悉语义学领域的研究专题，也需要掌握问卷、快速判断、自定步速阅读、反应时间实验、眼动追踪、ERP、fMRI 等实验方法。这些方法可归纳为非实时的线下实验和实时的线上实验两种类型，其中，实时的线上实验是捕捉语言加工时间点和过程的有效手段。需要指出的是，上述这些方法都非实验语义学所特有。

　　本章的重点在于探讨实验方法对形式语义学研究的特殊意义：语义研究有哪些方面是必须凭借实验才能开展的？这些实验是基于怎样的语义学理论思考？对语义学理论研究又会产生哪些影响？

11.2　语义实验的探索领域（一）：语义和语用的分界

　　实验方法对语义研究的重要意义之一是在传统研究手段缺失、无法发挥作用的情况下，起到弥补作用。

　　语义最初和实验联系在一起是在"实验语义 / 语用学"这一名称中。实验语义 / 语用学主要研究语义 / 语用的分界问题。这类研究主要是基于新格莱斯理论、关联理论等语用理论做出的预测，因此统称为实验语用学。关于语义/语用的分界，最主要的争议在于是否存在不受语用侵蚀的语义层面的问题。一种观点认为，语义解读发生在前，存在语义和语用的分界。另外一种对立的观点是，语用因素几乎从一开始就参与语义解释。级差含义的生成是广受关注的现象。关于级差含义的产生，有两种观点。一是像新格莱斯主义认定的那样，级差含义是默认的，级差含义的生成不依赖语境，之后级差含义有可能在语境因素作用下（当语篇信息和级差含义矛盾时）被取消（Levinson，2000）。二是语境驱动论，是关联理论的思想，认为级差含义本身就是特定语境的产物，在特定语境要求下才会产生，在不具有语境相关性前提下不会生成（Carston，2002）。

上述观点泾渭分明，生成的预测十分明确，检验相关理论具有较强的可操作性。级差量词分上界解读和下界解读两种。以量词"一些"为例，上界解读是"最多一些"（不是所有），下界解读是"至少一些"（可能是所有）。对于默认模式来说，在下界解读的情况下，要先生成级差含义再取消，因此加工时间要比不涉及含义取消的上界解读长。对于语境驱动模式来说，在下界解读的情况下，不生成级差含义，因此下界解读情况下加工时间比上界解读短。

由于语用介入非常迅速，语用因素的介入阶段以及和语义因素之间的微妙关系用传统的直觉内省方法无法揭示。要捕捉语义/语用之间的动态关系、展现语言加工过程，只有借助实验方法。

有关加工时间的预测在级差含义认知加工模型实验中扮演了重要角色，相关实验主要围绕"解读速度"（Noveck & Sperber，2007：196）来设计，例如自定义步速阅读时间实验、反应时间实验等，实验结果十分复杂。一方面表现在对加工模式的确认上，两种模式都有支持和反对的实验证据。另一方面，实验表明，理论上认为属于一类的级差词可能在语义和语用上不尽相同。通常标准级差词都是下界语义，通过级差含义得到上界语用义（Horn，1989）。但实验表明，数词（Papafragou & Musolino，2003）、程度修饰词（如 half）（Papafragou，2003）和做下界解释的标准级差词不同，语义上并非下界义。级差含义是语义/语用分界研究的一扇重要窗口。实验证据除了开启对具体级差词语义/语用的研究外，也将促进语义学领域进一步反思和澄清语义和语用的界限问题。

11.3　语义实验的探索领域（二）：隐性语义

语义研究中另一传统手段难以发挥作用的领域是隐性语义研究。

语义学的一条基本原则是语义组合原则，即复杂表达的语义由组成部分的语义及组合方式决定。从这一形式语义学研究的基本原则来看，语义组合的每一步骤都必须有句法组合的步骤与之相对应，换言之，句法和语义是同步的。但是有些时候语义组合没有相应的显性句法组合步骤与之对应。以补语强制现象为例，"The author began the book." 表示 "The author began writing the book."，其中 writing 是隐性语义，在句法上不可见。补语强制现象的实质是什么？是句法（假设存在隐性句法中心词）、语义（假设存在语义类型转换），还是语用？理论语言学主要基于传统测试方法排除句法和语用可能，通过否定其他可能间接得出补语强制是语义性质的结论（Asher，2011）。

如果语义组合没有相应的句法组合步骤与之对应，就会出现句法 –语义的错配。Pylkkänen（2008）指出，如果这种错配是句法性质的话，可以通过传统的句法测试来证明。但如果像补语强制现象那样，传统测试排除了含隐性句法中心词的可能（即隐性语义没有对应的句法表征），要探究在语法中不可见的隐性语义的本质就十分困难。在传统测试方法不能提供正面证据的情形下，心理语言学、神经语言学实验有望提供弥补手段。补语强制的语义加工实验表明，补语强制句（如 "The author was starting the book in his house."）要比简单及物动词句（如 "The author was writing/reading the book in his house."）阅读耗时长（McElree et al.，2001）。这一发现明确了补语强制句和简单及物动词句的区别。

但是为何补语强制现象会需要更多的认知努力或者说加工成本？这方面的实验主要通过对比相似现象，细致区分不同现象在加工难度上的不同和可能的影响因素，为澄清语义强制现象的本质提供依据。这得益于心理 / 神经语言学本身的发展和实验设计的日益复杂和精细化，是语言学传统测试方法很难做到的。

更大的加工成本是因为隐性成分吗？实验表明，涉及隐性成分的句子（如含隐性施事的 "The ship was sunk."）并不比不涉及隐性成分的句子（如 "The ship had sunk."）加工难度大（Mauner et al.，2002）。是由于选择 / 提取相关活动信息的难度吗？是否可能的选择越多，加工难度越大？实验表明，可选择活动项相对较多的"The director started the script."并不比可选择活动项较少的"The student finished the essay."加工难度大（Frisson & McElree，2008）。

语境信息常常能降低加工难度。如 by 引导的短语可以引出处所，也可以在被动句中引出施事。在没有语境信息的情况下，被动句"The shrubs were planted by the greenhouse."加工难度要比"The shrubs were planted by the apprentice."大，但通过增补语境信息"Where were the shrubs planted?"，"The shrubs were planted by the greenhouse."的加工难度就会降低（Liversedge et al.，1998）。语境是否影响补语强制现象的加工难度呢？实验发现，仅仅在语境中提供有关"活动"的信息（例如在"Before he began the table..."前加上"The carpenter was building all morning."）对加工难度并没有影响。只有在语境中提供明确"事件"信息的情况下（例如在 before he started the book 前加上 The student started/read a book in his dorm room），加工难度才会降低（Traxler et al.，2005）。这在一定程度上说明，语义的"实时构建"（on-line construction），即"构建事件表征"才是补语强制现象问题的核心。

虽然这些实验的设计和结论都还有待推敲，但在为隐性语义研究提供正面证据方面，实验对现有测试手段的补充作用是不容忽略的。对相似现象的实验比较，也值得借鉴。

11.4 语义实验的探索领域（三）：语义属性／表征的心理现实性

11.4.1 语义学：数学还是心理学？

Partee 在 20 世纪 70 年代就提出"语义学是数学还是心理学"的问题（Partee，1979）。对这一问题的思考来自对语义学两种完全不同的定义：一种是作为心理学分支看待的语义学，源自乔姆斯基生成语法的传统。和句法学、音系学一样，作为心理学分支的语义学的研究目标是揭示说话人头脑中的隐性知识；另一种是作为数学的语义学，即蒙塔古语义学。作为数学的语义学沿袭的是 Frege 的传统，认为意义就是真值条件，语义学的任务就是刻画自然语言的真值条件。在 Montague 看来，之所以语义学是数学而不是心理学的分支，是因为研究借鉴的是数学领域形式语言的研究方法（Thomason，1974）。

语义分析是否可以／应该协调这两种矛盾的语义观，历史上学者对这一问题有不同回应。Fillmore（1974）强调语义分析中理论概念的心理现实性。简言之，就是解释理论提出的结构在言语加工过程中应有相对应的心理表征，表征结构会作为言语加工过程中的一个真实环节出现。Fillmore 提出，语义学理论是否反映语义理解过程应该作为评价语义研究的相关性测试（relevance test）。更多的学者认为形式语义学的语义模型／表征和心理模型／表征不是一回事，但应当在协调两种语义观方面进行尝试。

形式语义学领域定义内涵意义的核心概念是"可能世界"。学者们对可能世界不具有心理现实性的看法基本是相同的，认为可能世界语义学不能看作对于语言使用者心理机制本身的刻画。Partee（1988：117）为此打了一个比方："认为可能世界存在于说话人的头脑中，和认为重力理论存在于一个落下的苹果中一样，值得怀疑。"类似的观点也可以在心理学家如 Johnson-Laird（1982）中看到。

将形式语义学模型和心理模型完全对应起来也许是一种奢望。但是协调两种不同的语义观，一直在议程之中。Fodor（1982）认为，打通两种语义观之间壁垒的努力最终不一定能够成功，但不应被视为是鲁莽的冒险。两者可以兼容的想法是研究的动力之一。在 Partee（1979）看来，心理理论并非不可以用数学形式表达，因为语言机制是有结构的，而数学是现有的刻画结构的最好方式。另外，对心理理论没有兴趣也并不能排除形式语义学家提出的理论可能可以解释心理机制。证明语义心理现实性的尝试并不多，两种语义观也远未得到协调，但值得强调的是，有限的实验研究已经提出了一些方法，获得了一些初步的成果，能够证明这项研究的价值：语义心理现实性实验研究对于形式语义学（以及心理学）研究来说并非可有可无。

11.4.2　主观语义属性判断和认知可及性研究

语义心理现实性的已有实验集中于量词研究。广义量词理论

（generalized quantifier theory，GQT）是形式语义学重要理论之一（Barwise & Cooper，1981）。在这一理论框架下，量词被看作集合之间关系的表达。广义量词理论的提出主要是为解决一阶逻辑无法处理的"比例量词"（proportional quantifier）问题，其中，量词的蕴涵样式，即蕴涵的单调性（monotinicity）是一个重要发现。量词单调性，简言之，是量词能够保留或是反转集合之间的子集关系，保留子集关系的称为向上蕴涵（单调性递增），反转子集关系的称为向下蕴涵（单调性递减）。两个集合如果 B 是 C 的子集，Det A B 表达的命题蕴涵 Det A C 表达的命题，那么语义上就是单调性递增。如果 B 是 C 的子集，同时 Det A C 表达的命题蕴涵 Det A B 表达的命题，那么语义上就是单调性递减。单调性能够解释很多语言现象，最具代表性的是否定极性词的使用。

　　蕴涵单调性从被发现以来一直都被看作是无可争议并具广泛解释力的语义属性。至于其心理现实性的问题，并不是形式语义学家的关注点，很少有相关的实验。在心理学领域，虽然三段论推理是重要的研究专题（三段论推理涉及 all、some、no 这些量词），但心理学关于三段论推理心理机制的实验主要基于逻辑规则（Rips，1994）、心理模型（Johnson-Laird et al.，1989）或概率（Chater & Oaksford，1999），没有关注语义学领域的广义量词理论，因此没有在实验中将量词单调性纳入考虑范围。Geurts（2003）从广义量词理论中汲取营养，提出基于单调性语义属性的推理模式，克服了逻辑规则和心理模型只能表征个体的局限以及概率分析必须把所有量词都处理成"比例量词"的问题。推理必须基于对量词意义的理解，基于语义属性的三段论推理机制因此避免了以往研究最为致命的特设性问题。

　　在形式语义学框架内对单调性开展实验研究的主要有 Chemla et al.（2011）。这项基于单调性直觉判断程度性的研究，在探究抽象语义特点/关系的认知可及性方面具有开拓性，在心理现实性研究方面也具有启发意义。

　　直觉判断传统上是一个绝对概念，生成语法研究中的合语法性判断就是这样一个概念。近年来学界开始重视合语法性的程度问题。针对否定极性词的使用，一些学者提出，从合语法性判断结果来看，否定极性词的使用并非总是"可以"或者"不可以"，像"Exactly one student ate anything."就是接受度中间判断（Rothschild，2006）。和句法领域相比，语义领域直觉判断的程度性更不受重视。抽象的语义属性例如单调性一直被看作客观属性，要么存在要么不存在，没有中间状态。

然而，句法和语义的相关性决定了假如合语法性是程度概念的话，那么很可能相关的语义属性也应当是程度性的。句法使用通常需要语义条件的允准，如果句法判断有程度性且相关语义属性又是绝对概念，那么句法直觉判断的程度性就有可能不好解释。将程度性判断纳入语义实验，可以重审绝对直觉判断下的结论在更客观的程度性判断框架下是否仍然成立，更重要的是，可以考察抽象语义属性的认知可及性问题。

Chemla et al.（2011）将单调性判断看作程度概念，通过连续量来标记判断的程度性。将单调性的程度性纳入研究就是承认这一抽象语义属性的主观色彩，即单调性是普通人感知到的单调性（perceived monotonicity）。由此，单调性从形式语义学中的客观属性变成具有主观性的概念。Chemla et al.（2011）的实验表明，主观单调性程度判断和否定极性词可接受程度判断之间具有高相关性。一个特别值得注意的发现是，"被试内"主观单调性判断和"被试间"主观单调性判断相比，前者和否定极性词合语法性判断的相关度更高。换言之，形式语义学理论研究中用来解释否定极性词使用的蕴涵单调性不仅仅是一种抽象的语义属性，还具有认知可及性。

Chemla et al.（2011）将语义单调性程度判断纳入考虑的做法，对开展语义心理现实性实验具有指导意义。开展对抽象语义特点的主观感知判断实验和认知可及性研究是语义实验的一个方向。

11.4.3 等值语义表征和相关验证策略研究

形式语义学以真值条件刻画为主要任务，常出现表达有别而真值条件相等的情况。由于真值条件相同，用来刻画 more than n 的语义表征也可以刻画 at least n+1 的语义，反之亦然；at most n 和 fewer than n+1 的语义表征、most 和 more than half 的语义表征也可以互释互换。如（1）~（3）所示：

（1）a. [[more than n]] (A)(B) = [[at least n+1]] (A)(B) = 1 iff $|A \cap B| > n$

b. [[more than n]] (A)(B) = [[at least n+1]] (A)(B) = 1 iff $|A \cap B| \geqslant n+1$

（2）a. [[fewer than n+1]] (A)(B)=[[at most n]] (A)(B)=1 iff |A ∩ B| < n+1

b. [[fewer than n+1]] (A)(B)=[[at most n]] (A)(B)=1 iff |A ∩ B| ≤ n

（3）a. [[most]] (A)(B) =[[more than half]] (A)(B)=1 iff |A ∩ B| > |A − B|

b. [[most]] (A)(B) =[[more than half]] (A)(B)=1 iff |A ∩ B| > 1/2|A|

具体哪种表征形式更能反映心理现实性，并不是以真值条件刻画为目标的形式语义学家的任务。当然，作为理论语言学家，对哪种语义表征更恰当也会各持己见，但一般是基于理论内部的考虑。

对真值条件相同的表达进行认知心理实验研究，对于形式语义学来说，可能意味着找到具有心理现实性的语义表征形式。当然，形式语义学理论提供可能的语义表征作为研究基础也十分重要。

在目前有关量词理解的实验研究中，对数量验证（verification）过程的研究颇具启发性。这里仅以 most 和 more than half 为例来阐述语义学理论和心理现实性实验研究的关系。

在广义量词理论框架下，most 的语义可表示为"|A ∩ B| > |A − B|"（即 most 修饰的名词所指项和句子谓语所指项的交集成员数量大于名词所指项集合中不属于句子谓语所指项集合的个体的数量），也可以表示为"|A ∩ B| > |A|"（即 most 修饰的名词所指项和句子谓语所指项的交集成员数量要大于名词所指项集合成员数量的一半）。两种表征方式从真值条件来看是相等的。和 most 一样，more than half 也有两种语义表征形式，如（3）所示。

实验的启发主要是在数字认知心理方面。Hackl（2009）在量词加工心理现实方面的研究具有开创性。Hackl 仿照自定步速阅读法新创自定步速计数法（self-paced counting），让被试按键控制屏幕上点的颜色分组呈现，并对给出的包含 most 和 more than half 的句子（Most/More than half of the dots are blue.）进行真值判断。

Hackl 的实验发现，验证含 more than half 的句子比验证含 most 的句子耗时要长；和 most 相关的数量验证策略更像"选票计算"，看是否至少有一个为 A 为 B 的个体没有为 A 非 B 的个体与之相配：如是，相关命题为真；如否，相关命题为假。和 more than half 相关的数量验证策略则是：计算集合 A 中同时为 B 的个体数量，和 A 的一半加以比较。与 most 和 more than half 联系的两种数量验证策略分别代表了数量认知的两种表征系统："近似表征系统"和"精确表征系统"（Feigenson et al.，2004）。从反映数量认知表征系统来看，（4）和（5）分别是 most 和 more than half 最合适的语义逻辑表征式：

（4）[[most A are B]]= 1 iff $|A \cap B| > |A - B|$

（5）[[more than half of A are B]]= 1 iff $|A \cap B| > |A|$

most 和 more than half 对应的数量验证策略对语言使用具有预测性。和 more than half 相关的数量验证策略是数字之间的精确比较，因此可以预测，必须是可数个体构成的域，并且谓语需要提供足够清晰的标准使有可能对域中个体进行计数。和 most 相关的数量验证策略是近似比较，不需要精确计数，因此可以预测，两个集合的个体数量不会太接近。

Solt（2010）结合语料库进行研究，证实了这些预测，并挖掘出新的语言事实。首先，当 most 和 more than half 后面有括号补充更明确的百分比关系时，more than half 百分比关系普遍接近 50%，而 most 的百分比关系普遍更接近 100%。英语中只说"more than half, if not most"，不说"most, if not more than half"，也可以作为 most 表示的比例大于 more than half 的证明。另外，more than half 要求一个可以计数的域而 most 不然，这一预测也在语言事实中得到了印证。

量词认知心理研究还有 Koster-Moeller et al.（2008）、Geurts et al.（2010）对 more than n、at least n+1、at most n 和 fewer than n+1 的研究等。这些对语义等值的量词的实验研究表明，有关语义理解过程／数量验证策略的实验结论可以形成预测，有助于对具体语义表征做出反思。对量词的认知实验研究事实上纠正了广义量词理论框架下将量词看作语义最小成素（semantic primitive）（即不具有可再分析性，不能反映语素句法结构特点）的不足，并挖掘出此前未被关注的语言事实。

同时，认知心理实验研究能帮助我们选择最能反映心理现实的语义表征，使形式语义学理论提出的语义表征可以更好地反映语义理解过程／数量验证策略，最终目标是使形式语义学理论可以更好地和认知心理研究结合。

11.5　总结

实验方法对于语义学研究的意义一方面在于填补理论分析方法的盲区；另一方面实验提供的手段使语义和语用的动态关系以及语义组合的内在机制得到更精细的研究。

对语义学研究来说，实验更独特的意义或许在于认知视角。这一视角之所以重要，和语义学学科定位密切相关。语义学是数学还是心理学的问题提出已经有三十多年，但从实验层面协调两种语义观的研究才刚刚开始。抽象的语义属性是否具有心理现实性？以真值为核心的语义表征能否更好地反映认知过程？以形式语义学理论为基础，通过实验方法对认知心理进行探索，是连接形式语义学和语义能力研究的有益尝试。

第 12 章
语义本体的探索

12.1 本体研究的类型

"本体"（ontology）首先是一个哲学概念。哲学本体研究至少包含两个部分：一是什么是存在；二是构成世界的实体的特征和结构（Hofweber，2018）。不同的学科对本体研究有不同的理解。在计算机科学和信息科学领域，本体是一种信息组织工具。以人工智能领域的本体研究为例，本体是概念化或（共享）概念模型的明确的形式化规范说明（Borst，1997；Gruber，1993；Studer，1998），其中"概念化是一种抽象的、简化的世界观"，是"为某种目的"做出的表征（Gruber，1993：199）。智能系统的交流和协作需要开发特定领域的本体作为共同的信息基础，满足特定的信息处理需要，以促进知识共享和合作为目的。

自然语言本体研究（natural language ontology）也称"自然语言形而上学"（natural language metaphysics）（Bach，1986b），和哲学形而上学中的本体研究在研究对象上有相似之处也有差异。同样是研究存在哪些范畴、这些范畴的特点以及范畴的相互关系，哲学的本体研究侧重的是真正的存在，自然语言本体研究则是通过考察语言材料和对语言的直觉判断研究其反映的本体存在。Link（1983：303–304）十分准确地指出了两者的差异，或者说是自然语言本体论/自然语言形而上学研究的独特性："在本体论问题上，我们的指导必须是语言本身。"Dummett（1991：338）这样描述两者的关系："我们决不能先试图解决形而上学的问题，然后再根据答案构建一个意义理论。我们应该研究语言实际上是如何运作的，研究如何构建关于语言运作的可行的系统的描述；对这些问题的答案将决定对形而上学问题的答案。"从这个角度来看，自然语言本体研究既是自然语言语义研究的分支，也是形而上学的分支（Moltmann，2016）。自然语言本体研究的任务是了解语言对世界的结构做了哪些预设，揭示自然语言使用中隐含的本体范畴、概念和结构，即说话者使用语言接受的本体。

12.2　形式语义学和自然语言本体研究

和语义学的另一重要分支认知语义学持"心理主义"语义研究观不同，形式语义学关注自然语言和外部世界的关系。

形式语义学又称模型论语义学，因为句中的命题的真假总是相对于世界的某些模型而言。形式语义分析的过程是先将自然语言的语句翻译成没有歧义、没有模糊性的形式语言，再建立形式语言与模型中抽象对象之间的关联。对应外部世界对象的模型中的元素称为实体，实体的集合称为实体域。这是因为形式语义学关注句子表达命题的真值条件，每个模型不仅包含实体域，还包含真值域 {1, 0}。实体虽然可以多样，但类型相同，即都是 e（entity，实体）。真值域有两个元素，真值不同但类型相同，都是 t。e 和 t 是基本类型。谓词的语义是从实体到真值的函数或是更复杂的函数，在模型中谓词对应于复杂的谓词域，谓词的语义类型因此是基于两个基本类型构成的复合类型。形式语义学研究关注的语义是基于自然语言和外部世界的关系，因此有关语义理论必须建立在一定的本体论基础上，形式语义学家也必须做出某些本体论假设。

最初的一阶谓词逻辑伴随的是基本的模型结构和本体类型。之后语义学家发现信念语境对真值条件会产生影响。比如，鲁迅写了《狂人日记》和周树人写了《狂人日记》真值条件相同，但是小张相信鲁迅写了《狂人日记》和小张相信周树人写了《狂人日记》真值条件并不相同（如果小张并不知道鲁迅就是周树人）。内涵语境的存在使可能世界作为本体被包括进来。Montague（1974）还引入了时间指标。在自然语言语义分析中，会看到命题的真值随时间推移发生变化：命题在 t1 为真，在 t2 为假。t1 和 t2 被称为时间指标，句子的真假可能会随着时间指标的变化而发生变化。

但仅有这些本体类型是不够的。Chierchia（1984）发现，sold by 和 bought by 这样的表达可以在所有可能世界中都对应于相同的集合。这两个表达事实上的语义差异表明，自然语言的内涵性很强，但 PTQ

的内涵不够，Chierchia（1984）因此提议把属性加入模型，使类似的表达能作语义上的区分。

　　形式语义学以最初 Montague 提出的（非结构化的）实体域、可能世界和时间的模型结构为基础，挖掘的自然语言本体类型不断丰富。形式语义学文献中很少有关于本体研究的专门讨论，但是对于本体的探索事实上贯穿了迄今为止整个形式语义学的发展历史，从蒙塔古语义学开始就从未缺席，形式语义学的发展历史在某种程度上来说也是提出各类本体的历史。

　　在哲学领域，虽然对自然语言的分析并非本体研究的必要条件，但是本体论观点的提出经常是基于对自然语言的分析。而在人工智能领域，智能系统的建立需要对常识性知识进行系统的分析和表征，用来谈论常识世界的语言自然也构成了本体研究的重要环节。本体研究得益于不同学科的互相启发，而其中语言是关键。

12.3　本体类型的丰富性

12.3.1　事件

　　随着形式语义学的发展，经典理论中的模型结构不断丰富，其中一项令人瞩目的发展是事件作为本体的提出（Davidson，1967）。经典语义学理论将及物动词看作二元谓词（类型为 $<e,<e,t>>$），Davidson 对行动句（非状态动词句）的语义表征则将及物动词看作三元谓词，除了原有的两个论元外，还有事件论元 e。根据事件语义理论，（1）不表示关于句子主语和宾语论元的二元关系，如（2a）所示，而是表示一个存在量化的事件，如（2b）所示。

（1）Jones buttered the toast.
（2）a. BUTTER(j, t)
　　　b. ∃e [BUTTER(e, j, t)]

　　在引入事件论元的框架中，修饰动词的副词不再是经典理论中由动词（短语）映射到动词（短语）的函数（类型为 $<<e,t>,<<e,t>,t>>$），而是作为事件论元的谓词出现。动词（短语）有多个副词或状语修饰的情况可以看作相关事件论元的不同谓词的合取（类似名词有多个形容词修饰的情况）。比如，（3a）的语义表征（3b）：

（3）a. Jones buttered the toast slowly in the bathroom with a knife.

（琼斯在浴室里慢慢地用刀给吐司涂黄油。）

b. ∃e [BUTTER(e, j, t) ∧ SLOWLY(e) ∧ IN(e, b) ∧ WITH(e, k)]

（3a）表达的命题为真当且仅当存在一个琼斯给吐司涂黄油的事件，这个事件是慢慢进行的，是在浴室里发生的，并且以小刀为工具。也就是说，状语语义上修饰的并不是动词（短语）而是动词引入的事件。事件的引入可以很好地解释与状语修饰相关的蕴涵关系。例如（4）中 a句蕴涵 b 句，b 句蕴涵 c 句，c 句蕴涵 d 句，从事件语义角度，修饰语脱落情况下的蕴涵关系就可以很容易地从逻辑的简化规则中得出。

（4）a. Jones nicked his cheek with a razor in the bathroom on Saturday.

（琼斯星期六在浴室里被剃刀划破了脸颊。）

b. Jones nicked his cheek with a razor in the bathroom.

（琼斯在浴室里被剃刀划破了脸颊。）

c. Jones nicked his cheek with a razor.

（琼斯被剃刀划破了脸颊。）

d. Jones nicked his cheek.

（琼斯划破了脸颊。）

同时，回指、量化现象等也提供了支持事件存在的论据。（5）中 this 的回指对象和频度副词 many times 的量化对象都只能是语境中提到的事件。

（5）This has happened many times.

此外，一些名词度量表达的解读也必须依赖事件，如（6）中 4,000 ships 的一种解读是"船次"（船只通过的次数），量化对象是船只通过这样的事件：

（6）4,000 ships passed through the lock last year.

（去年有 4 000 船次通过船闸。）

12.3.2　**情境**

　　情境（situation）作为语义本体由 Barwise & Perry（1980）首先提出："世界不仅由对象组成，或者由对象、属性和关系组成，还由具有属性并处于关系中的对象组成。"（Devlin，2004：59）情境的提出主要针对可能世界作为本体颗粒度太粗的问题。对于情境语义学来说，命题是可能情境的集合，情境是部分的世界，如果世界是模型 M 的话，那么情境就是 M 的部分子模型。情境可以是世界的空间部分、时间部分，也可以是世界的非时空部分。Kratzer（2002）以一件衬衫为例解释何为情境：一件衬衫具体的条纹形式和质地、今天早上在洗衣机里的洗涤状态、挂在晾衣绳上的状态、叠放在抽屉里的状态，所有具体的状态都是情境。

　　对更细颗粒度模型结构的追求主要是由感官动词相关结构的分析驱动的。感官动词可以带省略 to 的不定式，也可以带 that 从句：

（7）a. Beryl saw Meryl sprinkle the white powder on Cheryl's dinner.
　　　（贝里尔看到梅里尔把白色粉末撒在谢丽尔的晚餐上。）
　　　b. Beryl saw that Meryl sprinkled the white powder on Cheryl's dinner.
　　　（贝里尔看到梅里尔把白色粉末撒在谢丽尔的晚餐上。）

两者的差异是后者要求感官动词的主体（即感知者）认识到从句描述的内容（即从句内容的描述符合感知者的认识状态），而前者无此要求（Maienborn，2011）。这一差异的相关表现是，当被感知的情境的描述被一个外延相同的描述取代时，前者句子的真值不发生改变，后者句子的真值会改变。如果白色粉末是致命毒药，从（7a）可以推出（8a），从（7b）却推不出（8b）。

（8）a. Beryl saw Meryl sprinkle the deadly poison on Cheryl's dinner.
　　　（贝里尔看见梅里尔把致命的毒药撒在谢丽尔的晚餐上。）
　　　b. Beryl saw that Meryl sprinkled the deadly poison on Cheryl's dinner.
　　　（贝里尔看到梅里尔把致命的毒药撒在谢丽尔的晚餐上。）

两者的区别还可以从（7a）和（7b）是否可以接后续句 "The white

powder was the most deadly poison, but she thought it was just sugar."
中看出,如(9)所示:

(9) a. Beryl saw Meryl sprinkle the deadly poison on Cheryl's
dinner. The white powder was the most deadly poison, but
she thought it was just sugar.
(贝里尔看见梅里尔把致命的毒药撒在谢丽尔的晚餐上。白
色粉末是最致命的毒药,但贝里尔以为只是白糖。)

b.#Beryl saw that Meryl sprinkled the deadly poison on Cheryl's
dinner. The white powder was the most deadly poison, but
she thought it was just sugar.

情境语义学认为,感官动词带省略 to 的不定式的情况下,如果认
为感官动词语义上选择的补语是情境而不是 that 从句引出的命题,补语
的真值就可以在情境中去评估,以上两种结构的区别就可以得到解释。

除了感官动词的使用外,有定表达的指称也为情境的提出提供了支
持。Barwise & Perry(1983:159)假设了一个语境:"男主人和妻子联
手为派对烹制食物,男主人说 'I am the cook.'。"男主人表达命题的真
假取决于描述的情境。有人夸赞这次派对的食物好吃,问谁是厨师,和
有人吃着男主人最拿手的芝士蛋糕,问这是谁做的,两种情况下"I am
the cook."的真值条件不同。命题在前一种情况下为假在后一种情况下
为真,说明情境对于命题真值的影响。

时态的使用也支持将情境纳入本体范围(Klein, 1994)。如果(10)
是法庭上法官和证人的对话:

(10) Judge: What did you notice when you looked into the room?
(法官:当你看向房间时,你注意到了什么?)
Witness: There was a book on the table. It was in Russian.
(证人:桌子上有一本书,是俄文写的。)

虽然"是俄文写的"不太可能是短暂属性,"It was in Russian."应该在
话题时间之前和之后都为真,但是在这个对话中,后一句的 was 却不能
换作一般现在时,说明时态的使用也对情境敏感。

情境相对世界来说更细颗粒度,和事件相比也是这样。Davidson
(1967)基于事件的因果判定标准(事件为同一事件当且仅当事件具有

相同的原因和相同的效果），认为巴克用枪射击艾德和巴克扣动扳机是相同的事件。但 Asher & Bonevac（1985）提出，（11a）和（11b）的真值条件不同：如果玛丽亚走在一条光线昏暗的街上，看到巴克扣动了扳机，但她没有看到受害者，这种情况下，（11a）为真而（11b）为假。

（11）a. Maria saw Buck pull the trigger.
　　　　（玛丽亚看到巴克扣动了扳机。）
　　　b. Maria saw Buck shoot Ed.
　　　　（玛丽亚看到巴克向埃德开枪。）

如果像 Davidson（1967）那样认为巴克向埃德开枪和巴克扣动扳机是同一事件，那么（11a）和（11b）的真值条件差异就无法得到解释，情境在本体层面更精细的区分则能够捕捉到这个差异。情境作为本体引入显然在分析上更有优势。

12.3.3　喻示

喻示（trope）是殊相化的属性，也就是属性在个体上的具体表现。喻示是哲学中的重要概念，在语言学中很少提及。了解喻示的概念需要先了解哲学中的唯名论（Nominalism）与唯实论／实在论（Realism）之争。唯名论与唯实论之争始于古希腊时期，主要围绕殊相（individual）与共相（universal）展开。柏拉图持唯实论观点，亚里士多德持唯名论观点。唯实论认为共相是实在的，而唯名论认为共相只是人的虚构。唯实论主张共相独立于个体，比具体事物更真实，是具体事物的根据。唯名论认为不存在共相，共相只是一个名称，真实存在的只是形形色色的具体事物。

喻示理论是唯名论的一个变体。唯名论认为只有殊相性事物，喻示理论认为只有殊相性属性。喻示是属性的各不相同的殊相性的例示。红球 A 的红色和红球 B 的红色，是"红色"的两个不同的喻示，并不具有相同的属性。喻示的存在依赖于承载者，承载者不同，喻示也不同。

既是语言学家又是哲学家的 Moltmann 在哲学喻示理论的启发下，围绕 wisdom, happiness, redness 等形容词派生的名词进行考察，提出喻示在自然语言本体中应该有一席之地。Moltmann（2004）比较了三种形式，分别是光杆形容词名词化形式（bare adjective nominalization）（如 wisdom）、所有格 + 光杆形容词名词化形式（如 Socrates' wisdom）以及 the property of + 光杆形容词名词化形式（如 the property of wisdom），指出 Socrates' wisdom 指喻示，wisdom 指喻示的类，the property of wisdom 指属性。三者中只有属性是抽象对象。

喻示和作为抽象对象的属性有着本质不同。喻示被认为是具体的。支持"喻示"的存在主要有两方面的证据。一是可以作为感知的对象，二是可以出现在因果关系中表示因或果（Lowe，2006）。（12）是 the redness of the apple 和 Mary's haste 作为感知动词补语的情况：

（12）a. John noted the redness of the apple.
（约翰注意到苹果的红色。）

b. John observed Mary's haste.
（约翰注意到玛丽的匆忙。）

（13a）中，the heaviness of the bag she was carrying 表示"使因"，（13b）中 the humidity of the air 表示使因或结果：

（13）a. The heaviness of the bag she was carrying made Mary exhausted.
（玛丽背的包很重，令她疲惫不堪。）

b. thc cause/effect of the humidity of the air
（空气湿度的原因 / 影响）

可感知和具有因果效力被认为是存在"喻示"的两项重要证据。

如果说喻示的存在依赖于承载者因而表示殊相性属性的话，纯粹的光杆形容词名词化形式如 wisom 是否有可能和明确的属性表达如 the property of wisdom 一样表示属性呢？毕竟两种形式在某些谓语的论元位置是可以互换使用的，例如（14）：

（14）a. Honesty is my favorite attribute.
（诚实是我最喜欢的特质。）

b. The property of being honest is my favorite attribute.
（诚实这一属性是我最喜欢的特质。）

在 Moltmann 看来，上述句子的使用是特殊的，在日常语言中处于边缘位置。如果看日常语言使用的核心例子，会发现光杆形容词名词化形式和属性指称词无论在解读还是在使用的可接受度方面均表现出很大的差异。

从解读来看，光杆形容词名词化形式在某些类型的谓语的论元位置必须解读为属性的具体实例，例如（15）中带偶发性谓语（episodic predicate）、（16）中带评价谓语（evaluative predicate）、（17）中带内涵谓语（intensional predicate）、（18）中带存在谓语（existence predicate）的情况（翻译不能反映英文表达式的情况，仅供参考）：

（15）a. John has encountered hostility.
　　　　（约翰遭遇了敌意。）

　　　b. John has encountered the property of being hostile.
　　　　（约翰遭遇了敌意这种属性。）

（16）a. Friendliness is nice.
　　　　（友善令人愉快。）

　　　b. The property of being friendly is nice.
　　　　（友善的属性令人愉快。）

（17）a. John is looking for honesty.
　　　　（约翰在寻找诚实的表现。）

　　　b. John is looking for the property of being honest.
　　　　（约翰在寻找诚实这种属性。）

（18）a. Generosity exists.
　　　　（慷慨是存在的）。

　　　b. The property of being generous exists.
　　　　（慷慨这种属性是存在的。）

（15a）～（18a）中的 hostility、friendliness、honesty 和 generosity 都必须解读为"敌意""友善""诚实"和"慷慨"的具体表现。这些光杆形容词名词化形式的解读和只能被理解为指抽象属性的（b）例形成鲜明对比。

从使用的角度来看，在个例分配谓语（instance-distribution predicate）的论元位置，光杆形容词名词化形式和属性指称词表现出可接受度的差异，前者可以接受，后者不可以。

（19）a. Honesty is rare.

（诚实的表现是罕见的。）

b. ??The property of being honest is rare.

（诚实的属性是罕见的。）

事实上，光杆形容词名词化形式和光杆复数名词／物质名词十分相似。如（20）~（24）所示，光杆复数名词／物质名词在阶段谓语的论元位置作相关个例（量或个体）的存在量化解读［如（20a）和（20b）］，在个体谓语的论元位置作类指解读［如（21a）和（21b）］，在和内涵谓语共现的情况下作内涵解读［如（22a）和（22b）］（不像无定名词短语除内涵解读外还可以有外延解读），在存在谓语的论元位置解读为相关个例［如（23）］（不像单数有定名词短语指的是抽象的类）。另外，光杆复数名词／物质名词都可以用于个例分配谓语的论元位置［如（24）］。相似的解读和使用在（15）~（19）的（a）例中都可以看到。由于按照 Carlson（1977）的经典分析，光杆复数名词／物质名词指涉类别，基于光杆形容词名词化形式和光杆复数名词／物质名词的相似表现，Moltmann 将光杆形容词名词化形式和光杆复数名词／物质名词都称为"类词项"（kind terms）。

（20）a. John found gold.

（约翰找到了黄金。）

b. John bought apples.

（约翰买了苹果。）

（21）a. Gold is shiny.

（黄金是亮闪闪的。）

b. Apples are healthy.

（苹果是有益健康的。）

（22）a. John is looking for gold.

（约翰在寻找黄金。）

b. John is looking for white tigers.

（约翰在寻找白色的老虎。）

（23）Three-legged dogs exist.

（三条腿的狗是存在的。）

（24）Pigeons are widespread in Europe.
（鸽子在欧洲很普遍。）

英语名词短语的语义研究（Krifka et al., 1995）表明，英语中的类指称（kind-referring）表达（如有定名词短语 the Siberian tiger、the Coca Cola bottle、the metal gold 等），和光杆复数名词／物质名词明显不同，不能解读为具体的例示。如（25）所示：

（25）a. John bought ?? the metal gold.
　　　b. John is looking for ?? the metal gold.

从这方面来看，类指称表达和明确的属性指称表达是更相似的。

Moltmann 认为类词项和类指称表达有根本不同。光杆形容词名词化形式指喻示（属性的具体化的例示）的类，和光杆复数名词／物质名词指个体／量的类相似。而明确的属性指称词和英语用于类指称的有定单数名词相似，指向的是单一的抽象对象（对明确属性指称词来说是属性，对类指称的有定单数名词来说是种类）。

12.3.4　部分整体关系

部分整体关系（以下简称"部分关系"）（parthood relations）是分体论（mereology）的核心概念。分体论类似集合论，用部分整体关系"≤"作为基本关系替代集合论的成员关系"∈"和子集关系"⊆"。

标准形式语义学理论模型并不包含部分关系（Heim & Kratzer, 1998；Montague, 1974）。20 世纪 80 年代，形式语义学家开始看到代数结构和部分关系在模型中实体域的可能运用，用 Link（1983）的话来说，实体的领域不仅仅是非空的集合，而是被赋予了代数结构。分体论先是运用于名词域（Link, 1983），继而又扩展至动词域（Bach, 1986a）。几十年来，通过将部分关系纳入本体范畴，语义学领域对单数和复数、可数名词和物质名词、终结性和非终结性、集体解读和分配解读这几组概念的内部对立以及互相之间的跨范畴相似性（每组概念都涉及有界和无界的对立）有了更好的理解和刻画 [Champollion（2015）等]。

形式语义学运用部分关系为多种语言现象建模。比如名词域，涉及可数名词单复数形式和物质名词的指涉。蒙塔古语义学理论模型的实体域只包括个体，因此不能解释在戒指由金子构成的前提下物质名词 gold 和可数名词 ring 仍可以有不同属性的语言事实（Parsons，1970；ter Meulen，1980），如（26）所示：

（26）This ring is new, but the gold that makes up this ring is old.
（这枚戒指是新的，但是这枚戒指用的金子是旧的。）

Link 的分体论分析区分了物质名词和可数名词指涉的实体类型，主要是原子性上的差异，将实体域分为两个子域，避免了集合概念中固有的原子性不适用于物质名词的问题。Link 提出，可数名词和物质名词的指涉是两个互相联系又互相区别的域。可数名词的指涉是原子形式的并半格（join semilattice），其中单数名词指涉原子实体，复数名词指涉非原子"复数实体"；物质名词的指涉是非原子形式的并半格。相对于集合论，分体论更好地呈现了复数名词和物质名词实体域之间的结构相似性。无论是可数名词还是物质名词都具有并半格结构，可以解释复数名词和物质名词在涉及部分和整体的蕴涵关系上表现出的相似性 [即 Link 称为累积性指称（cumulative reference）的属性]：如果 a 是 water，b 是 water，那么 a 和 b 的总和也是 water；如果 a 是 apples，b 是 apples，那么 a 和 b 的总和也是 apples。

继 Link 之后，语言学家又将分体论语义分析扩展运用到事态（eventuality）上。Bach（1986a）、Krifka（1992）等提出事态域和个体域一样有部分结构。Bach 区分事件（event）和过程（process）这两种事态，认为事件和过程的区分类似于名词域中物体和物质的区分：事件谓词指涉具有原子形式的并半格结构，状态或过程谓词指涉的是具有非原子形式的并半格结构。

和动词域密切相关的一个问题是词汇体特征例如终结性和非终结性（atelicity）以及相关语义组合过程的刻画。谓词可分为累积性（cumulative）谓词和量化（quantized）谓词。（27）和（28）分别是累积性和量化的分体论 [具体来说是以总和（sum）关系和部分关系为工具的] 定义：如果谓词 P 是累积性的，若 x 和 y 都在 P 中，x 和 y 的总和也在 P 中；如果谓词 P 是量化的，若 x 和 y 都在 P 中，y 就不能是 x 的真部分（proper part）（类似于"真子集"的用法）。

（27）P 是累积性的，如果 ∀x∀y [P(x) & P(y) → P(x ⊕ y)]

（28）P 是量化的，如果 ∀x∀y [P(x) & P(y) → ¬y<x]

累积性谓词和量化谓词的定义同时适用于名词域和动词域。根据上述定义，water、apples 属于累积性的名词性谓词，two liters of water、two apples 属于量化的名词性谓词，run 属于累积性的动词性谓词，recover 属于量化的动词性谓词。终结性和非终结性这两个概念分别对应于量化和累积性。像 run 这样的谓词是累积性的，具有非终结性；recover 这样的谓词是量化的，具有终结性。体理论的另一项任务是解释终结性和非终结性是如何组合得到的，即复杂谓词终结性和非终结性的由来。一方面需要区分同样包含可数名词内部论元的表达例如 eat an apple 和 eat apples 在终结性上的差异（前者具有终结性，后者具有非终结性）；另一方面需要区分 build a house、eat an apple 和 push a cart，buy a liter of wine 等都包含所谓"有界"名词短语的复杂谓词在终结性上的区别（前两例具有终结性，后两例具有非终结性）。Krifka（1992）提出的"体组合规则"解释了如 eat an apple 和 eat apples 在终结性上的差异，同时也指出了这一组合规则是基于内部论元为渐生题旨（incremental theme）的情况：动词与量化的渐生题旨组合得到量化的动词谓语，动词与累积的渐生题旨组合得到累积的动词谓语。渐生题旨对事件终结性的影响源于渐生题旨与事件之间，更具体更准确地说是渐生题旨的格结构（lattice structure）（部分－整体结构）和事件的格结构之间存在的同构关系。eat，build 的对象是渐生题旨，被吃／建造的东西的部分与吃／建造的事件的部分存在映射关系。build a house、eat an apple 和 push a cart、buy a liter of wine 的差异在于推／买的东西的部分并不对应于推／买的事件的部分，动词内部论元的量化／累积性差异在非渐生题旨的情况下不影响终结性。push、buy 的对象无论是量化的名词性谓词（如 push a cart、buy a liter of wine）还是累积性的名词性谓词（如 push carts、buy wine），所构成的复杂谓语都是非终结性的。

Link 之后名词域分体论研究的一个主要议题是实体域分为原子和非原子实体子域是否恰当，主要考虑到可数名词和物质名词指涉的区分和这两类实体域并不是完全对应，包括像 fence、twig 这样虽然是可数名词却不具有原子性（atomicity）的例子，以及像 furniture 这样虽然是物质名词却存在最小部分也就是有原子性的例子（Zucchi & White,

2001）。Krifka（1989）建议采用单一的域来代替 Link 的双子域假设，区分可数名词和物质名词主要看是否满足累积性或量化的属性以及是否有内置的自然单位计量函数。关于累积性和量化这些高阶属性以及其在分体论框架下的定义在上一段已经提及；关于是否有内置的自然单位计量函数来区分可数名词和物质名词，Krifka 认为像英语的可数名词和汉语这样的量词语言相似，有一个内置的计量函数对可数名词的"自然单位"进行计数（如 $\lambda n \lambda x[COW(x) \wedge NU(COW)(x)=n]$），物质名词则可以有类似 two liters 之类的计量函数。Chierchia（1998）不同于以上这种做法，将整个实体域包括物质名词的指涉都视为是原子性的。可数名词如此，物质名词 water 和特殊的物质名词 furniture 也是如此，物质名词和可数复数名词的区别在于物质名词的复数性是内置于词库的。物质名词在语义层面的复数性使 furniture 和 pieces of furniture、carpeting 和 carpets 有同样的指涉。但可数名词指涉的原子对于语法操作是可及的，物质名词指涉的原子具有模糊性，这个差异可以解释（29）两个句子在解读上的不同：（29a）的相似关系可以是窗帘、地毯内部或是窗帘和地毯之间，而（29b）的相似关系只能在窗帘和地毯之间（Gillon，1992）。

（29）a. The curtains and the carpets resemble each other.

　　　b. The curtaining and the carpeting resemble each other.

同样将物质名词的指涉视为是原子性的还有 Gillon（1992）等。

　　综上所述，关于可数名词和物质名词的语义研究大都诉诸分体论，但是对于实体域是否具有原子性以及是否需要对实体域根据实体类型分类有不同看法。

12.3.5 对"整体"的研究

　　名词域分体论研究的最新发展是开始重视对"整体"的研究，在此基础上考察不同类型的名词指涉是否应赋予统一的部分 – 整体关系的问题。

　　早期 Link（1983）的研究针对可数名词指涉提出了原子性实体域，针对物质名词指涉提出了非原子性实体域。之后，Moltmann（1997）、Grimm（2012）、Wagiel（2021）等提出了不同意见，认为原子性不足以刻画可数名词，强调可数名词指涉整合体（integrated whole），即"具有边界、形式、格式塔、关联性或其他某种完整性的实体"（Moltmann，2021：187），和物质名词指涉的实体缺乏整合性（integrity）形成对照。

　　整合性的思路最早可以追溯到亚里士多德关于形式（form）和质料（matter）关系的讨论，Jespersen（1924：198）也在区分物质名词的时候提出过将是否"具有某种形状或精确界限"作为标准。传统的分体论在部分–整体关系的刻画中并不考虑对整体的刻画，例如（30a）和（30b）只呈现部分–整体关系，没有区分整合体 [如（30a）中的 Beth] 和非整合体 [如（30b）中的 Beth $\oplus$ Harry]（Wagiel，2021）：

（30）a. Beth's arm $\leqslant$ Beth
　　　b. Beth $\leqslant$ Beth $\oplus$ Harry

Grimm（2012a，2012b）和 Wagiel（2021）将拓扑（topology，研究几何图形或空间在连续变化下保持不变的属性）和分体论结合，提出分体拓扑论（mereotopology），并指出在刻画部分–整体关系时在分体论基础上加入拓扑学的整合关系的必要性。在分体拓扑论的框架下，可数单数形式如 apple 指涉实体为整合体：实体的各部分之间存在某种拓扑关系，藉此构成整合体。而复数通常表示实体的任意总和，在拓扑关系上不同于可数单数形式。

　　分体拓扑论思想促使对原子内部部分–整体结构敏感的量化现象即亚原子量化（subatomic quantification）现象的研究（Wagiel，2021）。传统的部分–整体关系刻画不涉及原子内部，但德语、荷兰语、波兰语、俄语、意大利语、巴西葡萄牙语、爱尔兰语等多种语言的跨语言语料显示，单数（原子内部）可能和复数一样存在语法可及的部分–整体关系，单数和复数似乎共享一个统一的部分–整体结构：无论是表示"部分"的表达（以德语的 teil 为例），还是表示比例关系的量化词（以英语的 most、half、two thirds 为例），其补语既可以是单数 DP 也可以是复数 DP（Wagiel，2021），如（31）~（32）所示：

（31）a. Teil des Apfels (part of the apple)
　　　b. Teil der Äpfel (some of the apples)
（32）a. most / half / two thirds of the apple
　　　b. most / half / two thirds of the apples

此外，一些不区分数量的名词包括不可数的集合名词如 jewelry、footwear（区别于 family 这样的可数集合名词）以及只有复数形式的名词 scissors、eyeglasses 在"部分"表达中系统地表现出单数部分解读和复数部分解读的歧义。例如（33）捷克语的例子。（33a）可以用于描述一只鞋的一部分也可以用于描述鞋子的一个子集，（33b）描述的可以是一把剪刀的一部分也可以是剪刀的一个子集。

（33）a. část obuvi
　　　　part footwear.GEN
　　　b. část nůžek
　　　　part scissors.GEN

同样，日语中不区分数量的名词形式用于"部分"表达时也表现出单数部分解读和复数部分解读的歧义。（34）描述的可以是一个苹果的部分，也可以是苹果的一个子集。

（34）Ringo-no ichibu-ga kusatteiru.
　　　apple-GEN part-NOM is.rotten

然而，单数 DP 和复数 DP 补语情况下，"部分"表达在可数性方面的表现是有差异的。例如（35）意大利语的例子。（35a）和（35b）中的"部分词"parti 由数词修饰，补语为单数 DP（muro）时，得到单数部分解读，表示墙的三个部分；补语为复数 DP（muri）时，无法得到复数部分解读，即不能表示其中三面单独的墙（例如 {w1, w2, w3}）或三个复数的墙的子集（例如 {{w1, w2}, {w3, w4, w5}, {w6, w7}}）。

（35）a. tre parti del muro
　　　　three parts of-the wall
　　　b. tre parti dei muri
　　　　three parts of-the walls

（35a）和（35b）的可能解读表明，在（35）这样的部分表达里只有构成实体的物质部分是可数的，实体本身并不可数。基于（35）以及更多的跨语言的例子，Schwarzschild（1996）提出，单数实体和复数实体有着不同的部分 – 整体结构。

Wagiel（2021）以意大利语不规则复数名词的解读为依据，提出和

Schwarzschild 相反的观点。意大利语有一小类名词同时具有规则和不规则的复数形式。相对于规则复数形式，不规则复数形式系统地表现出对涉及部分之间特殊空间关系的要求：规则复数形式只是表示个体的任意总和，而不规则复数形式要求在构成复数的实体之间具有拓扑关系。不规则复数形式 mura 的使用不仅和规则复数形式 muri 一样要求指称对象多于一面墙，mura 还要求这些墙构成某种形式上的综合体。用不规则复数形式 mura 代替之前（35b）中的规则复数形式 muri，会发现只允许单数部分解读的（35b）现在既允许单数部分解读又允许复数部分解读：（36）的单数部分解读是墙的三个部分，复数部分解读是三面单独的墙或三道内部连续的墙体。

（36）tre parti delle mura
　　　three parts of-the walls_COLLECTIVE

Wagiel 认为，既然单数 DP 和复数 DP 补语情况下"部分"表达在可数性方面的表现差异被消解，那么单复数之间的差异就不应该归于部分 – 整体关系的差异，而在于涉及的部分在空间中如何相互组织，即是否构成整合体。

动词如 compare 的使用也从一个侧面说明提出整合体很有必要。family members 和 family 可以指相同的实体，但如果动词是 compare，则比较对象只能是 family members 不能是 family，如（37）所示：

（37）a. He compared the family members.
　　　　（他比较了家庭成员。）
　　　b. #John compared the family.

Moltmann 指出，compare 这样的动词要求其应用的实体具有可及性的部分结构，以便可以比较其中的部分。复数名词短语 family members 不是整合体，具有可及性部分结构，而单数集体性（collective）名词短语 family 是整合体，不具备这种结构。

12.4　本体的甄别：名词化和本体研究

名词化（nominalization）是语言中一个十分普遍的现象，包括很多不同形式的表达，像动词派生的名词（deverbal nominal）如 arrival、 death，名词性的动名词（nominal gerund）如 the smooth and efficient working of economic life，动词性的动名词（verbal gerund）如 having seen her，小句如 that John died、what they lost、how he did it 等。

名词化研究在自然语言本体研究中开展得相对较早，研究也比较集中。语言学家和哲学家针对各种类型的名词化表达，就句法和本体的关系、本体属性、本体甄别方法等方面开展细致深入的讨论，虽然有很多分歧，但探索本身给自然语言本体研究带来很多启发。

围绕名词化形式的本体地位，很早就有到底是事件还是事实的争议。Austin（1961）认为，the collapse of the Germans（德国人的垮台）是事件，也是事实。现象、事件、情境、事态都是事实。Vendler（1967）对这一说法持批评态度，认为事件可以但不一定是事实。Vendler 提出区分事实和事件的依据，认为凭借形态特点、转述等手段行不通，强调在开展自然语言本体研究中测试方法的重要性，提出有必要将相关程序系统化，找到标准的、统一的分析框架。

Vendler 认为名词化是将一个句子转化为名词短语插入到另一个句子中，Vendler 将名词化形式出现的这个句子称为容器句（container sentences）。容器句对不同的名词化形式接受程度不同，例如（38a）的容器句"__ surprised me"和（38b）的容器句"__ occurred at noon"。

（38）a. John's death / That he died / His having died surprised me.
b. John's death / *That he died / *His having died occurred at noon.

容器句（谓语对论元）的语义选择限制可以将名词化的不同形式区分开来。据此 Vendler 提出，对不同的名词化形式的判断程序可分为两个步骤，先确定有哪些名词化形式，接着考察名词化形式和容器句的相容性，或者找出名词化形式和允许的容器句环境之间的对应。

Vendler 先区分了两类名词化形式，即不完全名词（imperfect nominal）和完全名词（perfect nominal）。不完全名词很大程度上保留了作为名词化来源的动词短语的结构，这也是 Vendler 将其称为"不完全"的原因。像 that John sings 这样的 that 从句，（John's）singing the Marseillaise 这样的动名词都属于不完全名词。按照 Vendler 的说法，其中的动词仍然"生龙活虎"。不完全名词不能与限定词共现（*the singing the Marseillaise），可以被副词修饰（John's singing well），可以有时态（John's having sung），可以模态化（John's being able to sing），可以否定（John's not revealing the secret）。完全名词指失去动词特征的名词化形式，具有名词的诸多特征，包括可以与限定词共现（the singing of the Marseillaise），可以受形容词修饰（beautiful singing of the Marseillaise），有受词性所有格（objective genitive）（the beautiful singing of the Marseillaise）以及不可否定（*John's not revealing of the secret）等。

　　Vendler 又区分了动词（即谓语）语境，根据以上名词化形式在论元位置接受情况的不同分为两类：松散容器（句）和狭窄容器（句）。前者像"＿＿ surprised us, ＿＿ is unlikely/possible."，提供的语境对两类名词化形式都接受，如（39）所示，后者像"＿＿ was slow/gradual, ＿＿ occurred."，只接受完全名词作为论元，如（40）所示。此处仅列举部分不完全名词和完全名词形式在两类容器句中的表现：

（39）a. The singing of the Marseillaise surprised us.

　　　b. That John sang the Marseillaise surprised me.

　　　c. His being able to sing well surprised me.

　　　d. The singing of the Marseillaise is unlikely.

　　　e. John's (not) revealing the secret is unlikely.

（40）a. John's singing of the Marseillaise was slow.

　　　b. *John's singing the Marseillaise was slow.

　　　c. John's revealing of the secret occurred at midnight.

　　　d. *John's (not) revealing the secret occurred at midnight.

　　Vendler（1965）认为，完全名词和不完全名词形式在两类容器句中可接受度的差异是由语义差异造成的，具体地说，是完全名词表示事件而不完全名词表示事实或情状（states of affairs）的结果。Casati & Varzi（2020）也有类似结论。Vendler（1965）提出事实和事件的区分如下：事实可以被忘记或否认，可以是可能的或不可能的，可以让人吃惊；事件可以被观察和追踪，可以是突然的、剧烈的、长期的，可以发生、开始、持续和结束。以上表现是事实、事件的本体属性分别导致的。

　　Vendler 比较了事件、物体和事实这三类本体。他认为，事件是时间性的实体，可以用形容词如 slow、fast、sudden、gradual、prolonged 等形容词来描述或和 before、after 和 since 等介词连用。但事件不是空间性实体，至少事件和空间的联系不是直接的。我们不可能像描述物体的空间维度那样直接用 2 000 英里长来描述德国人的崩溃（德国人的溃败有 2 000 英里长），只能说崩败发生在 2 000 英里长的战线上。事件和时空的联系与物体恰恰是相反的。物体是空间性的，表现在物体有大小和形状，可以改变位置，可以包含其他物体等；物体和时间的联系是间接的，至多是物体的存在有时间维度。像"苏格拉底之前的时代"这样的表达，意思是苏格拉底出生或进入公共生活之前的时代。事实则和事件、物体都不同，既非时间实体也非空间实体，在这点上 Vendler 认为事实与命题属于同一种类型。

关于事件的本体属性，Davidson（1967）认为，事件是时空性的实体，有空间和时间上的定位，但时间定位在区分个体事件方面是实质性的；事件是"殊相"（particular），是"个体化的"（individualized）、"明确时间的"（dated）、"不可重复的"（unrepeatable）（Davidson，2002：209）。事件可以用三个本体属性来刻画：一是可感知；二是可以在空间和时间上定位；三是在实现的方式上可以有所不同。利用这些属性可以设计关于事件本体的三种诊断测试方法：一是事件表达可以作为感知动词的不定式补语；二是事件表达可以与地点状语和时间状语结合；三是事件表达可以和表示方式、工具和伴随（comitative）的状语结合（Maienborn，2004，2011）。第一种测试方法的设计是从"可感知"的事件本体属性特点出发（Higginbotham，1983）。后两种测试方法则基于"可以在空间和时间上定位""在实现的方式上可以有所不同"这两种事件本体属性，表现为事件对于表示时间、地点、方式、工具和伴随的各类环境修饰语（circumstantial modifier）的接纳。

Vendler 和 Davidson 的研究只是开端，此后无论是对于具体名词化形式的使用还是有关名词化形式所指本体的确认，学者们都有很多讨论，也存在不少分歧。例如 Zucchi（1993）不同意 Vendler 提出的一些经验性主张，Grimm & McNally（2015，2016）认为动词性动名词表示事件类型等。但思考始终围绕对本体的甄别，重心始终在本体的定义、本体的属性、相关判断标准这些核心问题上。

除了完全名词和不完全名词形式外，形容词名词化形式 John's tiredness 的本体地位以及和动名词形式如 John's being tired 的区分也引起讨论和关注。Moltmann（2004）提出，这两种形式都表达属性关系，但前者是属性的具体表现，随表现的方式（具体个体、时间等）和程度而不同，本质上是事物具有的属性的喻示；后者是属性和实体之间的抽象的关系，是实体对属性的单纯拥有，是一种状态，这种动名词形式（如 John's being tired）可以用明确的状态指称表达（如 the state of John's being tired）替换。两种形式在语言使用方面存在系统性的差别，并分别指向不同的本体类型的特点。形容词名词化形式允许指示词指称（this tiredness），可以量度（Bill's/John's anger was mild. / John's handsomeness is greater than Bill's.），可以出现在针对论元指称对象内部结构 / 复杂性的谓词如 describe、admire 的论元位置（John described/admired Mary's beauty.）；这些用法动名词结构都不允许（#this being tired / #John's being angry was mild / #John's being handsome was greater than Bill's / #John described/admired Mary's being beautiful）。同时，形容词名词化形式指涉属性可以随具体时间而不同，可以增减。John's tiredness 在不同的时间点程度可以不同，可以进行比较，而 John's being tired 描述的抽象关系在这种情况下并不发生变化。此外，状态可以用时间来量度（John's being ill lasted two weeks.），但事实没有类似表现。这些表现都源于喻示具体而状态抽象这一区分。

类似喻示和状态的区别不仅可以在形容词名词化和动名词的比较中看到，在动词名词化形式所表现的事件和事实的区分中也可以看到。事件可以量度而事实不允许量度（John's jump was high/quick / #The fact that John jumped was high/quick），在针对论元指称对象内部结构 / 复杂性的谓词如 describe、admire 的论元位置只能出现事件有关的名词化形式不允许表示事实的名词形式（John described/investigated Mary's murder / #John described/investigated the fact that Mary was murdered）等。这些语言事实表明，动词名词化所表示的事件相比事实来说是更具体的实体。

12.5　类型预设和常识本体

形式语义学的重点在于研究语义的组成，即研究命题的意义如何从各部分的意义通过组合方式得到，这就意味着形式语义学需要从词汇语义开始。但事实上，蒙塔古语义学很大程度上是句子语义学。词库中受到关注的重要部分是"逻辑词"的语义（如量化限定词 a 和 every、表示合取的 and、表示析取的 or、表示否定的 not 等），大多数词义尤其是实词的语义 Montague 并未分析，在 Montague 看来这部分的语义属于经验性问题。

Montague 关注的词汇语义是和语义组合密切相关的。在为句子的各个部分提供模型论解释的过程中，Montague 提出词汇的"语义类型"，即模型包含的数学对象的类型。如前，模型包括两个基本域，De 和 Dt，分别是实体的集合和真值的集合。实体的集合从类型来说都是 e，真值的集合类型是 t。一个句子的意义是其各部分意义以及组合方式的函数。在基本域和基本类型的基础上能够定义复合域和复合类型。例如 D<e, t> 是输入为实体输出为真值的函数，类型为 <e, t>。

将基本类型和函数类型表达式进行语义组合的最基本方式是函数应用，表征哪些类型的表达式可以组合。例如 John sings 中的 sing 是类型为 <e, t> 的函数，可以运用于 e 类型的个体，输出 t 类型的真值。

谓词预设其论元的类型，在语义组合过程中论元必须满足谓词所要求的类型，这是谓词对论元的选择限制。谓词的类型预设类似经典的预设，例如 "The king of France is bald." 只有在有定摹状词 the king of France 有指称对象即存在法国国王的情况下才能讨论真假，在预设失败的情况下命题无所谓真假。类型预设也是一样，只有在预设的类型满足的条件下才能讨论命题的真值。（41）属于类型预设没有得到满足而出现语义异常的句子：

（41）a. # 老虎是泽米洛 – 弗兰克尔集合。
　　　　b. # 约翰可以被 5 整除。

（41a）和（41b）中的谓词"是泽米洛 - 弗兰克尔集合"和"可以被 5 整除"都预设主语类型是抽象对象，而"老虎"和"约翰"都是物理对象，不满足类型要求。在经典模型中，实体域并不作细分。但是从描述和解释（41）这样的选择限制，区分可接受和不可接受表达的目的来说，引入相对于实体来说更细粒度的子类型来丰富系统是非常必要的，原来有限的类型系统显然无法满足当前的需要。

Borschev & Partee（2014）结合俄语 dva stakana moloka（两杯牛奶）、polkorziny gribov（半篮蘑菇）、tri meshka muki（三袋面粉）等例子，讨论如何将词汇语义信息和形式语义研究更好地进行结合的问题。

俄语中有一些不被允许的语义组合形式，例如（42）：

（42）#On vypil dva stakana muki.

　　　he drank two glass-gen.sg flour-gen.sg

　　　He drank two glasses of flour.

　　　（他喝了两杯面粉。）

（42）不能接受，是因为 drink 的补语位置只能是液体不能是固体。

（43）之所以不可接受是因为 uronil（"掉"）只用于物体而不是液体。

（43）#On uronil s podnosa poltora stakana moloka.

　　　he dropped from tray one-and-a-half glass-gen.sg milk-gen.sg

　　　He dropped from the tray one and a half glasses of milk.

　　　（一杯半的牛奶从他的托盘上掉了下去。）

虽然杯子是物体，但是（43）并不能表示杯子从托盘上掉下去，因为物体数量一般用整数计算，半个杯子不算是杯子，一杯半的牛奶不能看作物体。但是物质的部分可以以容器计量，可以用小数计算，可是因为 uronil 只用于物体，所以（43）还是不能接受。

　　Borschev & Partee 的核心思想是将常识本体引入到类型系统中，使逻辑形式的内容更丰富，在此基础上语义组合可以通过类型预设是否得到满足来解释。就 Borschev & Partee 研究的具体个案来说，是将种别（sorts）的概念引入类型系统。不同种别的容器和物质对应模型中新的基本类型，例如 Dglass、Dcontainer、Dmilk、Dflour、Dliquid、Dgranul_subst、Dpourable_subst，这些域分别由属于杯子、容器、牛奶、面粉、液体、颗粒物、可倾倒物等类型的实体构成，这些具体种别域构成经典模型中实体域（De）的子域。同时这些种别域之间构成各种关系，例如 Dglass，Dbasket 和 Dbag 是 Dcontainer 的子域，Dliquid 和 Dgranul_subst 这两个域没有交集，层级关系例如 "Dmilk ⊂ Dliquid ⊂ Dpourable_subst" "Dflour ⊂ Dgranul_subst ⊂ Dpourable_subst"　等。这些对于实体子域及其关系的认识属于语言使用者的常识，隐含于语言使用中，构成语言本体的一部分。

　　无论是数量包含小数的 poltora stakana moloka（一杯半牛奶）还是包含整数的 dva stakana moloka（两杯牛奶）都可以有这样一种解读，即将杯子作为度量衡，表达有这样体积的牛奶，该解读之下 stakana（杯子）作为物质的计量单位，类似于"升"这样专门的计量单位，其语义表征如（44）所示：

（44）STAKANAHM = λn [λP [λx [(STAKANAHM (x) = n) & P(x)]]]

这一表征和 LITER 的语义表征是一样的，如（45）所示：

（45）LITER = λn [λP [λx [(LITER(x) = n) & P(x)]]n]

在经典模型论的框架下，STAKANAHM 和 LITRE 都表示从数字到复杂函数（属性到属性）的函数，它们的语义类型是 <e, <<e,t>,<e,t>>>，其中表示数量的变量 n 的类型是 e，P 的类型是 <<e,t>>,<e,t>>，x 的类型是 e。在多种别域的模型论框架下，STAKANAHM 和 LITRE 的语义类型从 <e, <<e,t>,<e,t>>> 变为更精细化的 <r, <<pourable_subst, t> 和 <pourable_subst, t>>>，即一个从数字（类型为 r）映射到一个函数（从可倾倒物的属性到可倾倒物的属性）的复杂函数。LITER 要求任何允许的 x 的值都必须是与"可以倾倒的物质"类型兼容的类型。P 必须适用于该 x，即任何可接受的 P 的值必须是 <pourable_subst, t> 这一类型。

（42）中的 dva stakana muki（两杯面粉）之所以不可接受，在新的类型系统下也有解释。DRINK 要求的论元语义类型是 Dliquid 的成员，FLOUR 是 Dflour 的成员，因为 Dflour ⊂ Dgranul_subster 而 Dgranul_subst 和 Dliquid 两个域不相交，因此 Dflour ⊄ Dliquid，即不能满足 DRINK 对语义类型的要求。

12.6 总结

本体研究是关于存在的研究，形式语义学是关于自然语言和外部世界的指称理论，存在和指称的密切联系使本体研究在形式语义学研究中具有特殊地位。从经典的模型结构发展到今天，形式语义学的发展一直伴随着本体范畴和结构的探索，形式语义学的研究历史很大程度上也是本体概念和结构不断丰富的历史。同时在本体类型、本体属性、本体甄别以及相关语言证据挖掘方面，语言学家也在不断讨论和反思。在这一过程中，应注意到哲学、语言学、计算机和信息科学几个学科之间在本体研究方面互相区别又互相启发的关系。

　　自然语言本体研究的重要性不言而喻，遗憾的是除多年前寥寥数篇讨论自然语言本体研究的纲领性论文与这些年数量不多的本体范畴的具体个案研究之外，国内外的形式语义学教科书或著作很少触及本体研究这个话题。由于这一课题的丰富内涵和历史，这里的介绍很大程度上只是速写式的，但是希望从这些描述和讨论中读者能看到形式语义学本体研究发展的大致脉络以及本体研究在概念和方法上的侧重，也希望给今后的形式语义学本体探索带去一些启发。

　　除了继续发掘自然语言蕴藏的本体、反思本体研究本身之外，在形式语义学跨语言研究日渐兴起的今天，本体呈现怎样的跨语言图景也是学界期待看到的。本体的类型和结构是否具有跨语言普遍性，Moltmann（2016）认为答案是肯定的：如果自然语言本体论是建立在一个共同的认知能力的基础上，那么就像假设人类语言是基于一个共同的普遍语法一样，有同样的理由去假设本体也是普遍的。但目前的跨语言语义研究似乎表明，这样的假设未必成立。例如关于程度（degree）这一本体的跨语言有效性，虽然英语的语言材料指向程度的存在，Beck et al.（2009）对 Motu 语的研究、Bochnak（2013，2015）对 Washo 语的研究、Bowler（2016）对 Walpiri 语的研究等似乎都在提示，这些语言的本体中可能并不包括程度。

参考文献

程工. 1994. Chomsky 新论：语言学理论最简方案. 国外语言学，3：1–9.

程工. 2018. 词库应该是什么样的？——基于生物语言学的思考. 外国语，（1）: 23–30.

程工，李海. 2016. 分布式形态学的最新进展. 当代语言学，（1）: 97–119.

程工，杨大然，安丰存. 2022. 量词与复数形态的统一分析. 外语教学与研究，（2）: 163–176.

笛卡尔. 2000. 谈谈方法. 王太庆，译. 北京：商务印书馆.

高名凯. 1948. 汉语语法论. 北京：商务印书馆.

陆志韦. 1957. 汉语的构词法. 北京：科学出版社.

吕叔湘. 1979. 汉语语法分析问题. 北京：商务印书馆.

索绪尔. 1985. 普通语言学教程. 高名凯，译. 北京：商务印书馆.

汤姆逊. 2009. 十九世纪末以前的语言学史. 黄振华，译. 北京：世界图书出版公司.

徐烈炯. 2019. 生成语法理论：标准理论到最简方案. 上海：上海教育出版社.

吴道平. 2012. 为何形式主义？外国语，（5）: 2–15.

赵元任. 1952. 北京口语语法. 上海：开明书店.

周光磊，程工. 2018. 汉语 VN 型复合词的句法生成机制探究. 当代语言学，（1）: 61–68.

朱德熙. 1982. 语法讲话. 北京：商务印书馆.

Abels, K. 2003. *Successive Cyclicity, Anti-locality, and Adposition Stranding*. Doctoral dissertation, University of Connecticut.

Acquaviva, P. 2009. Roots and lexicality in distributed morphology. In A. Galani, D. Redinger, & N. Yeo (Eds.), *Fifth York-Essex Morphology Meeting*. York: University of York, 1–21.

Adger, D. 2010. A minimalist theory of feature structure. In A. Kibort & G. Corbett (Eds.), *Features: Perspectives on a Key Notion in Linguistics*. Oxford: Oxford University Press, 185–218.

Adger, D. 2013. *A Syntax of Substance*. Cambridge: MIT Press.

Aldridge, E. 2010. Clause-internal *wh*-movement in Archaic Chinese. *Journal of East Asian Linguistics, 19*(1): 1–36.

Alexiadou, A. 2010. Nominalizations: A probe into the architecture of grammar. *Language and Linguistics Compass, 4*(7): 512–523.

Alexiadou, A., & Anagnostopoulou, E. 2013. Manner vs. result complementarity in verbal alternations: A view from the clear alternation. *Proceedings of the 42nd Annual Meeting of the North East Linguistic Society*, 39–52.

Alexiadou, A., & Lohndal, T. 2017. The structural configurations of root categorization. In L. Bauke & A. Blümel (Eds.), *Labels and Roots*. Berlin: Mouton de Gruyter, 203–232.

Alexiadou, A., & Rathert, M. 2010. *The Syntax of Nominalizations Across Languages and Framework*. Berlin: Mouton de Gruyter.

Alsina, A. 2003. *Predicate Composition: A Theory of Syntactic Function Alternations*. Doctoral dissertation, Stanford University.

Allwood, J. 1981. On the distinctions between semantics and pragmatics. In W. Klein & W. Levelt (Eds.), *Crossing the Boundaries in Linguistics*. Dordrecht: D. Reidel Publishing Company, 177–189.

Amaral, P., Roberts, C., & Smith, E. 2007. Review of the logic of conventional implicatures by Chris Potts. *Linguistics and Philosophy, 30*(6): 707–749.

Anagnostopoulou, E., & Samioti, Y. 2014. Domains within words and their meanings: A case study. In A. Alexiadou, H. Borer, & F. Schafer (Eds.), *The Syntax of Roots and the Roots of Syntax*. Oxford: Oxford University Press, 81–111.

AnderBois, S., Brasoveanu, A., & Henderson, R. 2010. Crossing the appositive/at-issue meaning boundary. In N. Li & D. Lutz (Eds.), *Proceedings of SALT 20*. Ithaca: CLC Publications, 328–346.

AnderBois, S., Brasoveanu, A., & Henderson, R. 2015. At-issue proposals and appositive impositions in discourse. *Journal of Semantics, 32*: 93–138.

Anderson, S. R. 1992. *A-morphous Morphology*. Cambridge: Cambridge University Press.

Arad, M. 2003. Locality constraints on the interpretation of roots: The case of Hebrew denominal verbs. *Natural Language and Linguistic Theory, 21*: 737–778.

Arad, M. 2005. *Roots and Patterns: Hebrew Morpho-syntax*. Dordrecht: Springer.

Armoskaite, S., & Gillon, C. 2014, May 24–26. *50 Shades of Definiteness*. Annual Canadian Linguistics Association Conference, St. Catharines, Canada.

Aronoff, M. 1994. *Morphology by Itself: Stems and Inflectional Classes*. Cambridge: MIT Press.

Aronoff, M. 2007. In the beginning was the word. *Language, 83*(41): 803–830.

Aronoff, M., & Volpe, M. 2005. Morpheme. In K. Brown (Ed.), *Encyclopedia of Language and Linguistics*. Amsterdam: Elsevier, 274–276.

Arregi, K., & Nevins, A. 2012. *Morphotactics: Basque Auxiliaries and the Structure of Spellout*. Berlin: Springer.

Arregi, K., & Pietraszko, A. 2018. Generalized head movement. *Proceedings of the Linguistic Society of America, 3*(1): 1–5.

Arregi, K., & Pietraszko, A. 2021. The ups and downs of head displacement. *Linguistic Inquiry, 52*(2): 241–290.

Asher, N. 1993. *Reference to Abstract Objects in Discourse*. Dordrecht: Kluwer.

Asher, N. 2011. *Lexical Meaning in Context: A Web of Words*. Cambridge: Cambridge University Press.

Asher, N., & Bonevac, D. 1985. How extensional is extensional perception? *Linguistics and Philosophy, 8*: 203–228.

Asher, N., & Lascarides, A. 2003. *Logics of Conversation*. Cambridge: Cambridge University Press.

Asher, N., & Luo, Z. 2012. Formalization of coercion in lexical semantics. In E. Chemla, V. Homer, & G. Winterstein (Eds.), *Proceedings of Sinn und Bedeutung 17*. Paris: L'École Normale Supérieure, 63–80.

Austin, J. L. 1961. Philosophical papers. In J. O. Urmson & G. J. Warnock (Eds.), *Dialogue: Canadian Philosophical Review*. Oxford: Oxford University Press, 117–133.

Austin, J. L. 1962. *How to Do Things with Words*. London: Oxford University Press.

Bach, E. 1986a. The algebra of events. *Linguistics and Philosophy, 9*(1): 5–16.

Bach E. 1986b. Natural language metaphysics. In R. B. Marcus, G. J. Dorn, & P. Weingartner (Eds.), *In Studies in Logic and the Foundations of Mathematics, Vol. 114: Logic, Methodology and Philosophy of Science VII*. Amsterdam: Elsevier, 573–595.

Baker, M. 1988. *Incorporation: A Theory of Grammatical Function Changing*. Chicago: University of Chicago Press.

Bar-Hillel, Y. 1954. Indexical expressions. *Mind, 63*: 359–379.

Barwise, J., & Perry, J. 1980. The situation underground. In J. Barwise & I. Sag (Eds.), *Stanford Working Papers in Semantics 1*. Stanford: Stanford Cognitive Science Group, 1–55.

Barwise, J., & Robin C. 1981. Generalized quantifiers and natural language. *Linguistics and Philosophy, 4*: 159–219.

Barwise, J., & Perry, J. 1983. *Situations and Attitudes*. Cambridge: MIT Press.

Beard, R. 1995. *Lexeme-morpheme Base Morphology: A General Theory of Inflection and Word Formation*. Albany: State University of New York Press.

Beck, S., Krasikova, S., Fleischer, D., Gergel, R., Hofstetter, S., Savelsberg, C., Vanderelst, J., & Villalta, E. 2009. Cross-linguistic variation in comparison constructions. *Linguistic Variation Yearbook 2009, 9*: 1–66.

Bednekoff, P. A., & Balda, R. P. 1996. Observational spatial memory in Clark's Nutcrackers and Mexican Jays. *Animal Behaviour, 52*(4): 833–839.

Bennett, M. 1977. A guide to the logic of tense and aspect in English. *Logique et Analyse, 20*(80): 491–517.

Bennett, M., & Partee, B. 1972. *Toward the Logic of Tense and Aspect in English*. Santa Monica: System Development Corporation.

Berwick, R. C. 2010. All you need is Merge: Biology, computation, and language from the bottom-up. In Di Sciullo & Boeckx (Eds.), *The Biolinguistic Enterprise*. Oxford: Oxford University Press, 461–491.

Berwick, R. C., Beckers, G., Okanoya, K., & Bolhuis, J. 2012. A bird's eye view of human language evolution. *Frontiers in Evolutionary Neuroscience, 4*: 5.

Berwick, R. C., & Chomsky, N. 2016. *Why Only Us: Language and Evolution*. Cambridge: MIT Press.

Berwick, R. C., & Chomsky, N. 2019. All or nothing: No half-Merge and the evolution of syntax. *PLOS Biology, 17*(11): e3000539.

Berwick, R. C., Friederici, A. D., Chomsky, N., & Bolhuis, J. J. 2013. Evolution, brain, and the nature of language. *Trends in Cognitive Sciences, 17*(2): 89–98.

Berwick, R. C., Okanoya, K., Beckers, G. J., & Bolhuis, J. J. 2011. Songs to syntax: The linguistics of birdsong. *Trends in Cognitive Sciences, 15*(3): 113–121.

Bjorkman, B. 2017. Syntactic structures and morphology. In N. Hornstein, H. Lasnik, P. Patel-Grosz, & C. Yang (Eds.), *Syntactic Structures After 60 Years*. Berlin: Mouton de Gruyter, 301–316.

Bloomfield, L. 1926. A set of postulates for the science of language. *Language, 2*(3): 153–164.

Bloomfield, L. 1933. *Language*. New York: Holt, Rinehart & Winston.

Bobaljik, J. D. 2011. *Distributed Morphology*. Oxford: Oxford University Press.

Bochnak, R. 2013. *Cross-linguistic Variation in the Semantics of Comparatives*. Doctoral dissertation, University of Chicago.

Bode, S. 2020. *Casting a Minimalist Eye on Adjuncts*. London: Routledge.

Boeckx, C. 2006. *Linguistic Minimalism: Origins, Concepts, Methods, and Aims*. Oxford: Oxford University Press.

Boeckx, C. 2008. *Bare Syntax*. Oxford: Oxford University Press.

Boeckx, C. 2009. On the locus of asymmetry in UG. *Catalan Journal of Linguistics, 8*: 41–53.

Boeckx, C. 2015. *Elementary Syntactic Structures: Prospects of a Feature-free Syntax.* Cambridge: Cambridge University Press.

Boeckx, C., & Grohmann, K. K. 2007a. Remark: Putting phases in perspective. *Syntax, 10*(2): 204–222.

Boeckx, C., & Grohmann, K. K. 2007b. The biolinguistics manifesto. *Biolinguistics, 1*: 1–8.

Boeckx, C., & Martins, P. T. 2016. Biolinguistics. Oxford: Oxford University Press.

Bolhuis, J., & Everaert, M. (Eds.). 2013. *Birdsong, Speech, and Language: Exploring the Evolution of Mind and Brain.* Cambridge: MIT Press.

Bolhuis, J., Tattersall, I., Chomsky, N., & Berwick, R. C. 2014. How could language have evolved? *PLOS Biology, 12*(8): 1–6.

Borer, H. 2003. Exo-skeletal vs. endo-skeletal explanations: Syntactic projections and the lexicon. In J. Moore & M. Polinsky (Eds.), *The Nature of Explanation in Linguistic Theory.* Chicago: University of Chicago Press, 31–67.

Borer, H. 2005. *Structuring Sense (I): In Name Only.* Oxford: Oxford University Press.

Borer, H. 2009. Roots and categories. *19th Colloquium on Generative Grammar, 4*: 1–3.

Borer, H. 2013. *Structuring Sense (III): Taking Form.* Oxford: Oxford University Press.

Borschev, V. B., & Partee, B. H. 2014. Ontology and integration of formal and lexical semantics. *Dialog-21.* Retrieved October 20, 2021, from Dialog-21 website.

Borst, W. N. 1997. *Construction of Engineering Ontologies for Knowledge Sharing and Reuse.* Doctoral dissertation, University of Twente.

Bošković, Ž. 2014. Now I'm a phase, now I'm not a phase: On the variability of phases with extraction and ellipsis. *Linguistic Inquiry, 45*(1): 27–89.

Bošković, Ž. 2021. Merge, move, and contextuality of syntax: The role of labeling, successive-cyclicity, and EPP effects. *LingBuzz.* Retrieved June 10, 2022, from LingBuzz website.

Botha, R. P. 1983. *Morphological Mechanisms: Lexicalist Analyses of Synthetic Compounding.* Oxford: Pergamon.

Bowler, M. 2016. The status of degrees in Warlpiri. In M. Grubic & A. Mucha (Eds.), *Proceedings of the Semantics of African, Asian and Austronesian Languages 2.* Potsdam: Universitätsverlag Potsdam, 1–17.

Brainard, M. S., & Doupe, A. J. 2002. What songbirds teach us about learning. *Nature, 417*(6886): 351–358.

Bruening, B. 2014. Word formation is syntactic: Adjectival passives in English. *Natural Language and Linguistic Theory*, *32*(2): 363–422.

Bruening, B. 2018. The lexicalist hypothesis: Both wrong and superfluous. *Language*, *94*(1): 1–42.

Burge, T. 1974. Demonstrative constructions, reference, and truth. *The Journal of Philosophy*, *71*: 205–223.

Burling, R. 2005. *The Talking Ape: How Language Evolved*. Oxford: Oxford University Press.

Burzio, L. 1981. *Intransitive Verbs and Italian Auxiliaries*. Doctoral dissertation, MIT.

Cable, S. 2008. *Wh*-fronting in Hungarian is not focus fronting. *LingBuzz*. Retrieved May 9, 2020, from LingBuzz website.

Caha, P. 2009. *The Nanosyntax of Case*. Doctoral dissertation, University of Tromsø.

Cappelen, H., & Lepore, E. 2005. *Insensitive Semantics: A Defense of Semantic Minimalism and Speech Act Pluralism*. Oxford: Wiley-Blackwell.

Carlson, G. 1977. *Reference to Kinds in English*. Doctoral dissertation, University of Massachusetts at Amherst.

Carnie, A. 2006. *Syntax: A Generative Introduction*. Hoboken: John Wiley & Sons.

Carstairs-McCarthy, A. 1999. *The Origins of Complex Language: An Inquiry into the Evolutionary Beginnings of Sentences, Syllables, and Truth*. Oxford: Oxford University Press.

Carstens, V. 2005. Agree and EPP in Bantu. *Natural Language and Linguistic Theory*, *23*(2): 219–279.

Carston, R. 2002. *Thoughts and Utterances*. Oxford: Wiley-Blackwell.

Casati, R., & Varzi, A. C. 2020. A slow impossible mirror picture. *Perception, 49*(12): 1375–1378.

Champollion, L. 2015. Stratified reference: The common core of distributivity, aspect, and measurement. *Theoretical Linguistics, 41*(3–4): 109–149.

Chater, N., & Mike O. 1999. The probability heuristics model of syllogistic reasoning. *Cognitive Psychology, 38*: 191–258.

Chemla, E., Vincent, H., & Daniel, R. 2011. Modularity and intuitions in formal semantics: The case of polarity items. *Linguistics and Philosophy, 34*(6): 537–570.

Cheney, D. L., & Seyfarth, R. M. 1997. Reconciliatory grunts by dominant female baboons influence victims' behavior. *Animal Behavior, 54*(2): 409–418.

Cherniak, C. 2005. Innateness and brain-wiring optimization: Non-genomic nativism.

In A. Zilhao (Ed.), *Evolution, Rationality and Cognition*. London: Routledge, 103–112.

Cherniak, C. 2009. Brain wiring optimization and non-genomic nativism. In M. Piattelli-Palmarini, J. Uriagereka, & P. Salaburu (Eds.), *Of Minds & Language: A Dialogue with Noam Chomsky in the Basque Country*. Oxford: Oxford University Press, 108–119.

Chierchia, G. 1984. *Topics in the Syntax and Semantics of Infinitives and Gerunds*. Doctoral dissertation, University of Massachusetts at Amherst.

Chierchia, G. 1995. Individual-level predicates as inherent generics. In G. N. Carlson & F. J. Pelletier (Eds.), *The Generic Book*. Chicago: University of Chicago Press, 176–223.

Chierchia, G. 1998. Plurality of mass nouns and the notion of "semantic parameter". In S. Rothstein (Ed.), *Events and Grammar*. Dordrecht: Kluwer, 53–103.

Chierchia, G. 2010. Mass nouns, vagueness and semantic variation. *Synthese, 174*(1): 99–149.

Chierchia, G., & McConnell-Ginet, S. 1990. *Meaning and Grammar: An Introduction to Semantics*. Cambridge: MIT Press.

Chomsky, N. 1956. Three models for the description of language. *IRE Transactions on Information Theory, 2*(3): 113–124.

Chomsky, N. 1957. *Syntactic Structures*. Berlin & New York: Mouton de Gruyter.

Chomsky, N. 1959. On certain formal properties of grammars. *Information and Control, 2*:137–167.

Chomsky, N. 1964. *Current Issues in Linguistic Theory*. Berlin: Mouton de Gruyter.

Chomsky, N. 1965. *Aspects of the Theory of Syntax*. Cambridge: MIT Press.

Chomsky, N. 1970. Remarks on nominalization. In R. Jacobs & P. Rosenbaum (Eds.), *Readings in English Transformational Grammar*. Waltham: Ginn & Company, 184–221.

Chomsky, N. 1973. Conditions on transformations. In S. Anderson & P. Kiparsky (Eds.), *A Festschrift for Morris Halle*. New York: Holt, Rinehart & Winston, 232–286.

Chomsky, N. 1975. *The Logical Structure of Linguistic Theory*. Berlin: Springer. (Written in 1955)

Chomsky, N. 1981. *Lectures on Government and Binding*. Dordrecht: Foris Publications.

Chomsky, N. 1986a. *Knowledge of Language: Its Nature, Origin, and Use*. New York: Praeger.

Chomsky, N. 1986b. *Barriers*. Cambridge: MIT Press.

Chomsky, N. 1990. On formalization and formal linguistics. *Natural Language and Linguistic Theory, 8*: 143–147.

Chomsky, N. 1991a. Some notes on economy of derivation and representation. In R. Freidin (Ed.), *Principles and Parameters in Comparative Grammar*. Cambridge: MIT Press, 53–82.

Chomsky, N. 1991b. Linguistics and adjacent fields: A personal view. In A. Kasher (Ed.), *The Chomskyan Turn*. Oxford: Blackwell, 3–25.

Chomsky, N. 1993. A minimalist program for linguistic theory. In K. Hale & S. Keyser (Eds.), *The View from Building 20: Essays in Linguistics in Honor of Sylvain Bromberger*. Cambridge: MIT Press, 1–52.

Chomsky, N. 1994. Bare phrase structure. Cambridge: Distributed by MIT Working Papers in Linguistics.

Chomsky, N. 1995. *The Minimalist Program*. Cambridge: MIT Press.

Chomsky, N. 1998. Some observations on economy in generative grammar. In Barbosa, P., Fox, D., Hagstrom, P., McGinnis, M., & Pesetsky, D. (Eds.), *Is the Best Good Enough? Optimality and Competition in Syntax*. Cambridge: MIT Press, 115–127.

Chomsky, N. 2000a. Minimalist inquiries: The framework. In R. Martin, D. Michaels, & J. Uriagereka (Eds.), *Step by Step: Essays on Minimalist Syntax in Honor of Howard Lasnik*. Cambridge: MIT Press, 89–155.

Chomsky, N. 2000b. *The Architecture of Language*. New Delhi: Oxford University Press.

Chomsky, N. 2001. Derivation by phase. In M. Kenstowicz (Ed.), *Ken Hale: A Life in Language*. Cambridge: MIT Press, 482–496.

Chomsky, N. 2002. An interview on minimalism. In A. Belletti & L. Rizzi (Eds.), *Noam Chomsky: On Nature and Language*. Cambridge: Cambridge University Press, 92–161.

Chomsky, N. 2003. Reply to Pietrosky. In L. M. Antony & N. Hornstein (Eds.), *Chomsky and His Critics*. Oxford: Wiley-Blackwell, 304–307.

Chomsky, N. 2004. Beyond explanatory adequacy. In A. Belletti (Ed.), *Structures and Beyond: The Cartography of Syntactic Structures*. Oxford: Oxford University Press, 104–131.

Chomsky, N. 2005. Three factors in language design. *Linguistic Inquiry*, *36*(1): 1–22.

Chomsky, N. 2006. *Language and Mind*. Cambridge: Cambridge University Press.

Chomsky, N. 2007a. Approaching UG from below. In U. Sauerland & H.-M. Gärtner (Eds.), *Interfaces + Recursion = Language? Chomsky's Minimalism and the View from Syntax-Semantics*. Berlin: Mouton de Gruyter, 1–29.

Chomsky, N. 2007b. Biolinguistic explorations: Design, development, evolution. *International Journal of Philosophical Studies*, *15*(1): 1–21.

Chomsky, N. 2008. On phases. In R. Freidin, C. P. Otero, & M. L. Zubizarreta (Eds.), *Foundational Issues in Linguistic Theory*. Cambridge: MIT Press, 133–166.

Chomsky, N. 2009. Opening remarks. In M. Piattelli-Palmarini, J. Uriagereka, & P. Salaburu (Eds.), *Of Minds & Language: A Dialogue with Noam Chomsky in the Basque Country*. Oxford: Oxford University Press, 13–43.

Chomsky, N. 2010. Some simple evo-devo theses: How true might they be for language? In R. K. Larson, V. Déprez, & H. Yamakido (Eds.), *The Evolution of Human Language: Biolinguistic Perspectives*. Cambridge: Cambridge University Press, 45–62.

Chomsky, N. 2012. Foreword. In Á. Gallego (Ed.), *Phases: Developing the Framework*. Berlin: Mouton de Gruyter, 1–7.

Chomsky, N. 2013. Problems of projection. *Lingua, 130*: 33–49.

Chomsky, N. 2014. Minimal recursion: Exploring the prospects. In T. Roeper & M. Speas (Eds.), *Recursion: Complexity in Cognition*. Berlin: Springer, 1–15.

Chomsky, N. 2015a. *Preface to the 20th Anniversary Edition. The Minimalist Program*. Cambridge: MIT Press.

Chomsky, N. 2015b. Problems of projection: Extensions. In E. Di Domenico, C. Hamann, & S. Matteini (Eds.), *Structures, Strategies and Beyond*. Amsterdam: John Benjamins, 1–16.

Chomsky, N. 2016. *What Kind of Creatures Are We?* New York: Columbia University Press.

Chomsky, N. 2017. The language capacity: Architecture and evolution. *Psychonomic Bulletin & Review*, *24*(1): 200–203.

Chomsky, N. 2019. Some puzzling foundational issues: The Reading Program. *Catalan Journal of Linguistics* (*Special Issue*): 263–285.

Chomsky, N. 2020. UCLA lectures (April 29–May 2, 2019). *LingBuzz*. Retrieved August 21, 2021, from LingBuzz website.

Chomsky, N. 2021. Minimalism: Where we are now, and where we are going. *Gengo Kenkyu*, 160: 1–41.

Chomsky, N., & Halle, M. 1968. *The Sound Pattern of English*. Cambridge: MIT Press.

Chomsky, N., & Miller, G. A. 1958. Finite state languages. *Information and Control*, *1*(2): 91–112.

Chomsky, N., & Miller, G. A. 1963. Introduction to the formal analysis of natural languages. In R. D. Luce, R. R. Bush, & E. Galanter (Eds.), *Handbook of Mathematical Psychology*. New York: Wiley-Blackwell, 269–321.

Chomsky, N., Gallego, Á. J., & Ott, D. 2019. Generative grammar and the faculty of language: Insights, questions, and challenges. *Catalan Journal of Linguistics* (*Special Issue*): 229–261 .

Christiansen, M. H., & Kirby, S. E. 2003. *Language Evolution*. Oxford: Oxford University Press.

Church, A. 1940. A formulation of the simple theory of types. *Journal of Symbolic Logic*, 5: 56–68.

Citko, B. 2005. On the nature of Merge: External Merge, internal Merge, and parallel Merge. *Linguistic Inquiry*, 36(4): 475–496.

Citko, B. 2014. *Phase Theory: An Introduction*. Cambridge: Cambridge University Press.

Clayton, N. S., Bussey, T. J., & Dickinson, A. 2003. Can animals recall the past and plan for the future? *Nature Reviews Neuroscience*, 4(8): 685–691.

Coen, M. H. 2006. *Multimodal Dynamics: Self-supervised Learning in Perceptual and Motor Systems*. Doctoral dissertation, MIT.

Cole, P. 1981. *Radical Pragmatics*. New York: Academic Press.

Collins, C. 1997. *Local Economy*. Cambridge: MIT Press.

Collins, C. 2002. Eliminating labels. In S. D. Epstein & T. D. Seely (Eds.), *Derivation and Explanation in the Minimalist Program*. Hoboken: John Wiley & Sons, 42–64.

Collins, C. 2017. Merge (X,Y) = {X,Y}. In L. Bauke & A. Blümel (Eds.), *Labels and Roots*. Berlin: Mouton de Gruyter, 47–68.

Collins, C., & Stabler, E. 2016. A formalization of minimalist syntax. *Syntax*, 19(1): 43–78.

Comrie, B. 1976. *Aspect*. Cambridge: Cambridge University Press.

Comrie, B. 1985. *Tense*. Cambridge: Cambridge University Press.

Condoravdi, C., & Lauer, S. 2012. Imperatives: Meaning and illocutionary force. In C. Piñón (Ed.), *Empirical Issues in Syntax and Semantics 9*. Papers from the Colloque de Syntaxe et Sémantique à Paris 2011, 37–58.

Cook, V., & Newson, M. 2007. *Chomsky's Universal Grammar: An Introduction*. Hoboken: Wiley-Blackwell.

Corballis, M. C. 2017. Language evolution: A changing perspective. *Trends in Cognitive Sciences*, 21(4): 229–236.

Corver, N., & Nunes, J. 2007. From trace theory to copy theory. In N. Corver & J. Nunes (Eds.), *The Copy Theory of Movement*. Amsterdam: John Benjamins, 1–9.

Cresswell, M. J. 1985. *Adverbial Modification: Interval Semantics and Its Rivals*. Dordrecht: Reidel.

Cuervo, M. C. 2003. *Datives at Large*. Doctoral dissertation, MIT.

Culicover, P., Wasow T., & Akmajian, A. (Eds.). 1977. *Formal Syntax*. New York: Academic Press.

Curtiss, S. 1977. *Genie: A Psycholinguistic Study of a Modern-day Wild Child*. New York: Academic Press.

D'Alessandro, R. 2014. *The Null Subject Parameter: Where Are We and Where Are We Headed*. Leiden: University Center for Linguistics.

D'Alessandro, R. 2019. The achievements of Generative Grammar: A time chart and some reflections. *Catalan Journal of Linguistics (Special Issue)*: 7–26.

Darwin, C. 1859. *On the Origin of Species*. London: John Murray.

Darwin, C. 1871. *The Descent of Man, and Selection in Relation to Sex*. London: John Murray.

Davidson, D. 1967. The logical form of action sentences. In N. Rescher (Ed.), *The Logic of Decision and Action*. Pittsburgh: University of Pittsburgh Press, 81–95.

Davidson, D. 2002. *Essays on Actions and Events* (2nd ed.). New York: Oxford University Press.

Dayal, V. 2004. Number marking and (in)definiteness in kind terms. *Linguistics and Philosophy, 27*(4): 393–450.

Dayal, V. 2018. (In)definiteness without articles: Diagnosis, analysis, implications. In G. Sharma & R. Bhatt (Eds.), *Trends in Hindi Linguistics*. Berlin: Mouton de Gruyter, 1–26.

de Waal, F. B. 1989. *Peacemaking Among Primates*. Cambridge: Harvard University Press.

de Waal, F. B., & Ferrari, P. F. 2010. Toward a bottom-up perspective on animal and human cognition. *Trends in Cognitive Sciences, 14*(5): 201–207.

Deacon, T. W. 2010. A role for relaxed selection in the evolution of the language capacity. *Proceedings of the National Academy of Sciences, 107*(Supplement 2): 9000–9006.

Dehaene, S. 1997. *The Number Sense: How the Mind Creates Mathematics*. Oxford: Oxford University Press.

den Dikken, M. 1995. Binding, expletives, and levels. *Linguistic Inquiry, 26*(2): 347–354.

den Dikken, M. 2007. Phase extension contours of a theory of the role of head movement in phrasal extraction. *Theoretical Linguistics, 33*(1): 1–41.

Devlin, K. 2004. Jon Barwise's papers on natural language semantics. *The Bulletin of Symbolic Logic, 10*(1): 54–85.

Di Sciullo, A. M., & Boeckx, C. (Eds.), *The Biolinguistic Enterprise*. Oxford: Oxford University Press.

Di Sciullo, A. M., Piattelli-Palmarini, M., Hauser, M.,Wexler, K., Berwick, R. C., Boeckx, C., Jenkins, L., Uriagereka, J., Stromswold, K., Cheng, L., Harley, H., Wedel, A., McGilvray, J., van Gelderen, E., & Bever, T. 2010. The biological nature of language. *Biolinguistics, 4*: 4–34.

Dixon, R. M. W. 1972. *The Dyirbal Language of North Queensland*. Cambridge: Cambridge University Press.

Doupe, A. J., & Kuhl, P. K. 1999. Birdsong and human speech: Common themes and mechanisms. *Annual Review of Neuroscience, 22*(1): 567–631.

Dowty, D. 1979. *Word Meaning and Montague Grammar*. Dordrecht: Reidel.

Dowty, D. 1991. Thematic proto-roles and argument selection. *Language, 67*(3): 547–619.

Dubinsky, S., & Simango, S. 1996. Passive and stative in Chichewa: Evidence for modular distinctions in grammar. *Language, 72*(4): 749–81.

Dummett, M. 1991. *The Logical Basis of Metaphysics*. Oxford: Harvard University Press.

Embick, D. 2004. On the structure of resultative participles in English. *Linguistic Inquiry, 35*(3): 355–392.

Embick, D. 2010. *Localism Versus Globalism in Morphology and Phonology*. Cambridge: MIT Press.

Embick, D. 2013. Locality across domains: From morphemes to structures to sounds. *Invited Presentation at NELS, 44*: 18–20.

Embick, D. 2015. *The Morpheme: A Theoretical Introduction*. Berlin: Mouton de Gruyter.

Embick, D. 2021. The motivation for roots in distributed morphology. *Annual Review of Linguistics*, (7): 69–88.

Embick, D., & Marantz, A. 2008. Architecture and blocking. *Linguistic Inquiry, 39*(1): 1–53.

Embick, D., & Noyer, R. 2001. Movement operations after syntax. *Linguistic Inquiry, 32*(4): 555–595.

Embick, D., & Noyer, R. 2007. Distributed morphology and the syntax-morphology interface. In G. Ramchand & C. Reiss (Eds.), *The Oxford Handbook of Linguistic Interfaces*. Oxford: Oxford University Press, 289–324.

Emonds, J. E. 1976. *A Transformational Approach to English Syntax: Root, Structure-preserving, and Local Transformations*. New York: Academic Press.

Enard, W., Przeworski, M., Fisher, S. E., Lai, C. S., Wiebe, V., Kitano, T., Monaco, A. P., & Pääbo, S. 2002. Molecular evolution of FOXP2, a gene involved in speech and language. *Nature, 418*(6900): 869–872.

Epstein, S. D., & Seely, T. D. 2002. *Derivation and Explanation in the Minimalist Program.* Hoboken: John Wiley & Sons.

Epstein, S. D., Groat, E., Kawashima, R., & Kitahara, H. 1998. *A Derivational Approach to Syntactic Relations.* Oxford: Oxford University Press.

Epstein, S. D., Kitahara, H., & Seely, T. D. 2012. Structure building that can't be. In M. Uribe-Etxebarria & V. Valmala (Eds.), *Ways of Structure Building.* Oxford: Oxford University Press, 253–270.

Epstein, S. D., Kitahara, H., & Seely, T. D. 2014. Labeling by minimal search: Implications for successive-cyclic A-movement and the conception of the postulate "phase". *Linguistic Inquiry, 45*(3): 463–481.

Epstein, S. D., Kitahara, H., & Seely, T. D. 2015. Exploring phase-based implications regarding clausal architecture. A case study: Why structural case cannot precede theta. In S. D. Epstein, H. Kitahara, & T. D. Seely, (Eds.), *Explorations in Maximizing Syntactic Minimization.* London: Routledge, 73–90.

Epstein, S. D., Kitahara, H., & Seely, D. 2016. Phase cancellation by external pair-Merge of heads. *The Linguistic Review, 33*(1): 87–102.

Epstein, S. D., Kitahara, H., & Seely, T. D. 2017. Merge, labeling and their interactions. In L. Bauke & A. Blümel (Eds.), *Labels and Roots.* Berlin: Mouton de Gruyter, 17–45.

Everaert, M., & Huybregts, R. 2013. The design principles of natural language. In J. Bolhuis & M. Everaert (Eds.), *Birdsong, Speech and Language: Exploring the Evolution of Mind and Brain.* Cambridge: MIT Press, 1–26.

Faller, M. 2002. *Semantics and Pragmatics of Evidentials in Cuzco Quechua.* Doctoral dissertation, Stanford University.

Fara, D. G. 2000. Shifting sands: An interest-relative theory of vagueness. *Philosophical Topics, 28*: 45–81.

Farkas, D., & Bruce, K. 2010. On reacting to assertions and polar questions. *Journal of Semantics, 27*: 81–118.

Feigenson, L., Stanislas D., & Elizabeth S. 2004. Core systems of number. *Trends in Cognitive Science, 8*: 307–314.

Felser, C. 2004. Wh-copying, phases, and successive cyclicity. *Lingua, 114*(5): 543–574.

Fiengo, R. 2007. *Asking Questions: Using Meaningful Structure to Imply Ignorance*. Oxford: Oxford University Press.

Filip, H. 2012. Lexical aspect. In R. I. Binnick (Ed.), *The Oxford Handbook of Tense and Aspect*. Oxford: Oxford University Press, 721–751.

Fillmore, C. 1975. The future of semantics. In R. Austerlitz (Ed.), *The Scope of American Linguistics: Papers of the First Golden Anniversary Symposium of the Linguistic Society of America*. Berlin: Mouton de Gruyter, 135–158.

Fisher, R. A. 1918. The correlation between relatives on the supposition of Mendelian inheritance. *Transactions of the Royal Society of Edinburgh, 52*(2): 399–433.

Fisher, S. E., Vargha-Khadem, F., Watkins, K. E., Monaco, A. P., & Pembrey, M. E. 1998. Localization of a gene implicated in a severe speech and language disorder. *Nature Genetics, 18*(2): 168–170.

Fitch, W. T. 2000. The evolution of speech: A comparative review. *Trends in Cognitive Sciences, 4*(7): 258–267.

Fitch, W. T. 2010. *The Evolution of Language*. Cambridge: Cambridge University Press.

Fitch, W. T. 2013. Musical protolanguage: Darwin's theory of language evolution revisited. In J. Bolhuis & M. Everaert (Eds.), *Birdsong, Speech, and Language: Exploring the Evolution of Mind and Brain*. Cambridge: MIT Press, 489–503.

Fitch, W. T., & Hauser, M. D. 2004. Computational constraints on syntactic processing in a non-human primate. *Science, 303*(5656): 377–380.

Fitch, W. T., Hauser, M. D., & Chomsky, N. 2005. The evolution of the language faculty: Clarifications and implications. *Cognition, 97*(2): 179–210.

Fitch, W. T., & Mietchen, D. 2013. Convergence and deep homology in the evolution of spoken language. In J. Bolhuis & M. Everaert (Eds.), *Birdsong, Speech, and Language: Exploring the Evolution of Mind and Brain*. Cambridge: MIT Press, 45–62.

Fitch, W. T., & Reby, D. 2001. The descended larynx is not uniquely human. *Proceedings of the Royal Society of London (Series B): Biological Sciences, 268*(1477): 1669–1675.

Fodor, J. 1982. The mental representation of quantifiers. In S. Peters & E. Saarinen (Eds.), *Processes, Beliefs, and Questions*. Berlin: Springer, 129–164.

Fodor, J. A., & Lepore, E. 1998. The emptiness of the lexicon. *Linguistic Inquiry, 29*: 269–288.

Fox, D. 1999. Reconstruction, binding theory, and the interpretation of chains. *Linguistic Inquiry, 30*: 157–196.

Fox, D. 2000. *Economy and Semantic Interpretation*. Cambridge: MIT Press.

Fox, D., & Nissenbaum, J. 1999. Extraposition and scope: A case for overt QR. *Proceedings of the 18th West Coast Conference on Formal Linguistics, 18*(2): 132–144.

Frampton, J., & Gutmann, S. 2002. Crash-proof syntax. In S. D. Epstein & T. D. Seely (Eds.), *Derivation and Explanation in the Minimalist Program*. Hoboken: John Wiley & Sons, 90–105.

Frawley, W. 1992. *Linguistic Semantics*. Hillsdale: Lawrence Erlbaum.

Frazier, L., & Clifton, C. Jr. 2005. The syntax-discourse divide: Processing ellipsis. *Syntax, 8*: 121–174.

Frege, G. 1879. Begriffsschrift. In P. Geach & M. Black (Eds.), *Translation from the Philosophical Writings of Gottlob Frege*. Oxford: Basil Blackwell, 1–20.

Frey, S., Mackey, S., & Petrides, M. 2014. Cortico-cortical connections of areas 44 and 45B in the macaque monkey. *Brain and Language, 131*: 36–55.

Friederici, A. D. 2002. Toward a neural basis of auditory sentence processing. *Trends in Cognitive Sciences, 6*(2): 78–84.

Friederici, A. D. 2016. The neuroanatomical pathway model of language: Syntactic and semantic networks. In L. Steven & G. Hickok (Eds.), *Neurobiology of Language*. San Diego: Elsevier, 349–356.

Friederici, A. D. 2017. *Language in Our Brain: The Origins of a Uniquely Human Capacity*. Cambridge: MIT Press.

Friederici, A. D., Chomsky, N., Berwick, R. C., Moro, A., & Bolhuis, J. J. 2017. Language, mind and brain. *Nature Human Behavior, 1*(10): 713–722.

Frisson, S., & McElree, B. 2008. Complement coercion is not ambiguity resolution: Evidence from eye movement. *Journal of Experimental Psychology: Learning, Memory, and Cognition, 31*: 1–11.

Fujita, K. 2009. A prospect for evolutionary adequacy: Merge and the evolution and development of human language. *Biolinguistics, 3*(2–3): 128–153.

Fujita, K. 2016. On certain fallacies in evolutionary linguistics and how one can eliminate them. In K. Fujita & C. Boeckx (Eds.), *Advances in Biolinguistics: The Human Language Faculty and Its Biological Basis*. London: Routledge, 141–152.

Futuyma, D. J. 2005. *Evolution*. Stamford: Sinauer Associates.

Gallego, Á. J. 2010. *Phase Theory*. Amsterdam: John Benjamins.

Gallego, Á. J. 2017. Remark on the EPP in labeling theory: Evidence from Romance. *Syntax, 20*(4): 384–399.

Gallego, Á. J. 2020. Strong and weak "strict cyclicity" in phase theory. In A. Barany, T. Biberauer, J. Douglas, & S. Vikner (Eds.), *Syntactic Architecture and Its Consequences II*.

Berlin: Language Science Press, 207–226.

Gamut, L. T. F. 1991. *Logic, Language, and Meaning* (Vol. 1). Chicago: University of Chicago Press.

Gazdar, G. 1979. *Pragmatics: Implicature, Presupposition and Logical Form*. New York: Academic Press.

Geurts, B. 2003. Reasoning with quantifiers. *Cognition, 86*: 223–251.

Geurts, B., Katsos, N., Cummins, C., Moons, J., & Noordman, L. 2010. Scalar quantifiers: Logic, acquisition and processing. *Language and Cognitive Processes, 25*: 130–148.

Gillon, B. S. 1992. Toward a common semantics for English count and mass nouns. *Linguistics and Philosophy, 15*(6): 597–639.

Ginsburg, J. 2016. Modeling of problems of projection: A non-countercyclic approach. *Glossa, 1*(1): 1–46.

Ginzburg, J. 1996. Interrogatives: Questions, facts, and dialogue. In S. Lappin (Ed.), *The Handbook of Contemporary Semantic Theory*. Oxford: Wiley-Blackwell, 385–422.

Ginzburg, J. 2012. *The Interactive Stance*. Oxford: Oxford University Press.

Gobes, S. M., Zandbergen, M. A., & Bolhuis, J. J. 2010. Memory in the making: Localized brain activation related to song learning in young songbirds. *Proceedings of the Royal Society of London (Series B): Biological Sciences, 277*(1698): 3343–3351.

Gould, S. J., & Vrba, E. S. 1982. Exaptation—A missing term in the science of form. *Paleobiology, 8*(1): 4–15.

Graham, S. A., & Fisher, S. E. 2015. Understanding language from a genomic perspective. *Annual Review of Genetics, 49*: 131–160.

Grice, H. 1957. Meaning. *The Philosophical Review, 66*(3): 377–388.

Grice, H. 1975. Logic and conversation. In P. Cole & J. Morgan (Eds.), *Syntax and Semantics 3: Speech Acts*. New York: Academic Press, 41–58.

Grimm, S. 2012a. Degrees of countability: A mereotopological approach to the mass/count distinction. In A. Chereches (Ed.), *Proceedings of Semantics and Linguistic Theory 22*. Ithaca: CLC Publications, 584–603.

Grimm, S. 2012b. *Number and Individuation*. Doctoral dissertation, Stanford University.

Grimm, S., & McNally, L. 2015. The *-ing* dynasty: Rebuilding the semantics of nominalizations. In S. D'Antonio, M. Moroney, & C. R. Little (Eds.), *25th Proceedings of Semantics and Linguistics Theory*, 82–102.

Grimm, S., & McNally, L. 2016. The＋VP*ing* as anaphoric event-type reference. In K. Kim, P. Umbal, T. Block, Q. Chan, T. Cheng, K. Finney, M. Katz, S. Nickel-

Thompson，& L. Shorten (Eds.), *Proceedings of the 33rd West Coast Conference on Formal Linguistics*. Somerville: Cascadilla Proceedings Project, 167–175.

Grimshaw, J. 1990. *Argument structure*. Cambridge: MIT Press.

Groenendijk, J., & Stokhof, M. 1991. Two theories of dynamic semantics. In J. van Eijck (Ed.), *Logics in AI—European Workshop JELIA '90*. Berlin: Springer, 55–64.

Grohmann, K. K., Drury, J., & Castillo, J. C. 2000. No more EPP. *Proceedings of WCCFL*, 19: 139–152.

Gruber, T. R. 1993. A translation approach to portable ontology specifications. *Knowledge Acquisition*, 5(2):199–220.

Gunlogson, C. 2004. *True to Form: Rising and Falling Declaratives as Questions in English*. Berlin: Routledge.

Gutzmann, D. 2011. Expressive modifiers and mixed expressives. In O. Bonami & P. Hofherr (Eds.), *Empirical Issues in Syntax and Semantics 8* (pp.123–141). Retrieved May 5, 2021, from CNRS website.

Gutzmann, D. 2014. Semantics vs. pragmatics. In L. Matthewson, C. Meier, H. Rullmann, & E. Zimmermann (Eds.), *The Wiley-Blackwell Companion to Semantics*. Retrieved April 25, 2021, from Wiley Online Library website.

Gutzmann, D., & Miró, E. C. 2011. The dimensions of verum. In O. Bonami & P. Hofherr (Eds.), *Empirical Issues in Syntax and Semantics 8* (pp. 143–165). Retrieved May 5, 2021, from CNRS website.

Hackl, M. 2009. On the grammar and processing of proportional quantifiers: Most versus more than half. *Natural Language Semantics*, 17: 63–98.

Haegeman, L. 1991. *Introduction to Government and Binding Theory*. Oxford: Wiley-Blackwell.

Hale, K., & Keyser, S. J. 1993a. On argument structure and the lexical expression of syntactic relations. In K. Hale & S. J. Keyser, *The View from Building 20: Essays in Linguistics in Honor of Sylvain Bromberger*. Cambridge: MIT Press, 53–110.

Hale, K., & Keyser, S. J. (Eds.). 1993b. *The View from Building 20: Essays in Linguistics in Honor of Sylvain Bromberger*. Cambridge: MIT Press.

Hale, K., & Keyser, S. J. 2002. *Prolegomenon to a Theory of Argument Structure*. Cambridge: MIT Press.

Halle, M. 1997. Distributed morphology: Impoverishment and fission. *MIT Working Papers in Linguistics, 30*: 425–449.

Halle, M., & Marantz, A. 1993. Distributed morphology and the pieces of inflection. In K. Hale & S. J. Keyser (Eds.), *The View from Building 20: Essays in Linguistics in Honor of Sylvain Bromberger*. Cambridge: MIT Press, 111–176.

Halle, M., & Marantz, A. 1994. Some key features of distributed morphology. *MIT Working Papers in Linguistics, 21*(275): 88.

Harley, H. 2008. On the causative construction. In S. Miyagawa (Ed.), *Handbook of Japanese Linguistics*. Oxford: Oxford University Press, 20–53.

Harley, H. 2009. The morphology of nominalizations and the syntax of vP. In A. Giannakidou & M. Rathert (Eds.), *Quantification, Definiteness and Nominalization*. Oxford: Oxford University Press, 320–342.

Harley, H. 2011. Compounding in distributed morphology. In R. Lieber & P. Štekauer (Eds.), *The Oxford Handbook of Compounding*. Oxford: Oxford University Press, 129–144.

Harley, H. 2014. On the identity of roots. *Theoretical Linguistics, 40*(3–4): 225–276.

Harley, H., & Noyer, R. 1999. Distributed morphology. *Glot International, 4*(4): 3–9.

Haspelmath, M. 2019. How formal linguistics appeared and disappeared from the scene. *Diversity Linguistics Comment*. Retrieved from Diversity Linguistics Comment website.

Hauser, M. D., Chomsky, N., & Fitch, W. T. 2002. The faculty of language: What is it, who has it, and how did it evolve? *Science, 298*(5598): 1569–1579.

Hauser, M. D., & Fitch, W. T. 2003. What are the uniquely human components of the language faculty? *Studies in the Evolution of Language, 3*: 158–181.

Hauser, M. D., Yang, C., Berwick, R. C., Tattersall, I., Ryan, M. J., Watumull, J., Chomsky, N., & Lewontin, R. C. 2014. The mystery of language evolution. *Frontiers in Psychology, 5*(401): 1–12.

Hayashi, N. 2020. Labeling without weak heads. *Syntax, 23*(3): 275–294.

Heim, I. 1982. *The Semantics of Definite and Indefinite Noun Phrases*. Doctoral dissertation, University of Massachusetts at Amherst.

Heim, I. 1983. On the projection problem for presuppositions. *West Coast Conference on Formal Linguistics, 2*: 114–125.

Heim, I., & Kratzer, A. 1998. *Semantics in Generative Grammar*. Oxford: Wiley-Blackwell.

Henderson, J., Hurly, T. A., Bateson, M., & Healy, S. D. 2006. Timing in free-living Rufous Hummingbirds, Selasphorus Rufus. *Current Biology, 16*(5): 512–515.

Higginbotham, J. 1983. The logic of perceptual reports: An extensional alternative to situation semantics. *The Journal of Philosophy, 80*: 100–127.

Hinzen, W. 2006. *Mind Design and Minimal Syntax*. Oxford: Oxford University Press.

Hobbs, J. R. 1985. *On the Coherence and Structure of Discourse*. Stanford: Center for the Study of Language and Information.

Hofweber, T. 2018. Logic and ontology. In E. Zalta (Ed.), *The Stanford Encyclopedia of Philosophy* (Summer 2018 Edition). Stanford: Metaphysics Research Lab, Stanford University. Retrieved April 20, 2021, from Stanford Encyclopedia of Philosophy website.

Horn, L. 1989. *A Natural History of Negation*. Chicago: University of Chicago Press.

Horn, L. 2002. Assertoric inertia and NPI licensing. In E. Andronis, A. Pycha, & K. Yoshimura (Eds.), *Proceedings from the 38th meeting of the Chicago Linguistic Society*. Chicago: Chicago Linguistic Society, 55–82.

Horn, L. 2017. Almost et al.: Scalar adverbs revisited. In C. Lee, F. Kiefer, & M. Krifka (Eds.), *Contrastiveness in Information Structure, Alternatives and Scalar Implicatures*. Berlin: Springer, 283–304.

Hornstein, N. 2009. *A Theory of Syntax: Minimal Operations and Universal Grammar*. Cambridge: Cambridge University Press.

Hornstein, N., Nunes, J., & Grohmann, K. K. 2005. *Understanding Minimalism*. Cambridge: Cambridge University Press.

Huang, C.-T. J. 1982. *Logical Relations in Chinese and the Theory of Grammar*. Doctoral dissertation, MIT.

Huang, C.-T. J. 1984. On the distribution and reference of empty pronouns. *Linguistic Inquiry*, *15*(4): 531–574.

Huang, C.-T. J. 1987. Existential sentences in Chinese and (in)definiteness. In E. J. Reuland & A. G. B. ter Meulen (Eds.), *The Representation of (In)definiteness*. Cambridge: MIT Press, 226–253.

Huang, Y. 2007. *Pragmatics*. Oxford: Oxford University Press.

Huang, Y. 2017. *The Oxford Handbook of Pragmatics*. Oxford: Oxford University Press.

Hubel, D. H., & Wiesel, T. N. 2005. *Brain and Visual Perception: The Story of a 25-year Collaboration*. Oxford: Oxford University Press.

Jackendoff, R. 1972. *Semantic Interpretation in Generative Grammar*. Cambridge: MIT Press.

Jackendoff, R. 1990. *Semantic Structures*. Cambridge: MIT Press.

Jackendoff, R. 2002. *Foundations of Language*. Oxford: Oxford University Press.

Jackendoff, R. 2010. Your theory of language evolution depends on your theory of language. In R. Larson, V. Déprez, & H. Yamakido (Eds.), *The Evolution of Human Language: Biolinguistic Perspectives*. Cambridge: Cambridge University Press, 63–72.

Jacob, F. 1982. *The Possible and the Actual*. New York: Pantheon.

Jarvis, E. D. 2013. Evolution of brain pathways for vocal learning in birds and humans. In J. Bolhuis & M. Everaert (Eds.), *Birdsong, Speech, and Language: Exploring the Evolution of Mind and Brain*. Cambridge: MIT Press, 63–107.

Jenkins, L. 2000. *Biolinguistics: Exploring the Biology of Language*. Cambridge: Cambridge University Press.

Johnson-Laird, P. 1982. Formal semantics and the psychology of meaning. In S. Peters & E. Saarinen (Eds.), *Processes, Beliefs, and Questions*. Berlin: Springer, 1–68.

Johnson-Laird, P., Ruth B., & Patrizia T. 1989. Reasoning by model: The case of multiple quantification. *Psychological Review, 96*: 658–673.

Joshi, A. K. 1985. Tree adjoining grammars: How much context-sensitivity is required to provide reasonable structural descriptions? In D. R. Dowty, L. Karttunen, & A. M. E. Zwicky (Eds.), *Natural Language Parsing: Psychological, Computational, and Theoretical Perspectives*. Cambridge: Cambridge University Press, 206–250.

Kamp, H. 1981. A theory of truth and semantic representation, In J. Groenendijk, T. Janssen, & M. Stokhof (Eds.), *Formal Methods in the Study of Language*. Amsterdam: Mathematical Center, 227–321.

Kamp, H., & Partee, B. 1995. Prototype theory and compositionality. *Cognition, 57*: 129–191.

Kamp, H., & Partee, B. 2004. *Context-dependence in the Analysis of Linguistic Meaning*. Amsterdam: Elsevier.

Kaplan, D. 1989. Demonstratives: An essay on the semantics, logic, metaphysics, and epistemology of demonstratives and other indexicals. In J. Almog., J. Perry, & H. Wettstein (Eds.), *Themes from Kaplan*. Oxford: Oxford University Press, 481–563.

Kaplan, D. 1999. The meaning of ouch and oops. *Eecoppock*. Retrieved January 18, 2022, from Eecoppock website.

Katamba, F. 1993. *Morphology*. Oxford: Macmillan.

Kayne, R. 1994. *The Antisymmetry of Syntax*. Cambridge: MIT Press.

Kearns, K. 1991. *The Semantics of English Progressive*. Doctoral dissertation, MIT.

Kearns, K. 2011. *Semantics* (2nd ed.). London: Palgrave Macmillan.

Keefe, R. 2000. *Theories of Vagueness*. Cambridge: Cambridge University Press.

Kennedy, C. 2007. Vagueness and grammar: The semantics of relative and absolute gradable adjectives. *Linguistics and Philosophy, 30*: 1–45.

Kennedy, C. 2013. Two sources of subjectivity: Qualitative assessment and dimensional uncertainty. *Inquiry, 56* (2–3): 258–277.

Kennedy, C., & McNally, L. 2005. Scale structure and the semantic typology of gradable predicates. *Language, 81*(2): 345–381.

King, J., & Stanley, J. 2005. Semantics, pragmatics, and the role of semantic content. In Z. Szabo (Ed.), *Semantics Versus Pragmatics*. Oxford: Oxford University Press, 111–164.

King, M.-C., & Wilson, A. C. 1975. Evolution at two levels in humans and chimpanzees: Their macromolecules are so alike that regulatory mutations may account for their biological differences. *Science, 188*(4184): 107–116.

Kinyalolo, K. K. W. 1991. *Syntactic Dependencies and the Spec-head Agreement Hypothesis in Kilega*. Doctoral dissertation, University of California.

Klein, W. 1994. *Time in Language*. London: Routledge.

Koev, T. 2013. *Apposition and the Structure of Discourse*. Doctoral dissertation, Rutgers University at New Brunswick.

Koev, T. 2018. Notions of at-issueness. *Language and Linguistics Compass, 12*(12). 1–16.

Kölbel, M. 2002. *Truth Without Objectivity*. London: Routledge.

Kölbel, M. 2004. Faultless disagreement. *Proceedings of the Aristotelian Society, 104*: 53–73.

Komachi, M., Kitahara, H., Uchibori, A., & Takita, K. 2019. Generative procedure revisited. *Reports of the Keio Institute of Cultural and Linguistic Studies, 50*: 269–283.

Konishi, M. 1965. The role of auditory feedback in the control of vocalization in the white-crowned sparrow 1. *Zeitschrift Für Tierpsychologie, 22*(7): 770–783.

Koopman, H. 2006. Agreement configurations: In defense of "Spec head". In C. Boeckx (Ed.), *Agreement Systems*. Amsterdam: John Benjamins, 159–199.

Koster-Moeller, J., Jason, V., & Martin, H. 2008. Verification procedures for modified numeral quantifiers. In N. Abner & J. Bishop (Eds.), *Proceedings of the West Coast Conference on Formal Linguistics 27*. Somerville: Cascadilla Proceedings Project, 310–317.

Krahmer, E. 1998. *Presupposition and Anaphora*. Stanford: Center for the Study of Language and Information.

Kratzer, A. 1995. Stage-level and individual-level predicates. In G. N. Carlson & F. J. Pelletier (Eds.), *The Generic Book*. Chicago: University of Chicago Press, 125–175.

Kratzer, A. 1996. Severing the external argument from its verb. In J. Rooryck & L. Zaring (Eds.), *Phrase Structure and the Lexicon*. Dordrecht: Kluwer, 109–137.

Kratzer, A. 2002. Facts: Particulars or information units? *Linguistics and Philosophy, 25*(5–6): 655–670.

Krause, J., Lalueza-Fox, C., Orlando, L., Enard, W., Green, R. E., Burbano, H. A., Hublin, J.-J., Hänni, C., Fortea, J., & de la Rasilla, M. 2007. The derived FOXP2 variant of modern humans was shared with Neandertals. *Current Biology*, *17*(21): 1908–1912.

Krifka, M. 1989. Nominal reference, temporal constitution and quantification in event semantics. In R. Bartsch, J. van Benthem, & P. van Emde Boas (Eds.), *Semantics and Contextual Expressions*. Dordrecht: Foris Publications, 75–115.

Krifka, M. 1991. Four thousand ships passed through the lock: Object-induced measure functions on events. *Linguistics and Philosophy*, *13*(5): 487–520.

Krifka, M. 1992. Thematic relations as links between nominal reference and temporal constitution. In I. Sag & A. Szabolcsi (Eds.), *Lexical Matters*. Stanford. Center for the Study of Language and Information Publications, 29–53.

Krifka, M., Pelletier, F., Carlson, G., Meulen, A., Link, G., & Chierchia, G. 1995. Genericity: An introduction. In G. Carlson & J. Pelletier (Eds.), *The Generic Book*. Chicago: University of Chicago Press, 1–124.

Lai, C. S., Gerrelli, D., Monaco, A. P., Fisher, S. E., & Copp, A. J. 2003. FOXP2 expression during brain development coincides with adult sites of pathology in a severe speech and language disorder. *Brain*, *126*(11): 2455–2462.

Lakoff, G. 1970. *Irregularity in Syntax*. Doctoral dissertation, Indiana University.

Landman, F. 1991. *Structures for Semantics*. Dordrecht: Kluwer.

Langendoen, D. T., & Savin, H. 1971. The projection problem for presuppositions. In C. Fillmore & D. T. Langendoen (Eds.), *Studies in Linguistic Semantics*. New York: Holt, Rinehart and Winston, 373–388.

Lapointe, S. G. 1980. *A Theory of Grammatical Agreement*. Doctoral dissertation, University of Massachusetts.

Lappin, S., Levine, R., & Johnson, D. 2000. The structure of unscientific revolutions. *Natural Language and Linguistic Theory*, *18*(3): 665–671.

Larson, R. K. 1988. On the double object construction. *Linguistic Inquiry*, *19*(3): 335–391.

Larson, R. K., Déprez, V., & Yamakido, H. (Eds.), 2010. *The Evolution of Human Language: Biolinguistic Perspectives*. Cambridge: Cambridge University Press.

Lasersohn, P. 2005. Context dependence, disagreement and predicates of personal taste. *Linguistics and Philosophy*, *28*(6): 643–686.

Lasersohn, P. 2009. Relative truth, speaker commitment, and control of implicit. *Synthese 166*: 359–374.

Lasnik, H. 1992. Case and expletives: Notes toward a parametric account. *Linguistic Inquiry*, *23*: 381–405.

Lasnik, H. 1995. Case and expletives revisited: On Greed and other human failings. *Linguistic Inquiry, 26*: 615–633.

Lasnik, H. 2000. *Syntactic Structures Revisited: Contemporary Lectures on Classic Transformational Theory*. Cambridge: MIT Press.

Lasnik, H., & Lohndal, T. 2013. Brief overview of the history of generative syntax. In M. den Dikken (Ed.), *The Cambridge Handbook of Generative Syntax*. Cambridge: Cambridge University Press, 26–60.

Lasnik, H., & Saito, M. 1991. On the subject of infinitives. In L. Dobrin, L. Nichols, & R. Rodriguez (Eds.), *Papers from the 27th Regional Meeting of the Chicago Linguistic Society, 27*: 324–343.

Lees, R. B. 1957. Review of *Syntactic Structures. Language, 33*(3): 375–408.

Lees, R. B. 1960. *The Grammar of English Nominalizations*. Berlin: Mouton de Gruyter.

Legate, J. A. 2003. Some interface properties of the phase. *Linguistic Inquiry, 34*: 506–516.

Legate, J. A. 2012. Subjects in Acehnese and the nature of the passive. *Language, 88*(3): 495–525.

Legate, J. A. 2014. *Voice and v: Lessons from Acehnese*. Cambridge: MIT Press.

Lenneberg, E. H. 1967. *The Biological Foundations of Language*. New York: John Wiley & Sons.

Levinson, S. 2000. *Presumptive Meanings: The Theory of Generalized Conversational Implicature*. Cambridge: MIT Press.

Li, G., Wang, J., Rossiter, S. J., Jones, G., & Zhang, S. 2007. Accelerated FOXP2 evolution in echolocating bats. *PLOS One, 2*(9): e900.

Lieber, R., & Scalise, S. 2006. The lexical integrity hypothesis in a new theoretical universe. *Lingue e Linguaggio, 1*: 7–32.

Lieberman, P. 1984. *The Biology and Evolution of Language*. Cambridge: Harvard University Press.

Lieberman, P. 2015. Language did not spring forth 100,000 years ago. *PLOS Biology, 13*(2): e1002064.

Lightfoot, D. 1991. Subjacency and sex. *Language and Communication, 11*: 67–69.

Link, G. 1983. The logical analysis of plural and mass nouns: A lattice-theoretical approach. In R. Bäuerle, C. Schwarze, & A. von Stechow (Eds.), *Meaning, Use, and Interpretation of Language*. Berlin: Mouton de Gruyter, 302–323.

Liversedge, S., Pickering, M., Branigan, H., & van Gompel, R. 1998. Processing arguments and adjuncts in isolation and context: The case of *by*-phrase ambiguities in passives. *Journal of Experimental Psychology, 24*(2): 461–475.

Lobina, D. J. 2017. *Recursion: A Computational Investigation into the Representation and Processing of Language*. Oxford: Oxford University Press.

Löbner, S. 2002. *Understanding Semantics*. London: Arnold.

Lorenzo, G., & Longa, V. M. 2009. Beyond generative geneticism: Rethinking language acquisition from a developmentalist point of view. *Lingua, 119*: 1300–1315.

Lowe, E. J. 2006. *The Four-category Ontology: A Metaphysical Foundation for Natural Science*. Oxford: Clarendon.

Lyons, J. 1987. Semantics. In J. Lyons, R. Coates, M. Deuchar, & G. Gazdar (Eds.), *New Horizons in Linguistics 2*. London: Penguin, 152–178.

Maienborn, C. 2004. A pragmatic explanation of stage level/individual level contrast in combination with locatives. In B. Agbayani, V. Samiian, & B. Tucker (Eds.), *Proceedings of the Western Conference on Linguistics 15*. Fresno: California State University Press, 158–170.

Maienborn, C. 2011. Event semantics. In C. Maienborn, K. von Heusinger, & P. Portner (Eds.), *Semantics: An International Handbook of Natural Language Meaning* (Vol. 1). Berlin: Mouton de Gruyter, 802–829.

Maienborn, C., Heusinger, K. V., & Portner, P. 2012. *Semantics: An International Handbook of Natural Language Meaning* (Vol. 3). Berlin: Mouton de Gruyter.

Mampe, B., Friederici, A. D., Christophe, A., & Wermke, K. 2009. Newborns' cry melody is shaped by their native language. *Current Biology, 19*(23): 1994–1997.

Manetta, E. 2010. *Wh*-expletives in Hindi-Urdu: The vP phase. *Linguistic Inquiry, 41*: 1–34.

Mann, W. C., & Thompson, S. A. 1987. Rhetorical structure theory: A framework for the analysis of texts. *International Pragmatics Association Papers in Pragmatics*, 1: 79–105.

Marantz, A. 1984. *On the Nature of Grammatical Relations*. Doctoral dissertation, MIT.

Marantz, A. 1992, Case and licensing. In G. Wesphal, B. Ao, & H. R. Chae (Eds.), *ESCOL'91*, 234–253. Columbus, OH.

Marantz, A. 1996. "Cat" as a phrasal idiom: Consequences of late insertion in distributed morphology. Unpublished lecture note. MIT.

Marantz, A. 1997. No escape from syntax: Don't try morphological analysis in the privacy of your own lexicon. *University of Pennsylvania Working Papers in Linguistics*, 4(2): 201–225.

Marantz, A. 2000. Case and licensing. In E. Reuland (Ed.), *Arguments and Case: Explaining Burzio's Generalization*. Amsterdam: John Benjamins, 11–30.

Marantz, A. 2001. *Words*. Unpublished lecture note. MIT.

Marantz, A. 2007. Phases and words. In S. H. Choe (Ed.), *Phases in the Theory of Grammar*. Seoul: Dong-In, 199–222.

Marantz, A. 2013a. Locality domains for contextual allomorphy across the interfaces. In O. Matushansky & A. Marantz (Eds.), *Distributed Morphology Today: Morphemes for Morris Halle*. Cambridge: MIT Press, 95–116.

Marantz, A. 2013b. Verbal argument structure: Events and participants. *Lingua, 130*: 152–168.

Marcin, W. 2019. Partitives, multipliers and subatomic quantification. In M. T. Espinal, E. Castroviejo, M. Leonetti, L. Mcnally, & C. Real-Puigdollers (Eds.), *Proceedings of Sinn und Bedeutung 23* (Vol. 2). Barcelona: Universitat Autònoma de Barcelona, 445–462.

Martin, R., Michaels, D., & Uriagereka, J. (Eds.), 2000. *Step by Step: Essays on Minimalist Syntax in Honor of Howard Lasnik*. Cambridge: MIT Press.

Martin, R., & Uriagereka, J. 2000. Introduction: Some possible foundations of the minimalist program. In R. Martin, D. Michaels, & J. Uriagereka (Eds.), *Step by Step: Essays on Minimalist Syntax in Honor of Howard Lasnik*. Cambridge: MIT Press, 1–29.

Martins, M. D., Martins, I. P., & Fitch, W. T. (2016). A novel approach to investigate recursion and iteration in visual hierarchical processing. *Behavior Research Methods, 48*(4): 1421–1442.

Martins, P. T., & Boeckx, C. 2016. What we talk about when we talk about biolinguistics. *Linguistics Vanguard, 2*(1): 1–15.

Marušič, F. 2009. Non-simultaneous spell-out in clausal and nominal domain. In K. Grohmann (Ed.), *Interphases: Theoretic Investigations of Linguistic Interfaces*. Oxford: Oxford University Press, 151–181.

Marvin, T. 2003. *Topics in the Stress and Syntax of Words*. Doctoral dissertation, MIT.

Marvin, T. 2013. Is word structure relevant for stress assignment. In O. Matushansky & A. Marantz (Eds.), *Distributed Morphology Today: Morphemes for Morris Halle*. Cambridge: MIT Press, 79–93.

Matthews, P. H. 1965. The inflectional component of a word-and-paradigm grammar. *Journal of Linguistics, 1*(2): 139–171.

Matthewson, L., Rullmann, H., & Davis, H. 2005, August 10–12. *Modality in St'át'imcets*. The 40th International Conference on Salish and Neighbouring Languages, Vancouver, Canada.

Matushansky, O. 2006. Head movement in linguistic theory. *Linguistic Inquiry, 37*(1): 69–109.

Mauner, G., Melinger, A., Koenig, J. P., & Bienvenue, B. 2002. When is schematic participant information encoded? Evidence from eye-monitoring. *Journal of Memory and Language, 47*(3): 386–406.

McCloskey, J. 2001. The morphosyntax of *wh*-extraction in Irish. *Journal of Linguistics, 37*(1): 67–100.

McCloskey, J. 2002. Resumption, successive cyclicity, and the locality of operations. In S. D. Epstein & T. D. Seely (Eds.), *Derivation and Explanation in the Minimalist Program*. Hoboken: John Wiley & Sons, 184–226.

McCready, E. 2010. Evidential Universals. In T. Peterson & U. Sauerland (Eds.), *UBC Working Papers in Linguistics 28*. Vancouver: University of British Columbia, 105–127.

McElree, B., Matthew, T., Martin, P., Rachel, S., & Ray, J. 2001. Reading time evidence for enriched semantic composition. *Cognition, 78*: 15–25.

McFadden, T. 2004. *The Position of Morphological Case in the Derivation: A Study on the Syntax-morphology Interface*. Doctoral dissertation, University of Pennsylvania.

McGinnis-Archibald, M. 2017. Distributed morphology. In A. Hippisley & G. Stump (Eds.), *The Cambridge Handbook of Morphology*. Cambridge: Cambridge University Press, 390–423.

Melchin, P. 2019. *The Semantic Basis for Selectional Restrictions*. Doctoral dissertation, University of Ottawa.

Milsark, G. 1974. *Existential Sentences in English*. Doctoral dissertation, MIT.

Miyagawa, S., Berwick, R. C., & Okanoya, K. 2013. The emergence of hierarchical structure in human language. *Frontiers in Psychology, 4*: 71.

Moltmann, F. 1997. *Parts and Wholes in Semantics*. New York: Oxford University Press.

Moltmann, F. 2004. Properties and kinds of tropes: New linguistic facts and old philosophical insights. *Mind, 113*(449): 1–41.

Moltmann, F. 2010. Relative truth and the first person. *Philosophical Studies, 150*: 187–220.

Moltmann, F. 2012. Two kinds of first-person-oriented content. *Synthese, 184*(2): 157–177.

Moltmann, F. 2016. Plural reference and reference to a plurality: Linguistic facts and semantic analyses. In M. Carrara, A. Arapinis, & F. Moltmann (Eds.), *Unity and Plurality: Philosophy, Logic, and Semantics*. Oxford: Oxford University Press, 93–120.

Moltmann, F. 2021. Truth predicates, truth bearers, and their variants. *Synthese, 198*(2): 689–716.

Montague, R. 1974. The proper treatment of quantification in ordinary English. In R. H. Thomason (Ed.), *Formal Philosophy: Selected Papers of Richard Montague*. London: Yale University Press, 247–270.

Moorman, S., & Bolhuis, J. J. 2013. Behavioral similarities between birdsong and spoken language. In J. Bolhuis & M. Everaert (Eds.), *Birdsong, Speech, and Language: Exploring the Evolution of Mind and Brain*. Cambridge: MIT Press, 111–123.

Moro, A. 2000. *Dynamic Antisymmetry*. Cambridge: MIT Press.

Moro, A. 2007. Copular sentences. In M. Everaert & H. van Riemsdijk (Eds.), *The Wiley-Blackwell Companion to Syntax* (2nd ed.). Hoboken: Wiley-Blackwell, 1–23.

Müller, G. 2004. Phrase impenetrability and *wh*-intervention. In A. Stepanov, G. Fanselow, & R. Vogel (Eds.), *Minimality Effects in Syntax*. Berlin: Mouton de Gruyter, 289–325.

Murphy, E. 2015. Labels, cognomes, and cyclic computation: An ethological perspective. *Frontiers in Psychology, 6*: 715.

Murray, S. 2010. *Evidentiality and the Structure of Speech Acts*. Doctoral dissertation, Rutgers University at New Brunswick.

Murray, S. 2014. Varieties of update. *Semantics & Pragmatics, 7*(2): 1–53.

Narita, H. 2011. *Phasing in Full Interpretation*. Doctoral dissertation, Harvard University.

Narita, H. 2014. *Endocentric Structuring of Projection-free Syntax*. Amsterdam: John Benjamins.

Nelson, M. J., El Karoui, I., Giber, K., Yang, X., Cohen, L., Koopman, H., Cash, S. S., Naccache, L., Hale, J. T., & Pallier, C. 2017. Neurophysiological dynamics of phrase-structure building during sentence processing. *Proceedings of the National Academy of Sciences, 114*(18): E3669–E3678.

Nevins, A. 2016. *Lectures on Post-syntactic Morphology*. London: University College London.

Newell, H. 2008. *Aspects of the Morphology and Phonology of Phases*. Doctoral dissertation, McGill University.

Newmeyer, F. J. 2010. Formalism and functionalism in linguistics. *Wiley Interdisciplinary Reviews: Cognitive Science, 1*(3): 301–307.

Nissenbaum, J. 2000. Covert movement and parasitic gaps. *North East Linguistics Society, 30*(2): 10.

Nouwen, R. 2014. A note on the projection of appositives. In E. McCready, K. Yabushita, & K. Yoshimoto (Eds.), *Formal Approaches to Semantics and Pragmatics: Japanese and Beyond*. Berlin: Springer, 205–222.

Noveck, I., & Sperber, D. 2007. The why and how of experimental pragmatics: The case of "scalar inferences". In N. Burton-Roberts (Ed.), *Advances in Pragmatics*. Basingstoke: Palgrave, 184–212.

Nowak, M., Komarova, N., & Niyogi, P. 2002. Computational and evolutionary aspects of language. *Nature, 417*: 611–617.

Noyer, R. 1992. *Features, Positions and Affixes in Autonomous Morphological Structure*. Doctoral dissertation, MIT.

Nunes, J. 2004. *Linearization of Chains and Sideward Movement*. Cambridge: MIT Press.

Nunes, J. 2011. The copy theory. In C. Boeckx (Ed.), *The Oxford Handbook of Linguistic Minimalism*. Oxford: Oxford University Press, 143–172.

Oishi, M. 2015. The hunt for a label. In H. Egashira, H. Kitahara, K. Nakazawa, A. Nishimae, T. Nomura, M. Oishi, & I. Suzuki (Eds.) *In Untiring Pursuit of Better Alternatives: A Festschrift for Shigeo Tonoike*. Tokyo: Kaitakusha, 322–334.

Oseki, Y. 2015. Eliminating pair-Merge. In U. Steindl, T. Borer, H. Fang, A. G. Pardo, P. Guekguezian, B. Hsu, C. O Hara, & I. C. Ouyang (Eds.), *Proceedings of the 32nd West Coast Conference on Formal Linguistics*. Somerville: Cascadilla Proceedings Project, 303–312.

Ott, D. 2007. Reverse-engineering the language faculty: Origins and implications of the minimalist program. *Harvard Working Papers in Linguistics, 12*: 77–90.

Ott, D. 2011. *Local Instability: The Syntax of Split Topics*. Doctoral dissertation, Harvard University.

Ott, D. 2015. Symmetric Merge and local instability: Evidence from split topics. *Syntax, 18*: 269–303.

Ouhalla, J. 1994. *Introducing Transformational Grammar: From Principles and Parameters to Minimalism*. London: Edward Arnold.

Pääbo, S. 2014. The human condition—A molecular approach. *Cell, 157*(1): 216–226.

Panagiotidis, P. 2014. *Categorial Features: A Generative Theory of Word Class Categories*. Cambridge: Cambridge University Press.

Papafragou, A. 2003. Scalar implicatures in language acquisition: Some evidence from Modern Greek. In M. Andronis, E. Debenport, A. Pycha, & K. Yoshimura (Eds), *Proceedings of the 38th Annual Meeting of the Chicago Linguistics Society*. Chicago: University of Chicago Press.

Papafragou, A., & Musolino, J. 2003. Scalar implicatures: Experiments at the semantics-pragmatics interface. *Cognition, 86*: 253–282.

Papeo, L., Lingnau, A., Agosta, S., Pascual-Leone, A., Battelli, L., & Caramazza, A. 2014. The origin of word-related motor activity. *Cerebral Cortex, 25*(6): 1668–1675.

Parsons, T. 1970. Some problems concerning the logic of grammatical modifiers. *Synthese, 21*(3): 320–334.

Partee, B. 1979. Semantics: Mathematics or psychology? In R. Bauerle, U. Egli, & A. von Stechow (Eds.), *Semantics from Different Points of View*. Berlin: Springer-Verlag, 1–14.

Partee, B. 1988. Possible world in model-theoretic semantics: A linguistic perspective. In S. Allen (Ed.), *Possible Worlds in Humanities, Arts, and Sciences: Proceedings of Nobel Symposium 65*. Berlin: Walter de Gruyter, 93–123.

Partee, B. 1989. Binding implicit variables in quantified contexts. In C. Wiltshire, B. Music, & R. Graczyk (Eds.), *Papers from the Twenty Fifth Meeting of the Chicago Linguistic Society 25*. Chicago: Chicago Linguistic Society, 342–365.

Partee, B. 1995. Lexical semantics and compositionality. In L. Gleitman & M. Liberman (Eds.), *An Invitation to Cognitive Science (Vol. I): Language*. Cambridge: MIT Press, 311–360.

Partee, B. 2007. Compositionality and coercion in semantics: The dynamics of adjective meaning. In G. Bouma, I. Kraemer, & J. Zwarts (Eds.), *Cognitive Foundations of Interpretation*. Amsterdam: Royal Netherlands Academy of Arts and Sciences, 145–161.

Paz-y-Miño C, G., Bond, A. B., Kamil, A. C., & Balda, R. P. 2004. Pinyon jays use transitive inference to predict social dominance. *Nature, 430*(7001): 778–781.

Pepperberg, I. M. 1999. *The Alex Studies: Cognitive and Communicative Abilities of Grey Parrots*. Cambridge: Harvard University Press.

Pesetsky, D. 1995. *Zero Syntax: Experiences and Cascades*. Cambridge: MIT Press.

Pesetsky, D. 1998. Some optimality principles of sentence pronunciation. In P. Barbosa, D. Fox, P. Hastrom, & M. McGinnis (Eds.), *Is the Best Good Enough? Optimality and Competition in Syntax*. Cambridge: MIT Press, 337–383.

Pesetsky, D., & Torrego, E. 2001. T-to-C movement: Causes and consequences. In M. Kenstowicz (Ed.), *Ken Hale: A Life in Language*. Cambridge: MIT Press, 355–426.

Pesetsky, D., & Torrego, E. 2006. Probes, goals, and syntactic categories. In Y. Otsu (Ed.), *Proceedings of the Seventh Tokyo Conference on Psycholinguistics*. Tokyo: Hituzi Syobo, 25–60.

Peterson, T. 2015. The semantics of grammatical evidentiality and the unprepared mind. *Review of Cognitive Linguistics, 13*(2): 314–352.

Peterson, T. 2016. Mirativity as surprise: Evidentiality, information, and deixis. *Journal of Psycholinguistic Research, 45*(6): 1327–1357.

Petitto, L.-A. 2005. How the brain begets language. In J. McGilvray (Ed.), *The*

Cambridge Companion to Chomsky. Cambridge: Cambridge University Press, 84–101.

Pfenning, A. R., Hara, E., Whitney, O., Rivas, M. V., Wang, R., Roulhac, P. L., Howard, J. T., Wirthlin, M., Lovell, P. V., & Ganapathy, G. 2014. Convergent transcriptional specializations in the brains of humans and song-learning birds. *Science, 346*(6215): 1256846.

Pierce, B. A. 2010. *Genetics Issentials: Concepts and Connections*. New York: W. H. Freeman.

Pinker, S. 1994. *The Language Instinct: How the Mind Creates*. New York: Harper Collins.

Pinker, S. 1999. *Words and Rules: The Ingredients of Language*. New York: Basic Books.

Pinker, S., & Jackendoff, R. 2005. The faculty of language: What's special about it? *Cognition, 95*(2): 201–236.

Pollock, J. Y. 1989. Verb movement, universal grammar, and the structure of IP. *Linguistic Inquiry, 20*: 365–425.

Portner, P. 2005. *What Is Meaning: Fundamentals of Formal Semantics*. Oxford: Blackwell.

Post, E. L. 1943. Formal reductions of the general combinatorial decision problem. *American Journal of Mathematics, 65*(2): 197–215.

Potts, C. 2005. *The Logic of Conventional Implicatures*. Oxford: Oxford University Press.

Potts, C. 2007. The expressive dimension. *Theoretical Linguistics, 33*: 165–197.

Pustejovsky, J. 1995. *The Generative Lexicon*. Cambridge: MIT Press.

Pylkkänen, L. 2008. *Introducing Arguments*. Cambridge: MIT Press.

Ralph, L., & Patterson, K. 2008. Generalized and differentiation in semantic memory: Insights from semantic dementia. *Annals of the New York Academy of Sciences, 1124*: 61–76.

Ramchand, G. 2008. *Verb Meaning and the Lexicon: A First-phase Syntax*. Cambridge: Cambridge University Press.

Ramus, F., & Fisher, S. E. 2009. Genetics of language. In M. S. Gazzaniga (Ed.), *The Cognitive Neurosciences*. Cambridge: MIT Press, 855–871.

Ramus, F., Hauser, M. D., Miller, C., Morris, D., & Mehler, J. 2000. Language discrimination by human newborns and by cotton-top tamarin monkeys. *Science, 288*(5464): 349–351.

Rapp, I., & Von Stechow, A. 1999. Fast "almost" and the visibility parameter for functional adverbs. *Journal of Semantics, 16*(2): 149–204.

Rappaport Hovav, M., R., & Levin, B. 2005. Change-of-state verbs: Implications for theories of argument projection. In N. Erteschik-Shir & T. Rapoport (Eds.), *The Syntax of Aspect: Deriving Thematic and Aspectual Interpretation*. Oxford: Oxford University Press, 274–286.

Rappaport Hovav, M., & Levin, B. 2010. Reflections on manner/result complementarity. In E. Doron, M. Rappaport Hovav, & I. Sichel (Eds.), *Syntax, Lexical Semantics, and Event Structure*. Oxford: Oxford University Press, 21–38.

Reber, P. 2010. Ask the brains. *Scientific American Mind, 21*(2): 70.

Recanati, F. 2004. *Literal Meaning*. Cambridge: Cambridge University Press.

Reinhart, T., & Siloni, T. 2005. The lexicon-syntax parameter: Reflexivization and other arity operations. *Linguistic Inquiry, 36*(3): 389–436.

Rendall, D. 2003. Acoustic correlates of caller identity and affect intensity in the vowel-like grunt vocalizations of baboons. *The Journal of the Acoustical Society of America, 113*(6): 3390–3402.

Rhett, J. 2021. The semantics of emotive markers and other illocutionary content. *Journal of Semantics, 38*(2): 305–340.

Richards, M. 2007. On feature inheritance: An argument from the Phase Impenetrability Condition. *Linguistic Inquiry, 38*(3): 563–572.

Richards, M. 2015. Minimalism. In T. Kiss & A. Alexiadou (Eds.), *Syntax—Theory and Analysis: An International Handbook*. Berlin: Mouton de Gruyter, 803–838.

Richards, N. W. 1997. *What Moves Where When in Which Languages?* Doctoral dissertation, MIT.

Riemer, N. 2016. *Routledge Handbook of Semantics*. London/New York: Taylor & Francis.

Rilling, J. K., Glasser, M. F., Preuss, T. M., Ma, X., Zhao, T., Hu, X., & Behrens, T. E. 2008. The evolution of the arcuate fasciculus revealed with comparative DTI. *Nature Neuroscience, 11*(4): 426–428.

Ripley, D. 2011. Contradictions at the borders. *Lecture Notes in Artificial Intelligence 6517*: 169–188.

Rips, L. 1994. *The Psychology of Proof: Deductive Reasoning in Human Thinking*. Cambridge: MIT Press.

Rizzi, L. 1982. *Issues in Italian Syntax*. Berlin: Mouton de Gruyter.

Rizzi, L. 1986. Null objects in Italian and the theory of pro. *Linguistic Inquiry, 17*(3): 501–557.

Rizzi, L. 1990. *Relativized Minimality*. Cambridge: MIT Press.

Rizzi, L. 2010. On some properties of criterial freezing. In E. P. Panagiotidis (Ed.), *The Complementizer Phase*. Oxford: Oxford University Press, 17–32.

Rizzi, L. 2015. Notes on labeling and subject positions. *Structures, Strategies and Beyond: Studies in Honor of Adriana Belletti, 223*: 17.

Rizzolatti, G., Fadiga, L., Fogassi, L., & Gallese, V. 1999. Resonance behaviors and mirror neurons. *Archives Italiennes de Biologie, 137*(2): 85–100.

Roberts, C. 1996. Information structure in discourse: Toward a unified theory of formal pragmatics. *Ohio State University Working Papers in Linguistics, 49*: 91–136.

Roberts, I. 2019. *Parameter Hierarchies and Universal Grammar.* Oxford: Oxford University Press.

Robins, R. H. 1959. In defense of WP. *Transactions of the Philological Society, 58*(1): 116–144.

Roeper, T., & Siegel, D. 1978. A lexical transformation for verbal compounds. *Linguistic Inquiry, 9*: 199–260

Rosenbaum, P. 1970. A principle governing deletion in English sentential complements. In R. A. Jacobs & P. Rosenbaum (Eds.), *Readings in English Transformational Grammar.* Boston: Ginn, 20–29.

Ross, J. R. 1967. *Constraints on Variables in Syntax.* Doctoral dissertation, MIT.

Rubin, E. 2003. Determining pair-Merge. *Linguistic Inquiry, 34*(4): 660–668.

Sadock, J. M. 1981. Almost. In P. Cole (Ed.), *Radical Pragmatics.* New York: Academic Press, 257–271.

Sæbø, K. 2009. Judgment ascriptions. *Linguistics and Philosophy, 32*(4): 327–352.

Scalise, S., & Guevara, E. 2005. The lexicalist approach to word-formation and the notion of the lexicon. In P. Stekauer & R. Lieber (Eds.), *Handbook of Word Formation.* Berlin: Springer, 147–187.

Schlenker, P. 2007. Anti-dynamics: Presupposition projection without dynamic semantics. *Journal of Logic, Language and Information, 16*: 325–356.

Schlenker, P. 2008. Be articulate: A pragmatic theory of presupposition projection. *Theoretical Linguistics, 34*(3): 157–212.

Schlenker, P. 2010. Supplements within a unidimensional semantics I: Scope. In M. Aloni, H. Bastiaanse, T. de Jager, & K. Schulz (Eds), *Logic, Language and Meaning: 17th Amsterdam Colloquium.* Revised Selected Papers, Springer, 74–83.

Schlenker, P. 2013. Supplementswithin a unidimensional semantics II: Epistemic status and projection. *Proceedings of the 40th Annual Meeting of the North East Linguistic Society, 2*: 167–182.

Schlenker, P. 2022. Supplements without bidimensionalism. *Linguistic Inquiry,* 1–47.

Schreiweis, C., Bornschein, U., Burguière, E., Kerimoglu, C., Schreiter, S., Dannemann, M., Goyal, S., Rea, E., French, C. A., & Puliyadi, R. 2014. Humanized FOXP2 accelerates learning by enhancing transitions from declarative to procedural performance. *Proceedings of the National Academy of Sciences, 111*(39): 14253–14258.

Schwager, M. 2006. *Interpreting Imperatives*. Doctoral dissertation, Frankfurt University.

Schwarzschild, R. 1996. *Pluralities*. Dordrecht: Kluwer.

Searle, J. 1969. *Speech Acts: An Essay in the Philosophy of Language*. Cambridge: Cambridge University Press.

Seely, T. D. 2006. Merge, derivational C-command, and subcategorization in a label-free syntax. In C. Boeckx (Ed.), *Minimalist Essays*. Amsterdam: John Benjamins, 182–220.

Selkirk, E. 1982. *The Syntax of Words*. Cambridge: MIT Press.

Sevi, A. 1998. *A Semantics for "almost" and "barely"*. Master's thesis, Tel-Aviv University.

Shapiro, S. 2006. *Vagueness in Context*. Oxford: Oxford University Press.

Siddiqi, D. 2010. Distributed morphology. *Language and Linguistics Compass*, 4(7): 523–542.

Siegel, D. 1979. *Topics in English Morphology*. New York: Garland.

Simons, M. 2006. Foundational issues in presupposition. *Philosophy Compass*, 1(4): 357–372

Simons, M. 2007. Observations on embedding verbs, evidentiality, and presupposition. *Lingua*, 117(6): 1034–1056.

Simons, M., Tonhauser, J., Beaver, D., & Roberts, C. 2010. What projects and why. In N. Ashton, A. Chereches, & D. Lutz (Eds.), *Proceedings of Semantics and Linguistic Theory (SALT) XXI*. Ithaca: CLC Publications, 309–327.

Skeide, M., Brauer, J., & Friederici, A. D. 2016. Brain functional and structural predictors of language performance. *Cerebral Cortex*, 26(5): 2127–2139.

Skinner, B. F. 1957. *Verbal Behavior*. New York: Appleton-Century-Crofts.

Smith, C. 1997. *The Parameter of Aspect*. Kluwer: Dordrecht.

Smith, J. M., Burian, R., Kauffman, S., Alberch, P., Campbell, J., Goodwin, B., Lande, R., Raup, D., & Wolpert, L. 1985. Developmental constraints and evolution: A perspective from the Mountain Lake conference on development and evolution. *The Quarterly Review of Biology*, 60(3): 265–287.

Snider, T. 2017. At-issueness ≠ anaphoric availability. *Proceedings of the Annual Meeting of the Linguistic Society of America* (LSA), 2(39): 1–15.

Solt, S. 2010, January 7–10. *On the Expression of Proportion: Most and More Than Half*. The 84th Annual Meeting of the Linguistic Society of America, Baltimore, U.S.A.

Solt, S., & Nicole G. 2012. Experimenting with degree. In A. Chereches (Ed.), *Proceedings of SALT 22*. Ithaca: eLanguage, 166–187.

Somel, M., Liu, X., & Khaitovich, P. 2013. Human brain evolution: Transcripts, metabolites and their regulators. *Nature Reviews Neuroscience*, 14(2): 112–127.

Spencer, A. 1991. *Morphological Theory: An Introduction to Word Structure in Generative Grammar*. Oxford: Wiley-Blackwell.

Stalnaker, R. 1973. Presuppositions. *Journal of Philosophical Logic, 2*(4): 447–457.

Stalnaker, R. 1974. Pragmatic presuppositions. In M. Munitz & P. Unger (Eds.), *Semantics and Philosophy*. New York: New York University Press, 197–213.

Stalnaker, R. 1978. Assertion. In P. Cole (Ed.), *Syntax and Semantics 9*. Waltham: Academic Press, 315–332.

Stalnaker, R. 1999. *Content and Context: Essays on Intentionality in Speech and Thought*. Oxford: Oxford University Press.

Starke, M. 2009. Nanosyntax: A short primer to a new approach to language. *Nordlyd, 36*(1): 1–6.

Stephenson, T. 2007. Judge-dependence: Epistemic modals and predicates of personal taste. *Linguistics and Philosophy, 30*(4): 487–525.

Strawson, P. F. 1950. On referring. *Mind, 59*: 320–344.

Striedter, G. F. 2006. Précis of principles of brain evolution. *Behavioral and Brain Sciences, 29*(1): 1–12.

Studer, R., Benjamins, V. R., & Fensel, D. 1998. Knowledge engineering: Principles and methods. *Data and Knowledge Engineering, 25*(1–2):161–197.

Svenonius, P. 2014. Generalized applicatives: Reassessing the lexical-functional divide. *Theoretical Linguistics, 40*: 439–446.

Syrett, K. & Todor K. 2014. Experimental evidence for the truth conditional contribution and shifting information status of appositives. *Journal of Semantics, 32*(3): 525–577.

Számadó, S., & Szathmáry, E. 2006. Selective scenarios for the emergence of natural language. *Trends in Ecology & Evolution, 21*(10): 555–561.

Takita, K. 2019. Labeling for linearization. *The Linguistic Review, 37*(1): 75–116.

Takita, K., Goto, N., & Shibata, Y. 2016. Labeling through spell-out. *The Linguistic Review, 33*(1): 177–198.

Talmy, L. 2000. *Toward a Cognitive Semantics (Vol. 1): Concept Structuring Systems*. Cambridge: MIT Press.

Tattersall, I. 1998. *The Origin of the Human Capacity*. New York: American Museum of Natural History.

Terrace, H. S., Petitto, L. A., Sanders, R. J., & Bever, T. G. 1979. Can an ape create a sentence? *Science, 206*(4421): 891–902.

Montague, R., & Thomason, R. 1974. *Formal Philosophy: Selected Papers of Richard*

Montague. New Haven: Yale University Press.

Tonhauser, J. 2012. Diagnosing (not-)at-issue content. In E. Bogal-Allbritten (Ed.), *Proceedings of Sixth Meeting on the Semantics of Under-represented Languages of the Americas (SULA 6) and SULA-Bar*. Amherst: Graduate Linguistics Students Associations of the University of Massachusetts, 239–254.

Tonhauser, J., Beaver, D., Roberts, C., & Simons, M. 2013. Toward a taxonomy of projective content. *Language, 89*(1): 66–109.

Tonhauser, J., & Matthewson, L. 2015. Empirical evidence in research on meaning. *LingBuzz*. Retrieved October 12, 2021, from LingBuzz website.

Travis, L. 1984. *Parameters and Effects of Word Order Variation*. Doctoral dissertation, MIT.

Traxler, M., McElree, B., Rihana W., & Martin P. 2005. Context effects in coercion: Evidence from eye movements. *Journal of Memory and Language, 53*: 1–25.

Uriagereka, J. 2008. *Syntactic Anchors: On Semantic Structuring*. Cambridge: Cambridge University Press.

van Urk, C. 2016. On the distribution of reflexes of successive cyclicity. *Brussels Conference on Generative Linguistics, 9*: 13–14.

Vauclair, J. 1996. *Animal Cognition: An Introduction to Modern Comparative Psychology*. Cambridge: Harvard University Press.

Vendler, Z. 1957. Verbs and times. *Philosophical Review, 56*: 143–160.

Vendler, Z. 1967. *Linguistics in Philosophy*. Ithaca: Cornell University Press.

Voegelin, C. F., & Voegelin, F. M. 1969. Hopi /ʔas/. *International Journal of American Linguistics, 35*: 192–202.

Wągiel, M. 2021. *Subatomic Quantification*. Berlin: Language Science Press.

Wasow, T. 1977. Transformations and the lexicon. In P. Culicover, T. Wasow, & J. Bresnan (Eds.), *Formal Syntax*. New York: Academic Press, 327–360.

Whiten, A., & Byrne, R. W. 1997. *Machiavellian Intelligence II: Extensions and Evaluations*. Cambridge: Cambridge University Press.

Wilhelm, A. 2003. Quasi-telic perfective aspect in Dëne Sųłiné (Chipewyan). In R. Young & Y. Zhou (Eds.), *Proceedings of SALT 13*. Ithaca: Cornell University, 310–327.

Williams, E. 1981. On the notions "lexically related" and "head of a word". *Linguistic Inquiry, 12*(2): 245–274.

Williamson, T. 1994. *Vagueness*. London: Routledge.

Wilson, D. 1975. *Presuppositions and Non-truth Conditional Semantics*. New York: Academic Press.

Wilson, S., Galantucci, S., Tartaglia, M., Rising, K., Patterson, D., Henry, M., Ogar, J.,

DeLeon, J., Miller, B., & Gorno-Tempini, M. 2011. Syntactic processing depends on dorsal language tracts. *Neuron, 72*(2): 397–403.

Wood, J. 2012. *Icelandic Morphosyntax and Argument Structure*. Doctoral dissertation: New York University.

Wood, J., & Marantz, A. 2017. The interpretation of external arguments. In R. D'Alessandro, I. Franco, & A. Gallego (Eds.), *The Verbal Domain*. Oxford: Oxford University Press, 255–278.

Wright, C. 1975. On the coherence of vague predicates. *Synthese, 30*(3–4): 325–365.

Yang, C. 2013. Ontogeny and phylogeny of language. *Proceedings of the National Academy of Sciences, 110*(16): 6324–6327.

Yang, C. 2016. *The Price of Linguistic Productivity: How Children Learn to Break the Rules of Language*. Cambridge: MIT Press.

Yang, C., Crain, S., Berwick, R. C., Chomsky, N., & Bolhuis, J. J. 2017. The growth of language: Universal grammar, experience, and principles of computation. *Neuroscience & Biobehavioral Reviews, 81*: 103–119.

Yule, G. 2005. *The Study of Language*. Cambridge: Cambridge University Press.

Zucchi, A. 1993. *The Language of Propositions and Events: Issues in the Syntax and Semantics of Nominalization*. Dordrecht: Kluwer.

Zucchi, S., & White, M. 2001. Twigs, sequences and the temporal constitution of predicates. *Linguistics and Philosophy, 24*(2): 223–270.